应用技术型高等教育财经类专业"十三五"规划教材

国际商法

朱　畅　朱金生　　　　　主　编
赵　亮　吕　杜　毛在丽　副主编

上海财经大学出版社

图书在版编目(CIP)数据

国际商法/朱畅,朱金生主编.—上海:上海财经大学出版社,2015.12
(应用技术型高等教育财经类专业"十三五"规划教材)
ISBN 978-7-5642-2241-3/F·2241

Ⅰ.①国… Ⅱ.①朱… ②朱… Ⅲ.①国际商法-高等学校-教材
Ⅳ.①D996.1

中国版本图书馆 CIP 数据核字(2015)第 194585 号

□ 责任编辑 徐 超
□ 封面设计 张克瑶

GUOJI SHANGFA
国 际 商 法
朱 畅 朱金生 主 编
赵 亮 吕 杜 毛在丽 副主编

上海财经大学出版社出版发行
(上海市武东路 321 号乙 邮编 200434)
网 址:http://www.sufep.com
电子邮箱:webmaster @ sufep.com
全国新华书店经销
江苏省句容市排印厂印刷装订
2015 年 12 月第 1 版 2015 年 12 月第 1 次印刷

787mm×1092mm 1/16 15.5 印张 396 千字
印数:0 001—4 000 定价:35.00 元

前　言

经济全球化的核心是各国贸易市场的统一化，这在一定程度上使得作为调整国家间经济交往的国际商法日益受到人们的重视。国际商法是调整国际商事关系的法律规范的总称，其范围以解决国际商事问题的实体法性质的国际惯例为主，不仅包括调整国际商法主体在国际商事活动中权利和义务关系的实体法以及解决国际商事纠纷的程序性规范，而且还包括国家对国际商事关系进行调整的强制性和任意性规范。因此，了解和掌握这些国际商事关系的法律规范，可以让我们在从事国际经济贸易中更好地掌握经济活动的法律原理，并运用相关的法律规范来解决现实交易中的一系列问题。

本书在参考国内外相关成果的基础上，以理论与实践相结合为宗旨，采用了比较分析法、历史分析法和案例分析法，力求通俗易懂，学以致用，激发学生对国际商事交易问题的思考。在每一章的开头设置学习目标，结尾设置本章小结，并配套相关的思考练习，从而提高学生的学习兴趣。

需要指出的是，本书的学习对象主要是本科学生，因此编入本书的内容经过一定筛选，主要包括下列十章：第一章，国际商法概述，主要介绍大陆法系与英美法系的概况。第二章，国际商事合同法，从法律角度介绍了大陆法、英美法以及我国对于合同的订立、履行及违约救济的规定。第三章，国际货物买卖法，以《联合国货物销售合同公约》为基础，介绍买卖双方的义务，以及货物风险和所有权转移的规定。第四章，代理法，从大陆法和英美法的不同角度介绍了代理的内外部关系。第五章，产品责任法，主要介绍美国产品责任法、欧盟产品责任法和我国的产品质量法。第六章，国际商事组织法，主要对公司、合伙两种商事组织形式进行了分析。第七章，票据法，以汇票为重点，介绍日内瓦统一票据法系与英美法系相关规定的区别。第八章，WTO贸易规则，主要介绍GATT、GATS、TRIPS以及WTO争端解决机制。第九章，国际电子商务法，主要对电子签名与认证、电子商务合同以及电子支付进行阐述。第十章，国际商事仲裁法，着重介绍国际商事仲裁的概念、特征及其操作规范。本书第一章由朱金生、赵亮编写，第二、三、四、五、七章由朱畅编写，第六章由赵亮、吕杜编写，第八、九章由赵亮编写，第十章由赵亮、毛在丽编写。

编者

2015年8月

目　录

第一章　国际商法概述

【学习目标】

· 了解国际商法的历史和适用原则；

· 掌握大陆法系与英美法系的主要区别；

· 理解和记忆涉外民事法律关系适用法的重点条文，并能应用条文解决实际问题。

第一节　国际商法的概念与原则

一、国际商法的概念

（一）概念

国际商法是调整国际商事关系的法律规范的总称。它的调整对象是国际商事关系，这种关系是各国商事组织在跨国经营中所形成的各种社会关系。"国际"不是指国家之间，而是指跨越国界，包括当事人的营业地分处不同国家、当事人具有不同国籍、商事行为发生在当事人一方或几方所在国以外的国家、商事关系的对象位于当事人一方或几方所在国以外的国家等。

（二）历史

商事活动和商事立法早在奴隶社会便已存在，《汉谟拉比法典》第 7 条和第 10 条即为调整商事关系的规则。但是，国际商法乃源于中世纪的商人法。17 世纪以前，商人们由于从事货物流转、海上运输以及保险等业务，需要迅速而可靠的法律规范来服务于他们所开展的交易。这种法律规范就是人们通常所说的商人法或商人习惯法。

11 世纪，商人习惯法出现在威尼斯，后来随着航海贸易的发展逐步扩及西班牙、法国、德国及英国。这种法律与当时皇朝法律（国家立法）有以下区别：(1)它不调整骑士、手工业者、农民等人身关系或身份关系，而只调整商人和商事关系。(2)它超越国界，普遍适用于各国商人，具有国际统一性，如海事惯例规则在《罗德法》、《奥列隆法》和《维斯比海事法》等中都是共同的。这是国际商法源于中世纪的商人法的最重要的例证。(3)它不是由专业法官来掌管执行，而是由商人们自己选出的法官来掌管执行。在当时的条件下，各集市的商人们设有他们自己选择解决争议的法院。在这种法院里通常有一个“双语陪审团”，即陪审员中一半是当地商人，一半是外来商人。某个商人于今日是英国商人法院的陪审员，几天之后，他又可能成为外国商人法院的陪审员。如此，无论处理争议的法院设在何处，它们都明确地适用相同的商业惯例。基于此，人们称国际商法具有自治的特点。(4)这些商人法院的程序是非正规的，申诉可在无法院令状的情况下审理，诉讼程序可以不定期进行。因此，它的程序比较简单，不拘泥于形式。早期的商人法运作的灵活性在今天仍有传承(如仲裁)。(5)商人法虽为民间法，但不失公平的理念。它强调按公平合理的原则来处理案件，审理案件的“行商法院”(商人法院)一词本身来源于法文中的“正直的人”。

16 世纪，欧洲君主的中央集权得到强化，商人作为独立社会阶层的影响开始减弱，越来越受到中央集权国家的控制。欧洲各国都制订了自己的商法，把商人习惯法纳入本国国内法中，商人习惯法成为国家商事立法。不过，各国采取的立法形式不同。法、德等国在立法上采取民商分立，立有单独的商法典，而瑞士、荷兰、意大利等国则实行立法上的民商合一，用民法典或债法典涵盖商法规范。在英美法系国家，商法的历史发展具有不同于大陆法的特色。英美法的历史上有普通法(Common Law)与衡平法(Equity)之分，但无民法与商法之区别，甚至没有民法的概念。18 世纪中叶，英国曼斯菲尔德大法官(Lord Mansfield)发起了商人习惯法与普通法的协调活动，把商人习惯法吸收到普通法之中，商法成为普通法的一部分。英美从此不存在大陆法系国家那样的单独的商法。但在 19 世纪末以后，英美等国相继制定了大量的单行成文的商事立法。

17 世纪之后，尽管商人习惯法以不同的方式基于不同的政治和社会原因被纳入各国国内民商立法中，但此时的商法仍然保持着国际性。没有任何一个国家把商人法完全纳入国内法。即使在这一时期，商法的国际性的痕迹依然存在。这一点可从当时商法的渊源和性质中窥视。

从 19 世纪末 20 世纪初起，为了解决依国内法解决国际商事交易关系的不便，如法律冲突，国际社会开始制定统一的国际商事法律。第二次世界大战之前，就有不少涉及国际商事交易的条约相继问世。第二次世界大战以后，特别是从 20 世纪 70 年代起，基于经济全球化的发展和国际组织作用的加强，国际商事和经济条约法有了长足而全面的进步，出现了一大批直接涉及国际商事交易的、具有全球影响的国际条约，如《国际货物买卖合同公约》、《联合国海上货物运输公约》、《全部或部分海上国际货物运输合同公约》、《国际贸易应收账款转让公约》和《独立保函和备用信用证公约》等。这些统一的国际商事法律在形成和发展过程中也受到国内法的影响，只是第二次世界大战之前多受大陆法影响，第二次世界大战之后英美法的影响取得主导地位，统一的国际商事法律在很多方面采纳了英美法特别是美国法的制度。

21 世纪，国际商事惯例的解释日趋统一，解释文本也为数不少。特别值得一提的有 1995 年《托收统一规则》(URC522)、2004 年修订的《约克—安特卫普规则》、2006 年《跟单信用证统一惯例》(UCP600)、2009 年《见索即付保函统一规则》(DRDG758)、《2010 年国际贸易术语解释通则》(INCOTERMS2010)等。随着新时期国际条约的大量出现，使统一商法的立法形式多样，国际惯例明显增多及其调整范围的扩大，统一商法适用的领域和主体更加广泛，规范的组成已经多元，国际商法完成了“国际法—国内法—国际法”的发展轨迹。与中世纪国际性的商人习惯法相比，新时代的国际商法更加统一，更具国际性，被称为“现代商人法”，而且是真正意义上的“国际商法”。

（三）调整对象

国际商法的调整对象是"商事关系"：人们在实施商事行为的过程中形成的各种社会关系，主要体现为平等的当事人之间因经营行为而产生的关系。具体而言，商务关系是指具有经营资格的国际商事交易的主体（比如公司、企业等商事组织而非国家）从事的营业性行为（或者商事行为）。商事行为包括国际货物买卖、国际技术转让、国际投资、国际融资、国际工程承包、国际合作生产、国际租赁等；从事的行业多种多样，比如代理业、运输业、仓储业、制造业、加工业、农林业、建筑业、金融业、保险业、出版业、广告业、旅馆业、娱乐业、饮食业、咨询业等。

国际商法通常包括：商事主体法（包括商事组织、商事代理、商业登记等）；商事行为法（包括国际货物买卖法、国际货物运输法、国际货物运输保险法、海商法、国际技术贸易法、产品责任法、票据与国际结算法、国际资金融通法）；国际商事争议解决规则（包括国际民事诉讼、国际商事仲裁）。每一组成部分在表现形式上都是由国际法渊源和国内法渊源有机结合组成的。

（四）法律渊源

法律渊源是指法的各种具体表现形式，也称法律形式。国际商法的渊源主要有三个：

(1)国际商事条约。国际商事条约是作为国际商事主体的国家和国际组织缔结的调整国际商事活动的条约或公约。总体上可以分为两类：一类是调整国际商事活动的实体法规范，如1980年《联合国国际货物销售合同公约》等；另一类属于程序法规范，如1976年《联合国国际贸易法委员会仲裁规则》等。

(2) 国际商事惯例。一般没有正式文件明文规定，而是在国际商事活动长期实践的基础上逐渐形成和发展起来的商事规则，它不是法律，不具有法律约束力。如双方当事人选用某项国际商事惯例，则该国际商事惯例即对其具有法律约束力。

(3)各国国内商事法。各国国内商事法是国际商法的重要渊源，目前商事纠纷处理仍需适用有关国内商事法。国内商事法在大陆法国家和英美法国家有不同的表现形式。

二、国际商法的基本原则

国际商法的基本原则是指对于各类国际商事关系具有普遍适用意义的法律规则。

（一）平等交易原则

平等交易原则是指在商事交易中，当事人的法律地位平等，在平等的条件下进行交易，既不享有任何特权，也不履行任何不公平的义务，以达到公平的目的。平等交易是市场经济的基本要求，参与商事活动的当事人只有具备独立主体的资格，并处于平等的地位上自主经营，才有可能公平竞争。

（二）诚实信用原则

这又称为诚信原则，是指国际商事主体在从事国际商事活动时，应采取"善意的方式"，不得有欺诈或者滥用权利的行为。诚信原则本来是一种道德观念，后经法律确认为一种法律准则而为各国所采用。它是现代私法上的最高指导原则，被奉为"帝王条款"。诚信原则是国际商事主体从事商事活动所应遵循的一项重要原则，其使用面相对广泛，在法律没有明确规定或合同没有明确约定时，法院和当事人可以此原则来补充法律规定的不足。

（三）维护交易公平原则

这是指以利润均衡作为价值判断标准来协调商事交易活动，确定商事交易主体之间的权利和义务。它要求当事人在商事活动中应以社会正义、公平的观念指导自己的行为，平衡各方的利益，处理当事人的纠纷。

(四)交易简便、迅速原则

商事交易的速度越快,社会经济的运行速度也越快。为了促进社会经济的发展,国际商法的许多制度都贯穿交易简便、迅速原则。如在商事合同中,商法对许多合同的内容均有统一的规定——格式合同的使用已相当广泛。例如,在货物买卖业务中使用的销售单与购货单,以及保险业务上使用的各种保险单、海运业务上使用的提单等,均是合同定型化的表现;又如,在签订国际货物买卖合同时,当事人广泛使用贸易术语,提高了交易效率。1936 年国际商会颁布了《国际贸易术语解释通则》并数次修订,最新的是 2010 年版本。

(五)保障交易安全原则

商事立法对交易安全的保护,主要体现在某些方面实行强制主义、公示主义、外观主义和严格责任原则。

(1)强制主义原则是指国家为了交易安全的需要,对某些商事行为作强制性的规定。例如,公司章程须有必要事项的记载;公司议决重要事项必须符合法定程序;各种票据、提单、保险单、保函等商业证券,必须符合法律规定的形式。这些规定对于防止欺诈与不正当等商业行为,维护交易安全,起到重要作用。

(2)公示主义原则是指交易当事人对于涉及利害关系人利益的营业上事实,负有公示告知的义务,其目的在于保护社会交易人和不特定第三人的利益。

(3)外观主义原则是指交易行为的效果以交易当事人的外观为准。例如公司法规定,公司对公司董事或经理权力的限制,不得对抗善意第三人。票据法规定,在解释票据行为人的意思表示的内容时,只能以票据上的文字记载为准。如果票据行为具备法律要求的形式要件,就不问其记载事项是否与事实相符,即使不相符,也只能遵循票据上的文义,而不影响票据行为的效力。外观主义原则的立法精神在于保护社会交易的安全。

(4)严格责任原则又称无过错责任原则,是指某些从事商事交易行为的人,无论是否有过错,对自己的行为所产生的损害后果都应承担责任。例如,很多国家的公司法都规定,无限公司及两合公司的无限责任股东,对公司的债务负连带责任;票据法规定,票据的发票人、承兑人、背书人及其他票据债务人,对持票人负连带担保责任。

第二节 世界主要的两大法律体系

一、大陆法系

(一)大陆法系的概念

大陆法系又称罗马法系、民法法系,是指在罗马法的原则和形式的基础上,以 1804 年《法国民法典》和 1900 年《德国民法典》为蓝本,以成文化、法典化为主要特征的法律体系。大陆法系在 13 世纪形成于西欧,法国和德国以及许多欧洲大陆国家如意大利、西班牙等都属于大陆法系。除此之外,整个拉丁美洲、非洲的一部分国家也属于大陆法国家。另外,在属于英美法的某些国家中,有一些地区属于大陆法系,如英国的苏格兰、美国的路易斯安那州、加拿大的魁北克省等。在亚洲,日本、土耳其等国主动引入大陆法,对本国法律体系进行改造。我国的台湾地区也属于大陆法系。

(二)大陆法系的特点

首先,大陆法系强调成文法的作用,它在结构上强调法律的系统化、归类化、法典化和逻辑性。

其次,大陆法系各国把全部法律区分为公法和私法两大部分。从传统上来看,公法包括调整宗教祭祀活动和国家机关活动的法律,主要有宪法、刑法、行政法、诉讼法和国际法等。私法包括调整所有权、债权、家庭与继承等方面的法律,主要有民法、商法、婚姻法、继承法等。

再次,大陆法各国都进行大规模的法典编纂工作。1804 年的《法国民法典》是 19 世纪大陆法系法典的一个典型。除民法典之外,还有商法典、刑法典、刑诉法典等。

此外,在大陆法系,司法判决不是主要的法律渊源,而仅仅是对法律的注释,大陆法系国家法律的效力渊源,主要是制定法,又称为成文法,而不是判例。在司法过程中,法官的判决只是起着加强对法律的解释作用。

(三)大陆法的渊源

大陆法系以成文法为主,主要有以下法律渊源。

1. 法律

法律是大陆法系最主要的渊源。一般来说,宪法处于最高的地位,具有最高的权威性。在宪法之下,各国都制定了一系列的法律。条例是由行政机关制定的成文法,仅次于法律。法律通过解释才能实施,我国称之为司法解释,也是重要案件审理依据。

2. 习惯

习惯是指社会共同生活长期形成的各种惯例,在大陆法系国家习惯仍然具有一定的作用,是对法律的重要补充。例如,关于"合理期间"的界定,就要依据交易习惯来确定。

3. 判例

大陆法系强调成文法的作用,因此原则上不承认判例具有同法律相同的效力。但是也有一些例外情况,例如,德国规定联邦宪法法院的判决在《联邦公报》上发表后即具有约束力,并且承认"经常性判例"所形成的规则属于习惯法规则,法院应予实施。近年来,判例在大陆法中的说服力日益增强。在中国司法实践中,上级法院的判例,尤其是最高法院的判例对下级法院处理同类案件具有很强的参考价值,在有些时候,还起着决定性的作用。

4. 学理解释

在大陆法中,学理起着重要的作用。一般而言,学理解释不作为法的渊源,但学理解释对立法与司法具有较大影响,为立法者、司法者提供了重要的法学理论、判例分析。

(四)大陆法系的法院组织

大陆法各国的法院组织虽然各有特点,但都有一些共同之处。主要表现在:大陆法系的法院组织系统基本相同,设有普通法院和专门法院。普通法院大体上分为三级三审和四级四审。如法国就是实行三级三审,由基础法院、上诉法院和最高法院组成,不服基础法院的判决可逐级上诉到最高法院。日本则是四级四审制,由简易法院(轻微民事案件)、家庭法院或地方法院(重大民事案件)、高等法院和最高法院组成。专门法院如法国的行政法院,德国的行政法院、劳动法院、社会法院和税收法院。

二、英美法系

英美法系又称普通法系或海洋法系,是指英国中世纪以来的法律,特别是它以普通法为基础的、与以罗马法为基础的民法法系相比较而存在的一种法律制度。普通法系以英国普通法为基础，但并不仅指普通法，它是指在英国的三种法律，即普通法、衡平法和制定法的总称。美国法律，作为一个整体来说，属于普通法系，但它有自己的、不同于英国法的很多特征。英美法系在调整社会关系、制定社会制度方面发挥着重要作用，英美法系的传统是强调根据具体的经验解决具体的问题，因而具有很强的针对性和灵活性，但是，其法律的庞杂、混乱和难以被非专业人士了解的特点也很突出。该法系与大陆法系并称为当今世界最主要的两大法系。

英美法系的范围，除英国(不包括苏格兰)、美国外，主要是曾是英国殖民地、附属国的国家和地区，如印度、巴基斯坦、新加坡、缅甸、加拿大、澳大利亚、新西兰、马来西亚等。我国香港地区也属于英美法系。

(一)英美法系的特点

1. 法律渊源

英美法系的法律渊源包括各种制定法也包括判例，其中判例所构成的判例法在整个法律体系中占主导地位。从19世纪到现在，其制定法也不断增加，但是制定法仍然受判例法解释的制约。判例法一般是指高级法院的判决中所确立的法律原则或规则。这种原则或规则对以后的判决具有约束力或影响力，由于这些规则是法官在审理案件时创立的，因此，又称为法官法。

除了判例法之外，英美法系国家还有一定数量的制定法，同时还有一些法典，如美国的《统一商法典》、美国宪法等。但和大陆法系比较起来，它的制定法和法典还是很少的，而且对法律制度的影响远没有判例法大。

2. 法律结构和内容

英美法系在法律结构上是以单行法和判例法为主干而发展起来的。其习惯用单行法的形式对某一类问题做专门的规定，因此很少制定法典。在内容上英美法系的基本结构是在普通法和衡平法的分类基础上建立的。从历史上看，普通法代表立法机关的法律，衡平法主要代表审判机关的法律，衡平法是对普通法的补充规则。

3. 法官权限

英美法系中法官的地位很高，法官既可以援用成文法也可以援用已拥有的判例来审判案件，而且也可以在一定的条件下运用法律解释和法律推理的技术创造新的判例，从而法官不仅可以适用法律，也可以在一定的范围内创造法律。

4. 诉讼程序

英美法系的诉讼程序以原告、被告及其辩护人和代理人为重心，法官只是双方争论的仲裁人而不能参与争论；与这种对抗式程序同时存在的是陪审团制度，陪审团代表人民参加案件审理，但主要做出事实上的结论和法律上的基本结论(如有罪或无罪)，法官负责做出法律上的具体结论，即判决。

此外，从职业教育传统来看：英美法系的职业教育注重处理案件的实际能力，比如律师的职业教育主要通过协会进行，被称为“师徒关系”式的教育。

(二)英国法

1. 英国法的结构

英国法将法律分为普通法和衡平法。普通法是一种判例法，其规范和原则都包含于大量的判例中。许多法学家对判例中的习惯法原则和规范加以整理、编纂、归纳和注释。普通法是封建的中央司法权同原有的盎格鲁·撒克逊习惯法结合的产物，是英国王室法院的法官在司法实践中，以日耳曼法为基础创制的法律规范的总称。普通法的基本原则在14世纪中期已经基本形成。

衡平法是英国特有的法律形式，是一种判例法，形成于中世纪中期，是为了弥补普通法的不足，由大法官根据“公平”“正义”进行审判的案件的产物。效力优于普通法。衡平法是在司法实践中博采多种法律渊源而创造的规范体系。

普通法和衡平法两者在救济方法、诉讼程序、法院组织系统和法律术语方面都有明显区别。

除此之外，英国也产生和发展了由国家立法机关制定成条文的成文法，称为制定法，包括国王和国会的立法。在英国法的整个体系中，制定法居于次要地位，它只起补充、解释或重申判例的作用。从效力上看，中世纪就确立了制定法效力优于判例法的原则，即判例法的发展不能否定制定法的效力，制定法却可修改普通法和衡平法。制定法只有通过法官在审判实践中适用，“重新肯定”后才能进入英国法的体系，成为英国法的组成部分。

2. 英国的法院组织

英国法院非常复杂，分为高等法院和低级法院。

高等法院包括上议院、上诉法院和高级法院三种。高级法院设王座法庭、大法官法庭（枢密大臣法庭）和亲属法庭（家事法庭）。王座法庭设海事和商事两个法庭；大法官法庭内设公司及破产两个法庭。高级法院既审理标的额大的或重要的一审案件，也审理不服低级法院判决的上诉案件，一般实行独任制。上诉法院审理不服高级法院判决的上诉案件，通常采用合议制，由 3 名法官组成合议庭。如果案件涉及具有普遍意义的重要案件，不服上诉法院判决的当事人，还可以向上议院上诉。此时，上议院才是有终审权的实际上的最高法院。

低级法院包括王冠法院、郡法院和治安法院三种，其中：郡法院和治安法院作为英国最低一级的法院，分别审理辖区内争议标的 5 000 英镑以下的小额民事和轻微刑事案件，重罪案由治安法庭预审后送交王冠法院审理。郡法院的上诉案件由上诉法院管辖；治安法院的上诉案件由王冠法院和王座法庭管辖。

在判例构成上，应着重把握以下三点：上议院的判决是具有约束力的先例，全国各级审判机关均须遵循，只有上议院本身可不受约束；上诉法院对判决可构成对其自身以及下级法院有约束力的先例；高级法院每一个庭的判决对一切低级法院有约束力。具有约束力的判决分为判决理由和判决词中为解释判决理由所产生的法律规则两部分，只有前者对同类案件有约束力，后者只有说服力，并非必须遵守。

（三）美国法

1. 美国法的结构

美国法律分为联邦法和州法两个部分，这是美国法律结构的一个重要特点。根据美国宪法的规定，美国各州享有立法权是原则，联邦的立法权属于例外。各州保留了很大一部分的立法权。但是联邦的法律高于各州的法律，如果两者相抵触，则适用联邦法。从商事立法来讲，立法权原则上属于各州，但美国国内经济贸易亟须统一的各种商法，因此美国居多的民间法律研究机构如美国法学会、美国律师协会、美国统一州法委员会等组织一流专家，拟定示范性的法律文件，向各州立法机关推荐，如《统一商法典》、《商业公司法》、《法律重述》等。

2. 美国的法院组织

美国设有联邦法院与州法院两套系统。联邦法院分为三级。第一级为联邦地区法院，共设 94 个司法区，分布在各州，实行独任制，管辖的案件包括刑事和民事案件。第二级为联邦巡回法院，也称上诉法院，有 13 个，实行合议制，由 3 名法官组成合议庭审理上诉案件。第三级为联邦最高法院，设在华盛顿，由 8 名法官和一名首席大法官共 9 人组成，审理案件时，全部法官必须参与。法官由议会选举、总统任命，实行终身制。

根据联邦宪法，各州有权设立自己的法院，由此造成各州的法院体系与名称多种多样。州法院分为初审法院和上诉审法院两级，上诉审法院包括州上诉法院和最高法院。联邦法院仅在美国宪法或国会法律明确规定范围内才有管辖权，其他案件均由州法院管辖。此外，还有专门受理联邦法上特殊争议的特别联邦法院，以及有权审理国际贸易纠纷的准司法机构如商务部、国际贸易委员会等。

在判例构成上，应着重把握以下四点：在联邦法方面，须受联邦法院尤其是联邦最高法院判例的约束；在州法方面，上级法院特别是州最高法院的判例对下级法院有约束力；联邦法院在审理涉及州法的案件时，须受相应的州法院不违反联邦法判例的约束；联邦和州的最高法院不受其先例的约束，以便依据社会经济条件的变化，扬弃过时的判例，确立新的法律规则。

三、两大法系主要差异

（一）法律渊源不同

制定法是大陆法的主要渊源，判例一般不被作为正式法律渊源，对法院审判无约束力；判例法是英美法系的正式法律渊源，即上级法院的判例对下级法院在审理类似案件时有约束力。

（二）法典编纂不同

大陆法系的基本法律一般采用系统的法典形式；而英美法系一般不倾向于法典形式，其制定法一般是单行的法律和法规。当代英美法系虽然学习借鉴了大陆法系制定法的传统，但仍以判例的汇集和修订为主。

（三）法律结构和法律分类不同

大陆法系的基本结构是在公法和私法的分类基础上建立的。传统意义上的公法指宪法、行政法、刑法及诉讼法，私法主要是民法和商法。英美法系的基本结构是在普通和衡平法的分类基础上建立的。普通法主要代表立法机关（议会）的法律，衡平法主要代表审判机关（法官）的法律。衡平法是对普通法的补充。英美法系缺乏严格的部门法分类。

（四）法官地位和作用不同

大陆法系法官是适用和解释法律；英美法系国家的法官则遵循先例。但英美法国家的遵循先例并不是绝对的，在对待先例的问题上有三种做法：一是遵循先例。一般来讲，下级法院应当遵循上级法院的判例，上诉法院还要遵循自己以前的判例。二是推翻先例。美国的联邦最高法院和各州最高法院有权推翻自己以前的判决。三是避开先例。主要适用于下级法院不愿适用某一先例但又不愿公开推翻它时，可以前后两个案例在实质性事实方面存在区别为由而避开适用先例。

（五）诉讼程序不同

英美法系的诉讼程序以原告、被告及其辩护人和代理人为重心，法官只是双方争论的“仲裁人”而不能参与争论；与这种对抗式（也称抗辩式）程序同时存在的是陪审团制度，陪审团主要负责做出事实上的结论和法律上的基本结论（如有罪或无罪），法官负责做出法律上的具体结论，即判决。大陆法系的诉讼程序以法官为重心，突出法官职能，具有纠问程序的特点，而且多由法官和陪审员共同组成法庭来审理案件。

第三节　当代中国法律制度概要

一、中国法律的渊源

（一）制定法

1. 宪法

我国宪法规定了当代中国的根本的社会、经济和政治制度，各种基本原则、方针、政策，公民的基本权利和义务，各主要国家机关的组成和职权、职责，等等，涉及社会生活各个领域的最根本、最重要的方面。宪法是由我国最高权力机关——全国人民代表大会制定和修改。宪法具有最高的法律效力，一切法律、行政法规和地方性法规都不得同宪法相抵触。

2. 法律

法律由于制定机关的不同可分为两大类：一类为基本法律，即由全国人大制定和修改的刑事、民事、国家机构和其他方面的规范性文件，民商方面如《民法通则》《民事诉讼法》等；另一类为基本法律以外的其他法律，即由全国人大常委会制定和修改的规范性文件，如文物保护法、商标法等。

3. 行政法规

行政法规是指国家最高行政机关即国务院所制定的规范性文件，其法律地位和效力仅次于宪法和法律，不得与宪法和法律相抵触，全国人大常委会有权撤销国务院制定的同宪法、法律相抵触的行政法规、决定和命令。国务院所发布的决定和命令，凡属于规范性的，也属于法的渊源之列。

4. 地方性法规、民族自治法规以及经济特区的规范性文件

这三类都是由地方国家机关制定的规范性文件。地方性法规是指由省、自治区、直辖市以及省级人民政府所在地的市和经国务院批准的较大的市的人民代表大会及其常委会，根据本行政区域的具体情况和实际需要，依法制定的在本行政区域内具有法律效力的规范性文件。

民族区域自治是我国的一项基本政治制度。民族自治地方的人民代表大会有权依照当地民族的政治、经济和文化的特点，制定自治条例和单行条例，但应报上一级人民代表大会常委会批准之后才生效。

经济特区是指我国在改革开放中为发展对外经济贸易，特别是利用外资、引进先进技术而实行某些特殊政策的地区。1981 年全国人大常委会授权广东省、福建省人大及其常委会制定所属经济特区的各项单行经济法规。1988 年全国人大授权海南省人大及其常委会制定在海南经济特区实施的法规。

5. 特别行政区法律

特别行政区在立法权限和法律形式上具有特殊性，因此特别行政区的法律、法规在当代中国法的渊源中成为单独的一类。全国人民代表大会已于 1990 年 4 月和 1993 年 3 月先后通过了《中华人民共和国香港特别行政区基本法》和《中华人民共和国澳门特别行政区基本法》。

（二）法律解释

中国法律的另一重要渊源是有权解释机关对现行法律或法规条文进行解释与说明。解释分为立法解释、司法解释与行政解释。

立法解释是全国人民代表大会常务委员会对宪法与法律拥有的解释权；省、自治区、直辖市人民代表大会常务委员会有权对地方性法规进行解释。

司法解释是对法院审判工作与检察院检察工作中具体应用法律的问题，分别由最高人民法院和最高人民检察院进行解释，它们所做的解释对其下级人民法院和检察院的审判、检察工作均由约束力。有关民事和经济类法律的司法解释主要由最高人民法院做出。

行政解释是国务院及其主管部门对有关法律与法规所做出的解释。主要涉及：对不属于审判和检察工作中的其他法律问题如何具体应用的问题做出解释；国务院及其主管部门在行使职权时对国务院及其主管部门本身所制定的行政法规所做的解释。

（三）国际条约、国际惯例

我国加入的合同国际公约有《联合国国际货物销售合同公约》；加入知识产权公约有《成立世界知识产权组织公约》(1967 年 7 月 14 日斯德哥尔摩，我国于 1980 年 6 月 3 日加入)、《保护工业产权巴黎公约》(1967 年 7 月 14 日斯德哥尔摩，我国于 1985 年 3 月 19 日加入)、《伯尔尼保护文学和艺术作品公约》(1971 年 7 月 24 日于巴黎修订，我国于 1992 年 10 月 15 日加入)、《世界版权公约》(1971 年 7 月 24 日于巴黎修订，我国于 1992 年 10 月 15 日或 30 日加入)、《保护录音制品制作者防止未经许可复制其录音制品公约》(1971 年 10 月 29 日，我国于 1993 年 4 月加入)、《专利合作条约》(1970 年 6 月 19 日华盛顿，我国于 1994 年 1 月加入)、世界贸易组织协定中《与贸易有关的知识产权协议》(TRIPS 协议)(1994 年，我国于 2001 年 12 月 11 日加入)、《世界知识产权组织版权条约》(WCT)(1996 年，我国于 2006 年 12 月 29 日加入)、《世界知识产权组织表演和录音制品条约》(WPPT)(1996 年，我国于 2006 年 12 月 29 日加入)、《保护和促进文化表现形式多样性公约》(我国于 2006 年 12 月 29 日批准)。

二、我国的法院组织

我国法院组织系统包括地方各级人民法院、专门人民法院和最高人民法院。地方各级人民法院分别为基层人民法院、中级人民法院和高级人民法院。专门人民法院包括军事法院、森林法院、铁路运输法院、海事法院等。上级人民法院监督下级人民法院的审判工作；最高人民法院监督地方各级人民法院和专门人民法院的审判工作。

其中与国际商事活动密切相关的海事法院，地位相当于中级人民法院，执行海事诉讼特别程序法，其所在地的高级人民法院为上诉法院。其他的国际商事纠纷案件原则上也由中级人民法院作为第一审法院，经济特区和其他经济发达地区的基层法院也可以受理国际商事纠纷。我国案件实行两审终审制度，另有法院提审、当事人申诉以及上级检察院抗诉等审判监督程序，裁判的执行由各级法院的执行机构负责。除法院组织外，国际商事纠纷可依当事人间的协议，提交中国国际经济贸易仲裁委员会和中国海事仲裁委员会，以及省辖市的仲裁委员会仲裁，其仲裁裁决书或调解书，具有终局性的法律效力，当事人可以申请人民法院执行机构强制执行。

三、涉外民事关系法律的适用

为了明确涉外民事关系的法律适用，合理解决涉外民事争议，维护当事人的合法权益，制定《涉外民事关系法律适用法》，由中华人民共和国第十一届全国人民代表大会常务委员会第十七次会议于 2010 年 10 月 28 日通过，自 2011 年 4 月 1 日起施行。

(一)涉外民事关系

按照2013年1月7日最高人民法院《关于适用〈中华人民共和国涉外民事关系法律适用法〉若干问题的解释》第1条规定，民事关系具有下列情形之一的，人民法院可以认定为涉外民事关系：(1)当事人一方或双方是外国公民、外国法人或者其他组织、无国籍人；(2)当事人一方或双方的经常居所地在中华人民共和国领域外；(3)标的物在中华人民共和国领域外；(4)产生、变更或者消灭民事关系的法律事实发生在中华人民共和国领域外；(5)可以认定为涉外民事关系的其他情形。

(二)涉外法律关系适用法原则

1. 最密切联系原则

涉外民事关系适用的法律，依照《涉外民事关系法律适用法》确定。其他法律对涉外民事关系法律适用另有特别规定的，依照其规定。本法和其他法律对涉外民事关系法律适用没有规定的，适用与该涉外民事关系有最密切联系的法律。涉外民事关系适用外国法律，该国不同区域实施不同法律的，适用与该涉外民事关系有最密切联系区域的法律。

2. 意思自治原则

《涉外民事关系法律适用法》将意思自治提升为一项重要原则。其第三条规定："当事人依照法律规定可以明示选择涉外民事关系适用的法律。"据此条规定，当事人可以"依照法律规定"通过"明示"方式选择适用法律：(1)可由当事人自由选择：委托代理、信托、仲裁协议、动产物权、运输中的动产物权发生变更、合同、侵权责任、知识产权的转让和许可使用；(2)知识产权的侵权责任：当事人可以在侵权行为发生后协议选择适用法院地法律。(3)只能由一方当事人在一定范围内选择的民事关系(2种)：消费者合同，消费者选择适用商品、服务提供地法律，适用商品、服务提供地法律；产品责任，被侵权人选择适用侵权人主营业地法律、损害发生地法律，适用侵权人主营业地法律或者损害发生地法律。

3. 适用强制性规定原则

中华人民共和国法律对涉外民事关系有强制性规定的，直接适用该强制性规定。一方当事人故意制造涉外民事关系的连结点，规避中华人民共和国法律、行政法规的强制性规定的，人民法院应认定为不发生适用外国法律的效力。比如我国《合同法》第126条规定："涉外合同的当事人可以选择处理合同争议所适用的法律，但法律另有规定的除外。涉外合同的当事人没有选择的，适用与合同有最密切联系的国家的法律。在中华人民共和国境内履行的中外合资经营企业合同、中外合作经营企业合同、中外合作勘探开发自然资源合同，适用中华人民共和国法律。"这就属于强制性规定。

4. 公共秩序保留原则

外国法律的适用将损害中华人民共和国社会公共利益的，适用中华人民共和国法律。

5. 拒绝反致原则

涉外民事关系适用的外国法律，不包括该国的法律适用法，即只适用实体法，无冲突规范。

6. 外国法查明原则

涉外民事关系适用的外国法律，由人民法院、仲裁机构或者行政机关查明。当事人选择适用外国法律的，应当提供该国法律。不能查明外国法律或者该国法律没有规定的，适用中华人民共和国法律，即查明的，适用外国法，没查明的，适用中国法。

不能查明的情况是指人民法院通过由(1)当事人提供；(2)已对中华人民共和国生效的国际条约规定的途径；(3)中外法律专家提供合理途径等仍不能获得外国法律的，可以认定为不能查明外国法律。根据《涉外民事关系法律适用法》第10条第1款的规定，当事人应当提供外国法律，其在人民法院指定的合理期限内无正当理由未提供该外国法律的，可以认定为不能查明外国法律。

人民法院应当听取各方当事人对应当适用的外国法律的内容及其理解与适用的意见，当事人对该外国法律的内容及其理解与适用均无异议的，人民法院可以予以确认；当事人有异议的，由人民法院审查认定。

7. 特别法优先原则

《涉外民事关系法律适用法》与其他法律对同一涉外民事关系法律适用规定不一致的，适用《涉外民事关系法律适用法》的规定，但我国《票据法》、《海商法》、《民用航空法》等商事领域法律的特别规定以及知识产权领域法律的特别规定除外。《涉外民事关系法律适用法》对涉外民事关系的法律适用没有规定而其他法律有规定的，适用其他法律的规定。

8. 条约优先原则

涉外民事关系的法律适用涉及适用国际条约的，中华人民共和国缔结或者参加的国际条约同中华人民共和国的民事法律有不同规定的，人民法院应当适用国际条约的规定（中华人民共和国声明保留的条款除外），但知识产权领域的国际条约已经转化或者需要转化为国内法律的除外。

9. 其他

(1)法律没授权选择，选择无效。中华人民共和国法律没有明确规定当事人可以选择涉外民事关系适用的法律，当事人选择适用法律的，人民法院应认定该选择无效。(2)没有实际联系，也可以选择。一方当事人以双方协议选择的法律与系争的涉外民事关系没有实际联系为由主张选择无效的，人民法院不予支持。(3)一审终结前，可以协议选择或变更选择。当事人在一审法庭辩论终结前协议选择或者变更选择适用的法律的，人民法院应予准许。各方当事人援引相同国家的法律且未提出法律适用异议的，人民法院可以认定当事人已经就涉外民事关系适用的法律做出了选择。(4)当事人可以选择没有对中国生效的公约。当事人在合同中援引尚未对中华人民共和国生效的国际条约的，人民法院可以根据该国际条约的内容确定当事人之间的权利义务，但违反中华人民共和国社会公共利益或中华人民共和国法律、行政法规强制性规定的除外。(5)一审终结前，可以协议选择或变更选择。有下列情形之一，涉及中华人民共和国社会公共利益、当事人不能通过约定排除适用、无需通过冲突规范指引而直接适用于涉外民事关系的法律、行政法规的规定，人民法院应当认定为《涉外民事关系法律适用法》第4条规定的强制性规定："(一)涉及劳动者权益保护的；(二)涉及食品或公共卫生安全的；(三)涉及环境安全的；(四)涉及外汇管制等金融安全的；(五)涉及反垄断、反倾销的；(六)应当认定为强制性规定的其他情形。"

本章小结

1. 国际商法是调整国际商事关系的法律规范的总称。它的调整对象是国际商事关系，这种关系是各国商事组织在跨国经营中所形成的各种社会关系。

2. 大陆法系和英美法系两大法系主要差异表现为法律渊源不同、法典编纂不同、法律结构和法律分类不同、法官地位和作用不同、诉讼程序不同。

3. 中国涉外商事法律制度以及涉外民事关系法律的适用。

思考与练习

一、不定项选择题

1. (　　)属于英美法系。

A. 中国　　B. 加拿大　　C. 法国　　D. 德国

2. 关于大陆法系和英美法系说法,正确的是(　　)。

A. 制定法是大陆法系的主要渊源,但是判例对大陆法系法院审判仍有约束力

B. 普通法主要代表立法机关(议会)的法律,衡平法主要代表审判机关(法官)的法律

C. 大陆法系法官适用和解释法律,英美法系国家的法官遵循先例

D. 英美法系的诉讼程序采对抗式(也称抗辩式),大陆法系的诉讼程序采取纠问式

3. 我国案件的审判实行的是(　　)。

A. 两审终审　　B. 三审终审　　C. 四审终审　　D. 大法官制度

4. 中国甲公司与巴西乙公司因合同争议在中国法院提起诉讼。关于该案的法律适用,下列哪些选项是正确的?(　　)

A. 双方可协议选择合同争议适用的法律

B. 双方应在一审开庭前通过协商一致,选择合同争议适用的法律

C. 因法院地在中国,本案的时效问题应适用中国法

D. 如案件涉及中国环境安全问题,该问题应适用中国法

二、判断改错题

1. 英美法系以成文法为主,各国法律大都以法典的形式出现。　(　　)

2. 国际商法中的"国际",是指跨越国界,即不同国家即可。　(　　)

3. 外国法律的适用将损害中华人民共和国社会公共利益的,适用中华人民共和国法律。　(　　)

4. 我国关于国际商事纠纷案件原则上都由基层人民法院进行审理。　(　　)

三、简答题

1. 从国际商法历史发展看,国际商法在国际贸易中有什么意义?

2. 大陆法系和英美法系两大法系主要差异和形成差异的原因是什么?

第二章　国际商事合同法

【学习目标】

- 了解合同法的概念、特征及其分类；
- 掌握合同订立过程中的要约、承诺、订约能力等；
- 区分无效合同、可撤销合同、效力待定合同；
- 熟悉合同当事人因违反合同所应当承担的责任；
- 学会运用合同的规则分析案例。

第一节　国际商事合同法概述

一、国际商事合同的概念

随着商品经济的发展，合同成为商品交换在法律上最为常见的表现形式。由于各国对于合同的概念有着自己的理解，所以不同法系不同国家对合同所下的定义也存在诸多区别。英美法认为合同是一个或一系列的承诺，违反这种承诺，法律就应该给予救济，或法律以某种方式承认履行该允诺是一项义务。法国法认为，合同是一人或数人对另一人或数人承担给付某物、做或不做某事的义务的一种合意。德国法则直接将合同定义为一种法律行为。中国关于合同的定义，体现在《民法通则》和《合同法》中。其中《合同法》第 2 条规定，“合同是平等主体的自然人、法人、其他组织之间设立、变更、终止民事权利义务关系的协议”。

通过这些定义，我们可以看出，一般而言合同具有如下特征：

第一，合同的当事人处于平等的法律地位，任何一方不能将自己的意志强加于对方。

第二，合同是两方或两方以上的当事人之间的民事法律行为。合同的目的是为了在当事人之间设立、变更、终止权利义务关系。

第三，合同具有法律约束力。合同是各方当事人意思表示一致的结果，一经有效成立，当事人各方必须按照合同的规定履行义务，对于违约行为承担责任。

第四，合同的内容和形式必须符合法律的要求。虽然合同强调意思的自治，但是也必须遵守相关的法律规范，对于违法事项均得不到法律的认可。

【案例】

A公司与B公司签订一份合同，约定A从国外购买免税白酒并运至国内，由B销售。A公司按照合同规定的时间将白酒运至境内，但B公司提走货物后，以目前资金困难为由，要求暂缓支付货款，A公司同意。2个月后，B公司未能支付货款。A公司多次催款无果，于是向当地人民法院起诉要求B公司支付货款并支付违约金。

请思考，法院会支持A公司的请求吗？

二、合同的种类

根据不同的标准，对合同可以做出不同的分类。常见的主要有以下几种合同类型。

(一)双务合同、单务合同

根据当事人双方是否互相享有权利和负有义务为标准，分为双务合同与单务合同。这是大陆法系对合同所进行的分类。双务合同是指双方相互享有权利、承担义务的合同，如在货物买卖合同中，卖方的义务是交付货物，权利是收取货物的对价，而买方的义务则是支付对价，权利是收取货物。单务合同是指仅一方当事人承担义务的合同。常见的有赠与合同。在赠与合同中，仅赠与人需要履行赠与标的物的义务，而受赠人接受或不接受赠与是其权利，不承担任何义务。

(二)有偿合同、无偿合同

根据当事人是否需要为从合同中得到的利益付出代价为标准，分为有偿合同和无偿合同。有偿合同是指当事人为了从合同中得到利益，要支付相应的代价的合同，如买卖合同。无偿合同是指当事人一方按约定取得利益，并不支付相应代价的合同，如赠与合同。在商事交易中，一般以有偿合同为常态，无偿合同为例外。

(三)诺成合同、实践合同

根据合同的成立是否以交付标的物为生效要件，分为诺成合同和实践合同。诺成合同，又称不要物合同，是指当事人意思表示一致即可成立的合同，如买卖合同、租赁合同等。实践合同，又称要物合同，是指除当事人意思表示一致外，还须交付标的物方能生效的合同，如保管合同、借用合同等。依照我国《合同法》，绝大多数合同为诺成合同。

(四)要式合同、不要式合同

根据合同是否需要符合法律规定的特定形式才能成立，分为要式合同与不要式合同。要式合同是指法律规定或者当事人约定采取特殊形式的合同。不要式合同是指法律或者当事人对合同的订立没有规定特定的程序或者形式。在商事交易中，合同的形式以不要式为常态，要式合同为例外。

(五)主合同、从合同

根据合同间是否有主从关系，可将合同分为主合同与从合同。主合同是无需以其他合同存在为前提即可独立存在的合同。从合同是必须以其他合同的存在为前提才能存在的合同，因此又称为附属合同。主合同的成立与效力直接会对从合同的成立与效力产生影响。例如，A与B订立借款合同，C为B提供担保而与A签订了保证合同，那么A与B之间的借款合同为主合同，A与C之间的保证合同为从合同。

(六)明示合同、默示合同

这是根据当事人是否通过明确的意思表示签订合同所进行的分类。明示合同是指当事人通过语言、文字等方式明确表达签订合同的意思表示，从而达成合意的合同。默示合同是指当事人之间没有明确是否签订合同的意思表示，但是从当事人的行为中可以推断合同已经成立。

三、合同法

合同法是调整各种合同关系的法律规范的总称。西方国家合同法分为两大法系，其中英美法系国家合同法主要体现在判例法中，没有统一的成文法典。英国《1994 年货物买卖和供应法》主要是关于货物买卖合同的规定；美国 1932 年《美国合同法重述(Ⅰ)》和 1982 年《美国合同法重述(Ⅱ)》主要是对合同判例进行总结归纳。大陆法系国家的合同法采用成文法的形式，合同法主要包含在民法典或债务法典之中，将合同作为产生"债"的原因之一，如：《法国民法典》第 3 卷对合同总则与分则进行了详细的规定；《德国民法典》则体现在总则和第 2 编中。

我国关于合同领域的法律规定，最早体现在 1981 年的《经济合同法》中，后又经历了 1985 年颁布的《涉外经济合同法》、1986 年公布的《民法通则》和 1987 年的《技术合同法》。1993 年 10 月，全国人大将制定统一合同法提上立法日程，委托专家学者设计统一合同法。1994 年通过立法方案并委托 12 个单位的学者起草，经多次审议修改，最终在 1999 年 3 月 15 日第九届全国人大第二次全体会议上通过《合同法》，包括总则八章：一般规定、合同的订立、合同的效力、合同的履行、合同的变更和转让、合同的权利义务终止、违约责任、其他规定；分则十五章：买卖合同，供用电、水、气、热力合同，赠与合同，借款合同，租赁合同，融资租赁合同，承揽合同，建设工程合同，运输合同，技术合同，保管合同，仓储合同，委托合同，行纪合同，居间合同；附则 1 条。共 23 章，428 条。

在国际立法层面，关于国际合同的法律规范主要体现在 1980 年的《联合国国际货物买卖合同公约》、国际商会 1990 年和 2010 年的《国际贸易术语解释通则》以及国际统一私法协会 2004 年修订的《国际商事合同通则》中。《联合国国际货物买卖合同公约》主要是货物买卖合同方面的国际立法；《国际商事合同通则》则涵盖了所有商事合同的内容，弥补了因不同法系不同国家之间的差异而造成的空白。

第二节　合同的订立

一、订立合同的能力

订立合同的能力亦称合同主体资格。依照法律规定，当事人要订立合同，必须具备主体资格。各国对合同当事人的订约能力都有相应的规定，如欠缺这种行为能力，那么其订立的合同为无效合同、可撤销合同或者效力待定的合同。

（一）自然人订立合同的能力

自然人订立合同的能力是自然人民事行为能力的一种，只有具有相应能力的人才能订立合同。

1. 中国法

我国将自然人的民事行为能力分为三类：完全民事行为能力、限制民事行为能力以及无民事行为能力三类。《民法通则》第 11 条规定："18 周岁以上的公民是成年人，具有完全民事行为能力,可以独立进行民事活动,是完全民事行为能力人。16 周岁以上不满 18 周岁的公民,以自己的劳动收入为主要生活来源的,视为完全民事行为能力人。"第 12 条:"10 周岁以上的未成年人是限制民事行为能力人,可以进行与他的年龄、智力相适应的民事活动;其他民事活动由他的法定代理人代理,或者征得他的法定代理人的同意。不满 10 周岁的未成年人是无民事行为能力人,由他的法定代理人代理民事活动。"第 13 条:"不能辨认自己行为的精神病人是无民事行为能力人,由他的法定代理人代理民事活动。不能完全辨认自己行为的精神病人是限制民事行为能力人,可以进行与他的精神健康状况相适应的民事活动;其他民事活动由他的法定代理人代理,或者征得他的法定代理人的同意。"

2. 英美法

在英美法上,也将未成年人和精神病患者视为缺乏订立合同能力的人。如美国合同法规定,一个自然人如果就某项交易做出同意的意思表示,则该自然人享有完全合法的创设合同义务的缔约能力,除非该自然人是处于监护之中,或为未成年人,或有精神疾病或精神缺陷者,或醉酒者。

一般而言,未成年人没有订立合同的能力,因此未成年人订立的合同对于未成年人没有约束力。关于未成年人与成年人的界限,英美法大多规定为 18 岁,但是美国各州有一定的差异。未成年人订立的合同是否能够有效成立,决定权掌握在未成年人手中,其撤销合同的权利可以在成年之前行使,也可以在成年之后行使,但其撤销行为必须是针对整个合同而言,不可仅撤销其承担义务的那一部分。但也有例外,如未成年人购买生活必需品的合同是有约束力的合同;合同的双方如均在合同项下获得了利益,未成年人就不能再撤销合同。精神病人在其精神错乱的情况下所签订的合同是无效合同。酗酒者所订立的合同原则上是有效的,但是如果其在订立合同时因酗酒而失去行为能力,则可要求撤销该合同。

【案例分析】

帕伦特(Parrent)诉米德威—丰田公司(Midway Toyata)案

蒙大拿州最高法院(Montana Supreme Court)(1981)

1975 年 8 月 18 日,年仅 15 岁的权利要求人在受雇于被告米德威—丰田公司时背部受伤。当时他正从事搬抬重物的工作。被告承认对此负有责任。1977 年 2 月,双方签订了一个最终和解协议,就权利要求人部分地丧失劳动能力向他支付 150 个星期的生活补助费,总金额为 6 136.40 美元。谈判是在被告的代表与权利要求人的母亲,也是其自然监护人之间进行的。权利要求人也在场。该和解协议由权利要求人签字,并有他的一个朋友作证。签字时权利要求人的母亲在场。她没有反对签字,但没有会签这份协议。

后来,权利要求人要求重新确定他的权利,并向工人赔偿法院提出申诉。该法院发现,自签署该协议之后,权利要求人的健康状况并没有得到改善。但该法院得出的结论是:权利要求人的监护人对该和解协议作了充分的考虑;尽管她没有在这份协议上签字,但她代表被监护人认可和同意了这份协议,其法律效力与她本人在协议上签字是一样的。权利要求人认为上述结论是违反法律的,因而提出上诉。

请问,工人赔偿法院的结论是否正确?为什么?

分析:由未成年人为一方的合同,如果由未成年人签署,是可以为未成年人撤销的。这意味着,与其签约的成年人要避免这样的后果,必须让未成年人的法定监护人代表未成年人签约。本案最终判决该最终和解协议无效,将这一案件发回工人赔偿法院重审,并要求其审理与这一判决意见保持一致。这同时也说明上述规则是硬性的,是不允许依案件的具体情况进行变通的。

资料来源：王军、戴萍著：《美国合同法案例选评(二)》，对外经济贸易大学出版社 2006 年版）

3. 大陆法

《德国民法典》中关于未成年人的行为能力，在年龄的分别上以 7 岁为界限，未满 7 周岁者为无民事行为能力，除此之外，因精神错乱不能自由决定其意志者，以及因患精神病被宣告为禁治产者，也被认定为无民事行为能力的人，但按其性质此种状态仅为暂时性的除外。对于已满 7 周岁但未满 18 周岁的未成年人，其行为能力为限制行为能力。未成年人未取得法定代理人必要同意而订立合同的，合同的有效性取决于法定代理人的追认。但也存在“零用钱条款”与“独立经营条款”等的限制，限制行为能力人在以下三种情况下订立的合同有效：(1)如果未成年人以金钱履行合同中的给付，而其金钱系法定代理人为此目的或者为未成年的自由处分而给予，或者系第三人经法定代理人同意而给予的，未成年人未经法定代理人同意而订立的合同自始有效；(2)如果法定代理人取得监护法院的许可，授权未成年人独立经营，未成年人对于其经营范围内的法律行为的行为能力不受限制，但法定代理人需取得监护法院许可始得采取的法律行为除外；(3)为纯取得法律上的利益的行为，未成年人未经法定代理人同意而订立的合同自始有效。

除此之外，《法国民法典》还有解除亲权的制度。其第 488 条规定，年满 18 周岁为成年，有能力为一切民事行为。未成年人为不能实施法律行为能力的人，未成年人只有通过解除亲权而依法获得行为能力。根据此项规定，不到 21 岁的未成年人因结婚而解除亲权；年满 16 岁的未成年人虽然没有结婚，也可由父母请求监护法官宣告解除亲权，成为民事行为能力人，但是不得从事商业活动。在保护未成年人的同时，为了维护交易的安全，未成年人订立的合同有效：一是未成年人如果用欺诈手段使相对方误认为其具有行为能力而订立的合同有效；二是未成年人订立的合同如果不存在对未成年人的损害，则合同有效。

二、要约

(一)要约定义

《国际商事合同通则》规定，一项订立合同的建议，如果十分确定，并表明要约人在得到承诺时受其约束的意旨，即构成一项要约。要约在外贸业务中也称为发盘或者发价，是指一方希望与另一方订立合同的意思表示，即一方向另一方提出愿意根据一定条件与对方订立合同，并含有一旦该要约被对方承诺，即对提出要约的一方产生约束力的一种意思表示。其中提出要约的一方称为要约人，对方则称为受要约人。

(二)要约有效的条件

一项有效的要约，应当符合以下条件：

1. 要约的目的必须是为了订立合同

要约人必须明确表达愿意按照要约中所提出的条件与对方订立合同并接受合同约束的意思表示，并且受要约人对要约予以承诺，那么合同即告成立，不需要再征求要约人的同意；否则，就不是要约，而是要约邀请。

要约邀请又称为要约引诱。我国《合同法》第 15 条规定，要约邀请是希望他人向自己发出要约的意思表示。要约邀请的目的不是为了订立合同，而是为了邀请别人向自己发出要约。例如在一些商业活动中，有一些公司或者个人经常向交易对方发送邮件，介绍自己的产品，其内容包括价格、产品规格、质量等,这些都是要约邀请,而非要约。要约是向一个或一个以上特定的当事人发出,而要约邀请则是向不特定的公众做出。最典型的如广告,广告一般不能构成要约,因为它是向不特定的社会公众发出的;但是英美法认为,如果一项广告的文字明确、肯定,足以构成一项允诺,那么也可以构成要约。除此之外,还有一个特例,就是悬赏广告。悬赏广告与普通广告不同,它是借助广告的方式做出,对完成广告中某种特定行为的人给予奖励。各国法律一般都认为其是要约。

【案例】

卡里尔诉石炭酸烟丸公司案

被告石炭酸烟丸公司在报纸上刊登广告,声明如果有人在特定期间内以特定的方式使用他们所生产的石炭酸烟丸却仍然得了流行性感冒,则他们将向这人支付100英镑。他们还声明,为了表示他们对此事的慎重,已经向某银行(写有此银行的名称)存入了1 000英镑。原告卡里尔因相信被告广告的准确性而在牛津大街的一家药店买了这种石炭酸烟丸,并且按照说明使用,结果还是得了流行性感冒。因此,原告要求被告支付100英镑。

法院最终判决公司败诉,认为1 000英镑的情况说明,应视为对要约具有诚意的证明,这种要约即有可能被许多人承诺,而该案的卡里尔是在履行所规定的条件情况下承诺的,所以合同已经成立。

(资料来源:谢林、张净主编:《英国合同法案例选评》,对外经济贸易大学出版社2006年版)

【案例】

雷恩·马谢尔公司诉普罗拉多过滤器分公司案

1977年,原告收到一份由被告寄出的广告性的通函,其中附有若干种可供选择的购买普罗拉多牌商品的订单。依通函中的说明,购买每一种商品,买方均可得到回扣。回扣依订单金额的大小而不同。其中一项规定,购买10万镑的普罗拉多牌产品,普罗拉多公司将赠送一辆1978年产全新的布伊克·厄勒克特拉牌汽车和一架柯达一次成像相机。汽车和相机的零售报价为17 450美元,买主只需为此再付500美元。原告在读了这一通函之后,将一张认购10万磅以上普罗拉多牌石油过滤器的订单寄给被告,并要求得到上述回扣。在收到这一订单之后,普罗拉多打电话给原告说,该订单没有被接受。此后,被告没有交货和支付回扣,原告也没有付款。原告提起这一诉讼,要求被告履行合同义务。

法院判决,被告寄出的小册子不是一个要约,原告的订单才是要约。该要约并没有被接受。

(资料来源:王军、戴萍著:《美国合同法案例选评(二)》,对外经济贸易大学出版社2006年版)

2. 要约的内容具有确定性

要约内容的确定性,是指要约的内容应当包括合同的主要条件,一旦受要约人做出承诺的行为,就可以使得双方的合同得以成立。就这一点,各国有比较一致的要求。如我国《合同法》第12条规定:合同的内容由当事人约定,一般包括以下条款:(1)当事人的名称或者姓名和住所;(2)标的;(3)数量;(4)质量;(5)价款或者报酬;(6)履行期限、地点和方式;(7)违约责任;(8)解决争议的方法等。美国《统一商法典》规定,即使买卖合同中对某一项或某几项条款没有做出规定,但是只要当事人之间确有订立合同的意思,并有合理的确定的依据给予相应的补救,合同仍然成立。如在货物买卖合同中,要约必须明确货物的数量或剂量的方法,其他可以日后确定，发生争议后，由法院依据所谓合理的标准进行确定。

3. 要约必须传导到受要约人时才能生效

关于要约生效的时间，大陆法系认为是到达生效，英美法系国家认为要约生效的原则为投邮生效。要约是订立合同的意思表示，应送达受要约人，否则受要约人就无法表示是否接受。例如，一方当事人甲向另一方当事人乙发出要约：希望购买空调 50 台，每台 2 000 元，送货上门，货到付款。与此同时，当事人乙也向甲发出一个要约：希望出卖空调50 台，每台 2 000 元，送货上门，货到付款。在这种情况下，一方要买同时另一方要卖，而且条件完全一致，合同是否自动成立呢？答案是否定的。这种行为叫做"交叉要约"，合同不能自动成立的原因是因为要约没有传达到对方。

（三）要约的约束力

要约的约束力包括两个方面，一是要约对要约人的约束力，二是要约对受要约人的约束力。

1. 对受要约人的约束力

要约对于受要约人没有约束力，受要约人可以接受要约也可以不接受要约，只享有法律赋予的承诺的权利，没有承诺的义务。但是日本、德国商法中有相关例外规定，即惯常客户的要约，怠于拒绝者视为承诺。

2. 对要约人的约束力

要约对要约人的约束力，是指要约人在发出要约之后，对方承诺之前，能够对已经发出的要约予以撤回或者撤销。

要约的撤回是指在要约发出之后，要约达到受要约人之前，要约人取消自己要约的行为。按照各国的法律，要约必须送达受要约人才能生效，因此在要约到达受要约人之前，要约尚未生效，所以要约是可以撤回的。撤回要约的通知应当在要约达到受要约人之前，或者与要约同时送达受要约人。例如，以书信快递的方式寄出的要约，一般有一个周期，在要约寄送到受要约人之前，要约人可以采用更为快捷的方式，如电话或者 email 的方式将要约撤回。

要约的撤销是指在要约生效以后承诺做出之前，使得要约得以消灭的行为。对此，各国的规定均不尽相同。英美法系一度认为，要约原则上对要约人没有约束力，要约人在受要约人对要约做出承诺之前，任何时间都可以撤销要约或者变更要约的内容。这一规定使得要约对于受要约人缺乏应有的保障。因此，英美两国对上述法规进行了修订，美国《统一商法典》规定，要约即使没有对价支持，对要约人仍具有约束力。法国法原则上认为受要约人做出承诺之前，要约人可以撤销要约，但是如果要约有效期内或一段合理时间内不适当地撤销要约，需对受要约人承担损害赔偿的责任。德国法则不同，认为要约原则上对受要约人有约束力，除非要约人在要约中注明有不受约束的词句。

由于各国在这一问题上的法律规定不同，给国际贸易带来了不便，因此《联合国国际货物销售合同公约》（简称《公约》）对这一问题进行了规定：要约在其被受要约人接受之前，原则上是可以撤销的，但是有下列情况之一则不能撤销：一是要约写明承诺的期限，或以其他方式表明要约是不可以撤销的；二是受要约人有理由信赖该项要约是不可撤销的，并已本着对该项要约的信赖行事。

【案例】

2001 年 11 月 25 日，德国 A 公司向香港 B 有限公司发出如下要约：Jettish 彩色复印机 2 000台，每台汉堡船上交货价（FOB）4 000 美元，即期装运，要约的有效期截止到 12 月 30 日。

A公司发出要约后，又收到了巴黎某公司购买该种型号复印机的要约，报价高于A公司发给香港B有限公司的要约价格。由于当时香港B有限公司尚未对该要约做出承诺，故而A公司于12月15日向香港B公司发出撤销11月25日要约的通知，而后与巴黎方面的公司签约。但是，12月22日，A公司收到了香港B有限公司的承诺，同意德国A公司的要约条件，并随之向A公司开出了不可撤销的信用证，要求A公司履行合同。后因A公司未履约，香港B公司诉诸瑞典斯德哥尔摩仲裁庭，要求A公司赔偿损失。A公司的律师辩称，该公司于2001年11月25日发出的要约已于12月15日被该公司撤销，该要约已失去效力，因而B公司12月22日的承诺没有效力，购销合同没有成立。

请问：

(1)A公司的辩称是否成立，A公司11月25日发出的要约能否被撤销？

(2)A公司与B公司之间是否存在有效的买卖合同？

(四)要约的失效

导致要约失去法律效力的情形主要有以下几种：

(1)要约有效期已过，未规定有效期的，则具体由法院来确定“合理的时间”。

(2)受要约人拒绝或提出反要约。

(3)要约人撤回或者撤销要约。

(4)因出现法定的事由，如约定的标的物灭失、遭政府禁运、承诺前当事人丧失行为能力等。

三、承诺

(一)承诺的概念

承诺是受要约人对要约的内容表示同意的一种意思表示。要约一经承诺，合同即告成立。一项有效的承诺应当具备以下条件：

(1)承诺必须由受要约人或其代理人做出，非受要约人无权做出承诺。

(2)承诺必须在要约的有效期限内做出，没有规定有效期的，应在合理的期限内做出。如果受要约人在要约期限届满后做出的承诺，称作迟到的承诺或逾期承诺，一般而言它不是承诺，而是一项新的要约，经原要约人承诺后合同才能成立。但为了尽可能地促成交易，国际上普遍承认以下两种情况视为有效承诺：一是受要约人在要约中规定的合理期限内做出承诺，按照通常的情形应该能够达到要约人，但由于承诺人以外的其他原因导致承诺逾期，除非要约人及时通知受要约人因承诺超过期限不接受该承诺外，承诺原则上有效。二是受要约人超过要约中规定的有效期做出承诺，要约人及时地、毫不延迟地通知受要约人该承诺有效的，那么该项逾期承诺依然有效，合同可以成立。

(3)承诺的内容必须与要约的内容完全一致。我国《合同法》规定，有关合同标的、数量、质量、价款或报酬、履约期限、履行地点和方式、违约责任和解决争议方法等的变更，是对要约内容的实质性变更。承诺对要约的内容做出非实质性变更的，除要约人及时表示反对或者要约表示承诺不得对要约的内容做出任何变更的以外，该承诺有效，合同的内容以承诺的内容为准。

【案例】

路德特克工程公司诉印第安纳石灰石公司案

1978年2月20日，被告寄给原告一份报价单。其中写道：(1)印第安纳石灰石公司愿向路德特克工程公司提供70 000吨石灰石，每吨价格为10.15美元；(2)本价格包括运费。货物将在1978～1979年发运。1978年6月1日，原告向被告发出一份购买70 000吨石灰石的订单。原告在这份订单中要求被告从1978年6月24日开始发货，每天发1 5 00吨。按这一要求，货物应在1978年11月运完。由于种种原因，被告未能在这一期限内发运完这批货。实际上，原告收到最后一批货的时间是1979年8月。原告向法院起诉，称被告未能在合同规定的期限内履行合同义务，要求被告赔偿由于延误了原告从事的工程建设而导致的797 700美元的损失。

法院判决，被告在2月20日寄出报价的信件是一个向原告出售石灰石的要约，原告发出的订单是对该要约的承诺。原告向被告提出的在特定期限内完成交运的要求"实质性地改变了"该要约。双方并没有就交货进度达成协议。被告是在合理的期限之内交运这批货物的，因而并没有违反合同。

（资料来源：王军、戴萍著：《美国合同法案例选评(二)》，对外经济贸易大学出版社2006年版）

(4)承诺的传递方式应当符合要约的要求。要约人在要约中如果对承诺的传递方式进行限定，那么受要约人必须按照规定的方式或更为快捷的方式传递承诺，这是各国法律普遍接受的观点。如果要约中对承诺的方式没有加以限定，那么承诺可以采用与要约相同的传递方式或者更为快捷的方式。

(二)承诺生效的时间

承诺一旦生效，合同即告成立。关于承诺何时生效，两大法系有不同的规定。英美法采取的是"投邮主义"，即在以邮寄信函方式承诺时，承诺一经投邮立即生效，即使表示承诺的信函在传递的过程中灭失，也不影响合同的成立。如《美国合同法重述(Ⅱ)》第64条规定："除非要约有相反的规定，(a)以某种方式或要约规定的媒介做出的承诺是有影响力的，并且一经受要约人做出，不管是否到达要约人，即构成了双方当事人一致的意思表示；但是(b)选择权合同项下的承诺直到该承诺到达要约人才开始生效。"

大陆法系中德国明确采用"到达主义"的原则，即受要约人做出承诺后，该承诺到达要约人时才生效，合同也在此时成立。《德国民法典》第130条规定对不在场的人所做的意思表示的效力：在向另一方做出意思表示时，如果另一方不在场，意思表示以其到达另一方时发生效力。而日本和法国对于邮寄承诺生效时间的认定，与英美法相似。

【案例】

沃姆斯诉伯吉斯案

原告是一个选择权享有者的继承人，被告是该选择权的授予人。该选择权合同规定，选择权享有者如果要行使该选择权，必须在1977年8月20日之前或者当天用挂号信通知选择权授予人，以表达其行使该选择权的意图。原告在1977年8月20日寄出了行使选择权的通知，但被告没有收到该通知。

法院判决，原告恰当地行使了其选择权。

（资料来源：王军、戴萍著：《美国合同法案例选评(二)》，对外经济贸易大学出版社2006年版）

我国《合同法》第26条规定：承诺通知到达要约人时生效。承诺不需要通知的，根据交易习惯或者要约的要求做出承诺的行为时生效。采用数据电文形式订立合同的，收件人指定特定系统接收数据电文的，该数据电文进入该特定系统的时间，视为到达时间；未指定特定系统的，该数据电文进入收件人的任何系统的首次时间，视为到达时间。

（三）承诺的撤回

承诺的撤回是指承诺人在承诺生效之前，阻止承诺发生法律效力的一种意思表示。如上所诉，由于英美法系以及部分大陆法系国家实行投邮主义，因此承诺是不可以撤回的。大陆法系中，如德国采用的是到达主义原则，在承诺到达要约人之前，承诺还未生效，如果承诺人采用更为快捷的方式将撤回承诺的通知在承诺通知到达要约人之前或者与承诺通知同时到达要约人，那么就可以成功撤回承诺。《国际商事合同通则》（简称《通则》）、《公约》以及我国《合同法》均承认承诺是可以撤回的，采用的是承诺到达主义原则。

四、对价与约因

（一）对价

对价是指一方为取得合同权利而向另一方支付的代价。比如，甲将 10 台电视机卖给乙，乙同意支付 2 万元，那么乙同意出 2 万元是甲转让 10 台电视机所有权给乙的对价。对价应当符合以下条件：

（1）对价必须合法。例如，买卖走私物品的合同，由于作为合同对价的标的物是非法的，所以这种合同是无效的。

（2）对价应是待履行的或者是已经履行的，过去的对价不是对价。如前述电视机买卖的案例。如果乙允诺将来会支付 2 万元给甲，此项允诺还没有履行，属于待履行的对价。如果甲在提出卖 10 台电视机后，乙立即拿出 2 万元进行了支付，那么乙的行为属于已经履行的对价。过去的对价是指允诺做出之前已经履行完毕的对价。一般而言，过去的对价不是对价，但存在以下两种例外：一是如果一方应对方的请求为对方提供了某种服务，日后对方允诺给予报酬，这项过去的对价是有效的。美国许多州还把这种例外的原则进行了推广，认为只要这种行为是在紧急情况下做出的，则在完成此种行为后，如对方允诺给予报酬，该项行为可以作为此项报酬的对价，此项允诺即具有约束力。二是允诺人对受诺人负有道德上的义务时，过去的对价成为对价。

【案例】

韦布诉麦克戈文案

1925 年，原告韦布受雇于一家木材公司。一天，原告在公司的锯木厂清理木材。当他把楼上摆放的一堆圆木一根根掀落到楼下时，突然发现麦克戈文从楼下经过，他正搬动的一个圆木如果落下去，将恰好砸在麦克戈文的身上，使其受到致命的伤害。为了救麦克戈文，原告紧紧抱住圆木的一端，使其下落的方向改变。结果麦克戈文得救了，原告却跌到楼下，造成终身残废，丧失了劳动能力。为了报答原告，麦克戈文答应每两周付给原告 15 美元直到原告死亡为止，以维持其生活。这笔钱从 1925 年 9 月付到 1934 年 1 月麦克戈文去世。以后，麦克戈文的继承人拒绝继续支付这笔钱。于是，原告对该继承人提起这一诉讼。

法院判决，一项确定的原则是，当诺言人收到一项实质性的利益时，一种道德上的义务就成为使一个事后做出的给付金钱的许诺产生约束力的充分的对价。

（资料来源：王军、戴萍著：《美国合同法案例选评（二）》，对外经济贸易大学出版社 2006 年版）

（3）对价应当充足，但是不需要完全等价。但是，如果对价很不充足，以至于形成显失公平的合同，法院可以拒绝强制履行该合同。

【案例】

小威廉的叔叔老威廉在小威廉15岁的时候，曾答应向小威廉支付5 000美元，条件是小威廉在21岁之前不喝酒、不吸烟、不赌博。小威廉如实履行了叔叔的要求，但一直未能得到老威廉所答应的5 000美元。法院认为：本案中，受约人享有法律上的权利使用烟草或偶尔喝酒。为了得到要约人答应支付的5 000美元，受约人在几年的时间里放弃了自己的合法权利，限制了自己的合法的行为自由，充分履行了要约人所提出的条件，这足以构成支持要约人约定的对价。至于受约人的履行是否实际对要约人有益并不重要，法院对此将不做探讨。

(4)已经存在的义务或法律上的义务不能成为对价。例如，某人悬赏，如有人能够找到自己失踪的女儿，就悬赏10万元。如果一名警察找到了其女儿，那么是得不到悬赏金额的，因为警察寻找失踪人士，是警察法律上的义务，不构成对价。

(5)对价必须来自于受允诺人或其代理人。

【案例】

英国特威德尔(Tweddel)诉阿特金森(Atkinson)案(1861)

原告即将与威廉斯·盖伊(Williams Guy)先生的女儿结婚，原告的父亲约翰·特威德尔(John Tweddel)与威廉斯·盖伊先生商量达成意见，两人分别给原告一笔钱，作为原告结婚的礼物。原告的父亲先支付了一笔钱，但威廉斯·盖伊先生还未支付那笔钱就去世了。于是，原告起诉威廉斯·盖伊先生的遗产管理人，要求偿付那笔钱。

法院判决，驳回起诉。因为原告虽然受有利益，但是他本人对于威廉斯·盖伊先生的允诺并未支付任何对价，因而没有起诉权。

(资料来源：何宝宇著：《英国合同法》，中国政法大学出版社2006年版)

随着商业的发展需要，传统的对价理论开始受到挑战。按照对价理论，当事人签订合同之后，如果要改变原来的合同，或者债权人要放弃自己的债权，就会因为缺乏对价而不能实现。因此美国《统一商法典》明确规定，关于改变现有合同的协议，即使没有对价，也有约束力。此外，美国法中还规定了"不得自食诺言"原则，认为如果允诺人在做出允诺时，预见到或者应当合理地预见到受允诺人会信赖其允诺而做出某种实质性的行为或者放弃去做某种行为，并导致受诺人的损失，只有强制执行该项允诺才能避免产生不公平的后果，那么，即使该项允诺缺乏对价，也应当强制执行。

(二)约因

约因，是法国和意大利的法律概念，一般有两种含义：一是只指当事人订立合同的理由或者其所追求的最直接的目的；二是指当事人通过合同所企图达到的最终最根本的目的。比如，某人想要卖房子，依据第一种含义，卖房子的最直接的目的是为了得到房子的款项，而依据第二种含义，当事人卖房子也许是为了看病或者避免过重的房产税收。法国《民法典》第1131条规定："无约因的债、基于错误约因或不法约因的债，不发生任何的效力。"但赠与合同属于例外情形，其订立无需约因，但应当在公证人面前以书面形式做成，并在公证人处留存合同的正本，否则合同无效。

五、合同的形式

合同的形式是指订立合同的当事人所达成的协议的表现形式。一般而言，可以将合同分为要式合同和不要式合同两种。要式合同是指必须根据法定的形式或者程序而订立的合同；不要式合同是法律上不要求特定形式而订立的合同。

对于合同形式的要求，两大法系国家存在一定差异。

(一)英美法系

英国法中有签字蜡封合同和简式合同。签字蜡封合同也称盖印合同，这种合同必须采用书面形式制作并且签字盖章。这种合同的成立无需对价，就能产生法律上的效力。英国法律规定，下列三种合同必须采用签字蜡封的形式：(1)转让传播的合同；(2)地产转让以及土地权益转让的合同，包括租赁土地在3年以上的合同；(3)转让船舶或其中份额的合同。在过去，签字蜡封合同的成立需要一种较为繁琐的仪式，但是现在做法已经从简，一般只需在书面合同上加一条标签，上面写上"Seal"或"L.S"，然后由允诺人把合同文件交给受允诺人就可以了。美国大多数州已经废止了签字蜡封合同，也就是说即使采用签字蜡封的形式，合同没有对价，也依然无效。

与签字蜡封合同对应的是，简式合同必须具有对价才能使合同有效。应当注意的是，简式合同并不等于不要式合同，简式合同也可能是要式合同。以下几种简式合同必须以书面形式做成：(1)要求以书面形式作为合同有效成立要件的合同，如本票、汇票、海上保险等。(2)要求以书面文件或备忘录作为证据的合同。这种合同不具备书面形式，并不会使得合同无效，但是不能以此作为证据来证明合同的存在，不能要求法院作为强制执行的依据，如保证合同、有关土地买卖或处分土地权益的合同。

美国《欺诈法》规定了四种必须以书面形式作为证据的合同，分别为不动产买卖合同、从定约时起不能在一年之内履行的合同、为他人带包债务的合同、价金超过500美元的货物买卖合同。但就价金超过500美元的货物买卖合同而言，《统一商法典》规定了例外情况，如果卖方已在实质上开始生产专为买方制造的、不宜于销售给其他买方的商品，则合同虽然没有采用书面形式，依然可以强制执行；如果合同已经部分履行，即使没有采用书面形式，对于已经履行的部分，具有强制执行力。

(二)大陆法系

法国法将合同的形式分为三类：公证合同、特殊书面合同、实践合同。除公证合同外，其他大多数合同均采取证据主义，并将合同的形式作为证据的要求。赠与合同、夫妻财产合同、债务代偿合同、抵押合同等经公证方能有效成立，否则原则上无效。公证在法国社会中起着十分重要的作用。特殊书面合同主要包括营业资产买卖合同、房屋推销合同、私人住宅建设合同、发明专利许可或者转让合同。这些合同需要具备书面方式。实践合同是以合同的标的物的交付为生效要件的，合同双方当事人意思表示一致，合同并不能成立和生效，必须以交付约定标的物为要件。

德国法奉行合同形式自由原则，要式合同乃系极少数合同类型，如赠与合同必须公证，土地转让合同必须登记，其余大多数合同都是不要式为原则。同时，德国法侧重将合同的形式作为合同生效的条件，缺少法定形式的法律行为无效。

(三)中国法

我国《合同法》第10条规定："当事人订立合同，有书面形式、口头形式和其他形式。法律、行政法规规定采用书面形式的，应当采用书面形式。当事人约定采用书面形式的，应当采用书面形式。"依照法律规定，国际货物买卖合同、技术进出口合同、融资租赁合同、技术开发与转让合同、建设工程合同、证券承销合同等应当采取书面形式；中外合资经营企业合同、中外合作经营企业合同以及中外合作开采自然资源合同等应当是需要经过批准才能生效的合同；记名股票和债权转让合同、不动产转让合同以及车船转让合同等应以登记为对抗要件的合同。

六、缔约过失责任

缔约过失责任是指在合同订立过程中，一方当事人故意或者过失违反先合同义务，造成对方当事人信赖利益损失时，依法应当承担的民事赔偿责任。缔约过失责任发生在合同成立之前，因此又称先合同责任。英美法没有关于缔约过失的概念，但在普通法上承认当事人违反诚信义务的过失责任，同时保护当事人的信赖利益。《欧洲合同法原则》规定，当事人有磋商自由，对没有达成合意不负责任。但是如果一方当事人所为磋商或者终止磋商有悖于诚实信用，则对由此给对方当事人造成的损失负责；如果在磋商过程中一方当事人透露了秘密信息，无论事后是否达成合同，另一方当事人均有义务予以保密并不得利用该秘密进行营利。

我国《合同法》第 42 条确立了缔约过失责任制度，其规定："当事人在订立合同过程中有下列情形之一，给对方造成损失的，应当承担损害赔偿责任：(一)假借订立合同，恶意进行磋商；(二)故意隐瞒与订立合同有关的重要事实或者提供虚假情况；(三)有其他违背诚实信用原则的行为。"第 43 条规定："当事人在订立合同过程中知悉的商业秘密，无论合同是否成立，不得泄露或者不正当地使用。泄露或者不正当地使用该商业秘密给对方造成损失的，应当承担损害赔偿责任。"

由上可以看出，缔约过失责任具有以下特点：第一，产生于缔约过程中，合同成立之前。如果合同已经成立并生效，那就不能适用缔约过失责任，而应当追究其违约责任。第二，以诚实信用原则为基础。当事人在缔约过程中应当相互协助，履行通知、说明、照顾、保密、保护等附随义务。如果一方当事人在没有真实意图想与对方达成合意的情况下与对方进行磋商，则有悖于诚实信用原则。第三，必须存在当事人信赖利益的损失。所谓信赖利益是指一方基于对另一方将与其订约的合理信赖所产生的利益；信赖利益的损失是指因一方的缔约过失行为而使合同不能成立或无效，导致信赖人所支付的各种费用和其他损失不能得到补偿。

【案例】

新天利有限责任公司与丽华工厂进行磋商，就成立一个新公司达成合意。新天利有限责任公司要将合同带回本部，加盖公章才能正式生效。临行前，新天利法定代表人提出丽华工厂需先征用公司所用的土地并培训自己的工人后，新天利方能在合同上盖章。丽华工厂出资1 000万元征用土地并培训工人，征地和培训工人即将完成时，新天利提出因市场行情变化，无力出资设立新公司，要求中止与丽华工厂的合作。丽华工厂遂起诉到法院。

请问：新天利有限责任公司与丽华工厂的合同是否成立？新天利有限责任公司应承担什么责任，为什么？

第三节　合同的效力

合同的效力是指已经成立的合同是否能对当事人产生约束力。合同成立与合同生效是两个不同的概念。当事人意思表示一致，合同即可成立；但是必须具备生效要件才能够产生法律效力，如：附条件的合同，条件成就，合同才能生效；附时间的合同，时间届至时合同才能生效。一般而言，各国对于合同的生效要件可以归纳为当事人具备相应的民事行为能力、意思表示真实、合同内容合法、不违反公序良俗等方面。

一、无效合同

无效合同是指因违反法律、法规要求，不发生法律效力的合同。契约自由是合同推崇的一项基本原则，它是指凡有缔约能力的人，都可以按照自己的意愿自由订立合同，也就是说当事人可以自己决定是否订立合同、选择跟谁订立合同以及自主决定合同的内容。但契约自由并非没有限制，几乎所有的国家都对违反法律的合同进行了规定。

英美法认为，一项有效的合同必须具有合法的目标或者目的。以下三种合同是无效合同：违反公共政策的合同、不道德的合同、违法的合同。大陆法各国在民法典中对合同违法、违反公共秩序与善良风俗的情况以及其后果也做出了明确的规定。而何为违反善良风俗和公共秩序，要由法院根据案件的具体情况做出决定，法官有较大的自由裁量权。我国《合同法》第52条明确规定，有下列情形之一的，合同无效：(1)一方以欺诈、胁迫的手段订立合同，损害国家利益；(2)恶意串通，损害国家、集体或者第三人利益；(3)以合法形式掩盖非法目的；(4)损害社会公共利益；(5)违反法律、行政法规的强制性规定。同时，还规定，合同无效自始无效，因为该合同而取得的财产必须予以返还，不能返还的，应当折价补偿，有过错的一方应当赔偿对方因此所受到的损失，如果双方都有过错的，各自承担相应的责任。当事人恶意串通，损害国家、集体或者第三人利益的，因此取得的财产收归国有或者返还集体、第三人。合同部分无效，不影响其他部分的效力，其他部分依然有效。

【案例】

伯斯诉布鲁克斯川案

被告布鲁克斯川是一名妓女，她从原告伯斯处雇了一辆马车(一匹马，车厢封闭)，事后不付租金。原告遂提起诉讼要求被告支付租车费用。陪审团裁决认为被告将马车用于不正当目的，而且原告知道被告的使用目的。法院判决被告胜诉，原告因此提起上诉。

一项确定的公共政策是涉及卖淫的合同是不能强制执行的，因此妓女不能通过起诉获得她的费用。本案涉及的是妓女为招徕顾客而租用马车的合同。法官认为，该合同的目的是为了促成非法卖淫活动的完成，法院不应当鼓励出租人的这种行为，如果法院判决妓女需支付租金，则这类出租行为(包括出租马车、房屋等)就会变得合法，从而促进了卖淫活动的滋生。因此，出于这项公共政策的考虑，出租人不能得到强制执行租金。

(资料来源：谢林、张净主编：《英国合同法案例选评》，对外经济贸易大学出版社2006年版)

二、效力待定的合同

效力待定合同，是指合同已经成立，但因其欠缺有关生效要件的规定，合同的效力尚未确定，一般须经有权人表示承认才能生效，主要包括附条件的合同、附期限的合同、主体不合格的合同、无代理权的合同、无处分权的合同等几种。

(一)附条件的合同

附条件合同，是指当事人在合同中特别规定一定的条件，以条件是否成就来决定合同效力的发生或消灭的合同。合同中所附的条件需要满足以下要求：(1)必须是将来发生的事实；(2)必须是不确定的事实；(3)必须是当事人约定而不是法定的事实；(4)必须是合法的事实；(5)不得与合同内容相矛盾。例如，“若将此屋卖给丙，则租给你”。我国《合同法》第45条规定：当事人对合同的效力可以约定附条件。附生效条件的合同，自条件成就时生效。附解除条件的合同，自条件成就时失效。当事人为自己的利益不正当地阻止条件成就的，视为条件已成就；不正当地促成条件成就的，视为条件不成就。

（二）附期限的合同

附期限的合同是指当事人在合同中设定一定的期限，作为决定合同效力的附款。所谓期限，是指当事人以将来客观确定到来之事实。附条件与附期限的合同的区别在于：作为条件的附款必须是将来客观上不确定的事实，如果不属于将来或该事实是确定要发生的，则不能成为条件附款；而期限是以将来确定的事实的到来为客观的，如果不属于将来或不是确实的事实，则不能成为期限附款。根据我国《合同法》第46条规定，当事人对合同的效力可以约定附期限。附生效期限的合同，自期限届至时生效；附终止期限的合同，自期限届满时失效。

（三）主体不合格的合同

主体不合格的合同主要是指限制民事行为能力以及无民事行为能力人签订的合同。按照各国法律，主体不合格的合同一般都列入效力待定的合同范围。限制民事行为能力人订立的合同，必须经法定代理人追认后，合同才有效，但纯获利益的合同或者与其年龄、智力、精神健康状况相适应而订立的合同，不必经法定代理人追认。相对人可以催告法定代理人在一个月内予以追认。法定代理人未作表示的，视为拒绝追认。合同被追认之前，善意相对人有撤销的权利。撤销应当以通知的方式做出。德国、法国都有此类规定，只是对催告的方式，法国规定必须采用书面形式，德国口头催告也可以。

（四）无代理权的合同

我国《合同法》第48条规定，行为人没有代理权、超越代理权或者代理权中止后，以被代理人名义订立的合同，未经被代理人追认，对被代理人不发生效力，由行为人承担责任。相对人可以催告被代理人在一个月内予以追认。被代理人未作表示的，视为拒绝追认。合同被追认前，善意相对人有撤销的权利。撤销应当以通知的方式做出。与此同时，还有表见代理的规定。

（五）无处分权的合同

无处分权的合同是指行为人没有取得处分他人财产的权利，却以自己名义擅自签订处分他人财产的合同。无处分权行为是否发生效力，取决于权利人追认或处分人是否取得处分权。

当无处分权合同不发生法律效力即无效时，如何维护善意相对人的利益，是非常重要的一个问题。例如，A托B保管照相机，B在没有征得A的同意下，将照相机有偿卖给了不知情的C，如果A对于B的行为不予追认，那么B与C之间的合同是否有效呢？这就要看C是否为善意取得人。所谓善意取得，是指动产或不动产占有人以动产或不动产所有权的移转为目的，将他人的财产转移占有给第三人时，如第三人出于善意并且有偿取得该动产，法律即认定第三人取得该物的所有权，该物的原所有人不得行使其追及权。善意取得应当满足以下条件：(1)受让人取得的财产可以为动产或者不动产；(2)转让人无权处分（无权处分和处分权受到限制）；(3)受让人必须通过交换的方式有偿取得财产；(4)受让人取得财产时出于善意；(5)转让的财产已经完成交付或者登记。

三、可撤销的合同

合同是当事人意思表示一致的结果，如果意思表示不真实，那么这类合同的效力应当如何认定？做出不真实的意思表示的一方是否可以要求撤销合同？以下就因错误、欺诈、胁迫、显失公平等情况下订立的合同进行探讨。

（一）错误

错误是指合同当事人因对其行为的性质、对方当事人、标的物性质等事实发生误解而做出了不真实的意思表示。各国法律都承认，在某些情况下，当事人基于错误而订立的合同是可以主张撤销或主张无效的，但并非任何意思表示错误都会导致合同的无效或者可以撤销。

法国强调合同的标的物性质的错误以及合同当事人的错误。《法国民法典》第1110条规定，错误只有在涉及合同标的物的本质时，才构成无效的原因。例如，买方以为自己购买的是古董，但实际上只是一件现代艺术品。如果错误仅涉及当事人一方愿意与之订约的当事人时，不能成为无效的原因；但是另一方当事人本身被认为是订立合同的主要原因者，不在此限。例如雇佣合同，对合同当事人的身份、能力等就有特殊的要求。

《德国民法典》中的错误则包括三类：一是内容错误，即关于人的资格、物的性质的错误，如交易上认为重要，视为意思表示内容的错误；二是表示错误，即行为人自己对真实意思做出了错误的表示；三是传达错误，即传达人对表意人的意思表示传达不实所形成的错误。

至于对错误行为的撤销是否要以行为人主观有过错为要件，日本要求表意人对错误不存在重大过失，其他大多数大陆法国家都未做此种要求。

英国法认为，订约当事人一方的错误，原则上不能影响合同的有效性。如一方当事人对自己履约能力的估计错误，导致不能按时履行合同，是不能影响合同的效力的。但是，如果某项错误导致双方当事人之间根本没有达成真正协议时，才能使得合同无效，如将借贷当成了赠与。美国法认为，单方面的错误原则上不能要求撤销合同。至于双方当事人都存在错误时，也仅在该项错误涉及合同的重要条款、认定合同当事人或合同标的物的存在、性质、数量或有关交易的其他重大事项时，才可以主张合同无效或者要求撤销合同。

我国《合同法》第54条规定，因重大误解订立的合同，当事人一方有权请求人民法院或者仲裁机构变更或者撤销合同。行为人对行为的性质、对方当事人、标的物的品种、质量、规格和数量等的错误认识，使行为的后果与自己的真实意思相悖，并造成较大损失的，可以认定为重大误解。

【案例】

原告是一位硬币零售商。他对一个业余的硬币交易人——本案被告起诉，要求解除由原告向被告购买一枚原以为是1916年在丹佛铸造的一角钱的硬币的合同，并要求被告退还原告为购买这枚硬币而付给被告的500美元。丹佛造硬币目前已成为稀有之物，因而具有很高的市场价值。原告主张，双方对于该硬币的真实性的认识，发生了共同错误。原告提供的证据是，硬币上刻有的表明丹佛制造的"D"字是伪造的，但被告并没有对此表示过怀疑。

这是一个典型的涉及共同错误的案例。对于共同错误的情况，《美国合同法重述Ⅱ》第152条规定：如果当事人双方在合同订立时的错误是就合同赖以订立的基本假定而发生的，该错误对双方同意的对于履行的互换有重大的影响，那么，受到不利影响的一方便可以使该合同归于无效。

（资料来源：王军、戴萍著：《美国合同法案例选评（二）》，对外经济贸易大学出版社2006年版）

（二）欺诈

欺诈是指一方故意实施欺骗他人或隐瞒事实真相，使得他人陷入错误，并做出错误意思表示的行为。

大陆法认为，欺诈必须符合一定的条件：（1）有欺诈的行为；（2）欺诈人主观上实施欺诈是故意的，包括故意陈述虚假事实和故意隐瞒事实真相。如德国学者认为，一方有告知义务而忽略不做告知，构成欺诈。(3)欺诈行为使得表意人陷入错误。(4)欺诈行为必须达到有悖于诚实信用的程度。法国法规定，欺诈的结果将导致合同无效，德国法则规定欺诈的结果是导致合同可撤销。

英国法将欺诈称为"欺骗性的不正确说明"，并将不正确说明分为欺骗性的不正确说明、疏忽性的不正确说明和完全无意的不正确说明。所谓不正确说明系英美法的术语，是指一方在订立合同之前，为了吸引对方订立合同而对重要事实所做的一种虚假的说明。一般而言，商业广告中出现的一些不真实的吹嘘、夸耀，不构成不正确的说明，除非当事人能够充分有效地证明误述人有欺诈的故意。欺诈性的不正确说明，蒙受欺诈的一方可以要求赔偿损失，并可以撤销合同或拒绝履行其合同义务。疏忽性不正确说明，是指一方非故意但有疏忽的不正确说明，蒙受欺诈的一方有权请求损害赔偿，并可以撤销合同。但这种情况下法官或仲裁员拥有自由裁量权，可以宣布维持原合同并裁定以损害赔偿代替撤销合同。完全无意的不正确说明，由于一方非故意也没有存在任何疏忽，所以蒙受欺骗的一方无权主动要求损害赔偿，只能由法官或仲裁员根据具体情况酌定是否可以损害赔偿代替撤销合同。

美国将不正确的说明与欺诈进行了区分，因为欺诈而订立的合同，受欺诈方可以撤销合同。而不正当说明，是非故意、无辜的表示，在不正当说明的情况下，除非其成了引诱一方当事人与之订立合同的因素，否则不正确说明不影响合同生效。

关于沉默是否构成欺诈的问题，大陆法认为一方有告知义务而忽略不作告知，才构成欺诈。英美法一般也认为单纯的沉默不构成欺诈，但存在以下几种特殊情况：(1)当事人在缔约过程中的陈述是真实的，但在合同签订之前，因情势发生了变化，导致之前真实的陈述变得不真实，则该当事人应主动更正陈述。(2)在合同的磋商过程中，陈述方告知与合同订立的有关情况，但只告知其中一部分而另外一部分没有告知，如果未告知的部分可能构成合同成立的重要要素时，当事人构成欺诈。(3)凡属于诚信合同，如保险合同，一方在订立合同时处于优势地位，掌握了合同的全部重要信息，所以该当事人有义务向对方披露实情，否则可能导致对对方当事人的不公平。

我国《合同法》规定，一方以欺诈、胁迫的手段订立合同，损害国家利益的合同无效；一方以欺诈的手段，使对方在违背真实意思的情况下订立的合同，受损害方有权请求人民法院或者仲裁机构变更或者撤销。当事人请求变更的，人民法院或者仲裁机构不得撤销。

【案例】

龙先生经营旧车买卖。他有一辆已经使用了4年的大众捷达车。杨小姐对这辆车颇感兴趣。这辆车曾发生过重大交通事故，对车体以及运输部件造成了实质性的损害。龙先生是这辆车发生事故后才买的，并且和他的雇员一起对这辆车进行了维修。在将轿车卖给杨小姐时，看不出汽车有过任何发生事故的迹象。

杨小姐没有向龙先生询问这辆车以前是否发生过事故，而龙先生也没有披露这辆车发生过重大事故的事实，因此杨小姐买下了这辆车。

杨小姐并不想要这辆发生过事故的轿车，要求撤销轿车买卖合同。龙先生主张，他并没有保证轿车没有发生过事故，而杨小姐也没有就此事询问过他。另外，他在估算轿车价格的时候已经将轿车发生过事故这一因素考虑在内。至少他有权请求杨小姐赔偿与其轿车已驶过的里程相当的款项。

请问：龙先生与杨小姐之间的合同是否可以撤销，为什么？

（资料来源：中华人民共和国商务部：《中国合同法比较法案例分析》，中国商务出版社2003年版）

（三）胁迫

胁迫是指以使人发生恐怖为目的的一种故意行为。因胁迫而订立的合同应具备下列要件：(1)胁迫人有胁迫的故意。这包括两层含义，胁迫者意识到自己的行为将造成受胁迫者心理上的恐怖而故意进行威胁；并希望通过胁迫行为使受胁迫者做出一定的意思表示。(2)有胁迫行为存在，胁迫既可以是对将要发生的损害进行威胁，也可以是对直接面临的损害进行威胁。(3)表意人因为胁迫而产生恐惧，并与胁迫人订立了合同。表意人产生胁迫的标准应当以特定的受害人而不是一般人在当时情况下是否感到恐惧为标准加以判断，即使一般人不感到恐惧，但是表意人感到恐惧，也可以构成胁迫。(4)胁迫行为是不当或违法的。德国法规定，胁迫必须以违法为要件，包括目的违法、手段违法以及目的和手段都违法。

英美法中除了一方当事人对另一方的人身实施暴力威胁行为之外，还存在经济胁迫的概念，是指一方当事人以经济上或商业上的压力等非暴力手段迫使处于劣势的对方当事人与其订立合同的行为。构成经济胁迫的要件有两个：一是存在某种压制或支配受害方当事人意志的经济事实，并因此破坏了当事人之间的协议性质；二是这种压力是不合法甚至违法的，如以违反或不履行合同相威胁。

英美法为了弥补胁迫制度适用的范围过于狭窄，又创设了不正当影响的概念。不正当影响是指当事人基于非正当的间接压力和引诱，使对方被迫订立合同。其与胁迫的区别在于，不正当影响是采取精神上、智力上或道义上的间接形式实施，而不适用暴力或以暴力相威胁。依据当事人是否存在特殊的关系分为两类：一类是推定的不正当影响，主要是特定当事人之间，如医生病人、教师学生之间等，法律推定其所订立的合同存在不正当影响；另一类是实际的不正当影响，当事人之间不存在特殊关系，但一方当事人因为依赖对方并受到其引诱或压力而与另一方订立合同。以上两类处于劣势的一方当事人享有撤销权。

【案例】

不正当影响——银行和客户

摩根夫人和她的丈夫将拥有的一所房子抵押给了建筑社团。由于无法偿债，建筑社团要求占有房屋。原告银行向这对夫妻提供再贷款以缓解建筑社团的压力，但摩根夫妇需将房屋再次抵押给银行。摩根先生立即同意了这一条件。但当银行经理要求摩根夫人签署该抵押契据时，她希望能获得保证，即贷款不会再用于丈夫的生意而是用于偿还建筑社团的欠款。银行经理向她做了保证，她签署了该契据。后来，该贷款无法偿还，银行起诉要求占有该房屋。摩根夫人主张银行经理对她施加了不正当影响，而且在她和银行之间存在特殊关系，这种关系要求银行确保在她签署抵押契据之前接受独立的建议。

本案中，原告以存在事实上的推定不正当影响为由要求撤销合同。法院判决指出，银行和客户之间通常不会产生推定不正当影响，在银行的一般业务过程中，银行能够通过向客户解释拟进行的交易的性质，避免被提起不正当影响之诉。本案中银行从未"越界"，摩根夫人和银行之间并不存在普遍的信任关系，而且交易对摩根夫人也并非是不公平的。因此交易有效，银行有权占有房屋。

（资料来源：谢林、张净主编：《英国合同法案例选评》，对外经济贸易大学出版社2006年版）

（四）显失公平

显失公平是指一方当事人利用优势或者利用对方没有经验，致使双方的权利义务明显违反公平、等价有偿的原则。各国法律均有关于显失公平的规定，在显失公平的情况下订立的合同，准许遭受不利的一方请求撤销或者予以变更。如《美国统一商法典》规定，如果法院发现，作为一个法律问题，合同或合同的任何条款在合同订立时是显失公平的，法律可以拒绝强制执行该合同，或者只强制执行合同中显失公平的条款之外的其他条款，或者对显失公平的条款的适用加以限制以避免显失公平的后果。

我国《合同法》规定，显失公平的合同，当事人一方有权请求法院或者仲裁机构变更或者撤销。显失公平的认定包括主观条件与客观条件。显失公平的客观条件，就是当事人在给付与对待给付之间失衡或利益不平衡。有关利益平衡或不平衡的问题，应根据各种交易关系的具体情况加以认定，不能要求交易的给付与对待给付之间达到完全的对等，因为从事交易必然要承担一定的风险。显失公平的主观要件包括：(1)乙方利用优势。所谓利用优势是指一方利用其经济上的优势地位，使得对方难以拒绝对其明显不利的合同条件。利用优势与乘人之危有区别。利用优势并不需要对方处于危难之中，被利用的一方通常对于是否接受合同有一定的选择余地。(2)利用对方没有经验。主要是指对方欠缺一般的生活经验或交易经验，而不包括特殊经验。当事人订立合同时应当具备订约的基本知识，不能以这些经验具有特殊性、自己不了解为由而认为合同显失公平。

【案例】

韦弗诉美国石油公司案

被诉人美国石油公司将一个加油站出租给上诉人韦弗经营。双方签订的租赁合同中的一个免责条款规定，承租人将免除出租人所有发生于该出租的财产上的过失行为责任。后来，该石油公司的雇员把汽油喷到了韦弗和他的助手身上，使他们被烧伤。为了确定韦弗依该租赁合同应负什么责任，被诉人提起这一诉讼。

这是一个交给交易中的弱方的已经事先印好的格式合同。韦弗只读过一年半的中学。在承租这个加油站之前，从事过各种技术性的和非技术性的体力劳动。他不是那种懂得法律和理解技术性条款含义的人。签署该租约的整个过程是：美国石油公司的代理人把租约放在韦弗的面前，对他说“签吧”。韦弗就签了。法院判决，合同存在显失公平，可以撤销。

（资料来源：王军、戴萍著：《美国合同法案例选评（二）》，对外经济贸易大学出版社 2006 年版）

第四节　合同的履行

一、合同履行的原则

（一）一般规则

在合同履行的过程中，各国合同法通常规定，必须遵循以下基本原则：(1)全面履行原则，即当事人按照合同规定的标的物及其质量、数量，由适当的主体在适当的履行期限、履行地点以适当的方式，全面完成合同规定的义务。(2)协作履行原则，即当事人不仅适当履行自己的合同义务，而且应基于诚实信用原则要求对方当事人协助其履行债务的履行。例如，债务人履行合同债务，债权人应当适当受领给付；因故不能履行或不能完全履行时，以积极采取措施避免或减少损失，否则就要为扩大的损失自负其责等。(3)经济合理原则，即在履行合同时，应讲究经济效益，付出最小的成本，取得最佳的合同利益。

(二)合同条款的法定补缺

如果合同当事人双方对合同标的物的质量、价格、履行时间、地点和方式等没有约定或者约定不明，而双方又不能对上述事项达成补充协议的，各国都以立法的方式确立了当事人履行合同义务的规则，视为合同条款的法定补缺。

根据我国《合同法》第 62 条的规定：当事人就有关合同内容约定不明确，依照本法第 61 条的规定仍不能确定的，适用下列规定：(1)质量要求不明确的，按照国家标准、行业标准履行；没有国家标准、行业标准的，按照通常标准或者符合合同目的的特定标准履行。(2)价款或者报酬不明确的，按照订立合同时履行地的市场价格履行；依法应当执行政府定价或者政府指导价的，按照规定履行。(3)履行地点不明确，给付货币的，在接受货币一方所在地履行；交付不动产的，在不动产所在地履行；其他标的，在履行义务一方所在地履行。(4)履行期限不明确的，债务人可以随时履行，债权人也可以随时要求履行，但应当给对方必要的准备时间。(5)履行方式不明确的，按照有利于实现合同目的的方式履行。(6)履行费用的负担不明确的，由履行义务一方负担。

二、合同履行的抗辩

合同履行的抗辩是指在双务合同中，一方当事人对抗对方请求权或否认对方权利主张的权利。德国法和我国法律均有关于合同履行抗辩权的规定。这种抗辩权主要包括以下几种。

(一)同时履行抗辩权

同时履行抗辩权是指在双务合同中，一方在对方未履行合同义务前，有权拒绝对方请求自己履行合同。其适用情形为：合同为双务合同；双方明确约定应同时履行的，双方未约定履行先后顺序的，应推定同时履行；双方的债务均已届清偿期；一方当事人有证据证明同时履行的对方当事人不能履行合同或不能适当履行合同。同时履行抗辩权属于延期抗辩权，只是暂时阻止对方当事人请求权的形式，并不产生消灭对方请求权的法律效力。对方当事人完全履行了合同义务，同时履行抗辩权消灭，当事人应当履行自己的义务。如果当事人行使同时履行抗辩权导致合同延迟履行的，延迟履行责任由对方当事人承担。

(二)后履行抗辩权

当事人的履行义务根据合同的约定有先后顺序，在按约定应先履行的一方当事人没有履行合同或履行合同不符合约定的，后履行一方有权拒绝履行自己合同义务的权利。适用情形为：双务合同的双方当事人履行合同的顺序有先有后；先履行一方发生不履行或者不完全履行的情形。

(三)不安抗辩权

不安抗辩权是指双务合同有先为给付义务的当事人有证据证明对方不能履行义务，或者不能履行义务的可能时，在对方没有履行或提供担保之前，有权终止履行其自己的合同义务的权利。不安抗辩权是大陆法国家的制度，与英美法国家的预期违约制度相似。

我国《合同法》第 68 条规定，应当先履行债务的当事人，有确切证据证明对方有下列情形之一的，可以中止履行：(1)经营状况严重恶化；(2)转移财产、抽逃资金，以逃避债务；(3)丧失商业信誉；(4)有丧失或者可能丧失履行债务能力的其他情形。当事人没有确切证据中止履行的，应当承担违约责任。当事人依照本法第 68 条的规定中止履行的，应当及时通知对方。对方提供适当担保时，应当恢复履行。中止履行后，对方在合理期限内未恢复履行能力并且未提供适当担保的，中止履行的一方可以解除合同。

三、合同保全

合同保全是指为了防止债权人的债权因为债务人的财产的不当减少而遭受到危害，法律允许债权人不受合同相对性的约束，对债务人或者第三人的行为行使撤销权或代位权，以保护其债权。合同保全的特点：一是合同的保全是债的对外效力的体现。因债务人与第三人实施一定的行为致使债务人用来承担责任的财产减少，使得债权人的债权难以实现，法律允许债权人享有并行使代位权和撤销权。这两种权利都会涉及合同当事人以外的第三人，并对第三人产生法律效力。二是合同的保全主要发生在合同有效成立期间。三是合同的保全意在保障合同债权人权利的实现。

（一）代位权

代位权是指当债务人怠于行使其到期债权，对债权人造成损害的，债权人可以向法院请求以自己的名义代为行使债务人债权的权利。

1. 代位权的构成要件

（1）债务人须有权利存在。债务人必须对于合同以外的第三人享有权利，但并不是债务人所有的权利都可以成为代位权的行使对象。对于那些专属于债务人的权利不能行使代位权，如基于扶养关系、抚养关系、赡养关系、继承关系产生的给付请求权和劳动报酬、退休金、养老金、抚恤费、安置费、人寿保险、人身伤害赔偿请求权等权利。

债务人的权利主要是债权，也可以包括其他权利，如物权返还请求权、债务人对他人享有的担保物权、优先权等，也可以作为代位权的行使对象。

（2）债务人怠于行使其权利。怠于行使是指应当而且能够行使权利却不行使的行为。这包括两个方面：一是债务人若不及时行使该权利，该权利就可以消灭或者减值，例如债权因长时间不行使而导致时效届满而消灭；二是债务人不存在任何行使权利的障碍。怠于行使体现在根本不主张权利或延迟行使权利。如果债务人已向第三人提出了请求，或已经向法院提起诉讼，则不能认为是怠于行使权利。

（3）债务人已经陷入延迟。如果债务人的债务履行期限尚未届至，债权人不得行使代位权。对于履行期限不确定的债权以及无期限的债权，必须经过催告之后方能行使代位权。

（4）债务人怠于行使其权利损害了债权人的债权。如果债务人的现有财产足以满足债权，那么就不存在代为行使权利的必要，如果债务人的财产并不足以满足债权，那么债权人可以向债务人的债务人行使权利，保护自己债权的实现。

2. 代位权的行使及其效力

代位权的行使主体是债权人，债务人的各个债权人在符合法律规定的条件下均可以自己的名义行使代位权，无须征得债务人的同意，债务人的债务人（以下称次债务人）为代位权诉讼的被告。当一个债权人已经就某项债权行使了代位权，其他债权人则不得就该项权利再行使代位权。

债权人向次债务人提起的代位权诉讼，经人民法院审理后认定代位权成立的，由次债务人向债权人履行清偿义务，债权人与债务人、债务人与次债务人之间相应的债权债务关系即予消灭。在代位权诉讼中，债权人胜诉的，诉讼费由次债务人负担，从实现的债权中优先支付。

（二）撤销权

债权人撤销权是指债权人对债务人实施的危及债权人利益的减少财产行为，可以请求法院予以撤销的权利。

1. 撤销权的构成要件

债权人的撤销权构成要件分为客观要件和主观要件。

就客观要件而言，包括以下内容：

（1）债务人实施了法律上处分财产的行为。这种法律上处分财产的行为包括：债务人放弃或者延展其到期债权，以至于不能清偿自己的债务，给债权人造成损害的；债务人无偿转让财产，对债权人造成损害的；债务人以明显不合理的低价转让财产，或者明显不合理的高价收购他人财产，且受让人或者出让人明知或应当知道这种行为已经或可能侵害债权人利益的。

（2）债务人的处分财产的行为已经发生法律效力，如果债务人的行为并没有成立和生效，就不存在债权人撤销权行使的问题。

（3）债务人的行为损害了债权。撤销权的行使，目的是为了恢复债务人的责任财产，只要债务人处分财产的行为减少了债务人的责任财产，严重损害了债权人的债权，就可以行使撤销权。债务人的责任财产的减少，既包括减少积极财产，如无偿转让自己的财产，也包括增加消极财产，如新负债务等。

就主观要件而言，主要是指：

（1）债务人的恶意。债务人知道处分财产的行为会导致债权人权利的损害，却恶意为之。

（2）受益人恶意。受益人是指基于债务人的行为而取得利益的人。如果受益人在取得财产利益的时候，已经知道债务人所谓的行为有害于债权人的债权，那么就可以认定受益人具有恶意。

2. 撤销权的行使及其效力

撤销权的主体是因债务人不当处分财产的行为而使债权受到损害的债权人。如果债权人为多数人，可以共同享有并行使撤销权。债权人撤销权行使的方式必须由债权人以自己的名义向法院提起诉讼，请求法院撤销债务人的不当行为。此时，债务人为被告，受益人可追加为第三人，债权人行使撤销权所支付的律师代理费、差旅费等费用由债务人承担，第三人有过错的，应当适当分担。

行使撤销权的债权人，应当将所得财产列入债务人的责任财产中，作为一般债权人的共同担保，而无优先受偿的权利。

【案例】

孙甲于1999年6月10日向余某借款2万元购买东风牌大卡车一辆跑运输，约定两年后还款。由于孙甲驾驶技术不精，屡屡发生交通事故致人损害及车辆损坏，赔偿后，运输所得收入及家中原来积蓄所剩无几。两年后，借款期限届满，余某多次向孙催讨。孙甲称无力返还。2001年8月，孙甲为逃避债务，与其弟孙乙恶意串通，将卡车赠与孙乙，并办理了产权变更登记。2001年12月余某知道此事后，向法院提起诉讼，要求撤销孙甲的赠与合同。

分析：在债务人与第三人恶意串通损坏债权人利益的情况下，究竟应当由债权人行使撤销权，还是由法院认定债务人与第三人的行为无效。一部分学者主张，该合同属于无效合同，无需通过行使撤销权主张撤销。在法院认定行为无效后，当事人再依据债权人代位权，请求第三人返还债务人处分的财产。一部分学者认为，债务人与第三人恶意串通损害债权人利益的，只能由债权人行使撤销权，法院不宜认定为合同无效。在司法实践中，此类案件上述两种处理情况都有。

（资料来源：http://3y.uu456.com/bp-q441370f866fb84ae4sc8d48-1.html.）

第五节　合同的违约责任及救济

合同的违约责任是指合同当事人因违反合同义务所应当承担的责任。英美法中将违约责任称为违约补救，是指一方当事人的合法合同权利被另一方当事人非法违反时，法律授予受损害方的一定补偿。违约责任具有以下特点：第一，违约责任的发生以合同当事人不履行或不适当履行合同义务为条件。第二，违约责任具有相对性，不涉及合同关系以外的第三人。第三，违约责任已补偿性的责任为主。第四，违约责任是一种财产责任，可以由当事人在法定范围内予以约定。

一、违约责任的归责原则

违约行为是承担违约责任的必要条件，这一点无论是在大陆法系还是英美法系都被一致认同。但是就违约方主观上是否需要具有过错以及是否需要造成损害的后果，两大法系有不同的规定。

（一）大陆法系

《法国民法典》第1147条、《德国民法典》第276条都确立了在合同中的过错责任原则。如德国法规定，债务人必须对故意的或过失的不当行为负责，即对任何行使的过错负责。例外情况是，要求债务人根据基本的质量保证责任承担修理和更换的义务不需要债务人有过错。法国法则将过错进一步分为欺诈性过错、不可原谅的过错、重大过错以及一般过错。违约方的相对人如要求违约方赔偿损失，还需要证明违约造成了这些损失。

（二）英美法系

英美法系中，只要当事人没有履行在合同中约定的义务，即使没有过错也构成违约，并承担相应的法律责任，除非存在法定或者约定的免责事由。由此看来，英美法奉行的是无过错责任原则。如《美国合同法重述Ⅱ》第260条规定，如果合同的履行义务已经到期，任何不履行都构成违约。

（三）中国法

我国《合同法》第107条规定，当事人一方不履行合同义务或者履行合同义务不符合约定的，应当承担继续履行、采取补救措施或者赔偿损失等违约责任。对该法所确立的规制原则，到底是过错责任还是无过错责任，学界存在争议。

二、违约形态

违约的构成形态有各种不同的情况，各国法律对违约形态的规定亦不一样，导致违约一方所承担的违约责任也有所区别。

（一）英美法系

1. 英国法

英国法把合同的违约形式分为5种：违反条件、违反担保、违反中间性条款、先期违约和履行不能。

凡属于合同中的重要条款，称为“条件”，一方当事人违反了这些主要的或根本性的条款即为违反条件，对方有权解除合同，并可要求损害赔偿。例如，关于履约的实践、货物的品质、数量等条件，就属于合同的条件。至于究竟哪些事项能够构成合同的条件，英国法认为应当由法官根据合同的内容与当事人的意思做出决定。

违反担保是指违反合同的次要条款或附随条款。违反担保的法律后果与违反条件不同，在违反担保的情况下，蒙受损害的一方并不能解除合同，只能向违约的一方请求损害赔偿。如合同中有关支付时间的规定，除非当事人另有意思表示外，一般视为“担保”。在英国法中，当一方当事人违反条件时，受损害的一方既可以根据违反条件处理，也可以把违反条件作为违反担保看待，不解除合同而继续履行自己的义务，同时就对方违反担保要求损害赔偿。

违反中间性条款是为了避免简单的两分法（传统英国法将违约形态仅仅分为违反条件和违反担保两种）所带来的不便。它不是根据合同的条款是否重要来确定当事人是否有解除合同的权利，而是依据违约的性质和后果来确定违约补救的方式。如果合同中某些条款被违反，但如果仅是轻微的，而且采用损害赔偿的办法就可以弥补损失的，那么这种条款就可能被认为是中间性条款，需要视违反条款所带来的后果的严重性来确定是否有权利解除合同。

先期违约也称为预期违约，包括明示和默示两种。所谓明示，是指当事人在合同履行期限届至之前，就明确肯定地向另一方当事人表示他将不履行合同。所谓默示，是指在履行期限届至之前，一方当事人有确凿证据证明另一方当事人在履行期限届至时，将不履行或者不能履行合同，而另一方又不愿意提供必要的履行担保。在合同一方预期违约的情况下，法律允许另一方当事人行使合同的解除权并请求损害赔偿。

履行不能，是指债务人因种种原因不能履行其合同义务，包括自始不能和嗣后不能。自始就不能履行的合同无效，在当事人之间不产生权利和义务；嗣后不能的合同若因为不可归责于当事人的事由所致，当事人之间也没有权利和义务。

2. 美国法

美国法就违约的形态主要分为重大违约与轻微违约两种。重大违约是指一方当事人没有履行合同的义务或者履行的义务存在缺陷，致使另一方当事人依据合同所应该得到的主要利益落空，在这种情况下，守约方可以解除合同并要求损害赔偿。轻微违约是指违约方虽有违约情形，但守约方已经得到了交易的主要利益，那么守约方就不能解除合同，只能要求损害赔偿。美国法与英国法中的违反条件和违反担保十分相似，但是美国法更加注重合同的违约结果。

（二）大陆法系

德国法将违约形态分为给付不能与给付延迟，法国法则分为不履行与延迟履行。

德国法中给付不能与英美法中履行不能比较相似，只是在处理规则上有所区别。如德国法规定，自始不能的合同，如果一方当事人在订约时已经知道或可以得知该标的是不可能履行的，对于信任合同有效而蒙受损害的对方当事人应负赔偿责任；而嗣后不能的处理规则需要以债务人是否有过失而有所区别。给付延迟是指债务人在债务已届履行期，且债务是可以履行的情况下，债务人没有按照规定的期限履行合同的义务。给付延迟的法律后果也以债务人是否有过错而区别对待。

（三）中国法

我国《合同法》将违约分为预期违约与实际违约。预期违约的概念与英美法相似。实际违约又可以分为不履行合同与不适当履行合同。其中不适当履行合同又可以分为延迟履行、瑕疵履行和加害给付。

三、违约的救济方式

(一)实际履行

实际履行,是指一方不履行合同的义务时,另一方当事人有权要求其仍然按照合同的约定继续履行合同的一种救济方法。英美法中将实际履行作为一种例外的辅助性的救济方式,只能在损害赔偿仍不能满足债权人要求的情况下适用。法院对于是否判令实际履行有自由裁量权,在一般情况下,涉及土地或公司债券的交易,以及某些种类物买卖交易,法院可能判决实际履行。大陆法系将实际履行作为违约救济的方式,特别是德国将其作为一种主要的救济方式,但法院也只能在实际履行有可能时,才做出实际履行的判决。

我国《合同法》规定,当事人一方不履行合同义务或者履行合同义务不符合约定的,应当承担继续履行的违约责任。当事人一方未支付价款或者报酬的,对方可以要求其支付价款或者报酬。当事人一方不履行非金钱债务或者履行非金钱债务不符合约定的,对方可以要求履行,但有下列情形之一的除外:(1)法律上或者事实上不能履行;(2)债务的标的不适于强制履行或者履行费用过高;(3)债权人在合理期限内未要求履行。质量不符合约定的,应当按照当事人的约定承担违约责任。对违约责任没有约定或者约定不明确,依照《合同法》第 61 条的规定仍不能确定的,受损害方根据标的的性质以及损失的大小,可以合理选择要求对方承担修理、更换、重作、退货、减少价款或者报酬等违约责任。

【案例】

位于某公路的某市场系由被告 A 公司投资设立,该市场中有一条贯穿东西的 6 米通道将市场分成南北两大块。自 1997 年起,A 公司开始将北块商铺对外短期出租,其中一楼为服装区。1999 年起,被告 A 公司陆续将南块商铺对外出租,大部分的租赁用途为家电经营,称为家电区。2002 年起,A 公司(甲方)陆续与原告周某等各承租户(乙方)签订为期 20 年的租赁合同,约定甲方同意乙方租赁一楼服装区商铺,租期为 20 年。甲方同意不得在二期市场内开设与一期市场类同的经营项目。乙方也同意不得在一期市场内开设与二期市场类同的经营项目。签约后,双方各自履行了支付租金及交付租赁商铺的义务,并至某公证处对上述合同进行了公证。之后,A 公司以市场南块家电区经营亏损为由,将其改建为新服装区,并经公开招商后,于 2005 年 12 月 28 日对外正式开业,即引发了原服装区众多租赁户的强烈不满,原告周某等人遂诉讼至法院,要求判令被告 A 公司继续履行双方签订的租赁合同,即关闭二期市场内所有开设的与一期市场相同的服装商铺。

本案中,被告 A 公司已将二期市场出租给为数众多的案外人开设服装商铺,若判令被告 A 公司继续履行合同义务、关闭二期市场,必然会导致二期市场服装商铺租赁合同的终止履行,此时,则将会引起连锁反应,即租赁二期市场服装商铺的承租人会向被告 A 公司提出违约索赔,从而再次影响到相关合同的履行。此举一方面将会发生过高的履行费用,在经济上当属不合理;另一方面也不利于社会财富的增长,有悖于合同法的宗旨。所以本案原告周某等要求被告 A 公司继续履行合同,属履行合同费用过高并侵害第三人利益,故不适用实际履行。

(资料来源:中顾法律网)

(二)损害赔偿

损害赔偿,是指当事人一方违反合同规定的义务并给对方造成损失,依法由违约方给予补偿。损害赔偿是违约救济的一种主要方法,为各国法律所采用。但不同的法系,有关损害赔偿的规定不尽相同。如大陆法系认为，损害赔偿必须具备以下三个条件：必须有损害的事实；必须有归责于债务人的原因；损害的发生与债务人的违约之间有因果关系。而英美法的解释，只要一方当事人违反合同，对方就可以提起损害赔偿诉讼，不以违约方有无过失为前提，也不以是否发生实际损害为前提，即使没有发生实质性损害，债权人也可以请求法院承认他的合法权利受到了侵犯。我国《合同法》也不以违约方是否存在过错为条件，但必须有实际损害的发生。

损害赔偿的范围，是指守约方损害的范围如何确定，依据什么原则来确定损害赔偿的金额。大陆法系认为，损害赔偿的范围应当包括违约造成的实际损失与可得利益的损失。所谓实际损失，是指合同规定的合法利益，由于债务人的违约而直接受到的损害。如应当送交一级大米，实际送交的是二级大米，给债权人带来损失。可得利益是指如果债务人按约履行合同，债权人本来应该可以获取的，现因债务人违约而丧失了的利益。如德国法规定，凡依事物的通常过程，或依已进行的准备或其他特别情形，可以预期得到的利益。例如，某商场如果正常开业，本来可以每日收入上万元，但由于建筑商没有按照合同计划竣工，致使于商场无法开业，那么这段时间的损失，可以认定为可得利益的损失。

英美法原则上要求违约而受到损害的一方，在经济上能处于合同得到履行时同等的地位。同时法院判例对损害赔偿的范围提出了两项原则：一是这种损失必须是自然发生，即按照违约事件的一般过程自然发生的损失；二是这种损失必须是当事人在订立合同时作为违约可能产生的后果所合理预见到的。如果违约的一方可以预见他的违约行为将引起利润损失，那么受损害的一方对于违约者可以要求赔偿利益损失。

【案例】

哈德利诉巴辛达尔案

原告是一位在英国格洛斯特经营磨坊生意的商人，被告在同一地区经营运输业务。一天，磨坊的蒸汽机上的关键部件曲轴突然断裂，磨坊不得不停止工作。因此，必须把那根断裂的曲轴送到位于格林尼治的蒸汽机制造厂商那里换回一个新的曲轴。被告告诉原告的雇员，如果能在某一天中午12点钟以前把曲轴送来，那么第二天就可以送到格林尼治。第二天中午12点以前，原告将曲轴交付给被告，并支付了2英镑4先令的运费。由于被告的疏忽，原告收到的新曲轴晚了几天，该磨坊的工作因此被耽搁了几天。原告要求被告承担这几天工作可带来的利润。

法院判决承运人(被告)对延迟交货期间的利润损失不承担赔偿责任。

(资料来源：中国服务加盟网)

我国《合同法》第112条规定，当事人一方不履行合同义务或者履行合同义务不符合约定的，在履行义务或者采取补救措施后，对方还有其他损失的，应当赔偿损失。第113条规定，当事人一方不履行合同义务或者履行合同义务不符合约定，给对方造成损失的，损失赔偿额应当相当于因违约所造成的损失，包括合同履行后可以获得的利益，但不得超过违反合同一方订立合同时预见到或者应当预见到的因违反合同可能造成的损失。经营者对消费者提供商品或者服务有欺诈行为的，依照《消费者权益保护法》的规定承担损害赔偿责任。第119条规定，当事人一方违约后，对方应当采取适当措施防止损失的扩大；没有采取适当措施致使损失扩大的，不得就扩大的损失要求赔偿。当事人因防止损失扩大而支出的合理费用，由违约方承担。

(三)违约金

违约金是指为了保证合同的履行，当事人双方事先在合同中约定一方违约时，应向对方支付一定金钱。违约金到底应该是补偿性质还是惩罚性质，两大法系有着不同的规定。

1. 大陆法

德国法认为，违约金是对债务人不履行合同义务的一种制裁，因此具有惩罚性。德国《民法典》规定，债权人在基于不履行之损害赔偿请求权时，得请求以违约金作为损害赔偿的最低额，但是不妨碍其主张其他的损害赔偿。但如若约定的违约金过高，法院可以依据债务人的申请以判决减少至适当数额。

法国法则认为违约金是当事人预先约定的损害赔偿金额，由双方当事人事先约定，如果债务人违约时，债权人可以请求合同中规定的违约金，且不必证明损害的发生以及损害金额的多少。法国原则上允许债权人在请求违约金的同时，要求债务人实际履行或要求损害赔偿。但也有例外情形，如果当事人之间的违约金是因延迟履行合同而约定的，那么债务人如果履行延迟，不仅可以要求违约金而且可以要求继续履行合同。

2. 英美法

英美法认为合同双方当事人的地位是平等的，一方违约，那么另外一方只能要求赔偿，而不能加以惩罚。因此如果合同中规定，一方违约应向对方支付一定金额的条款，应当区分这个金额到底是惩罚性的还是补偿性质的。如果法院认定，这一约定的金额是预先约定的损害赔偿，那么违约行为发生之后，守约方可以取得约定的金额；如果法院认定这一金额具有惩罚性，那么守约方就不能得到这赔偿金。

【案例分析】

库克诉金·马诺尔及疗养院案

依原告库克与被告金·马诺尔及疗养院签订的协议，原告将向被告购买存在于某种不动产之上的绝对所有权权益和租赁持有权益以及在该不动产之上建造的疗养院。根据该协议，买方将25 000美元交给了中间人。该协议的第31条规定：如果买方不履行本协议，要决定给卖方造成的损害的数量和程度将是十分困难的和不现实的。因此，当事人双方同意，如果买方不履行合同，卖方将扣留该25 000美元，作为约定的损害赔偿金。此项损害赔偿金将代替所有其他的金钱上的补救。

后来，原告没有履行合同义务，被告扣留了该25 000美元。原告因此而起诉，要求被告返还这笔钱。

初审法院判决，该协议第31条并不是一个有效的违约金条款，而是一个非法的惩罚和没收条款；当事人出示的证据并不能证明，确定实际损害是不现实的或困难的。该法院发现，被告因原告违约而受到的实际损失是9 989.85美元。最后，该法院判决被告向原告支付15 010.15美元。

被告在上诉时主张，既然当事人双方已经对合同第31条表示同意，就应当受该条款的约束。

(资料来源：王军、戴萍著：《美国合同法案例选评(二)》，对外经济贸易大学出版社2006年版。)

分析：某一特定的条款是一个惩罚性的或没收性质的条款，还是一个诚信的、为确定约定的损害赔偿金而设置的条款，取决于合同签订时的事实，取决于之后确定实际的损害是否的确是不现实的或极为困难的，以及取决于当事人在那之后是否在事实上付诸了诚信的和合理的努力。一个企图从这样的条款获得好处的当事人必须证明，该条款依当时存在的事实是有效的。当事人提供给初审法院的大量证据表明，在发生违约的情况下，要确定实际损失并不是不现实的或极其困难的。因此，那个令买方支付25 00 0美元的条款是一个惩罚性的或没收性质的条款。

3.《关于在不履行合同时支付约定金额的合同条款的统一规则》

鉴于各国对违约金条款的态度和处理方式存在很大分歧，已经成为国际贸易交往的一种障碍，为了解决这个问题，联合国国际贸易法委员会制订了《关于在不履行合同时支付约定金额的合同条款的统一规则》（简称《统一规则》）。

(1)《统一规则》的适用范围。《统一规则》适用于不同国家当事人之间签订的合同。

(2)《统一规则》的实体规定。①如果债务人对不履行合同没有责任，债权人无权取得约定的金额。②如果合同规定，一旦迟延履行，债权人有权取得约定的金额，则债权人在有权取得约定的金额的同时，还有权要求履行合同的义务。③如果合同规定，当出现迟延履行以外的不履约情形时，债权人有权取得约定的金额，则债权人有权要求履行合同或者要求支付约定的金额；但是，如果约定的金额不能合理补偿不履约造成的损失，则债权人在有权要求履行合同的同时，要求支付约定的金额。④如果债权人有权取得约定的金额，则在该项约定金额所能抵偿的范围内的损失，债权人不得请求损害赔偿；但是，如果损失大大超过约定的金额，则对于约定金额所不能抵偿的部分，债权人仍可以请求损害赔偿。⑤除非约定的金额与债权人所遭受的损失不相称，法院或仲裁庭均不得减少或增加合同约定的金额。⑥当事人可以删除或改变上述①、②、③项的效力。

4. 中国法

我国《合同法》第114条规定，当事人可以约定一方违约时应当根据违约情况向对方支付一定数额的违约金，也可以约定因违约产生的损失赔偿额的计算方法。约定的违约金低于造成的损失的，当事人可以请求人民法院或者仲裁机构予以增加；约定的违约金过分高于造成的损失的，当事人可以请求人民法院或者仲裁机构予以适当减少。当事人就迟延履行约定违约金的，违约方支付违约金后，还应当履行债务。

(四)禁令

在英美法国家的某些特殊案件中，可以由法院发布禁止当事人从事特定行为的命令。禁令是英美法采取的一种特殊的违约救济方式，只有在采取一般损害赔偿的救济方法不足以补偿债权人所受的损失时使用，且禁令必须符合公平合理的原则。如在涉及提供个人劳务的案件中，当债务人违反合同时，可以采用禁令的方式补偿债权人所蒙受的损失。

(五)定金

为了担保合同的履行，当事人可以约定一方向对方给付一定数额的定金，债务人如果按照规定履行债务，那么定金可以收回或者充当合同的价款。我国《合同法》规定，当事人可以依照《担保法》约定一方向对方给付定金作为债权的担保。债务人履行债务后，定金应当抵作价款或者收回。给付定金的一方不履行约定的债务的，无权要求返还定金；收受定金的一方不履行约定的债务的，应当双倍返还定金。如果当事人之间同时规定违约金和定金的，一方违约，另一方可以选择适用违约金或定金条款。

我国法律规定，定金合同为要式合同，必须以书面方式订立，其数额不得超过主合同标的额的20%；定金合同为实践合同，从定金实际交付之日起生效，约定的定金数额与实际交付的定金数额不一致的，以实际交付的数额为准。

【案例分析】

艾伦·R.克劳斯公司诉福克斯案

1981年5月27日，原告艾伦·R.克劳斯公司通过一个不动产代理人向被告福克斯发出一个书面要约，请求以265 000美元的价格购买被告的一块土地。5月29日，被告通过一个不动产代理人向原告发出一个书面的反要约，提出以486 000美元的现金将该土地出售给原告，并要求原告在6月3日下午5时之前做出答复。该反要约文件中有一个供承诺人签字的栏目，承诺人一旦签字，就接受了该反要约。原告在6月3日上午11时58分签署了该反要约。被告的代理人在当天下午3时左右收到了这份经原告签署的反要约，但他告诉原告说，被告不打算再出售这块地了。当天下午4时5分，原告把该签署的反要约送给了双方指定的中间代理人。

请问：双方之间的合同是否成立，要约是否被撤销？

分析：原告认为，被告发出的反要约赋予了原告在1981年6月3日下午5时之前购买该土地的选择权。法院认为，一项选择权构成一种持续的要约。选择权可以依完备的或有价值的对价而成立。原告声称，他已经交了5 000美元的定金，这些定金构成了该选择权的对价。然而，从协议的条款中可以清楚地看到，该项定金只是买方支付的一部分款项，以表明其愿意购买这块土地的意图；当买方违约时，这笔定金将被没收。协议中并没有条款提到该定金将作为对价，从而把对方可能发出的反要约转变成为选择权。由于该反要约没有对价支持，因此，即使它规定了确定的承诺期限，在它被接受之前，也可以被撤销。该反要约在3点钟被口头撤销了，正发生在那份已经签署的承诺在下午4点5分被送给中间人之前。所以，双方并没有订立合同。

（资料来源：王军、戴萍著：《美国合同法案例选评（二）》，对外经济贸易大学出版社2006年版。）

四、免责事由

合同在有效成立之后，一方当事人不履行合同或者不适当履行合同，都应承担违约责任。但如果出现特殊情况，导致合同的一方当事人无法履行合同，或者虽能履行合同但会大大增加当事人的负担，产生了不公平的结果，那么法律对于这种不履行不追究责任。免责事由包括情势变迁、合同落空与不可抗力。

（一）情势变迁

1. 含义

情势变迁又称情势变更，是大陆法系的一项制度，是指合同成立之后，作为合同关系基础的情势，由于不可归责于当事人的原因，发生了非缔约方当初所能预料的变化，如果继续维持合同效力会显失公平，与诚实信用原则不符，当事人可以请求变更或解除合同。大陆法国家基本承认情势变迁制度，并运用于司法实践中，但是对其要求十分严格，适用范围通常无明文规定。

2. 适用条件

情势变迁的适用条件：(1)具有情势变更的客观事实。这里，情势特指作为法律行为的成立基础或环境的一切客观事实，而变更则是指异常的变动。(2)情势变更发生在合同生效以后，履行终止之前。(3)情势变更的情况是当事人无法预见和防止的。这一要件实质上排除了情势变更对正常交易风险的适用。正常的交易风险对于从事该项交易的当事人来说是应当有能力或有经验预见和加以防范的，所以当事人应推定为已经预见，并对风险的承担具备心理上的准备。(4)情势变更的发生不可归责于双方当事人。(5)情势变更的发生导致合同履行显失公平，继续履行合同对于一方当事人没有意义或造成重大损害。

(二)合同落空

合同落空是英美法的概念，与大陆法的情势变更相似，是指在合同成立之后，非由于当事人自身的过失，而是因为意外情况使得当事人在缔约时所追求的商业目标受到挫折。在合同落空的情况下，对于未履行合同义务的当事人可以免除履行。

按照英国的法律和判例，下列情况可以作为合同落空处理：(1)标的物灭失。例如，在特定物的贸易合同中，在合同订立之后，如果不是负有履行责任一方的过错，导致作为合同标的的特定物在履行之前灭失，合同便落空，双方当事人均无履行合同的义务。(2)违法。例如，由于新合同法的颁布，使得原合同不再合法；合同订立之后，双方当事人所在国发生战争，禁止贸易，此时的履约就会构成敌国贸易，因此可以适用合同落空。(3)情况发生根本性的变化。要确定情况发生变化到什么程度，才能构成合同落空，通常需要法院在审判时根据具体案件来认定。英国法院往往宁可坚持"契约神圣不可侵犯的原则"，而不愿轻易把一个尚能履行的合同视为落空。(4)政府实行封锁禁运和进出口许可证制度。

《美国统一商法典》第2～615条具体规定了不履行合同的免责条件：如果由于发生了缔结合同时作为基本前提条件而设想其不会发生的特殊情况；由于卖方以善意遵守了外国或本国政府的法令，致使合同实在难以履行。

【案例】

"合同落空"两经典案例对比

英皇爱德华七世登基典礼的案例：某甲有房屋一座，位于英王爱德华七世登基典礼的游行必经之路旁，乙向甲租用房屋一天，目的是为了观看登基典礼，但这目的并未载入合同。后来，登基典礼宣告取消，乙拒绝支付房租。甲向法院起诉，法院驳回甲的请求，认为该合同的目的已告落空，乙无支付租金的义务，合同虽然没有载明租房的目的是为了观看登基，但从有关背景中可以发现这是合同的基础。

苏伊士运河停止通航的案例：双方当事人在1956年10月4日订立买卖合同，卖方出售300公吨苏丹花生，价格条件是汉堡到岸价(CIF Hamburg)每公吨单价为50英镑，卖方应于1956年11～12月装船。1956年11月2日因爆发战争，苏伊士运河被封闭，不能通航。尽管卖方仍能取道好望角把货物运至汉堡，但因绕道好望角航程要比经由苏伊士运河长得多，运费每吨为15英镑，如经苏伊士运河只需7英镑。因此，卖方拒绝装船。宣告合同终止。买方提起仲裁。仲裁裁决认为卖方负违约责任，须赔偿买方损失5 600英镑。在上诉中，英国上诉法院维持原仲裁裁决。法院认为：卖方承担了这样一项义务，即当习惯的航线(指经由苏伊士运河)不能使用时，应采取合理和切实可行的航线来运关货物，而好望角就是这样一条航线。

(三)不可抗力

不可抗力是在合同缔结时，当事人不能预见、不能避免并不能克服的客观情况。如前所述，无论是情势变更还是合同落空，在具体案件的判断中比较困难，因此为了避免不测的风险，合同当事人最好在合同中订立不可抗力的条款，以此作为免责的条件。

不可抗力包括两类：一类是由于自然原因引起的，如地震、火灾、洪水等；另一类则是由于社会原因引起的，包括战争、罢工、政府禁运等。当事人应在合同中明确约定具体的范围和种类。

不可抗力可能引起解除合同、延迟履行两种法律后果。一般而言，如果不可抗力使合同不能履行，可以解除合同，如果不可抗力只是暂时阻止了合同履行，则只能延迟履行合同。我国《合同法》第 117 条规定，因不可抗力不能履行合同的，根据不可抗力的影响，部分或者全部免除责任，但法律另有规定的除外。当事人迟延履行后发生不可抗力的，不能免除责任。本法所称不可抗力，是指不能预见、不能避免并不能克服的客观情况。第 118 条规定，当事人一方因不可抗力不能履行合同的，应当及时通知对方，以减轻可能给对方造成的损失，并应当在合理期限内提供证明。

第六节　合同的消灭

合同的消灭是英美法的概念；大陆法有关合同消灭的内容放在债的消灭之中，这是因为大陆法将合同作为产生债的原因之一，合同是债的一种，除此之外，还包括侵权行为、代理权、无因管理与不当得利等。而英美法中没有债的总的概念，所以专设合同终止的规定。中国既有关于合同终止的规定，也有债的消灭。

合同的消灭是指合同权利义务关系的终止。大陆法各国对债的消灭的规定多采用列举的方法，法国法有 9 种、德国法有 5 种。在英美法中合同消灭的情形更为直观具体，包括当事人协议、履行、违约与依法规定 4 种。我国《合同法》中采用大陆法法例，第 91 条规定：有下列情形之一的，合同的权利义务终止：(1)债务已经按照约定履行；(2)合同解除；(3)债务相互抵消；(4)债务人依法将标的物提存；(5)债权人免除债务；(6)债权债务同归于一人；(7)法律规定或者当事人约定终止的其他情形。

一、清偿

清偿是指债务人向债权人履行债的内容。合同的债务一经履行，债权人依据合同的约定实现了其债权的目的，债权人一旦接受债务人的清偿，合同关系即消灭。例如，在买卖合同中，卖方交货的行为、买方付款的行为都属于清偿。

清偿一般是由合同的当事人履行合同的义务，但在法律规定或当事人约定的情况下，合同的债务可以由第三人代为清偿。例如，《德国民法典》规定，凡给付无需债务人亲自履行者，亦得由第三人履行。第三人代为清偿后，合同中债权人与债务人之间的关系归于消灭，第三人因此取得了债权人的债权，可以债权人的身份，向债务人要求偿付。这就是代位求偿权。但债的性质必须由债务人亲自履行的，不能由第三人履行。如演出合同，由于演员的级别、知名度不同，因此不能随便由第三人代为履行。

清偿的标的物应当依照合同的约定，但如果经过债权人同意，债务人也可以合同规定的标的物以外的物品来清偿，这就是代物清偿。德国、日本等法律均有规定。

二、解除

合同的解除是指合同成立生效之后，当具备合同解除条件时，当事人一方或双方的意思表示而使得合同关系消灭。英美法中，并非任何的违约行为都可以作为合同消灭的原因，一方当事人违反担保或轻微违约时，另一方当事人无权解除合同，只有发生违反条件或重大违约时，另一方才能行使解除合同权，才能发生合同消灭的后果。

合同的解除包括约定解除和法定解除。

1. 约定解除

约定解除包括两种:一是当事人在订立合同时,可以约定该合同解除的条件,一旦条件满足,当事人一方就可以解除合同;二是当事人订立合同之后,当事人可以协商一致解除合同。两者的区别在于,第一种只要约定的解除条件成就,合同当事人就可以通过行使解除权来终止合同关系;第二种解除权的行使必须通过双方当事人达成新的合意。

2. 法定解除

当事人在订立合同后,出现了法律规定的情形,当事人可以解除合同。我国《合同法》第94条规定有下列情形之一的,当事人可以解除合同:(1)因不可抗力致使不能实现合同目的;(2)在履行期限届满之前,当事人一方明确表示或者以自己的行为表明不履行主要债务;(3)当事人一方迟延履行主要债务,经催告后在合理期限内仍未履行;(4)当事人一方迟延履行债务或者有其他违约行为致使不能实现合同目的;(5)法律规定的其他情形。

法律规定或者当事人约定解除权行使期限,期限届满当事人不行使的,该权利消灭。法律没有规定或者当事人没有约定解除权行使期限,经对方催告后在合理期限内不行使的,该权利消灭。当事人一方依法主张解除合同的,应当通知对方。合同自通知到达对方时解除。对方有异议的,可以请求人民法院或者仲裁机构确认解除合同的效力。法律、行政法规规定解除合同应当办理批准、登记等手续的,依照其规定。合同解除后,尚未履行的,终止履行;已经履行的,根据履行情况和合同性质,当事人可以要求恢复原状、采取其他补救措施,并有权要求赔偿损失。合同的权利义务终止,不影响合同中结算和清理条款的效力。

三、提存

提存是指债务人在履行债务时,由于债权人受领延迟,债务人有权把应付的金钱或其他物品寄存在法定的提存所,从而使债的关系归于消灭的一种行为。我国《合同法》对于提存有具体的规定,提存的原因:(1)债权人无正当理由拒绝受领;(2)债权人下落不明;(3)债权人死亡未确定继承人或者丧失民事行为能力未确定监护人;(4)法律规定的其他情形。标的物不适于提存或者提存费用过高的,债务人依法可以拍卖或者变卖标的物,提存所得的价款。

提存的效力:第一,债务人免除责任。债务人一旦把标的物提存后,债权人只能向提存所收取标的物,而不能再向债务人请求清偿,但债务人应当及时通知债权人或者债权人的继承人、监护人,除债权人下落不明的以外。第二,货物的风险转移。标的物提存后,毁损、灭失的风险由债权人承担。第三,费用负担转移。提存期间,标的物的孳息归债权人所有,提存费用由债权人负担。

债权人可以随时领取提存物,但债权人对债务人负有到期债务的,在债权人未履行债务或者提供担保之前,提存部门根据债务人的要求应当拒绝其领取提存物。债权人领取提存物的权利,自提存之日起5年内不行使而消灭,提存物扣除提存费用后归国家所有。

四、抵消

抵消是指合同双方当事人互负债务,且债务的种类相同并都已届清偿期,双方各自以自己的债权充当债务的清偿,从而使自己的债务与对方的债务在等额范围内归于消灭。如甲欠乙10万元,乙也欠甲10万元,甲被宣告破产,那么乙就可以主张与甲之间的债权债务予以抵消。

这样做，一方面手续方便，另一方面乙可以避免因只能通过与破产程序参与破产财产分配所带来的风险。

抵消分为法定抵消和约定抵消。法定抵消是指由法律规定抵消的构成条件，一旦条件成就仅凭当事人一方的意思表示就可发生抵消效力。对于法定抵消条件，各国法律均规定：双方当事人互负债务，双方债务的给付种类相同，清偿期限已届至。我国《合同法》规定，当事人互负到期债务，该债务的标的物种类、品质相同的，任何一方可以将自己的债务与对方的债务抵消，但依照法律规定或者按照合同性质不得抵消的除外。依据双方当事人的合意而发生的抵消称为约定抵消。当事人主张抵消的，应当通知对方。通知自到达对方时生效。抵消不得附条件或者附期限。当事人互负债务，标的物种类、品质不相同的，经双方协商一致，也可以抵消。

五、免除

免除是指债权人抛弃债权，不要求债务人履行债务从而消灭合同关系。免除是否需要债务人的同意，各国立法有不同的规定。如德国法和法国法认为债务的免除是双方法律行为，不仅需要债权人免除债务人债务的意思表示，而且还需要经过债务人同意才能生效。而日本和我国以及台湾地区则认为合同的免除可以是单方行为。如我国法律规定债权人免除债务人部分或者全部债务的，合同的权利义务部分或者全部终止。全部免除的全部终止，部分免除债务的，合同关系仅就免除部分终止。主债务免除的，从债务归于消灭；从债务免除的，效力不能及于主债务。

六、混同

混同，是指合同的债权与债务同属于一个人，债的关系得以消灭。日本、法国与德国对混同都有相关的规定。混同的原因：一是因民法上的继受导致债权债务同归于一人。二是商法上的继受。例如，作为债权人的公司与作为债务人的公司进行合并，公司之间的债权债务因混同而消灭。三是特定继受。如果因为债权转让或债务承担而使债权债务同归于一人，合同关系消灭。

本章小结

1. 合同的订立。主要涉及合同当事人的订约能力、要约、承诺以及对价等内容。

2. 合同的效力。基于合同效力的不同情形，可以分为有效合同、无效合同、效力待定的合同和可撤销的合同。

3. 合同的履行。合同履行过程中应遵循全面履行以及法定补充履行的原则，履行过程中，当事人享有同时履行抗辩权、不安抗辩权以及后履行抗辩权，同时为了防止债权人的债权因为债务人的财产的不当减少而遭受到危害，法律规定债权人在不同的情况下，行使代位权以及撤销权。

4. 合同的违约责任及救济。主要介绍了违约的归责原则、违约的形态、违约行为的补救方法以及免除事由。

5. 合同的消灭。合同可以因为清偿、解除、提存、抵消、免除、混同等形式而归于消灭。

思考与练习

一、不定项选择题

1. 下列哪个国家关于未成年人的行为能力，在年龄的分别上以7岁为界限，未满7周岁者为无民事行为能力？（　　）

A. 美国　　B. 德国　　C. 英国　　D. 法国

2. 英美法系认为，要约生效的时间为（　　）。

A. 要约到达受要约人　　B. 受要约人阅读了要约

C. 受要约人表示同意　　D. 要约人投邮的时间为生效时间

3. 美国法规定了四种必须以书面形式作为证据的合同，分别为（　　）。

A. 不动产买卖合同

B. 从定约时起不能在一年之内履行的合同

C. 为他人带包债务的合同

D. 价金超过500美元的货物买卖合同

4. 在合同订立过程中，一方当事人故意或者过失地违反先合同义务，造成了对方当事人信赖利益损失时，依法应当承担（　　）。

A. 缔约过失责任　　B. 违约责任　　C. 预期违约责任　　D. 没有责任

5. 按照英国的法律和判例，下列情况往往可以作为合同落空处理：（　　）。

A. 标的物灭失

B. 违法

C. 情况发生根本性的变化

D. 政府实行封锁禁运和进出口许可证制度。

二、判断题

1. 为取得法律上的纯利益的行为，未成年人未经法定代理人同意而订立的合同自始有效。（　　）

2. 无论出现什么情况，过去的对价都不是对价。（　　）

3. 撤销权是指当债务人怠于行使其到期债权，对债权人造成损害的，债权人可以向法院请求行使的权利。（　　）

4. 货物提存之后，货物的风险转移，但是因提存产生的费用依然应由债务人承担。（　　）

5. 承诺与要约一样，都是可以撤销或撤回的。（　　）

三、辨析题

1. 无效合同、效力待定的合同与可撤销的合同。

2. 要约与要约邀请。

四、案例分析

2005年10月15日，A公司与B公司签订了一份加工承揽合同。合同约定：由B公司为

A公司制作铝合金门窗1万件，原材料由A公司提供，加工承揽报酬总额为150万元，违约金为报酬总额的10%；A公司应在2005年11月5日前向B公司交付60%的原材料，B公司应在2006年3月1日前完成6 000件门窗的加工制作并交货；A公司应在2006年3月5日前交付其余40%的原材料，B公司应在2006年5月20日前完成其余门窗的加工制作并交货。A公司应在收到B公司交付门窗后3日内付清相应款项。为确保A公司履行付款义务，B公司要求其提供担保，适值D公司委托A公司购买办公用房，D公司为此向A公司提供了盖有D公司公章及法定代表人签字的空白委托书和D公司的合同专用章。A公司遂利用上述空白委托书和合同专用章，将D公司列为该项加工承揽合同的连带保证人，与B公司签订了保证合同。2005年11月1日，A公司向B公司交付60%的原材料，B公司按约加工制作门窗。2006年2月28日，B公司将制作完成的6 000件门窗交付A公司，A公司按报酬总额的60%予以结算。2006年3月1日，B公司发生重组，加工型材的生产部门分立为C公司。3月5日，A公司既未按加工承揽合同的约定向B公司交付40%的原材料，也未向C公司交付。3月15日，C公司要求A公司继续履行其与B公司签订的加工承揽合同，A公司表示无法继续履行并要求解除合同。C公司遂在数日后向人民法院提起诉讼，要求判令A公司支付违约金并继续履行加工承揽合同，同时要求D公司承担连带责任。经查明：A公司与B公司签订的加工承揽合同仅有B公司及其法定代表人的签章，而无A公司的签章。

(1)A公司与B公司签订的加工承揽合同是否成立？为什么？

(2)C公司可否向A公司主张加工承揽合同的权利？为什么？

(3)C公司要求判令A公司支付违约金并继续履行加工承揽合同的主张能否获得支持？并说明理由。

(资料来源：http://baike.haosou.com/doc/6735264-6949642.html)

第三章　国际货物买卖法

【学习目标】

· 了解《联合国货物销售合同公约》的主要内容；

· 掌握国际货物买卖中买卖双方各自的义务以及违约救济的方法；

· 掌握国际货物买卖中货物风险和所有权的转移。

第一节　国际货物买卖法概述

一、国际货物买卖法的概念

国际货物买卖法是调整跨越一国国界的货物买卖关系的法律规范的总称。只有当事人的营业地处于不同的国家，其相互之间的货物买卖才会跨越国界，因此这是国际货物买卖与国内货物买卖的主要区别。在国际货物买卖中，由于双方当事人的营业地属于不同的国家，那么双方当事人的权利义务关系的适用问题，就显得比国内买卖要复杂多，涉及各国国内的相关立法、国际公约、国际惯例等。

二、各国国内关于国际货物买卖的立法

（一）英美法

在英美法系，没有专门的民商法典，除通过颁布单行法规的形式来规定货物买卖法外，法院还会以判例的形式形成普通法规则。其中较为典型的有：英国《1893 年货物买卖法》，1994 年进行了修订，并改称为《货物销售与提供法》；美国《统一商法典》，对货物买卖以及货物买卖的相关问题做出了全面的规定，2004 年进行重大修订。该法典不同于大陆法国家的商法典，它属于示范法性质，各州是否采纳有完全的自主权。不过，现在除路易斯安那州外，其他各州都通过本州的立法采用了《统一商法典》。

（二）大陆法

大陆法与英美法不同，买卖法的规定都采用成文法的形式。但由于法国、德国和日本实行

民商分立，而意大利、瑞士实行民商统一，所以规定的方式不同。如法国民法典中规定了买卖法的内容，同时商法典的商行为还对商事买卖做出了特别规定。意大利民法典包括了商法的全部内容。我国台湾地区则又不相同，它既不是民商合一也非民商分立，而是民法典涵盖商法总则和商行为的主要内容，但商法方面的具体制度又以独立的公司法、票据法、海商法以及保险法的形式出现。

（三）中国法

由于各种原因，我国的民法制度尚不健全，商法更是不发达，没有形成系统的民法典和商法典，对于买卖法的规定主要体现在《民法通则》和《合同法》中。《民法通则》主要对民事行为、债券以及民事责任进行了规定；而《合同法》的相关规定则较为具体，其中第 9 章专门介绍了买卖合同法，此外总则部分也对合同的一些基本问题作了较为具体细的规定。

三、关于国际货物买卖的国际公约

为了减少世界各国在国际货物买卖方面的分歧，避免法律规定上的冲突，早在 1930 年，由罗马国际私法统一所拟定，并于 1964 年在海牙会议上正式通过了《国际货物买卖统一法公约》和《国际货物买卖合同成立统一法公约》。由于这两项公约受大陆法的影响较多，与英美法的习惯相差较远，因而参加国有限，无法达到统一国际货物买卖法的预期目的。

（一）《联合国国际货物买卖合同公约》

《联合国国际货物买卖合同公约》（简称《公约》）是联合国贸易法委员会主持起草的一项影响广泛的国际货物买卖合同方面的实体法公约。《公约》于 1980 年 4 月 10 日在由 62 个国家出席的维也纳联合国公约大会上获得通过。至 2014 年 6 月，共 82 个国家核准参加或继承了该公约。《公约》虽然不能解决与国际货物买卖合同有关的所有问题，却较好地协调了两大法系在合同制度方面的差异，克服了《国际货物买卖统一法公约》《国际货物买卖合同成立统一法公约》本身存在的缺陷，符合国际贸易对买卖合同制度的基本要求和当代国际贸易法统一化进程发展的趋势，成为国际货物买卖法的重要代表。

《公约》除序言外，共分四部分，101 条。第一部分共 13 条，对公约的适用范围和总则做出规定；第二部分共 11 条，规定合同订立程序和规则；第三部分共 64 条，就货物买卖的一般规则、买卖双方的权利义务、风险的转移等做出规定；第四部分是最后条款，对公约的保管、签字、加入、保留、生效、退出等做出规定。

《公约》的适用范围：

1. 主体方面

《公约》适用于：(1)营业地在不同国家的当事人之间所订立的货物销售合同：①如果这些国家是缔约国；或②如果国际私法规则导致适用某一缔约国的法律。(2)当事人营业地在不同国家的事实，如果从订立合同前任何时候或订立合同时，当事人之间的任何交易或当事人透露的情报均看不出，应不予考虑。(3)在确定本公约的适用时，当事人的国籍和当事人或合同的民事或商业性应不予考虑。

2. 公约仅适用于普通的货物销售合同

以下几种买卖合同不能适用：(1)购供私人、家人或家庭使用的货物的销售，除非卖方在订立合同前任何时候或订立合同时不知道而且没有理由知道这些货物是购供任何这种使用；(2)经由拍卖的销售；(3)根据法律执行令状或其他令状的销售；(4)公债、股票、投资证券、流通票据或货币的销售；(5)船舶、船只、气垫船或飞机的销售；(6)电力的销售。(7)供应货物一方的绝大部分义务在于供应劳力或其他服务的合同。供应尚待制造或生产的货物的合同应视为销售合同,除非订购货物的当事人保证供应这种制造或生产所需的大部分重要材料。

3. 合同内容

《公约》只适用于销售合同的订立和卖方及买方因此种合同而产生的权利和义务。特别是,除非另有明文规定,与以下事项无关:(1)合同的效力,或其任何条款的效力,或任何惯例的效力;(2)合同对所售货物所有权可能产生的影响。

【案例分析】

雨衣买卖合同争议仲裁案

本案申请人中国内地A公司(卖方)与被申请人香港B公司(买方)于2000年签订了一份售货合同,约定申请人向被申请人出口男士活胆背心雨衣。本案双方当事人在合同第16条中约定:"本合同的订立、效力、解释、履行和争议的解决,均受中华人民共和国法律和《公约》约束;价格条款适用1990年《国际贸易术语解释通则》,后双方产生争议,诉诸仲裁。

请问,本案争端的解决是否适用《联合国国际货物销售合同公约》及《国际贸易术语解释通则》?

分析:惯例、公约和国内法的效力是依次递减的。本案为中国内地公司与香港公司,香港回归祖国后依然保持独立的法律制度,因此中国内地和香港特区之间的贸易仍然视为进出口贸易,按照涉外合同来处理。依据当事人约定优先的原则,可以适用。

(资料来源:韩立余主编:《国际贸易法案例分析》,中国人民大学出版社2009年版)

(二)中国对《公约》的保留

中国于1986年12月加入《公约》。值得注意的是,中国在核准该《公约》时,对《公约》提出了两项保留。

1. 关于公约使用范围的保留

我国在加入《公约》时就声明对公约第一章"适用范围"的第1条第1款的(b)项"如果国际私法规则导致适用某一缔约国的法律"做出保留。这表明我国公司与非缔约国当事人订立的合同将不适用《公约》。此举的目的是限制该公约的适用范围,从而扩大中国国内法适用的机会。根据这一保留,中国当事人与来自非公约缔约国当事人之间订立的国际货物销售合同争议,没有就法律适用问题达成协议的,如法院将根据冲突法的指引决定适用中国的法律时,只能适用中国国内法,不会因为中国是缔约国,而适用《公约》。这一声明属于法律上的强制规范。

2. 关于采用书面形式的保留

根据《公约》第11条规定,销售合同无需以书面订立或书面证明,在形式方面也不受任何其他条件的限制。销售合同可以用包括人证在内的任何方法证明。中国对此条声明予以保留,因为依据当时我国《涉外经济合同法》规定,涉外合同必须以书面形式订立。虽然1999年新的《合同法》废止了《涉外经济合同法》,并且规定合同以不要式为原则,分则部分"买卖合同"一章并未规定国际货物买卖合同必须采用书面形式,但迄今为止中国对该项保留并未随之声明撤回。如果解决国际货物买卖合同争议应适用《公约》,那么仍应该考虑中国的这项保留,合同仍要以书面形式订立。

四、国际贸易惯例

国际贸易惯例是国际商法的重要渊源,也是国际货物买卖法不可缺少的重要内容。国际贸易惯例不具有普遍的约束力，由双方当事人根据约定确定是否适用，当事人一旦采用惯例，就会对其产生类似于法律的约束力。目前国际贸易惯例主要有：(1)《1932 年华沙—牛津规则》，专门解释 CIF 术语；(2)《1941 年美国对外贸易定义修订本》，对下列 6 种贸易术语作了解释：Ex Point of Origin（产地交货）、FOB（在运输工具上交货）、FAS（在运输工具旁边交货）、CFR（成本加运费）、CIF（成本加保险费、运费）、Ex Dock（目的港码头交货）；(3)2007 年《跟单信用证统一惯例》；(4)2010 年《国际贸易术语解释通则》，对 11 种贸易术语进行解释。其中《国际贸易术语解释通则》在国际贸易领域中应用得最广泛，影响也最大。

第二节　国际贸易术语

国际贸易术语也称价格术语，是在长期的国际贸易实践中形成的，用于确定买卖双方在交货中的责任、费用和风险负担的国际贸易惯例。自 1936 年国际商会创制国际贸易术语以来，这项在全球范围内普遍被接受的合同标准经常更新，以保持与国际贸易发展步调一致。目前普遍采用的是《国际贸易术语解释通则》2010 年版（简称 INCOTERMS 2010），与 2000 年版相比，主要是考虑到全球范围内免税区的扩展，商业交往中电子通信运用的增多，货物运输中安保问题关注度的提高以及运输实践中的许多变化。

一、INCOTERMS 2010 的分类

国际贸易术语解释通则在传统意义上被用于存在跨境运输的国际销售合同中，此种交易需要将货物进行跨越国境的运输。然而，在世界许多地区，如欧盟这样的商贸集团已经使得不同国家间的过关手续变得不那么重要。因此 INCOTERMS 2010 认可该通则既可以适用于国内的也可以适用于国际的销售合同，并将 11 种贸易术语分为两类：

一是适用于任一或多种运输方式的规则：EWX 工厂交货、FCA 货交承运人、CPT 运费付至、CIP 运费及保险费付至、DAT 目的地交货、DAP 所在地交货、DDP 完税后交货。这 7 种术语可以适用于特定的运输方式，亦可适用于一种或同时适用于多种运输方式，甚至可适用于非海事运输的情形。但是需要注意，这些术语也适用于存在船舶作为运输工具之一的情形。与 INCOTERMS 2000 相比，DAT 与 DAP 取代了 DAF、DES、DEQ 和 DDU 规则。

二是只适用与海运及内河运输的规则：FAS 船边交货，FOB 船上交货，CFR 成本加运费，CIF 成本、保险费加运费。这些术语，交货点和货物送达买方的地点都是港口，与 INCOTERMS 2000 相比，删除了以越过船舷为交货标准而代之以将货物装运上船。这更贴切地反映了现代商业实际且避免了风险在臆想垂线上来回摇摆这一颇为陈旧的观念。

二、适用于任何运输方式的术语规则

（一）EXW——工厂交货（……指定地点）

“工厂交货”是指当卖方在其所在地或其他指定的地点[如工场（强调生产制造场所）、工厂（制造场所）或仓库等]将货物交给买方处置时，即完成交货。所有与货物有关的出口清关手续、风险、费用以及责任都由买方承担责任。

（二）FCA——货交承运人（……指定地点）

“货交承运人”是指卖方于其所在地或其他指定地点将货物交付给承运人或买方指定人。

建议当事人最好尽可能清楚地明确说明指定交货的具体点，风险将在此点转移至买方。FCA要求卖方在需要时办理出口清关手续。若当事人意图在卖方所在地交付货物，则应当确定该所在地的地址，即指定交货地点。与此同时，若当事人意图在其他地点交付货物，则应当明确确定一个不同的具体交货地点。

（三）CPT——运费付至（……指定目的港）

“运费付至”指卖方在指定交货地向承运人或由其（卖方）指定的其他人交货并且其（卖方）须与承运人订立运输合同，载明并实际承担将货物运送至指定目的地所产生的必要费用。在CPT、CIP、CFR或CIF适用的情形下，卖方的交货义务在将货物交付承运人，而非货物到达指定目的地时，即告完全履行。

由于将货物运至指定目的地的费用由卖方承担，因而当事人应尽可能准确地确定目的地中的具体地点。且卖方须在运输合同中载明这一具体的交货地点。卖方基于其运输合同中在指定目的地卸货时，如果产生了相关费用，卖方无权向买方索要，除非双方有其他约定。

（四）CIP——运费和保险费付至（……指定目的地）

CIP的交货责任及风险承担与CPT相同，卖方必须签订运输保险合同、支付将货物运至目的地的运费与保险费。买方应注意到CIP术语只要求卖方投保最低限度的保险险别。如买方需要更多的保险保障，则需要与卖方明确地达成协议，或者自行做出额外的保险安排。卖方在需要办理海关手续时，承担货物出口需要办理的海关手续费用，以及货物出口时应交纳的一切关税、税款和其他费用，以及根据运输合同由卖方支付的货物从他国过境的费用。

（五）DAT——终点站交货（……指定目的港或目的地）

“终点站交货”是指，卖方在指定的目的港或目的地的指定的终点站卸货后将货物交给买方处置即完成交货。“终点站”包括任何地方，无论约定或者不约定，包括码头、仓库、集装箱堆场或公路、铁路或空运货站。卖方必须签订运输保险合同，应承担将货物运至指定的目的地和卸货所产生的一切风险和费用（进口费用除外）。该术语替代了2000年版本中的DEQ。

（六）DAP——目的地交货（……指定目的地）

DAP是INCOTERMS 2010新添加的术语，取代了2000年版的DAF、DES、DDU 3个术语。“目的地交货”的意思是：卖方在指定的交货地点，将仍处于交货的运输工具上尚未卸下的货物交给买方处置即完成交货。卖方须承担货物运至指定目的地的一切风险和费用（进口费用除外）。如果卖方按照运输合同承受了货物在目的地的卸货费用，那么除非双方达成一致，卖方无权向买方追讨该笔费用。

（七）DDP——完税后交货（……指定目的地）

“完税后交货”是指卖方在指定的目的地，将货物交给买方处置，并办理进口清关手续，准备好将在交货运输工具上的货物卸下交与买方，完成交货。DDP术语下卖方承担最大责任，卖方承担将货物运至指定的目的地的一切风险和费用，并有义务办理出口清关手续与进口清关手续，对进出口活动负责，以及办理一切海关手续。如果卖方不能直接或间接地取得进口许可，不建议当事人使用DDP术语。如果当事方希望买方承担进口的所有风险和费用，应使用DAP术语。任何增值税或其他进口时需要支付的税项由卖方承担，合同另有约定的除外。

三、仅适用于海运和内河运输的术语规则

（一）FAS——船边交货（……指定装运港）

“船边交货”是卖方必须在买方指定的装运港，在买方指定的装货地点（如果有指定的装货

地点），将货物交至买方指定的船边，或者取得已经交付的货物，即完成交货，交货后货物风险转移。在农矿产品销售中，相对于工业品的销售，货物经常在链条运转中被频繁销售多次。这种情况发生时，在链条中间环节的卖方并不“船运”这些货物，因为这些货物已经由最开始的卖方船运了。连环运转中间环节的卖方因而履行其对买方的义务，并不是通过船运货物，而是通过“取得”已经被船运的货物。

卖方没有订立运输保险合同的义务。在需要时，货物出口时办理的海关手续费用，及应交纳的一切关税、税款和其他费用由卖方承担。当货物通过集装箱运输时，卖方通常在终点站将货物交给承运人，而不是在船边。在这种情况下，船边交货规则不适用，而应当适用货交承运人规则。

（二）FOB——船上交货（……指定装运港）

“船上交货”是指卖方在指定的装运港，将货物交至买方指定的船只上，或者指（中间销售商）设法获取这样交付的货物。一旦装船，买方将承担货物灭失或损坏造成的所有风险。FOB不适用于货物在装船前移交给承运人的情形。比如，货物通过集装箱运输，并通常在目的地交付。在这些情形下，适用FCA的规则。

卖方没有订立运输保险合同的义务，但是当买方要求的时候，卖方必须向买方提供买方获得保险时所需要的信息。需要办理海关手续时，货物出口需要办理的海关手续费用及出口时应交纳的一切关税、税款和其他费用由卖方承担。FOB是最常见的贸易术语之一。

【案例】

FOB术语

买卖双方签订FOB合同。卖方向买方出口一级大米300？吨，装船时货物经公证人检验，符合合同规定的品质条件，卖方于装船后及时发出装船通知。货物运输中由于风浪过大，大米被海水浸泡，品质受到影响，当货物到达目的港后，只能按三级大米价格出售，因而买方要求卖方赔偿差价损失。

问卖方是否应该负责？为什么？

在FOB术语下订立的合同，货物在指定的装运港上装上船，卖方即完成交货，风险由卖方转移至买方。因此，卖方对此差价损坏无需承担责任。

（三）CFR——成本加运费付至（……指定目的港）

“成本加运费”是指卖方交付货物于装运港船舶之上或促使货物以此种方式交付，而货物损毁或灭失之风险从货物转移至船舶之上起转移，卖方应当承担并支付货物运送至目的港所需的运费和费用，其中包括卖方必须支付以下费用：所有在货物交付完成之前所产生的与之相关的费用；货物运输费用及运输合同而产生的一切其他费用，包括装载货物的费用，以及按照运输合同约定由卖方支付的在约定卸货港口卸货产生的费用；在适当的情况下，因海关手续产生的一切费用，以及出口货物所需缴纳的一切关税、税赋及其他应缴纳之费用，以及根据运输合同应由卖方承担的因穿过任何国家所产生的过境费用。

（四）CIF——成本、保险加运费付至（……指定目的港）

CIF下的交货责任及其风险与CFR相同，此外，卖方还必须办理买方货物在运输途中灭失或损害风险的海运保险，并承担相应的费用。

中国对外贸易实践中，最为常用的价格术语为CIF、FOB以及CFR。应当注意的是，国际贸易术语规则虽规定了销售合同中当事人的特定义务，当卖方将货物运至买方时，办理运输和保险义务的承担。但国际贸易术语规则并没有任何关于付款价格或付款方式的规定，或是货物所有权的转移、违约的后果等。这些问题通常通过销售合同的明示条款和适用的法律条文来解决。

第三节　国际货物买卖合同中买卖双方的权利与义务

一、国际货物买卖合同的成立

国际货物买卖在法律上体现为签订国际货物买卖合同。国际货物买卖合同是指营业地在不同国家的当事人之间经过磋商，就货物进出口交易达成的协议。与其他合同一样，国际货物买卖合同的订立也要经过发价、还盘、接受等过程，其中：发价就是前文所述的要约，还盘就是反要约，接受就是承诺。

（一）发价

《公约》第 14 条规定：向一个或一个以上特定的人提出的订立合同的建议，如果十分确定并且表明发价人在得到接受时承受约束的意旨，即构成发价。由此可见，一项发价应当符合以下要求：(1)应当向一个或一个以上的特定的主体发出。《公约》14 条第 2 款明确规定，非向一个或一个以上特定的人提出的建议，仅应视为邀请做出发价，除非提出建议的人明确地表示相反的意向。(2)发价的内容必须十分确定。所谓十分确定，《公约》给出了明确的解释：一个建议如果写明货物并且明示或暗示地规定数量和价格或规定如何确定数量和价格，即为十分确定。(3)发价人的发价一旦被接受即承受其约束的意思表示。

《公约》第 15 条规定，发价于送达被发价人时生效。一项发价，即使是不可撤销的，得予撤回，但要求撤回通知于发价送达被发价人之前或同时，送达被发价人。对于要约是否能够撤销的问题，英美法采用投邮主义而大陆法采用到达主义而产生分歧。公约将此问题予以了调和：第 16 条规定，在未订立合同之前，发价得予撤销，如果撤销通知于被发价人发出接受通知之前送达被发价人。但在下列情况下，发价不得撤销：(1)发价写明接受发价的期限或以其他方式表示发价是不可撤销的；或(2)被发价人有理由信赖该项发价是不可撤销的，而且被发价人已本着对该项发价的信赖行事。

（二）接受

被发价人声明或做出其他行为表示同意一项发价，即是接受，缄默或不行动本身不等于接受。关于接受生效的时间，《公约》与大陆法的规定相一致，认为接受发价于表示同意的通知送达发价人时生效。如果表示同意的通知在发价人所规定的时间内，如未规定时间，在一段合理的时间内，未曾送达发价人，接受就成为无效，但需适当地考虑交易情况，包括发价人所使用的通信方法的迅速程序。对口头发价必须立即接受，但情况有别者不在此限。但是，如果根据该项发价或依照当事人之间确立的习惯做法和惯例，被发价人可以做出某种行为，例如与发运货物或支付价款有关的行为来表示同意，而无需向发价人发出通知，则接受于该项行为做出时生效。

二、国际货物买卖合同中卖方的义务

按照《公约》的规定，卖方的义务主要有三项：必须按照合同和本公约规定的时间和地点交付货物、移交一切与货物有关的单据、转移货物所有权。

(一)交货时间和地点

1. 交货时间

《公约》第33条规定,卖方必须按以下规定的日期交付货物:(1)如果合同规定有日期,或从合同可以确定日期,应在该日期交货;(2)如果合同规定有一段时间,或从合同可以确定一段时间,除非情况表明应由买方选定一个日期外,应在该段时间内任何时候交货;或者(3)在其他情况下,应在订立合同后一段合理时间内交货。关于合理时间的规定,与英美法相近,由交易的实际情况来确定。

我国《合同法》规定,出卖人应当按照约定的期限交付标的物。约定交付期间的,出卖人可以在该交付期间内的任何时间交付。当事人没有约定标的物的交付期限或者约定不明确的,可以协议补充,协议不成时,可以按照交易习惯来确定。如果上述情况不能确定的,情况履行期限不明确的,债务人可以随时履行,债权人也可以随时要求履行,但应当给对方必要的准备时间。

2. 交货地点

如果货物买卖合同就交货的地点已经做出明确规定,卖方则应根据合同的规定的地点交付货物和单据。如果合同中对交货地点没有做出规定,那么根据《公约》第31条规定,卖方的交货义务如下:

(1)如果销售合同涉及货物的运输,卖方应把货物移交给第一承运人,以运交给买方。例如在装运港船上交货的合同,即使货物需要经过两个或两个以上的承运人才能交给买方,但是卖方的交货义务就是把货物交给第一承运人,就认为已经履行交货的义务,风险也由出卖人转移给买受人。

(2)合同不涉及货物的运输,如果合同的标的物为特定货物,或从特定存货中提取的货物(如从存放于某仓库的茶叶中间提取一定数量的茶叶交货),或尚待制造或生产的未经特定化的货物(如买卖的标的物将在某地某特定工厂加工制造),而双方当事人在订立合同时已知道这些货物是在某一特定地点,或将在某一特定地点制造或生产,卖方应在该地点把货物交给买方处置。

(3)在其他情况下,卖方应在他于订立合同时的营业地把货物交给买方处置。

如果双方当事人已经使用前文所述的贸易术语明确规定了交货的地点,那么就按照该价格术语规定的交货地点交货。

另外,如果卖方按照合同或本公约的规定将货物交付给承运人,但是货物上没有打上编号,或以填写运输单据的方式或其他方式,将货物确定在该合同项下,卖方必须向买方发出列明货物的发货通知。一般而言,卖方可以采用下列办法将货物特定在某个合同项下:一是在货物上表明买受人的姓名和名称;二是在提单上载明以买受人为收货人或货物运到目的地时应通知某一买受人。

(4)如果卖方有义务安排货物的运输,他必须订立必要的合同,以按照通常运输条件,用适合情况的运输工具,把货物运到指定地点。如买卖双方采用CIF、CFR术语订立合同时,买方都要承担安排运输的义务。

(5)如果卖方没有义务对货物的运输办理保险,他必须在买方提出要求时,向买方提供一切现有的必要资料,使他能够办理这种保险。如FOB与CFR术语订立的合同,卖方并无义务为买受人订立一份保险合同。但是,卖方应当按照买方的要求,在买方承担风险和费用(如果有的话)的前提下为其提供投保所需的信息。

我国《合同法》第 61 条和第 141 条对交货的地点进行了规定。出卖人应当按照约定的地点交付标的物。当事人没有约定交付地点或者约定不明确，依照本法第 61 条的规定仍不能确定的，适用下列规定：(1)标的物需要运输的，出卖人应当将标的物交付给第一承运人以运交给买受人。(2)标的物不需要运输，出卖人和买受人订立合同时知道标的物在某一地点的，出卖人应当在该地点交付标的物；不知道标的物在某一地点的，应当在出卖人订立合同时的营业地交付标的物。

(二)交付单据

在国际货物买卖中，有关货物的单据具有十分重要的作用，如海运提单就是货物所有权的凭证，提单的转让即货物所有权的装让，原产地证明和进出口许可证是办理报关手续的必要文件等。根据国际贸易惯例，常用的单据由发票、运输单据、保险单、质量检验证书、原产地证明、出口许可证等。

依据国际贸易惯例，国际货物买卖中存在两种交货的方式。一种是实际交货，卖方将货物连同代表货物的所有权的单据一起交付卖方，完成货物所有权与占有权的转移。另一种是象征性交货，卖方将代表货物所有权的单据或凭以提取货物的单据交给买方以完成交货义务，如 FOB、CIF、CFR 等术语是卖方向承运人交货视为向买方交货，因此交付单据在象征性交货的情况下，显得更为重要 。所以《公约》第 34 条规定，如果卖方有义务移交与货物有关的单据，他必须按照合同所规定的时间、地点和方式移交这些单据。如果卖方在那个时间以前已移交这些单据，他可以在那个时间到达前纠正单据中任何不符合同规定的情形，但是，此一权利的行使不得使买方遭受不合理的不便或承担不合理的开支；同时，买方可以保留本《公约》所规定的要求损害赔偿的任何权利。

我国《合同法》对单据的交付做出规定，第 135 条规定，出卖人应当履行向买受人交付标的物或者交付提取标的物的单证，并转移标的物所有权的义务。第 136 条规定，出卖人应当按照约定或者交易习惯向买受人交付提取标的物单证以外的有关单证和资料。

【案例分析】

以过期提单为理由而拒绝接受单据和付款

马来西亚 A 公司与美国 B 公司订立了一份 CIF 合同，由 A 公司向 B 公司出售 500 吨白糖。合同规定“CIF 纽约，7 月份装船，卖方在 6 月提供单据；由买方支付现金”。货物于 7 月 15 日装船，但是卖方马来西亚 A 公司一直拖延到 8 月 18 日才把单据交给买方。由于当时白糖的国际市场价格下跌，买方拒绝接受单据，除非卖方赔偿差价损失。

试问在上述情况下，买方有无拒绝接受单据的权利？为什么？

分析：CIF 条件买卖，在货物到达目的港以前，代表货物所有权的单据可能几易其主。因此卖方提供的单据必须是有效、正确的。本案例中，买方有权以过期提单为由，拒绝接受单据，拒绝付款，并要求卖方赔偿差价损失。

(资料来源：北京财华培训学校主编：《国际经济法》，中国社会科学出版社 2005 年版)

(三)权利担保义务

卖方对货物的权利担保义务是指卖方对其所售货物拥有完全所有权或合法出售权，货物不存在任何买方所不知道的对买方不利的担保物权，不存在对第三人知识产权的侵犯。

根据《公约》第 41～44 条的规定，卖方的权利担保包括以下内容：

1. 卖方所交付的货物，必须是第三方不能提出任何权利或要求的货物，除非买方同意在这种权利或要求的条件下，收取货物这项规定实质上就是要求卖方保证所售货物享有合法的权益，如果有任何第三人对货物提出权利主张或请求权，卖方对买方承担责任。这包含两层含义：第一，如果第三人主张他是货物的真正所有人或对货物享有权利并胜诉，那么就可以认定卖方违反了《公约》第 41 条的规定，应对买方承担责任。第二，如果第三人的主张由于法律上的证据不足而败诉了，但卖方仍将被认为违反了公约的规定，因为第三人的请求权虽然不能成立，但他提出的请求毕竟使买方受到了干扰，卖方依然要对此负责。

2. 卖方所交付的货物，必须是第三方不能根据工业产权或其他知识产权主张任何权利或要求的货物

由于知识产权具有地域性，因此同一种商品在一个国家被认为没有侵犯他人的知识产权，但在另外的国家却可能会被认为是侵权行为。例如在国际货物买卖中，标的物可能没有侵犯卖方和买方两个国家的知识产权，但由于买方将货物转卖给第三方，第三方所在国认定其侵犯了本国的知识产权。因此，《公约》并不是绝对地要求卖方必须保证其交付的货物不得侵犯任何第三人的知识产权，而是负有一定的限制条件：

(1)如果双方当事人在订立合同时预期货物将在某一国境内转售或做其他使用，则卖方对于第三人根据该国的法律提出的有关知识产权的请求，应对买方承担责任。

(2)在任何其他情况下，卖方对于第三人根据买方营业地所在国家的法律提出的有关知识产权的请求，应对买方承担责任。

(3)如果买方在订立合同时已知道或不可能不知道第三人对其货物会提出知识产权方面的权利或请求时，卖方免责。

(4)如果第三人提出有关侵犯知识产权的权利或请求，是因为卖方是遵照买方所提供的技术图样、图案、程式或其他规格制造的产品，卖方免责。

另外，买方在已知道或理应知道第三方的权利或要求后一段合理时间内，应将此通知卖方，否则买方就不能让出卖人承担相应的责任，除非卖方也知道第三方的权利或要求，或者买方能够提出未及时通知的合理理由。

作为国际货物贸易的买卖双方，为避免或减少知识产权引起的纠纷，应当采取主动的对策。对于卖方而言，要对货物可能涉及的知识产权进行检索，尽量减少日后产生的责任纠纷，同时还应当对自己出口的品牌产品，在主要进口国进行注册登记或申请专利以防止被人抢先。对于买方，应当应卖方的要求提供本国与货物有关的知识产权资料，并就本国、转售国和其他使用国就货物是否侵犯他人的专利权、商标权、版权等问题进行调查。

【案例分析】

2006 年，我国某机械进出口公司向一法国商人出售一批机床，法国商人又将该机床转售美国及一些欧洲国家。机床进入美国后，美国的进出口商被起诉侵权了美国有效的专利权。法院判令被告美国进出口商赔偿专利人损失，随后美国进口商向法国出口商追索，法国商人又向我方索赔。

请问：我方是否应该承担责任，为什么？

分析：《公约》规定，作为卖方的我国某机械进出口公司应该向卖方——法国商人承担所出售的货物不会侵犯他人知识产权的义务，但这种担保应该以买方告知卖方所要销往的国家为限；否则，卖方只保证不会侵犯买方所在国家的知识产权人的权利。

我国《合同法》做出了相应的规定：(1)出卖的标的物，应当属于出卖人所有或者出卖人有权处分。法律、行政法规禁止或者限制转让的标的物，依照其规定。(2)出卖人就交付的标的

物，负有保证第三人不得向买受人主张任何权利的义务，但法律另有规定的除外。(3)买受人订立合同时知道或者应当知道第三人对买卖的标的物享有权利的，出卖人不承担前述义务。(4)买受人有确切证据证明第三人可能就标的物主张权利的，可以中止支付相应的价款，但出卖人提供适当担保的除外。

(四)品质担保义务

1. 品质担保义务的含义

品质担保义务又称为货物的质量担保义务，是指卖方必须保证其交付的货物符合合同的规定。依据《公约》第35条规定，卖方交付的货物必须与合同所规定的数量、质量和规格相符，并须按照合同所规定的方式装箱或包装。除双方当事人另有协议外，货物除非符合以下规定，否则即为与合同不符：

(1)货物适用于同一规格货物通常使用的目的；

(2)货物适用于订立合同时曾明示或默示地通知卖方的任何特定目的，除非情况表明买方并不依赖卖方的技能和判断力，或者这种依赖对他是不合理的；

(3)货物的质量与卖方向买方提供的货物样品或样式相同；

(4)货物按照同类货物通用的方式装箱或包装，如果没有此种通用方式，则按照足以保全和保护货物的方式装箱或包装。

当然，如果买方在订立合同时知道或者不可能不知道货物不符合同，卖方就无需负有此种不符合同的责任。

大陆法把品质担保称为瑕疵担保，卖方应当保证出售的货物没有瑕疵；英美法的规定则更加详细，如美国《统一商法典》将卖方对货物的担保义务分为明示担保和默示担保两种。明示担保是指凭样品交易和凭说明交易。默示担保包括商销性默示担保和特定用途默示担保。前者是指卖方要保证他所出售的商品根据该行业的标准是可以通过的，在该规格的范围内具有平均良好品质，适合于一般的用途，必须与容器或标签上许诺或默认的事实一致。后者的概念与《公约》相似。特定用途默示担保不同于适合一般的用途，其前提条件是：订立合同前，买方明示或者默示的使卖方知道所需货物的特定用途；买方依赖卖方的技能和判断力来挑选提供适合特定用途的货物。

【案例分析】

货物品质的担保

1994年春，英国中间商史密斯来到天津，提出向天津某肉食公司按CIF鹿特丹条件订购冷冻白条鸭共计50公吨，总值20万德国马克，凭规格买卖，其规格为："去头、毛及内脏。"不久实际买户丹麦的A公司开来信用证；天津肉食公司凭此办理装运，并提交全套单据向银行议付货款，包括商检局出具的检验证书。检验书证明："本产品加工及冷冻良好，完全适合人类食用。"货运到目的地后，中间商史密斯来电："已收到货，但货有鱼腥味，丹麦商对此有异议。"不久，来函详细说明："货到目的港后，品质和包装良好，海关放行后，已在市场上销售，但客户反映，白条鸭有鱼腥味，经当地卫生局检验，认为不适合人类食用，禁止出售。而货物在冷冻条件下，不可能有异味，在运输中也不存在遭受外界环境污染这种情况，因此不能向轮船公司或保险公司索赔。此肉食品经过解冻和融化后，出现这种瑕疵，由此可推断出，所选用的鸭是用鱼饲料喂养，而且一直喂养到屠宰前为止。"

中间商史密斯据此向天津方提出退货，而天津方认为所交货物的品质完全符合公司的正常出口标准，而且本国检验局出具的检验证书证明此产品完全符合人类食用，至于其中一部分带有鱼腥味，是国际市场上的通行品质，天津方所供货物无可指责，拒绝退货。

问题：天津方以白条鸭带有鱼腥味是国际市场此类产品的通常品质为理由拒绝退货是否有理？

分析：卖方对货物的担保义务有两种，即权利担保义务和品质担保义务。本案中，天津方公司认为所交货物的品质完全符合公司的正常出口标准，而且本国检验局出具的检验证书证明此产品完全符合人类食用，至于其中一部分带有鱼腥味，是国际市场上的通行品质，天津方因此有权拒绝退货。

（资料来源：北京财华培训学校主编：《国际经济法》，中国社会科学出版社 2005 年版）

我国《合同法》对品质担保义务也做出了明确的规定：(1)出卖人应当按照约定的质量要求交付标的物。出卖人提供有关标的物质量说明的，交付的标的物应当符合该说明的质量要求。(2)当事人对标的物的质量要求没有约定或者约定不明确，可以协议补充，协商不成的，依据合同有关条款或交易习惯确定；仍不能确定的，依国家标准或行业标准，没有标准的，以通常标准或符合合同目的的特定标准为准。(3)出卖人应当按照约定的包装方式交付标的物。对包装方式没有约定或者约定不明确，依照前述的办法仍不能确定的，应当按照通用的方式包装，没有通用方式的，应当采取足以保护标的物的包装方式。(4)凭样品买卖的当事人应当封存样品，并可以对样品质量予以说明。出卖人交付的标的物应当与样品及其说明的质量相同。(5)凭样品买卖的买受人不知道样品有隐蔽瑕疵的，即使交付的标的物与样品相同，出卖人交付的标的物的质量仍然应当符合同种物的通常标准。

2. 承担品质担保义务的期间

《公约》第 36 条规定：

(1)卖方应按照合同和本公约的规定，对风险移转到买方时所存在的任何不符合同情形负有责任，即使这种不符合同情形在该时间后方始明显。这就是说，卖方对货物应符合合同要求的责任，原则上是以风险转移的时间为标准，只要货物在风险转移于买方之后，货物发生于合同不符的情况，如发生变形变质等情况，卖方不承担责任。例外的是，如果货物与合同的要求不相符的情形是要在风险转移于买方之后的一段时间才能发现的，在这种情况下，尽管风险已经转移，如果货物的缺陷在风险转移之前已经存在，那么卖方依然要承担责任。

(2)卖方对在上一款所述时间后发生的任何不符合同情形也应负有责任，如果这种不符合同情形是由于卖方违反他的某项义务所致，包括违反关于在一段时间内货物将继续适用于其通常使用的目的或某种特定目的，或将保持某种特定质量或性质的任何保证。例如，合同规定产品的保质期为 2 年，那么尽管产品已经交付给买方，货物也早已转移，但如果在 2 年的保质期间内，买方发现产品的质量与合同的要求不相符，卖方仍然需要承担责任。

3. 卖方交货不符的补救

卖方所交付的货物不符合同的要求，根据《公约》的规定，如果卖方在合同履行期限到来之前提前交货的，卖方可以做出以下补救措施来减轻自己的责任：如果卖方在交货日期前交付货物，他可以在那个日期到达前，交付任何缺漏部分或补足所交付货物的不足数量，或交付用以替换所交付不符合同规定的货物，或对所交付货物中任何不符合同规定的情形做出补救，但是，此一权利的行使不得使买方遭受不合理的不便或承担不合理的开支，且该补救并不妨碍买方依据公约所享有的要求损害赔偿的任何权利。

（五）货物检验

为了鉴定卖方所交的货物是否符合合同的要求，买方在收到交付的货物之后，必须及时进行检验，如果发现不符，应该及时向卖方提出，要求赔偿损失甚至退换货物。

1. 货物检验的时间和地点

《公约》第 38 条规定，买方必须在按情况实际可行的最短时间内检验货物或由他人检验货物。按情况实际可行的最短时间，主要根据货物的性质、交易的情况与贸易惯例来确定。由于商品千差万别，在实际业务中买卖双方一般会对货物的检验时间做出具体的规定，如果买方在规定的检验期间没有进行该检验，那么卖方可以此拒绝赔偿。

关于货物检验的地点，如果合同涉及货物的运输，检验可推迟到货物到达目的地后进行。如果货物在运输途中改运或买方需再发运货物，没有合理机会加以检验，而卖方在订立合同时已知道或理应知道这种改运或再发运的可能性，检验可推迟到货物到达新目的地后进行。例如，货物在达到沿海目的港之后，还要转运到内陆城市，那么在这种情况下，货物检验的地点到底应该是目的港还是最终的目的地，实务中最好在合同中对检验的地点做出规定，以免发生纠纷。

我国《合同法》仅仅规定买方收到货物时应当在约定的检验期间检验；没有约定检验期间的，应当及时检验。

2. 买方提出货物不符的权利期间

当买方发现所收货物不符合合同的要求时，应根据合同约定的时间通知卖方，并提出索赔或退换货的要求，如果超过了规定的期限，买方就会丧失其应有的权利。如果合同中没有约定相应的时间，那么可以根据《公约》第 39 条规定，买方对货物不符合同，必须在发现或理应发现不符情形后一段合理时间内通知卖方，说明不符合同情形的性质，否则就丧失声称货物不符合同的权利。无论如何，如果买方不在实际收到货物之日起两年内将货物不符合同情形通知卖方，他就丧失声称货物不符合同的权利，除非这一时限与合同规定的保证期限不符。

如果货物不符合同规定指的是卖方已知道或不可能不知道而又没有告知买方的一些事实，则卖方无权援引第 38 条和第 39 条的规定。我国的规定与《公约》基本一致。

三、买方的义务

有关买方义务的规定，英美法系与大陆法系的规定较为一致，《公约》第三部分第三章对此做出了具体规定。买方的义务主要有两项：依据合同和本公约规定支付价款和收取货物。

（一）支付价款

1. 付款准备

《公约》第 54 条规定，买方支付价款的义务包括根据合同或任何有关法律和规章规定的步骤和手续，以便支付价款。在国际货物买卖中，货款的支付程序比国内贸易复杂，买方必须履行一定的付款手续，以便能够支付价款。如信用证的付款方式，买方就需要先向银行申请开立信用证，卖方才能依据信用证来提交单据。如果因为买方没有办理各种必要的手续，导致货款不能支付，就构成违约。

2. 确定货物的价格

一般情况下，买卖合同会规定货物的价格或确定价格的方法，买方按照合同的规定付款，这是理所当然的。如果合同已有效订立，但没有明示或暗示地规定价格或规定如何确定价格，《公约》规定，在没有任何相反表示的情况下，双方当事人应视为已默示地引用订立合同时此种货物在有关贸易的类似情况下销售的通常价格。如果价格是按货物的重量规定的，如有疑问，应按净重确定。

我国《合同法》规定，买受人应当按照约定的数额支付价款，没有约定的可以协议补充，协商不成的，按照订立合同时履行地的市场价格履行；依法应当执行政府定价或政府指导价的，按照规定履行。英美法则规定，如果合同没有规定货物的价格或确定价格的方法，一般应根据交货时的合理价格确定货物的价格。

3. 支付货款的地点

在国际货物买卖中，如果遇到外汇管制或外汇短缺会导致外汇不能汇出，因此在什么地方支付货款十分重要。如果双方在买卖合同中对付款的地点已经有明确的规定，则买方应按合同履行；如果合同中对付款的地点没有做出具体规定，根据《公约》第57条的规定，如果买方没有义务在任何其他特定地点支付价款，他必须在以下地点向卖方支付价款：(1)卖方的营业地；或者(2)如凭移交货物或单据支付价款，则为移交货物或单据的地点。但卖方必须承担因其营业地在订立合同后发生变动而增加的支付方面的有关费用。我国《合同法》与《公约》的规定基本一致。

在国际货物买卖中，如果采用CIF、CFR与FOB等价格术语成交或采用信用证作为付款的方式，买方通常都是凭移交货物单据来支付货款。依照《公约》的规定，支付货款的地点为移交单据的地点。但在什么地点交单，公约没有做出规定。根据国际贸易的通常做法，如果采用银行信用证付款，交单地点通常为设在出口地即卖方营业地的议付银行；如采用跟单托收的方付款方式，交单地点为通过托收银行在买方的营业地点交单。

4. 支付货款的时间

根据《公约》的规定，买方必须按合同和本公约规定的日期或从合同和本公约可以确定的日期支付价款，而无需卖方提出任何要求或办理任何手续。在合同没有规定付款时间的情况下，买方付款的时间可以根据以下情况来确定：

(1)以买方付款作为卖方交货的条件。《公约》规定，如果买方没有义务在任何其他特定时间内支付价款，他必须于卖方按照合同和本公约规定将货物或控制货物处置权的单据交给买方处置时支付价款。卖方可以支付价款作为移交货物或单据的条件。

(2)先付款后发运。如果合同涉及货物的运输，卖方可以买方在支付价款后方可把货物或控制货物处置权的单据移交给买方作为发运货物的条件。也就是说，卖方的发货以买方付款为条件。

(3)先检验后付款。买方在未有机会检验货物前，无义务支付价款，除非这种机会与双方当事人议定的交货或支付程序相抵触。如前所述，国际货物买卖中存在实际交货与象征性交货。只有在实际交货的情况下，买方才有机会对货物进行检验。在象征性交货中，卖方只要交付了符合合同要求的单据，买方就需要履行付款义务。在这种情况下，买方根本无法对货物进行检验，只有等到货物到达目的港后，才有机会验货。为了解决这一问题，《公约》允许当事人在合同中规定，以装运港检验证明为付款依据，但是货到目的港后买方有复验权，并以到岸品质、重量证书作为提出索赔的依据。

我国《合同法》第161条规定，买受人应当按照约定的时间支付价款。对支付时间没有约定或者约定不明确，依照本法第61条的规定仍不能确定的，买受人应当在收到标的物或者提取标的物单证的同时支付。

(二)收取货物

买方的另一项基本义务是收取货物，根据《公约》第60条的规定，买方收取货物的义务包括：

1. 买方应采取一切理应采取的行动，以期卖方能交付货物

在国际货物贸易中，由于交易条件不同，买方应采取的接收货物的准备措施是不同的。首先，如果由买方负责运输，那么买方应当按照合同的规定办理租船订舱手续，指定发货地点，并将船只的名称、装货泊位以及装船日期通知卖方，以方便卖方能够按时交货。例如 FOB 的价格术语就是这种情况。其次，在卖方负责办理运输手续的情况下，买方应及时派人到场接收货物。再次，货物进口手续，在 Incoterms2010 中，除 DDP 术语外，均应该由买方来办理货物进口许可证手续，如果货物在进口国是限制进口的，买方必须做好相关准备。

2. 接收货物

买方有义务在卖方交货时接收货物。如果买方不及时接收货物，导致卖方的利益受损，买方因承担相应的责任。比如，在卖方负责运输的买卖中，卖方一般都要求买方及时卸货并提走货物。如买方不能及时提货，卖方可能要对承运人支付滞期费或其他费用。这里要注意的是，“接收”并不等同于“接受”。接受是指买方认为货物在品质和数量等方面符合了合同的规定。

第四节 违约及其补救方法

一方违反合同的规定，致使对方的权利受到损害，受损害的一方有权采取适当的措施来维护自身的合法权益。这些措施在法律上称为补救方法。

一、买卖双方均可采取的救济措施

（一）损害赔偿

1. 损害赔偿的一般规则

根据《公约》第 74 条规定，一方当事人违反合同应承担的损害赔偿额，应与另一方当事人因他违反合同而遭受的包括利润在内的损失额相等。这种损害赔偿不得超过违反合同一方在订立合同时，依照他当时已知道或理应知道的事实和情况，对违反合同预料到或理应预料到的可能损失。

由此可以看出，损害赔偿的责任范围为：

（1）损害赔偿的责任范围应当与对方因其违约而遭受的包括利润在内的损失额相等，这就是要使受损害的一方恢复到合同能够正常履行的经济状况。

（2）损害赔偿范围仅仅以违约一方在订立合同时可以预见到的或理应预见到的损失危险，对不能预见的损失不予赔偿。

（3）《公约》不要求违约方主观上有过错。这与英美法的规定相似，只要一方违反合同，并给对方造成损失，受损害一方就可以要求赔偿。

（4）损害赔偿权的请求，不因当事人采取了其他救济办法而受到影响。也就是说，即使受损害一方当事人采取了解除合同或其他的救济方法，他仍然可以继续要求损害赔偿。

（5）《公约》第 77 条规定，声称另一方违反合同的一方，必须按情况采取合理措施，减轻由于该另一方违反合同而引起的损失，包括利润方面的损失。如果他不采取这种措施，违反合同一方可以要求从损害赔偿中扣除原可以减轻的损失数额。

2. 合同宣告无效时损害赔偿的计算

如果合同被宣告无效，而在宣告无效后一段合理时间内，买方已以合理方式购买替代货

物，或者卖方已以合理方式把货物转卖，则要求损害赔偿的一方可以取得合同价格和替代货物交易价格之间的差额，以及按照第 74 条规定可以取得的任何其他损害赔偿。

如果合同被宣告无效，而货物又有时价，要求损害赔偿的一方，如果没有根据第 75 条规定进行购买或转卖，则可以取得合同规定的价格和宣告合同无效时的时价之间的差额，以及按照第 74 条规定可以取得的任何其他损害赔偿。但是，如果要求损害赔偿的一方在接收货物之后宣告合同无效，则应适用接收货物时的时价，而不适用宣告合同无效时的时价。为上一款的目的，时价指原应交付货物地点的现行价格，如果该地点没有时价，则指另一合理替代地点的价格，但应适当地考虑货物运费的差额。

【案例分析】

1995 年 3 月 5 日，北京某工业供销公司（买方）与荷兰碧海有限公司（卖方）签订了一份进口机床的合同。合同规定：由卖方在 1995 年 12 月 7 日交付买方机床 100 台，总价值 5 万美元，货到 3 日内全部付清。7 月 7 日，卖方来函：因机床价格上涨，全年供不应求，除非买方同意支付 6 万美元，否则卖方将不交货。对此，买方表示按合同规定价格成交。买方曾经于 7 月 7 日询问另一家公司寻找替代物，供应商答应可以在 12 月 7 日前交付 100 台机床并要求支付价款 5.6 万美元。买方当时未立即补进。到 12 月 7 日，买方以当时的6.1万美元的价格向另一供应商补进 100 台机床。对于差价损失，买方向法院提起诉讼，要求卖方赔偿其损失。

请问：买方要求是否合理？

分析：买方的要求不合理。本案中，买卖双方未对涨价问题达成协议，导致卖方不交货。买方虽然曾经于 7 月 7 日询问另一家公司寻找替代物，但实际上，直到 12 月 7 日，买方才以当时的6.1万美元的价格向另一供货商补进 100 台机床。很显然，买方并没有及时补进货物，因此，买方所要求的差价损失不能予以赔偿，而只能按照《公约》的上述规定，赔偿合同规定的价格（即 5 万美元）和宣告合同无效时的时价（即 7 月 7 日前的市场价）之间的差额。

（二）中止履行

如果订立合同后，另一方当事人由于下列原因显然将不履行其大部分重要义务，一方当事人可以中止履行义务：(1)他履行义务的能力或他的信用有严重缺陷，比如一方在订立合同后，完全失去偿付能力或被宣告破产等；或(2)他在准备履行合同或履行合同中的行为，即一方当事人在对方当事人存在预期违约的情形下有权中止履行。如果在履行期限到来之前，已经明显地看出一方当事人将根本违反合同，则另一方不仅可以中止履行，而且可以宣告合同无效。

如果卖方在上一款所述的理由明显化以前已将货物发运，他可以阻止将货物交给买方，即使买方持有其有权获得货物的单据。本款规定只与买方和卖方间对货物的权利有关。中止履行义务的一方当事人不论是在货物发运前还是发运后，都必须立即通知另一方当事人，如经另一方当事人对履行义务提供充分保证，则他必须继续履行义务。

【案例】

卖方中国甲公司与买方澳大利亚乙公司在半年内，先后订立了 16 种商品 32 份合同。当卖方甲公司正准备依第 14 份合同向澳大利亚乙公司履行交货时，发现卖方乙公司对前面 5 份合同延迟了付款，一共拖欠甲公司 41 万美元，因而甲公司怀疑乙公司的信用问题。甲公司遂通知乙公司中止履行第 14 份合同及其以后的合同。试问在上述情况下，卖方甲公司能够中止第 14 份合同项下义务及其以后合同项下义务的履行吗？为什么？

（资料来源：北京财华培训学校主编：《国际经济法》，中国社会科学出版社 2005 年版）

(三)解除合同

解除合同在《公约》中称为"宣告合同无效",其前提是一方当事人发生了根本违约的情形。《公约》第25条规定,根本违约是指一方当事人违反合同的结果,使另一方当事人蒙受损害,以至于实际上剥夺了他根据合同规定有权期待得到的东西。除非违反合同一方并不预知而且一个同等资格、通情达理的人处于相同情况中也没有理由预知会发生这种结果。

构成根本违约的基本标准:(1)实际上剥夺了他根据合同规定有权期待得到的东西,即受害方预期利益的丧失,至于何种情况属于"实际剥夺",《公约》没有规定。根据英美等国的判例,需要根据每一合同的具体情况而定,如违约部分的价值或金额占全部合同金额的一部分、违约部分对合同目标实现的影响重大(如分批交货合同中,对某一批交货义务的违反导致整个合同目的无法实现)、延迟履行严重影响到合同目标的实现等。(2)同时还必须满足额外的两个标准:违约方应当预知这种结果,第三人在同等情况下能够预知这种结果。

宣告合同无效要求解除双方在合同中的义务,任何一方无权要求另一方继续履行合同规定的义务,因此各国合同法对解除合同采取较为谨慎的态度。《公约》规定,违约方不履行其在合同或公约中的任何义务达到了根本违反合同的程度;卖方不交货或买方不付款、不收取货物的情况下,在另一方当事人所给予的宽限期内仍不履行或声明其将不在宽限期内履行的,对方当事人有权解除合同。解除合同的意思表示需要以通知的方式做出,在卖方延迟交货的情况下,买方必须在知道交货后的一段合理时间内提出解除合同;在卖方所交货物与合同不符的情况下,买方需在知情后的一段合理时间内提出解除合同,或在许可的修补、更换等救济期过后,卖方仍未履行义务,或者买方拒绝卖方所采取的救济措施,买方应在救济期过后一段合理的时间内,提出解除通知;在宽限期届满未履行义务,或在卖方声明他将不在宽限期限内履行义务后的一段合理期间内,买方须提出解除合同的通知。

【案例】

荷兰希哈富公司诉德国布利默公司案

1975年,德国布利默公司向希哈富公司出售一批用于制造牲畜饲料的桔渣,合同采取牲畜饲料协会的合同格式,条件是CIF鹿特丹,合同金额约10万英镑,合同明确规定"发运的货物必须处于良好的状态"。合同项下货物分两批发运,货物抵达目的地港时,市价有很大幅度的下跌。在第一批货物卸货时发现货物受损,第二批货物状况良好。希哈富公司拒收全部货物。在买方不接受货物的情况下,法院只能将货物予以拍卖。结果合同项下的货物被一个中间人以3万英镑买去。就在同一天,该中间商又将该批货物按照同样的价格卖给原来的买主希哈富公司。双方为此发生纠纷。

法院判决,只有在出现根本违约的情况下才能解除合同。在本案中,合同条款:"发运的货物必须处于良好的状态"是一项无名条款,如果全部货物在到达时有小部分不是处于良好状态,略有缺陷,应以减价解决,除非整批货物存在严重缺陷,否则买方无权拒收全部货物。因此买方不能拒收,但可以取得损害赔偿,损害赔偿金额是到达鹿特丹时完好货物和受损货物之间的差额。

(资料来源:北京财华培训学校主编:《国际经济法》,中国社会科学出版社2005年版)

(四)分批交货时的救济方法

(1)对于分批交付货物的合同,如果一方当事人不履行对任何一批货物的义务,便对该批货物构成根本违反合同,则另一方当事人可以宣告合同对该批货物无效。

(2)如果一方当事人不履行对任何一批货物的义务,使另一方当事人有充分理由断定对今后各批货物将会发生根本违反合同，该另一方当事人可以在一段合理时间内宣告合同今后无效。

(3)买方宣告合同对任何一批货物的交付为无效时，可以同时宣告合同对已交付的或今后交付的各批货物均为无效，如果各批货物是互相依存的，不能单独用于双方当事人在订立合同时所设想的目的。

【案例分析】

2002年12月，中国买方与美国卖方签订了一份整套电信设备的买卖合同。合同约定分两批交付；如果在订立合同后买方要求变更设备的频段，卖方应当免费予以更换。合同签订后，第一批货物顺利完成了交货、付款。2003年4月10日，中国买方向美国卖方开立了第二份信用证，规定最后装运期为2003年4月30日。开证后两天，因为市场需求的变化，中国买方根据合同约定，以传真方式向美国卖方发出通知，要求卖方变更设备的频段。中国买方还申请开证行以信用证修改的方式，对信用证中货物描述条款进行了修改。但美国卖方并未作任何答复。根据买卖合同和信用证的规定，美国卖方通过航空公司向买方装运了合同原先约定频段的设备。卖方取得了空运单据后，即通过银行向中国银行提示单据，开证行经过审查发现存在数个不符点，故拒绝付款，并将单据退回受益人(美国卖方)。空运单据显示，装运日期为2003年4月25日，符合信用证的规定。

请问：买方是否有权宣告整个合同无效？

分析：首先，中美皆为《公约》缔约国，双方又没有排除公约的适用，公约自动适用该合同。根据《公约》规定：若一方不履行对某批货物的义务构成根本违约时，另一方可宣告合同对该批货物无效；若从该项违反可以推断，类似违反将发生于将来的几批交货，则受损方可以取消合同；若各批货物是互相依存的，不能单独用于合同目的，则买方可宣告整个合同无效。因本案是一整套设备买卖合同，符合上述最后一条，因此买方可宣告整个合同无效。

(资料来源：韩立余主编：《国际贸易法案例分析》，中国人民大学出版社2009年版)

(五)卖方违约时买方可以采取的救济方法

卖方违约，是指卖方不交付货物或单据、交付延迟、交付不符合合同的约定三种情形。《公约》对各种情形都规定了买方相应的救济措施。

1. 要求卖方实际履行

卖方不交付货物时，买方可以要求卖方履行义务，除非买方已采取与此一要求相抵触的某种补救办法。据此，实际履行应当满足两个条件：第一，买方不得采取与实际履行这一要求相抵触的救济方法。如买方已经要求解除合同，那么就不能再做出实际履行的请求。第二，买方应该给予卖方履行合同的一个宽限期，买方可以规定一个合理的额外时间，让卖方履行义务。

但是对于实际履行的救济方式，大陆法系与英美法系的态度有很大的不同。英美法认为违反合同的主要救济应当是损害赔偿而非实际履行，只有当金钱赔偿不足以弥补受损害方的损失时，才考虑判令实际履行。大陆法系特别是德国法却将实际履行作为一种主要的救济方法，认为当债务人不履行合同时，债权人有权要求债务人实际履行。

《公约》为了调和这种制度上的分歧，对实际履行的救济方法没有做出强制性的规定。《公约》第28条规定：如果按照本公约的规定，一方当事人有权要求另一方当事人履行某一义务，法院没有义务做出判决，要求具体履行此一义务，除非法院依照其本身的法律对不属本公约范围的类似销售合同愿意这样做。这意味着当买方依照公约的规定向法院提起实际履行的请求权时，法院是否做出实际履行的判决，要看法院所在国的法律对其他类似的买卖合同如何处理而定。

2. 交付替代物

如果货物不符合同，买方只有在此种不符合同情形构成根本违反合同时，才可以要求交付替代货物。也就是说，如果卖方所交的货物虽然与合同不符，但是情况尚不严重，没有构成根本违约时，买方就不能要求卖方交付替代物，而只能要求卖方赔偿损害或对货物进行修补等。这是因为要求卖方交付替代物，意味着卖方要承担运费损失、处理与合同不符的货物等，与实际履行的要求区别不大，所以，《公约》对这一救济方式做出一定的限制。

同时《公约》第 82 条规定，买方如果不可能按实际收到的货物原装归还货物给卖方，他就丧失了要求卖方交付替代物的权利，并且交付替代物的通知需要在合理的期限内向卖方提出。

3. 修补货物

如前所述，在卖方所交的货物虽然与合同不符，但是情况尚不严重，没有构成根本违约时，买方可以要求卖方对货物进行修补，除非他考虑了所有情况之后，认为这样做是不合理的。也就是说，对货物的修补的方式必须是经济合理的，同时修理的要求也必须在发现或理应发现不符情形后的一段合理时间内提出。

4. 延期履行

如果卖方没有根据合同规定的时间履行自己的义务，那么买方可以规定一段合理时限的额外时间，让卖方履行其义务。除非买方收到卖方的通知，声称他将不在所规定的时间内履行义务，买方在这段时间内不得对违反合同采取任何补救办法。但是，买方并不因此丧失他对迟延履行义务可能享有的要求损害赔偿的任何权利。例如，买卖双方约定 4 月份交货，但是卖方在 4 月份没有能够按期履行，买方给出一个月的合理期限，也就是说让卖方 5 月份交货，如果卖方在 5 月份不交货，或者还没有到 5 月份的时候，卖方声明自己将不在规定的时间内交货，那么买方就可以解除合同。

这里需要注意的是，当卖方不根据合同的规定交货时，买方是否一定要给卖方一段合理的时间让其履行呢？《公约》规定的合理时间，只是通常情况的做法，但不是绝对的。如果卖方不根据合同规定的时间交货已经构成了根本违约，那么买方就可以不再给卖方额外的合理时间，直接解除合同即可。

【案例分析】

请比较下面两个案例：

(1)买方从国外进口一批供圣诞节出售的火鸡，卖方交货的时间比合同规定的期间晚了一个星期。由于圣诞节已过，火鸡难以销售，使买方遭受重大损失。

(2)买方从国外进口一批鸡肉，合同规定卖方应于 7～8 月装运，但实际上卖方的装运日期比合同规定的时间迟了一个星期。这段时间里鸡肉的市场价格并没有发生什么变化，供销情况亦正常。

请问：根据两个案例中买方是否有权解除合同？为什么？

分析：就这两个案例而言，第一个案例构成根本违约，买方有权解除合同；第二个案例没有构成根本违约，买方无权解除合同。

5. 卖方对不履行义务进行补救

除买方解除合同之外，卖方即使在交货日期之后，仍可自付费用，对任何不履行义务做出补救，但这种补救不得造成不合理的迟延，也不得使买方遭受不合理的不便，或无法确定卖方是否将偿付买方预付的费用。但是，买方保留本公约所规定的要求损害赔偿的任何权利。也就是说,《公约》原则上允许卖方在交货日期之后,自付费用对任何不履行义务的行为做出补救。但是卖方的自费补救权利的行使必须符合以下条件:第一,买方没有要求解除合同,宣告合同无效;第二,卖方应当承担所有补救的费用;第三,卖方做出的补救不得给买方造成不合理的不便或迟延。

卖方采取补救措施的,应该通知买受人;买受人应在获悉后的合理时间内做出答复。买方没有在这段合理时间内做出答复的,卖方可以按其要求中所指明的时间履行义务。买方不得在该时间内采取与卖方履行义务相抵触的任何补救办法。

6. 要求减价

如果货物不符合同,不论价款是否已付,买方都可以减低价格,减价按实际交付货物在交货时的价值与符合合同的货物在当时的价值两者之间的比例计算。但是,如果卖方对货物不符合合同的规定做出了补救,或者买方拒绝接受卖方对此做出的补救,则买方不得减低价格。这实际上是大陆法系的合同法原则。

【案例分析】

某国A公司向另一国B公司出售一批货物。货物到达目的港后,经买方B公司检验发现,部分货物在交货时已存在质量问题,随即要求卖方降价10%。卖方A公司不同意降价,而是提出用一批符合合同规定的新货物换回已经交付的货物。但买方B公司此时已经将该批货物转卖给本国的另外一家公司。

请问:B公司是否仍可要求A公司降价?为什么?

分析:B公司不能要求A公司降价。《公约》规定,如果卖方按照第37条或第48条的规定对任何不履行义务做出补救,或者买方拒绝接受卖方按照该两条规定履行义务,则买方不得减低价格。

7. 部分交货的补救

如果卖方只交付一部分货物,或者交付的货物中只有一部分符合合同规定,买方只能就缺漏部分及不符合同规定部分的货物采取相应的补救措施,不能拒收全部货物或宣告合同无效,除非卖方完全不交付货物或不按照合同规定交付货物等于根本违反合同。

8. 提前交货或超量交货的补救

如果卖方在规定的日期前交付货物,买方可以收取货物,也可以拒绝收取货物。如果卖方交付的货物数量大于合同规定的数量,买方可以收取也可以拒绝收取多交部分的货物。如果买方收取多交部分货物的全部或一部分,他必须按合同价格付款。

我国《合同法》对于卖方违反合同时买方的救济方法也做出了具体规定,即卖方交付的货物质量不符合约定的,应当按照当事人的约定承担违约责任。对违约责任没有约定或者约定不明确,当事人可以协议补充,协商不成的,按照合同的有关条款和交易习惯确定,仍不能确定的,受损害方根据标的物的性质以及损失的大小,可以合理选择要求对方承担修理、更换、重作、退货、减少价款或者报酬等违约责任。出卖人多交标的物的,买受人可以接收或者拒绝接收多交的部分。买受人接收多交部分的,按照合同的价格支付价款;买受人拒绝接收多交部分的,应当及时通知出卖人。

三、买方违约时卖方的救济办法

买方违约的情形主要有不付款、延迟付款、不收取货物以及延迟收取货物。《公约》对于买方违约时卖方采取的救济措施,同样也包括实际履行、解除合同、请求损害赔偿等,这里不赘述。但在买方自行确定货物具体规格的合同中，买方违约时，卖方依据《公约》第65条的规定，如果买方应根据合同规定订明货物的形状、大小或其他特征，而他在议定的日期或在收到卖方的要求后一段合理时间内没有订明这些规格，则卖方在不损害其可能享有的任何其他权利的情况下，可以依照他所知的买方的要求，自己订明规格。如果卖方自己订明规格，他必须把订明规格的细节通知买方，而且必须规定一段合理时间，让买方可以在该段时间内订出不同的规格。如果买方在收到这种通知后没有在该段时间内这样做，卖方所订的规格就具有约束力。

除此之外，买方没有支付价款或任何其他拖欠金额，卖方有权对这些款项收取利息，但这并不妨碍卖方根据《公约》规定可以取得的损害赔偿。

我国《合同法》对于买方违约时卖方的救济方法，仅就分期付款做出了规定，体现在第167条中，即分期付款的买受人未支付到期价款的金额达到全部价款的1/5的，出卖人可以要求买受人支付全部价款或者解除合同。出卖人解除合同的，可以向买受人要求支付该标的物的使用费。

第五节　货物所有权与风险的转移

一、货物所有权的转移

国际货物买卖合同的核心问题就是货物所有权的转移。货物的所有权什么时候从卖方转移到买方，关系到买卖双方自身的利益，一旦货物的所有权发生转移，如若买方不能支付货款，卖方就会承受巨大的损失。但各国关于货物所有权转移问题的法律分歧很大，所以《公约》第4条明确规定，该公约不涉及买卖合同对货物所有权可能产生的影响，也就是说所有权转移的时间、地点和条件以及买卖合同对第三方货物所有权产生的影响等问题，属国内法调整的问题。

(一)英美法系有关货物所有权转移的规定

1. 英国法

英国法认为，货物所有权的转移对于风险负担以及保险利益具有决定性的作用，因此货物所有权何时转移是一个十分重要的问题。英国将货物区分为特定物与非特定物。根据1979年英国《货物买卖法》，这两种情况的处理方式有所区别。

(1)特定物买卖。关于特定物的买卖，所有权的转移取决于双方当事人的意图。关于合同双方当事人的意图，应该根据合同条款、合同双方当事人行为以及案件具体情况等确定。除非有相反的意思出现，下列规则用来确定货物所有权转移给买方时双方当事人的意图。

凡属无条件的特定物买卖合同，如果该物已处于可交付状态，则货物所有权于合同订立时转移，而不问付款日期或交付日期(或两者兼有)是否延迟；凡属特定物买卖合同，如果卖方须完成某些行为才能使货物于可交付状态，则货物的所有权在这些行为完成之后且买方已经知晓的情形下才能转移给买方；凡属特定物买卖合同，如果该物已处于可交付状态，但是卖方必定要针对货物需称重、测量、检验，或者完成其他一些涉及货物的行为才能确定货物价格时，货物所有权直到这些行为或事情完成之后并被买方注意到时才转移；当货物以试验买卖、余货退回或其他类似条款将货物交付买方时，买方向卖方表明认可或接受交易，或以其他方式确认这项交易时，货物所有权转移给买方；如果买方没有向卖方表示认可或接受该项货物，但他保留了货物并没有发出退货通知，如果合同规定有固定的退货期限，且期限届满，或者在合同没有规定退货期限，但经过了一段合理时间。

(2)非特定物的买卖。非特定物是指仅凭说明进行交易的货物。凡是属于凭说明买卖未经指定或未经特定化的货物，在将货物特定化之前，其所有权不转移于买方。特定化的意思是指对货物进行计量、包装、加上标记，或以装运单据、或以向买方发出通知等方式表明货物已经无条件地划拨于合同项下的行为。经过划拨的货物，卖方不得再随意进行提取、调换或挪作他用。如在国际货物买卖中，卖方将货物交给承运人，由承运人交于买方，在卖方没有保留货物的处分权的情况下，就可以认为卖方无条件地将货物划拨于合同项下。

2. 美国法

对于风险转移问题，美国《统一商法典》与英国法律存在很大的差异性，认为所有权的转移问题与风险的转移问题以及救济办法是分离的。美国法原则上也认为如果没有将货物特定在合同项下，不发生所有权转移的问题。同时，还规定，如果当事人没有就风险转移做出规定，应该依照以下的方法来确定：

(1)货物的所有权在卖方完成交货时转移给买方，而不管卖方是否通过保存货物的所有权的凭证保留其对货物的权利。货物的所有权凭证一般只是起到担保权益的作用，卖方以此作为买方支付货款的担保，但这并不影响该货物的所有权根据该法典的规定转移于买方，如提单便是货物的所有权凭证。

(2)在不需要移动货物即可交付时，如果卖方应交付所有权凭证，所有权在交付所有权凭证的时间和地点转移；如果合同订立时货物已特定化，则无须交付所有权凭证，所有权在合同订立的时间和地点转移。

(3)如果买方拒绝接受或保留货物，或买方正当地撤销对货物的接受，所有权重新转移，即重新转移到卖方。

(二)大陆法系有关货物所有权转移的规定

1. 法国法

根据法国《民法典》第1583条规定，当事人就标的物及其价金相互同意时，即使标的物尚未交付、价金尚未支付，买卖即告成立，而标的物的所有权亦于此时在法律上由出卖人移转于买受人。同时，如果双方当事人就货物所有权没有约定，那么法院会在审判中还会适用下列原则：第一，如果买卖的标的物是种类物，则必须经过特定化之后，其所有权才能转移于买方，但是无需交付；第二，如果是附条件的买卖，必须满足条件后所有权才转移于买方；第三，买卖双方可在合同中规定所有权转移的时间。

2. 德国法

德国法关于所有权的转移与法国法有较大的区别。德国法将买卖合同与货物所有权的转移加以区分，认为前者是债权法的内容。后者是物权法的内容。因此，买卖合同成立，不会导致货物所有权的转移。动产所有权的转移需要以交付标的物为必要条件，不动产的所有权转移以主管机关的登记为要件。在卖方有义务交付物权凭证的场合，卖方可以通过交付物权凭证来完成货物所有权的转移。

(三)国际惯例的有关规定

在国际贸易惯例中，只有《1932年华沙—牛津规则》对货物所有权的转移进行了明确规定。其他的国际贸易术语解释规则，均有意回避货物所有权的转移问题，只涉及货物的风险转移。按照《1932 年华沙—牛津规则》第 6 条规定:在 CIF 合同中,货物所有权的转移时间,就是卖方将有关单据交到买方掌握的时刻。一般认为,出卖人有义务交付提单的货物买卖合同,如 CIF、CFR、FOB 合同,货物的所有权在出卖人向买受人交付代表货物所有权的单据如提单时转移于买受人。

(四)中国法

我国《合同法》第 133、134、137 条规定,标的物的所有权自标的物交付时起转移,但法律另有规定或者当事人另有约定的除外。当事人可以在买卖合同中约定买受人未履行支付价款或者其他义务的,标的物的所有权属于出卖人。出卖具有知识产权的计算机软件等标的物的,除法律另有规定或者当事人另有约定的以外,该标的物的知识产权不属于买受人。

【案例分析】

有一份 CFR 合同,日本甲公司从美国进口 2 000 吨散装小麦,把其中 1 000 吨转卖给日本乙公司,乙公司已经付清货款。但货物运达日本港口之前,甲公司宣告破产,主持破产清算的人员遂将上述 2 000 吨小麦列入破产清算财产的清单内。日本乙公司得知此事后,以已付款为理由,向清算组提出已列入破产清算财产的 2 000 吨小麦中有 1 000 吨小麦属于他所有,请求返还,但遭到清算人员的拒绝。

试问,日本乙公司是否能取得这 1 000 吨小麦,为什么?

分析:不能取得。因为这 1 000 吨小麦属于非特定化的货物,没有与 2 000 吨小麦相分离。因此货物的所有权没有转移。乙公司不能提供明确的证据证明这 1 000 吨小麦已经特定化,所以只能处于一般债权人的地位,将与其他债权人一起参加清算。

(资料来源:北京财华培训学校主编:《国际经济法》,中国社会科学出版社 2005 年版)

二、货物风险的转移

货物风险对于国际货物买卖意义重大,直接影响双方当事人的利益。在国际货物买卖中,货物的风险主要是指货物在高温、水浸、火灾、严寒、盗窃或查封等非正常情况下发生的短少、变质或灭失等损失。货物风险如果已经转移到买方,即使货物被毁损也不能免买方的付款义务,除非货物的毁损是由于卖方的原因造成的。相反,如果货物的风险没有发生转移,那么买方就不用付款,并且还可以追究卖方不能交付货物的违约责任。划分风险的目的就是为了确定货物的损失应当由谁来承担责任。尽管在通常的情况下,国际货物买卖中大都会对货物进行投保,但是仍然需要解决以下的问题:谁有资格向保险公司求偿?在不属于保险范围内或当事人漏保的情况下,货物的风险如何分担?以及对受损货物进行保全和救助的责任问题等。《公约》对于买卖双方风险的分担做出了较为详细的规定。

(一)风险分担的原则

1. 国际惯例优先原则

双方当事人可以在合同中使用某种国际贸易术语,或者以其他的办法来规定该货物风险转移的时间和条件。如果双方当事人就此做出了具体的规定,其效力将高于《公约》的规定。在 EXW 合同中,为出卖人依法将货物交于买受人的支配下,风险发生转移。F 组的三个术语中,为出卖人依约将货物交至买受人指定的承运人,风险发生转移。不过,FAS 是船边交货,FOB 为船上交货,风险也从船边或船上为界转移。在 C 组术语中,为出卖人依法将货物交至承运人,风险发生转移,其中 CIF、CFR 合同的风险转移规则与 FOB 相同,CPT 和 CIP 合同在出卖人将货物交给承运人照管时起,风险由出卖人转移于买受人承担。在 D 组术语中,为出卖人在指定目的地将货物交给买受人支配时起，风险由出卖人转移至买受人。

【案例分析】

中国A公司与美国B公司签订一份CIF合同，由A公司向B公司出售一批大米，货物从中国厦门装运，CIF西雅图。后该船因触礁沉没，当卖方A公司凭手中的提单、发票、保险单等装运单据要求B公司付款时，B公司以货物全部灭失为由，拒不接受单据和付款。问：卖方有权凭规定的单据要求买方付款吗？为什么？

分析：卖方有权凭规定的单据要求买方付款，买方无权拒付。根据贸易惯例，在CIF合同中：(1)货物的风险在装运港将货物装上船后，由卖方转移到买方。(2)卖方有义务按照合同的规定交付货物和提交单据，也有凭单据向买方收取货款的权利；买方有义务按照合同的规定收受货物，接受单据和支付货款，并有权拒收不符合合同的货物和单据的权利。只要卖方按合同规定的时间，在装运港把货物装上运往目的港的船上，并付清运费和保险费，提供合同规定的提单、保险单、发票及有关单据，卖方就履行了其义务。至于货物装船后的一切风险及额外费用均与卖方无关。

2. 划拨是风险发生转移的前提

在货物以货物上加标记、或以装运单据、或向买方发出通知或其他方式清楚地注明有关合同以前，风险不移转到买方承担。也就是说，货物在划拨合同项下前，风险不发生转移。当货物涉及运输时，风险于货交第一承运人时转移到买方，但是货物为划拨合同项下前，风险不发生转移。在交货不涉及运输时，风险是在货物交由买方处置时发生转移，但是货物划拨合同项下前，不得视为已经交给买方处置。

3. 以交货时间来确定风险原则

与某些国家以所有权的转移时间作为风险转移时间的做法不同，《公约》采取了所有权与风险相分离的方法，确定了以交货时间作为风险转移的时间。

4. 过失划分原则

从交货时起，风险从卖方转移至买方。这一原则的适用有一个前提，即风险的转移是在卖方无违约行为的情况下。假若卖方发生违约行为，则以交货时间来确定风险的原则就不能适用。

(二)风险转移的时间

按照交货时间作为风险转移时间的原则，《公约》将交货分为以下三类：

1. 涉及运输的交货

国际贸易一般都会涉及货物的运输，《公约》所采取的基本原则是，除非双方当事人有约定，运输风险一般由买方来承担。理由是，买方所处的位置使他能在目的地检验货物，在发现货物受损时便于采取措施减轻损失，同时能够及时向有责任的承运人提出索赔或向保险人提出赔偿请求。例如，在FOB、CIF与CFR条件成交时，都是买方承担货物运输过程中的风险。

当合同涉及运输时，风险从何时起由卖方转移于买方，有两种情况：(1)如果销售合同涉及货物的运输，但卖方没有义务在某一特定地点交付货物，自货物按照销售合同交付给第一承运人以转交给买方时起，风险就移转到买方承担。(2)如果卖方有义务在某一特定地点把货物交付给承运人，在货物于该地点交付给承运人以前，风险不移转到买方承担。卖方有权保留控制货物处置权的单据，并不影响风险的移转。

卖方有权保留控制货物处置的单据，例如提单，但这只是作为买方支付货款的一种担保权益，并不影响风险的转移。这与美国法的规定是一致的。

2. 在途货物的交货

货物在运输途中出售，在外贸业务中称为“海上路货”，其风险如何划分是一个十分困难的问题。因为在订立买卖合同时，货物已经装载于运输工具上，买卖双方都可能不知道货物是否有损坏；如果货物在运到目的地后发现损害，也很难判定这种损害是发生在运输过程中的哪一个阶段，究竟是订立合同之前还是订立合同之后。因此，《公约》规定，原则上对于在运输途中销售的货物，从订立合同时起，风险就移转到买方承担。但是，如果卖方通过向买方转移运输单据作为交货的依据，那么从货物交付给签发载有运输合同单据的承运人时起，风险就由买方承担。但是，如果卖方在订立合同时已经知道或理应知道货物已经遗失或损坏，而他又不将这一事实告之买方，则这种遗失或损坏应由卖方负责。

3. 不涉及运输的货物

有一些买卖合同由买方自行安排运输，因此不涉及货物的运输问题。在这种情况下，《公约》第 69 条规定，在卖方营业地交货的，从买方接收货物时起，或如果买方不在适当时间内这样做，则从货物交给他处置但他不收取货物从而违反合同时起，风险移转到买方承担。如果买方有义务在卖方营业地以外的某一地点接收货物，当交货时间已到而买方知道货物已在该地点交给他处置时，风险方始移转。所谓货物交给买方处置，是指卖方已经将货物划拨合同项下，完成交货的准备工作并向买方发出通知等一系列行为。

【案例分析】

香港某公司与我国某公司于 1997 年 10 月 2 日签订进口服装合同。11 月 2 日货物出运，11 月 4 日香港公司与瑞士公司签订合同，将该批货物转卖，此时货物仍在运输途中。

请问：货物风险何时由香港公司转移给瑞士公司？

分析：本案中，货物装运后，香港公司于 11 月 4 日和瑞士公司签订合同，将货物转卖，因此，货物风险从该日转移给瑞士公司承担。

由于英国并非《公约》的缔约国，英国对于风险转移的划分值得注意。根据 1979 年《货物买卖法》(1995 年修订本)的规定，货物风险的转移与所有权的转移联系在一起，所有权不发生转移，风险也不发生转移。如卖方在货物装船后没有把作为所有权凭证的提单交给买方，那么货物在提单交给买方之前的整个运输途中的风险都应当由卖方承担责任。

对于货物风险的转移，我国《合同法》第 142～149 条做出具体规定：(1)标的物毁损、灭失的风险，在标的物交付之前由出卖人承担，交付之后由买受人承担，但法律另有规定或者当事人另有约定的除外。(2)因买受人的原因致使标的物不能按照约定的期限交付的，买受人应当自违反约定之日起承担标的物毁损、灭失的风险。(3)出卖人交由承运人运输的在途标的物，除当事人另有约定的以外，毁损、灭失的风险自合同成立时起由买受人承担。(4)当事人没有约定交付地点或者约定不明确且标的物需要运输的，出卖人将标的物交付给第一承运人后，标的物毁损、灭失的风险由买受人承担。(5)出卖人按照约定，或者出卖人和买受人订立合同时知道标的物在某一地点，出卖人应该在此地点交付标的物，买受人违反约定没有收取的，标的物毁损、灭失的风险自违反约定之日起由买受人承担。(6)出卖人按照约定未交付有关标的物的单证和资料的，不影响标的物毁损、灭失风险的转移。(7)因标的物质量不符合质量要求，致使不能实现合同目的的，买受人可以拒绝接受标的物或者解除合同。买受人拒绝接受标的物或者解除合同的，标的物毁损、灭失的风险由出卖人承担。(8)标的物毁损、灭失的风险由买受人承担的，不影响因出卖人履行债务不符合约定，买受人要求其承担违约责任的权利。

本章小结

1. 国际货物买卖法的渊源包括国内法、国际公约和国际惯例。

2. 买卖双方当事人的义务。卖方的义务主要包括：交付货物、交付有关单据、品质担保和权利担保；买方的义务主要包括支付货物价款和接受货物。

3. 违约的救济措施分为三个方面：买卖双方都能够采取的救济措施；买方违约时卖方采取的救济措施；卖方违约时买方采取的救济措施。

4. 货物所有权和风险的转移。《公约》不调整货物所有权的转移，因此，货物所有权的转移主要是由国内法加以规定。关于风险转移的规定，应了解风险转移的原则和风险转移的时间。

思考与练习

一、不定项选择题

1. 2006 年 6 月，佛易纳公司与晋堂公司签订了一项买卖运动器材的国际货物销售合同。晋堂公司作为买方在收到货物后发现其与合同约定不符。依据 1980 年《联合国国际货物销售合同公约》的规定，下列哪些表述是正确的？（　　）

A. 如果货物与合同不符的情形构成根本违反合同，晋堂公司可以解除合同

B. 根据货物与合同不符的情形，晋堂公司可以同时要求减价和赔偿损失

C. 只有在货物与合同不符的情形构成根本违反合同时，晋堂公司关于交付替代物的要求才应当被支持

D. 如果收到的货物数量大于合同规定的数量，晋堂公司应当拒绝接受多交部分的货物

2. 施密斯公司作为买方与邻国的哈斯公司签署了一项水果买卖合同。除其他条款外，双方约定有关该合同的争议应适用 1980 年《联合国国际货物销售合同公约》并通过仲裁解决。施密斯公司在检验收到的货物时，发现该水果的大小与合同的规定差别很大，便打算退货。根据这些情况，下列哪些表述是错误的？（　　）

A. 施密斯公司应当根据情况采取合理措施保全货物

B. 施密斯公司有权一直保有这些货物，直至哈斯公司对其保全货物所支出的合理费用做出补偿为止

C. 施密斯公司不必使用自己的仓库保管该货物

D. 施密斯公司也可以出售该货物，但在可能的范围内，应当把出售的意向通知哈斯公司

3. 一国甲公司与另一国乙公司订立国际货物买卖合同。假设 1980 年《联合国国际货物销售合同公约》适用于该买卖合同，那么依该公约的规定，甲公司对于所售货物的权利担保事项包括下列哪些？（　　）

A. 交付的货物为甲方所有

B. 交付的货物为甲方占有

C. 交付的货物在买方所在国或转售国不侵犯他人的知识产权

D. 交付的货物在世界范围内不侵犯他人的知识产权

二、简答题

1. 简述国际货物买卖中风险转移的原则。
2. 简述《公约》中买卖双方的义务。
3. 简述《公约》中买卖双方都可以采用的违约救济方法。

三、案例分析

1. 1991年12月31日，申诉人(买方)与被申诉人(卖方)通过传真订立了92SPE28/001号订货合同。合同规定：申诉人向被申诉人购买203.5吨柠檬酸，单价为920美元/吨，CFRKOBE(日本神户)，总价款为187 220美元，申诉人应在1992年1月10日通过银行开出不可撤销的、保兑的、可转让的、可分割信用证，装运期为1992年3月底前。合同订立后，申诉人于1992年1月1日通过道享银行开出了不可撤销信用证(但并不是保兑的、可转让的和可分割的)。

其后，被申诉人因供应商抬高货价，又与申诉人协商提高货物单价，双方于1992年1月13日签订了一份备忘录，对合同作了修改：单价改为925美元/吨，总金额为188 237.50美元，为避免增加银行费用，增加的1 017.50美元由申诉人直接以银行汇票在装船后7天内支付被申诉人。

备忘录签订后，被申诉人又在1992年2月19日发传真给申诉人，要求将合同单价再提高15美元，申诉人回传真表示不同意提价。直至过了装运期，被申诉人仍未发货，并通知解除合同。申诉人遂于1992年5月22日向中国国际经济贸易委员会深圳市分会提出仲裁申请，要求被申诉人赔偿：(1)申诉人的经济损失及商誉损失140 070美元；(2)申诉人需支付日本买家的经济损失51 892 050美元。

请问：合同是否成立？申诉人的合理赔偿额如何计算，商业信誉损失是否给予赔偿？与日本买家的合约损失是否赔偿？

2. 3月3日，中国甲公司(买方)与加拿大乙公司(卖方)签订一笔小麦进口合同，合同条件CIF宁波，支付条件为不可撤销即期信用证，交货期为5月20日。甲公司4月1日向对方开出信用证，乙公司按照合同规定的时间和装运条件发运了货物。5月22日，乙公司以传真通知甲公司："装运给贵公司的1万吨小麦和发运给广西北海港的5 000吨小麦同装在SXJ船上。"甲公司收到传真后，立即通知加拿大乙公司，这条船应先靠宁波港再驶往北海。加拿大乙公司复传真说："我们已按贵公司要求传真通知船公司，请SXJ船先靠宁波港，但无法保证。"结果该船实际上先靠了北海港，在北海停留卸货与检修了近1个月后才驶往宁波港。甲公司收到货时国内市场小麦价格已下跌，因此只能降价卖出，利润损失10万元人民币。

请问：

(1)甲公司可否要求乙公司赔偿因未先停靠宁波港而造成的利润损失？

(2)若该船先停靠了宁波港，但在到达宁波港之前由于海上大风浪导致货物部分湿潮，甲公司可否以此拒付货款或向乙公司提出索赔？为什么？

第四章　代理法

【学习目标】

- 掌握代理的概念、特征以及代理权产生的原因；
- 分清代理的内部关系和外部关系；
- 学会运用无权代理、代理权的终止等理论来分析相关实际问题；
- 了解承担特别责任的代理人。

第一节　代理法概述

一、代理概念

大陆法国家没有专门的代理法典或者单行法规，有关代理的规范多规定在民法典或商法典中。英美法中关于代理制度的一般原则由判例法确定，另以某些专门法律规定特殊代理制度。英国《1889 年代理商法》、美国 1932 年和 1980 年的《代理法重述》对于代理制度的完善有很大贡献。中国则在《民法通则》以及《合同法》的相关章节中对代理制度进行了规定。

所谓代理，是指代理人按照本人的授权代表本人同第三人订立合同或从事其他的法律行为，由此而产生的权利与义务直接对本人发生效力。其中，本人又称为被代理人或委托人，是将自己的事务委托给代理人代办的人；代理人又称受托人，是接受本人的委托，并为其从事法律行为的人；第三人是相对于代理人和被代理人而言，在代理人代理过程中与代理人打交道的人。

（一）大陆法中的委托与授权行为

在大陆法国家中，如德国、日本与瑞士的法律规定，代理制度中的委任与授权是有区别的。委任是本人与代理人之间的法律行为，属于代理的内部关系；授权行为是委任合同的对外关系，是代理人得以与第三人从事法律行为的依据，属于代理的外部关系。依据德国法的解释，授权行为是一种抽象的法律行为，它与委任行为是相互独立的，即使委任关系无效或者被撤销，授权行为仍然存在，代理人与第三人订立的合同仍然有效，本人对此仍然要承担责任。这主要是为了保护第三人的信赖权。

（二）英美法的代理

英美法系将代理人的行为视同为被代理人的行为，代理人与被代理人两者究竟谁与第三人直接进行交易并不重要，不论代理人是以本人的名义还是以自己的名义，均可以被认为是被代理人的行为。如根据英国普通法，如果代理人没有明确告知其代理人的身份，也没有明确告知谁是被代理人，其所订立的合同对被代理人没有约束力，后果由代理人自己承担，但如果第三人得知实际被代理人后，也有权要求被代理人履行合同义务。

二、代理权的产生

对于代理权产生的原因，大陆法与英美法的规定有所不同。

（一）大陆法

大陆法将代理权的产生分为两种：法定代理和意定代理。

法定代理是指代理人依照法律的直接规定行使代理权，如父母对未成年子女、公司董事对公司法人的代理权都是由法律明确规定的。意定代理是由本人的意思表示产生的代理权，它是代理关系中最常见且数量最多的一种代理关系。代理权的授予既可以向代理人为意思表示，也可以向第三人为意思表示。代理权的意思表示可以采用书面形式，也可以采用口头形式，如德国民法典，土地买卖合同必须采取公证的形式，但如被代理人以口头形式授权代理人，代理他向他人购买土地，这种口头授权也有效。

（二）英美法

英美法中代理可以基于明示授权、默示授权、不容否认的授权、客观必要的授权以及追认而产生。

1. 明示授权

这是本人以明示的方式指定某人作为他的代理人。这是英美法系产生代理权的基本途径。在明示授权方式下，代理人所享有代理权的范围一般依被代理人指定或委任言辞的真实含义确定。如果言辞含糊，代理人做出与被代理人初衷不符的解释，如果代理人是善意的，被代理人仍然要受到代理人行为的约束。

2. 默示授权

这主要包括以下两种：第一，因双方存在的关系而推定产生的代理行为。如A与B是夫妻关系，那么A在外面用B的信用卡买东西，B就需要付款。除非B事先告诉该第三人，不要以B的信用卡卖东西给A。第二，基于合作行为推定产生的代理行为。如合伙中，合伙人之间互为代理人，任何一个合伙人依合伙经营的方式订立的合同，对其他合伙人均有代理效力。

3. 不容否认的代理

代理人并不具有本人的授权，但是因本人的言行使第三人有合理根据认为该无权代理人拥有授权，则该代理人有关行为的法律后果由本人承担。依照英美法系国家的判例规则，如果某人的言语或行为包含有他默许另一人代表他订立合同的意图，那么推定他与后者之间存在着有效的代理关系。如乙是甲的代理人，经常代理甲向丙购买货物，日后如果甲终止了乙的代理权，除了需要通知乙外，还要通知丙；否则，如果乙继续以甲的名义向丙购买货物，甲仍然需要足额付款。大陆法中称之为表见代理。

4. 客观必需的代理

这是一个人受委托照管另一个人的财产，遇特殊情况时为保全这些财产所必须采取的代理行为。由于受托管理财产的人并没有得到授权，所以要证明这种代理权的存在实际上非常困难。根据英美法院的判例，其成立必须具备三个条件：(1)行使这种代理权是实际上和商业上所必需的。(2)代理人在行使权利前无法与委托人取得联系，得到本人的指示。(3)代理人所采取的措施必须是善意的，并且必须考虑所有有关当事人的利益。

【案例】

铁路公司替原告运一批西红柿到A地。由于铁路工人罢工，西红柿被堵在半路上。眼看西红柿将腐烂，铁路公司就地卖掉了。法院认为，虽然铁路公司是善意的，保护原告的利益，但当时是可以通知原告的，在可以联系而未联系的情况下私自处理他人的财物，不能算是具有客观必需的代理权。被告(铁路公司)败诉。

5. 追认的代理

代理人没有被代理人授权或者超出了授权的范围，以本人的名义同第三人订立了合同，一般来说这个合同对于本人来说是没有约束力的，但如果事后代理人的行为得到了被代理人的批准或者承认，那么该合同就对本人具有了拘束力，视为本人授权代理人替他订立合同。追认具有溯及力，被追认的合同从合同成立时起就对本人产生效力。追认的代理需要具备以下几个条件：(1)代理人在与第三人订立合同时，必须声明他是以代理人的身份订立的合同。(2)合同只能由订立合同时已经指出姓名的被代理人或可以确定姓名的被代理人来追认。(3)追认该合同的被代理人必须是在代理人订立合同时已经取得法律人格的人。这点主要针对法人而言，如果代理人为尚未成立的公司订立合同，即使以后公司经过注册而成立，也无权追认该合同。(4)被代理人在追认该合同时必须了解其主要内容。如果代理人隐瞒了合同的主要条款，被代理人的追认没有法律效力。

英美法中的追认必须是对整个合同的追认，不能只追认合同中对自己有利的部分。如果代理人与第三人所订立的合同采用签字蜡封的方式，被代理人的追认也需采用同样的方式进行。

【案例】

2005年7月，远达贸易公司将盖有本单位公章的空白合同书交给韩某，委托他购买建材。2005年8月10日，韩某用该空白合同书与佳丽服装厂签订了购买500套运动服的购销(买卖)合同，货款总额为26 500元，合同规定货到后15天内付款。韩某将签订好的合同带回交给远达贸易公司经理。经理对此合同未置可否。2005年8月25日，佳丽服装厂将500套运动服如数运至远达贸易公司。远达贸易公司经验收后陆续出售。因付款期限已过，未见远达贸易公司付款，佳丽服装厂电话通知远达贸易公司支付货款，而该公司以韩某超越代理权限与佳丽服装厂签订合同为由拒付货款。佳丽服装厂因此诉至法院，要求远达贸易公司付款并承担违约责任。

请问：本案的责任方是谁？本案应如何处理？

(三)中国法

我国的代理制度与大陆法系相似，代理权因为意定或者法定而产生，此外还增加了指定代理。

1. 意定代理

《民法通则》规定，民事法律行为的委托代理，可以用书面形式也可以用口头形式。法律规定用书面形式的，应当用书面形式。书面委托代理的授权委托书应当载明代理人的姓名或者名称、代理事项、权限和期间，并由委托人签名或者盖章。委托书授权不明的，被代理人应当向第三人承担民事责任，代理人负连带责任。代理人知道被委托代理的事项违法仍然进行代理活动的，或者被代理人知道代理人的代理行为违法不表示反对的，由被代理人和代理人负连带责任。

2. 法定代理

这主要适用于被代理人无行为能力或限制行为能力的情形。如《民法通则》第 14 条规定无民事行为能力人、限制民事行为能力人的监护人是他的法定代理人。监护人的权限比较广泛，涉及被监护人的人身、财产及其他合法权益。

3. 指定代理

这是基于法院或有关机关的指定行为而产生的代理。如我国规定，对担任无民事行为能力人或限制民事行为能力人的监护人有争议的，应当由未成年人的父、母所在单位或精神病人所在单位在近亲属中指定。有关单位指定监护人，以书面或口头通知被指定人的，应当认定指定成立。

指定代理与法定代理存在着紧密联系，在没有法定代理人、对于法定代理人的担任有争议或法定代理人具有正当理由不能履行代理职责的情况下，才依法产生指定代理。

第二节　代理法律关系

代理关系涉及三方当事人：被代理人、代理人及第三人。其中，被代理人与代理人之间关系称为代理的内部关系；代理人、被代理人与第三人之间的关系称为代理的外部关系。

一、代理的内部关系

代理人与被代理人之间的代理合同关系是根据民商法或合同法产生的。在这种合同关系中，代理人与本人之间的关系是内部关系。对于被代理人与代理人的权利和义务，大陆法系和英美法系的规定基本是一致的。

（一）代理人的义务

1. 诚信、忠实义务

(1)代理人必须向被代理人公开他所说掌握的有关客户的一切必要情况，以供被代理人参考是否与第三人订立合同。

(2)代理人不得以被代理人的名义与代理人自己签订合同，也不得同时兼任被代理人与第三人的代理人，除非事先征得被代理人的同意。例如，A 委托 B 购买货物，除非事先征得 A 同意，B 不得利用代理关系的便利，同被代理人订立买卖合同，由 B 自己出售该批货物。并且 B 也不能同时充当第三人 C 的代理人，除非经过双方的认可。这两种行为都是对代理的滥用。当发生上述情形时，被代理人有权随时撤销代理合同或撤回代理权，并有权请求损害赔偿。

(3)代理人不得受贿或密谋私利，或与第三人恶意串通损害本人的利益。代理人除可向被代理人收取佣金或其他相关费用外，不得利用代理人的身份收受贿赂或谋取其他私利。

如果代理人不遵守以上义务，本人可以不经事先通知解除代理关系，撤销该代理人与第三人的合同，并拒付佣金。本人还可以对受贿的代理人和第三人起诉，要求他们进行赔偿。

【案例】

甲某为药材采购员，经常在全国各地出差。乙某是甲某的朋友，手头有一批名贵药材。

乙某便委托甲某将药材卖掉。甲某另一朋友丁某是老中医，他看了之后请甲某将药材卖于他，并表示愿给甲某2 000元的好处费。结果甲某以低于市场将近5 000元的价格把药材卖给丁某。双方约定，如果事后乙某来此处打听这种药材价格，丁某就说此药材价格大跌，已经不值钱了。

请问：甲丁之间法律行为的效果？乙某是否有权要求甲某和丁某两人赔偿？为什么？

2. 勤勉谨慎义务

代理人应当如同处理自己的事务一样，以代理人所应有的知识与技能来完成代理的事务。如果代理人没有勤勉谨慎地履行代理事务，或者在履行过程中有过失，致使被代理人遭受损失，代理人应对被代理人负赔偿责任。我国《合同法》规定，即使是无偿的委托合同，若因代理人的故意或重大过失给被代理人造成损害的，被代理人也有权要求损害赔偿。在日本这称为善良管理人的注意义务。

3. 保密义务

代理人在代理协议的有效期间或协议终止之后，不得把代理过程中所掌握的秘密情报或资料向第三者泄露，也不得由他自己利用这些资料与本人在业务上形成不正当竞争。但是如果双方的代理协议终止，除非双方同意的合理的贸易上的限制外，本人也不得不适当地限制代理人使用他在代理期间获得的技术、经验和资料。

【案例】

原告雇用被告从事废旧钢铁的买卖交易。当生意兴隆时，被告与公司另一名职员准备创立一个类似的钢铁公司，并在业余时间积极准备，后两人辞职并于一年后正式成立了一家钢铁公司。原告认为被告在任职期间不忠实，所以应赔偿损失，并要求法院禁止被告开业。法院认为，被告在任职期内并未开办类似的公司与被代理人竞争，业余时间的准备是合理的，辞职一年后才开业。未违反商业信誉原则，故不涉及不忠实问题。原告败诉。

4. 申报账目的义务

代理人无论以何人名义从事代理活动，其后果均由被代理人承担，不管最终结果是否有利于被代理人，他都有权要求代理人申报账目，以了解和判断代理人行为的实情。但是如果本人欠付代理人的佣金或其他费用时，代理人对于本人交给他占有的货物得享有留置权，或以在他手中掌握的属于本人所有的金钱，抵消本人欠他的款项。

5. 亲自履行义务

代理的产生是基于一种信任关系，所以代理人在一般情形下应亲自履行代理行为，完成本人所委托的事项，不得将代理权转委托给他人。但如果经过本人的同意或者客观情况的需要，受托人可以转委托。我国《合同法》规定，转委托经同意的，委托人可以就委托事务直接指示转委托的第三人，受托人仅就第三人的选任及其对第三人的指示承担责任。转委托未经同意的，受托人应当对转委托的第三人的行为承担责任，但在紧急情况下受托人为维护委托人的利益需要转委托的除外。

6. 不得越权义务

代理人在履行代理义务时必须服从被代理人的合法指示，在代理权的范围内从事代理活动，不得超越代理权。代理人的越权行为除非得到本人的追认，对本人不发生效力，而应当由代理人自行向第三人承担法律责任。但公司董事的越权行为适用公司法的特殊规则。

【案例】

某画家找到某A作为代理人销售他的10幅作品，并对代理人A做出作品《月亮河》的最低价为1万美元的要求。A却以2 000美元的价格把这幅作品卖给自己，由于自己比较繁忙，A又指派B来卖剩余的作品。B把所有的作品都卖掉了，钱直接打到了A的个人账户里。

请问：A是否违反了代理人的职责？

(二)被代理人的义务

1. 支付佣金

本人必须根据代理合同的规定付给代理人佣金或其他约定的报酬，这是被代理人最主要的一项义务。关于佣金的数量和计算方法，应在代理合同中明确规定，如果合同中没有规定或者规定不明确的，两大法系均规定代理人可以根据提供同类服务的通常价格收取佣金；若无可比价格，代理人可以按照合理的价格收取佣金。

我国《合同法》规定，对于佣金规定不明确时，可以协议补充；不能达成补充协议的，按照合同有关条款或者交易习惯确定。如仍不能确定的，按照订立合同时履行地的市场价格履行；依法应当执行政府定价或者政府指导价的，按照规定履行。

此外，对于佣金的问题还需注意以下几点。

(1)本人不经代理人的介绍，直接从代理人代理的地区内收到订货单，直接与第三人订立买卖合同，是否仍需对代理人照付佣金。根据英美法判例，如果被代理人与第三人达成的交易是代理人努力的结果，代理人就有权得到佣金。即使是在代理人与买方谈判，但最后买方直接找被代理人订货的情况下，代理人依然可以要求获得佣金。但如果本人没有经过代理人的介绍，直接与代理地区的买方达成交易，代理人一般无权索取佣金。

大陆法对这个问题的处理方法与英美法不同。大陆法认为凡是在指定地区享有独家代理权的独家代理人，对于被代理人与指定地区的第三人达成的一切交易，不论代理人是否参与其事，该代理人都有权要求取得佣金。德国《商法典》还强制性规定，商业代理人一经设定，他就有权取得佣金，即使本人不履行订单，或者履行的方式与约定有所不同，代理人都有权取得佣金。但是如有由于不可归咎于本人的原因出现了履约不能的情况，不能适用上述规定。

(2)代理人介绍的客户再次向被代理人订货时，被代理人是否应向代理人支付佣金。一般而言，应当取决于代理合同的规定。如果合同没有明确规定，根据英美法判例，如果代理合同没有规定期限，只要本人在合同终止之后接到买方的再次订货，仍然必须向代理人支付佣金；如果合同规定了期限，则在期限届满合同终止后，代理人就不能因买方向本人再次订货而要求本人给予佣金。即使在代理人对再次订货有权要求佣金的情况下，代理人也只能要求对再次订货的佣金损失给予金钱补偿，而不能要求取得未来每次订货的佣金。

大陆法则认为在如下情况下，代理人可以要求佣金：代理人曾参加交易的洽谈和准备工作；交易的达成主要归因于代理人的活动；交易是在代理合同终止之后合理的期间达成的。

我国《合同法》对此没有做出明确的规定，在代理关系终止后，代理人所介绍的买主还继续订货时，如果被代理人从该交易中获取了重大利益，代理人有权基于诚信原则就其在代理期间为被代理人建立的商业信誉请求给予赔偿。

(3)若代理合同规定被代理人收到货款后才支付佣金，代理人为此交易付出了许多劳动，交易最后没有达成，被代理人是否应支付佣金。对于这个问题，如果是由于被代理人的原因导致交易没有能够达成，那么代理人有权要求被代理人支付佣金。如果是由于第三人的原因导致交易没有能够达成，德国法认为，代理人失去佣金请求权。英美法认为代理人没有义务为使代理人获得佣金而起诉第三人，但如果得到了赔偿，代理人可以索取合理的报酬。

【案例】

德国某一商人根据当地市场销售情况，建议德国A公司生产一种玩具，条件是要求作为销售该货物的独家代理人。A公司同意并签订合同。后来，A公司与当地某一公司直接签订订货合同，没有经过代理人。该商人向A公司索要佣金，A公司以合同没有通过代理人为由，拒不支付佣金。

请问：A公司是否要给代理商佣金？为什么？

2. 偿还代理人因履行代理义务而产生的债务

代理人在履行代理义务时所产生的正常业务费用，一般不得再向本人索取，因为代理人的劳务支出可以通过佣金和酬劳得到补偿。但如果因执行本人指示的任务而产生了正常业务支出以外的费用或者额外的损失，代理人有权要求本人对此予以补偿。如美国法规定，第三人对代理人的代理行为提起诉讼时，代理人所花费的辩护费用由被代理人承担，但以第三人不是恶意提起诉讼且遭到败诉为限。

3. 允许代理人核查被代理人账册

德国《商法典》规定，代理人要求他自己或会计师审核被代理人的有关账目或其他文件，以便确定其是否准确无误，并且将其作为一个强制性的规范。代理合同不得在协议中做出相反的规定。允许代理人核查被代理人账册主要是大陆法的做法。

二、代理的外部关系

代理的外部关系式是代理人、被代理人与第三人之间的关系。按照代理的规则，被代理人委任代理人从事代理活动，代理人与第三人订立合同，合同已经订立，其权利和义务由被代理人承担，因此被代理人应直接对第三人负责，代理人从中解脱出来，不承担责任。但实际情况复杂得多，如果代理人越权代理或者在从事代理行为时没有披露被代理人身份，那么第三人到底是跟代理人还是跟被代理人签订合同，在这个问题上，大陆法与英美法有所不同。

（一）大陆法

在确定第三人是与被代理人还是与代理人订立的合同时，大陆法认为要看代理人是以代表的身份与第三人订立合同，还是以他自己个人的身份与第三人订立合同。基于此，大陆法将代理分为直接代理与间接代理。

1. 直接代理

这是指代理人以代表的身份与第三人订立合同。在直接代理中，合同的双方当事人为被代理人和第三人，合同的权利义务直接归属于被代理人，由被代理人对第三人负责。当代理人以代表的身份订立合同时，他可以指出被代理人的名字，也可以不指出被代理人的名字，而仅声明自己是受他人的委托进行交易。但无论如何代理人必须标明他是以代理人的身份订约的，或依订约时的情况可以表明这一点，否则就将认为是代理人自己与第三人订立合同。

2. 间接代理

这是指代理人以自己的名义与第三人订立的合同。在间接代理中，无论被代理人是否给代理人予以授权，合同的双方当事人都是代理人和第三人，该合同原则上与本人没有直接的法律关系。但是在这种间接代理中，代理人虽以自己的名字与第三人缔结合同，但代理人毕竟不是为了自己的利益，而是为了被代理人的利益，所以对间接代理中的本人与第三人之间的关系，在代理人将合同的权利义务用其与本人之间的另外一个合同转移于本人之后，本人和第三人之间将实际确立合同关系，并可相互主张权利义务。

大陆法国家将间接代理人称为行纪人，行纪人虽然受被代理人的委托并为被代理人与第三人订立合同，但是他在订约时不是以被代理人的名义与第三人订约，而是以代理人自己的名义订约，因此这项合同的双方当事人是代理人与第三人。在间接代理的情况下，本人需要经过两道合同手续才能对第三人主张权利：第一个是间接代理人与第三人订立的合同；第二个是代理人把有关权利转让于本人的合同。根据德国、瑞士和日本的法律，行纪人的业务仅以从事动产或有价证券的买卖为限。但法国没有这种限制，行纪人可以订立各种类型的合同。

(二)英美法

英美普通法上没有直接代理和间接代理之分，也不按大陆法中依谁的名义同第三人订立合同的标准来划分代理的类型。普通法上的代理制度是建立在"等同论"的基础上的。这一理论可以表述为，通过他人为的行为视为自己亲自为的行为。普通法所关心的并不是代理人究竟以谁的身份与第三人签订合同，而是由谁来承担代理人与第三人签订的合同责任。

1. 显名代理

显名代理是指代理人在订立合同时已指出被代理人的姓名和商号。代理人在订约时不但表明了自己的代理身份，而且指出被代理人的姓名或者商号，该合同便是被代理人与第三人之间的合同，被代理人应对合同所产生的权利、义务负责。

2. 隐名代理

这是指代理人在订约时表示有代理关系存在，但没有指出本人姓名的代理。在这种情况下，合同仍然认为是被代理人与第三人之间的合同，由被代理人对合同所产生的权利、义务负责，代理人对合同不承担个人责任。根据英国判例，代理人在同第三人订立合同时，如仅在信封抬头或在签名之后加列"经纪人"或"经理人"的字样是不足以排除其个人责任的，必须以清楚的方式表明真实代理人，如写明"买方代理人"或"卖方代理人"等。

3. 未披露被代理人的代理

这是指代理人虽得到被代理人的授权，但在与第三人订立合同时既不披露有被代理人的存在，也不表明自己代理人的身份，而直接以自己的名义与第三人订立合同。这种情况的处理规则与大陆法截然不同。英美法中未被披露的被代理人有介入权，他不用通过代理人以另一合同将权利转移给他，才能向第三人主张权利，而是可以直接行使权利。

(1)未被披露的被代理人有"介入权"。未被披露的被代理人有权介入合同，并直接对第三人行使请求权，或对违约的第三人起诉。但若被代理人行使了这项权利，他就要对第三人承担合同的有关义务。按照英国法律，未被披露的本人在行使介入权时有两项限制：第一，如果未披露的被代理人行使介入权会与合同的明示或默示的条款相抵触，他就不能介入合同。第二，如果第三人是基于信赖代理人的才能或清偿能力而与其订立合同，则未被披露的本人也不能介入该合同。

(2)第三人享有"选择权"。第三人在发现被代理人之后可以行使选择权，即他可以要求被代理人对该合同负责，也可以继续要求代理人对合同负责。在发生违约情况时，第三人可以对代理人起诉，也可以对被代理人起诉。但第三人只能在代理人与被代理人之间选择一个作为起诉或追究责任的对象。即第三人在可主张权利的对象中，只能选择其中之一，要么向代理人主张权利，要么向被代理人主张权利。一旦选择，不得改变。

(三)我国法律中的相关规定

我国《合同法》规定，代理人以自己的名义与第三人订立合同时，第三人不知道被代理人与代理人之间的关系的，若代理人因第三人的原因对被代理人不履行义务，则代理人应向被代理人披露第三人，被代理人因此可以行使代理人对第三人的权利，但第三人与代理人订立合同时知道该被代理人就不会订立合同的除外。同时，如果代理人因被代理人的原因对第三人不履行义务，代理人应向第三人披露被代理人，第三人因此可以选择代理人或被代理人作为相对人主张权利，但第三人不能变更选定的相对人。

三、无权代理的法律后果

无权代理就是没有代理权的人所做的代理行为。无权代理虽然具备代理行为的表面特征，但实际上并不存在代理权。主要表现为：代理人超出授权范围的代理；代理权消灭后的代理；被代理人授权行为无效时的代理；未经授权的代理。我国《民法通则》第66条对无权代理做出规定，除对授权行为无效的代理没有做出规定外，其余的内容与前述相同。

各国依据无权代理的原因和后果归属的不同，把无权代理分为狭义的无权代理和表见代理两种。

（一）狭义的无权代理

狭义的无权代理是指代理人没有代理权，也无法在表面上使第三人相信其有代理权的情况下，以被代理人的名义进行的代理行为。

1. 大陆法

大陆法各国的法律规定，无权代理人以他人的名义订立的合同，非经过被代理人的追认，对于被代理人而言不发生法律效力。因此，在本人追认以前，无权代理人所做的代理行为的效力处于一种不确定的状态。

为了保护善意第三人的利益，第三人拥有撤回权和催告权。前者是指第三人在被代理人追认之前，将自己与代理人之间的合同撤回，合同不发生效力；后者是指第三人向被代理人发出催告，要求被代理人在一定时间内做出答复，是否追认代理人的行为，从而使合同的效力确定。所谓善意第三人，是指第三人不知道该代理人是无权代理，如果第三人明知代理人没有代理权而与代理人订立合同，法律上不予保护。如德国《民法典》规定，第三人向被代理人发出催告，要求本人做出表示是否追认。追认表示应当在收到催告后两周之内做出；如在此期间不表示追认，视为拒绝追认，并规定无权代理人所订立的合同，在未经本人追认之前，第三人有权予以撤回；但如果第三人在订立合同时明知其为无权代理人的话，不得撤回。我国《民法通则》规定，本人知道他人以本人名义实施民事行为，而不做否认表示的，视为同意。

如前所述，在狭义的无权代理中，代理权没有被追认，代理行为无效，对被代理人无约束力，代理人及第三人都无权要求被代理人承担代理的法律后果。但是，行为人仍然应对无效代理行为向善意第三人承担法律责任。责任的形式在不同的国家有不同的规定，如法国规定的是损害赔偿责任，德国则可根据第三人的选择，由无权代理人自行承担履行合同的义务或赔偿损失。

2. 英美法

英美法中将无权代理称为违反有代理权的默示担保，当代理人与第三人订立合同时，代理人对第三人有一项默示的担保，即保证他是拥有代理权的。因此如果代理人在没有经过授权的前提下，与第三人订立合同，就是违反了该项默示担保，其代理行为对被代理人不产生效力，对第三人造成的损害，由无权代理人赔偿。但应当遵循以下规则：

(1)提起这种求偿权的诉讼只能是第三人，而被代理人无权起诉。

(2)不论无权代理人是故意还是过失，主观上是恶意还是善意，均对第三人承担责任。即使他不知道他的代理权是因被代理人的死亡或精神错乱而告终止的，也需承担责任。

(3)如果第三人知道代理人欠缺代理权，或知道代理人没有提供有代理权的担保，或合同已排除代理人的责任，那么代理人可以不承担责任。

(4)如果本人对代理人所做的指示含混不清，而代理人处于善意并以合理的方式执行了这一指示，则代理人对此不承担责任，即使代理人对被代理人的指示做出了超出本意的理解，也不承担责任。

(5)代理人对违反有代理权的默示担保所承担的损害赔偿金额，一般应按第三人所遭受的实际损失来计算。

3. 我国的规定

我国《民法通则》规定，没有代理权、超越代理权或者代理权终止后的行为，只有经过被代理人的追认，被代理人才承担民事责任。未经追认的行为，由行为人承担民事责任。本人知道他人以本人名义实施民事行为而不作否认表示的，视为同意。代理人不履行职责而给被代理人造成损害的，应当承担民事责任。代理人和第三人串通，损害被代理人的利益的，由代理人和第三人负连带责任。第三人知道行为人没有代理权、超越代理权或者代理权已终止还与行为人实施民事行为给他人造成损害的，由第三人和行为人负连带责任。

(二)表见代理

表见代理是大陆法的内容，在英美法中称为不容否认的代理。表见代理是无权代理的一种特殊的形式，指由于某种正当理由，善意的第三人相信无权代理人具有代理权的代理。也就是说，代理人实际上没有代理权，但是交易的第三人有理由相信行为人拥有代理权。表见代理产生与有权代理相同的法律效果，由被代理人承担代理人的代理行为所产生的后果。表见代理的构成要件包括：

(1)表见代理应当符合代理的表面要件，即表见代理人须以被代理人的名义进行活动，与第三人缔结民事关系。

(2)第三人在客观上有理由相信无权代理人有代理权，主观上是善意的且无过错。即第三人不是明知行为人没有代理权而仍与之签订合同，也不是由于自己疏忽大意，缺乏应有的谨慎而轻易将没有代理权的行为人认作有代理权的人，而是有正当理由相信行为人有代理权。

(3)无权代理人与第三人之间的民事行为具备成立要件。即行为人具有相应的民事行为能力、意思表示真实、内容不违背法律或者社会公共利益。如果表见代理人与第三人之间的民事行为欠缺成立的有效要件，那么该行为从一开始就不产生法律效力，更不可能让被代理人承担责任了。

我国《合同法》第48条规定："行为人没有代理权、超越代理权或者代理权终止后以被代理人名义订立合同，相对人有理由相信行为人有代理权的，该代理行为有效。"法律确立表见代理规则的主要意义在于维护代理制度的信用与稳定，保护善意无过失的相对人的合法权益，进而保障交易安全。

【案例】

甲长期担任A公司的业务主管，在A公司有很大的代理权限。在甲的努力下，A公司生意兴隆，新老客户遍及各国。由于A公司的董事长嫉妒甲的才能，无理解雇了甲。甲怀恨在心，于是在遭解雇一个月后，继续假冒A公司的名义从老客户B公司处骗得货物后，逃之夭夭。B公司要求A公司付款，A公司则以甲假冒公司名义为由拒绝付款。B公司坚持认为在其与甲做生意期间，他并不知甲已被A公司解雇，并且也未收到关于A公司已解雇甲的任何通知，故B公司是不知情的善意第三人，A公司仍应对甲的无权代理行为负责。双方相持不下，对簿公堂。问：

(1)按照国际商法的代理法原则，A公司是否要为甲的无权代理行为负责？

(2)甲是否也要承担责任？

四、代理关系的终止

(一)代理关系终止的原因

1. 根据当事人的行为终止代理关系

(1)依当事人在代理合同中的约定。如果双方当事人在代理合同中定有期限，那么代理关系在合同规定的期限届满时终止；如果合同没有规定期限，当事人可以通过双方的协商来终止代理关系。

(2)以被代理人的依法撤回而终止。根据各国法律，原则上允许被代理人在代理关系存续期间撤回代理权。如德国《民法典》第168条规定，代理权的消灭，依授予代理权的关系决定。如此项法律关系没有特别规定，代理权的授予亦得于该法律关系存续中撤回。但是被代理人在终止代理关系时，须事先给代理人以合理的时间的通知。如果本人在代理关系存续期间不适当地撤销代理关系，本人需赔偿代理人的损失，其中包括代理人的佣金损失和其他报酬。如法规规定，对于与代为招揽业务的代理人订立的代理合同，凡合同中没有固定期限的，通知的期限，在订约后第1～3年的为6个星期，3年以后的为3个月。其他大陆法国家也都有这些强制性的规定，但它们只适用于不定期的代理合同。英美法对单方面撤回代理做出了限制，如果代理权的授予是与代理人的利益结合在一起的，本人就不能单方面撤回代理权。

(3)代理人放弃代理权而终止。如果代理关系是在自愿的基础上建立起来的，代理人在任何时候都可以放弃代理权。如果被代理人因进行错误的要求或其错误的行为而导致犯罪，代理人在任何情况下对代理关系都有撤销的权利。我国《民法通则》规定，代理人知道被委托代理的事项违法仍然进行代理活动的，或者被代理人知道代理人的代理行为违法不表示反对的，由被代理人和代理人负连带责任。但是如果代理关系在合同中载明了确切的时间，只要被代理人没有错误的行为而导致犯罪，在合同期限届满以前，代理人不得擅自撤销代理合同。

2. 根据法律的规定终止代理关系

大陆法系各国的民法典或债务法典都将无法律行为能力或限制法律行为能力的人取得或恢复了民事行为能力，被代理人或代理人的死亡等列为法定代理终止的原因。具体包括以下几种情况：

(1)被代理人取得或恢复民事行为能力。

(2)被代理人死亡、破产或丧失行为能力。

(3)代理人死亡、破产或丧失能力。如美国《代理法重述(Ⅱ)》第123条规定，两个以上代理人约定共同为代理行为时，如其中一人死亡或丧失能力，其余代理人的代理权亦终止。

(4)由其他原因引起的被代理人与代理人之间特定的关系的解除，代理关系自动终止。如法定代理中，代理关系随着代理人与被代理人之间的监护关系被解除而解除。

我国《民法通则》第69条规定了委托代理终止的情形：(1)代理期间届满或者代理事务完成；(2)被代理人取消委托或者代理人辞去委托；(3)代理人死亡；(4)代理人丧失民事行为能力；(5)作为被代理人或者代理人的法人终止。第70条规定了法定代理或者指定代理终止的情形:(1)被代理人取得或者恢复民事行为能力;(2)被代理人或者代理人死亡;(3)代理人丧失民事行为能力;(4)指定代理的人民法院或者指定单位取消指定;(5)由其他原因引起的被代理人和代理人之间的监护关系消灭。

(二)代理关系终止的法律效果

1. 被代理人与代理人之间的法律效果

代理关系终止之后,代理人不再拥有代理权,如果代理人仍然继续从事代理活动,那么属于无权代理,参照前文无权代理的相关规定承担责任。

在大陆法国家,为了保护商业代理人的利益,在法律中会特别规定,代理合同终止后,代理人对于他在代理期间为本人建立的商业信誉,有权要求本人予以赔偿。因为在代理合同终止之后,这种商业信誉将为本人所享有,本人将从中得到好处,而代理人则将因此而失去一定的利益。《德国商法典》还规定,代理人对于商业信誉赔偿请求,必须在代理合同终止之后3个月内提出。这些规定是强制性的,当事人不得事先在合同中选择适用外国法律的办法来规避这些法律的适用。同时,按照德国法的规定,如果被代理人是外国人,代理人是德国人,代理合同中规定适用被代理人国家的法律时,可不适用《德国商法典》的规定。

2. 对第三人的法律效果

代理关系终止之后,被代理人必须通知第三人,才能对第三人产生法律效力。如果被代理人在终止代理合同时,没有通知第三人,第三人由于不知道代理已经终止而与代理人订立了合同,则构成表见代理,本人依然要对代理行为负责。在这个问题上,大陆法和英美法的做法是一致的。

【案例】

胡某因经营生意缺少资金,让吴某帮忙借钱。2004年7月2日,吴某向孙某借款5万元,双方讲明此5万元系胡某所借,利息为月息1分。第二天,吴某拿着由自己手写借条内容、胡某签字的借条交给孙某,因借条上未写明利息,遂由吴某在借条上加写月息1分。事后,因胡某未能还款,孙某遂向法院起诉要求胡某归还借款5万元及支付利息11 500元。法院经审理后,认为胡某叫吴某借钱的行为应是一个代理行为,当吴某将胡某签字的借条交给孙某时,表示吴某的代理行为已经完成;吴某再在借条上写上利息,应是代理权终止后的行为,这种行为未得到胡某的追认。因此,按照法律规定,胡某对其利息不承担法律责任。判决胡某归还借款5万元,驳回了要求胡某支付利息11 500元的诉讼请求。

第三节　承担特别责任的代理人

承担特别责任的代理人主要是指某些代理人在一定的条件下须对本人或第三人承担个人责任。一般情况下,代理人在替被代理人与第三人签订合同后,合同的权利和义务由被代理人承担,代理人对第三人不负个人责任。但如果第三人对于被代理人的情况并不了解,只是对于代理人比较熟悉和信任,第三人有时会要求代理人对他承担某种特殊的个人责任,以保护自己的利益和交易的安全。这种承担特别责任的代理人主要包括信用担保代理人、保付代理人、保兑银行、保险代理人、运输代理人等。

一、对被代理人承担特别责任的代理人

对被代理人承担特别责任的代理人主要是信用担保代理人。信用担保代理人的责任是在

他所介绍的买方(即第三人)付货款时,由他赔偿委托人也就是被代理人因此而遭受的损失。在国际贸易中,由于被代理人对国外市场情况不是十分了解,无法判断代理人所在地区的第三人的资质是否可靠,而且由于竞争的需要,往往要用赊销的方式销售货物,一旦第三人破产或者赖账,被代理人就会遭到重大损失,因此被代理人往往会要求代理人充当信用担保人,双方之间除了有一个普通的代理合同之外,还存在一个信用担保合同,以转移风险。

大陆法系国家,对于信用担保代理人有专门的规定,要求信用担保合同或信用担保代理的条款都要用书面的形式确立。英美法国家中,信用担保代理的规定主要体现在判例法中,在买方无力支付货款或因类似原因致使委托人不能收回货款时,信用担保代理人对被代理人承担赔偿责任,因此信用担保对被代理人的信用担保责任属于第二位责任。且信用担保代理人的责任仅限于担保第三人的清偿能力,即仅对买方无力支付货款承担责任,至于双方合同的履行问题,如被代理人履约不符合同规定,导致第三人拒绝付款,代理人不承担责任。依据英国法判例,这种信用担保代理合同不一定需要以书面方式做成。

由于越来越多的国家已经建立了由政府经营的出口信贷保险机构,专门为国内的出口商来办理和承担国外买方无清偿能力的保险业务,因此信用担保代理制度现在已经逐步被取代。

二、对第三人承担特别责任的代理人

(一)保付代理

保付代理是指代理人替被代理人向国内的第三人订货,在订单上加上保付代理人的保证,由保付代理人担保被代理人将履行合同,如果国外的被代理人不付款,将由保付代理人向国内的第三人支付款项。在英国,这种保付代理人主要是由出口商协会的出口商担任,又称为出口商行或保付商行。保付代理的经济目的是为了减少国际货物买卖交易中的供货人在出口货物中的潜在风险,本国卖方不必顾虑外国买方的资信能力而接受订单。

保付代理制度通常包括两个方面的法律关系:一方面是与国外委托他购货的买方的关系,这是被代理人和代理人的通常关系;另一方面是与本国国内市场上的卖方的关系。这种关系根据他们所订立的合同的性质,主要有两种情况:一种是保付商行自己作为买方订购货物,与卖方签订买卖合同,从而根据合同对货款及接收货物负责;另一种是保付商行以代理人的身份为国外买方订货,同本国的第三人也就是卖方订立合同,同时加上代理人自己的保证,表明他自己对货款负责,从而使得代理人对第三人承担了特别的责任。如果在合同履行之前,被代理人无正当理由取消订单,保付商行仍需对本国的第三人卖方承担付款责任,但在履行清偿责任之后,有权要求国外买方也就是被代理人偿还款项,还可以要求其进行损害赔偿。

(二)保兑银行

保兑银行一般出现在以跟单信用证方式支付货款的贸易中。在国际贸易中,卖方对于不熟悉的客户往往要求其在约定的时间内通过开证行开立以卖方为受益人的,有银行保兑的不可撤销信用证并送达卖方。其具体做法是,国外的买方通过进口地银行向出口地的保兑银行或代理银行开出一份不可撤销的信用证,委托该出口地的代理行对其不可撤销的信用证加以保兑,即在信用证上加上"保兑"字样,并将该信用证通知卖方(即第三人),卖方只要提交信用证所规定的单据,就可以向设在出口地的保兑银行要求支付货款。

在这种保兑关系中,开证行是被代理人,保兑行是代理人,卖方是第三人。当开证行授权另一银行对其开出的不可撤销信用证加以保兑,而后者根据开证行的授权予以保兑时,此项保兑就构成保兑银行的一项确定的担保,他对信用证受益人也就是卖方,承担按信用证规定的条件付款或承兑信用证项下的汇票并于到期时付款的义务。但如果他没有加上保兑，而是仅仅将信用证通知受益人，他对受益人就不承担上述义务。

（三）运输代理人

运输代理人是接受客户委托，代客户向运输公司预定航位的代理人。在国际贸易中运输代理人精通海、陆、空运输的知识，了解经常变化的国内外海关手续，运费和运费回扣，海港和机场习惯、管理和业务做法，对于国际贸易起着重要作用。

这种代理关系中，客户是被代理人，运输公司是第三人。如果客户在规定的时间没有能够装运货物，使得轮船空舱航行，运输代理人要向运输公司支付空舱费。这种情况下，运输代理人可以要求客户进行赔偿。如果客户拖欠运输代理人的佣金、手续费或其他报酬，代理人对自己占有的该客户的货物行使留置权，直到客户付清各项费用。

（四）保险代理人

保险代理人，也称保险经纪人，是为了投保人的利益，为投保人和保险人提供中介服务，并依法收取佣金的人。这种代理关系中，投保人是被代理人，保险人是第三人。

在国际贸易中，进口人或出口人在投保货物运输保险时，一般不能直接同保险人订立保险合同，而必须委托保险经纪人代为办理，这是保险行业的惯例。如英国海上保险法规定，凡海上保险合同由经纪人替被保险人签订时，经纪人需就保险费对保险人直接负责，保险人则对被保险人就保险金额直接负责。根据这一规定，如果被保险人不缴纳保险费用，保险经纪人需直接向保险人交纳保险费。如果保险标的物因承保范围内的风险发生损失，则由保险人直接赔付被保险人。

但保险业有一个特点，即在保险行业中，保险经纪人的佣金是由保险人，也就是第三人支付的，而在其他行业中，代理人或经纪人的佣金或者报酬通常都是由被代理人支付的。

本章小结

1. 代理是指代理人按照本人的授权代表本人同第三人订立合同或从事其他的法律行为，由此而产生的权利与义务直接对本人发生效力。

2. 大陆法将代理权的产生分为两种：法定代理；意定代理。英美法中代理可以基于明示授权、默示授权、不容否认的授权、客观必要的授权以及追认而产生。

3. 代理人与被代理人之间的代理合同关系是根据民商法或合同法产生的。在这种合同关系中，代理人与本人之间的关系是内部关系。对于被代理人与代理人的权利和义务，大陆法系和英美法系的规定基本是一致的。

4. 代理人的外部关系是代理人、被代理人与第三人之间的关系。大陆法将代理分为直接代理与间接代理；英美法则将代理分为显名代理和隐名代理。

5. 表见代理是无权代理的一种特殊的形式，指由于某种正当理由，善意的第三人相信无权代理人具有代理权的代理。也就是说，代理人实际上是没有代理权的，但是交易的第三人有理由相信行为人拥有代理权。

6. 承担特别责任的代理人主要是指某些代理人在一定的条件下需对本人或第三人承担个人责任。

思考与练习

一、不定项选择题

1. 甲委托乙前往丙厂采购男装。乙觉得丙厂生产的女装市场看好,便自作主张以甲的名义向丙厂订购。丙厂未问乙的代理权限,便与之订立了买卖合同。对此,下列哪些说法是正确的?( )

A. 甲有追认权　　B. 丙有催告权　　C. 丙有撤回权　　D. 构成表见代理

2. 下列各项中,不属于代理人忠实义务内容的是( )。

A. 代理人应及时将有关客户的资料披露给被代理人

B. 代理人不得以被代理人的名义与自己订立合同

C. 代理人不得与第三人恶意串通,损害被代理人的利益

D. 代理人应亲自履行代理义务,不得擅自转托他人

3. 根据我国法律的相关规定,下列各项关于代理的表述,正确的有( )。

A. 按照人民法院或者有权机关的指定而产生的代理为法定代理

B. 代理人以被代理人的名义与自己进行民事活动的行为为双方代理

C. 代理人以被代理人的名义与自己进行民事活动的行为为自己代理

D. 委托代理中的授权行为是一种单方法律行为

4. 在无权代理的情况下,如果A知道B以A的名义实施民事行为而不作否认表示的,下列说法正确的有( )。

A. 视为有权代理

B. 该代理行为无效

C. B与第三人进行的民事行为的法律后果属于A

D. 是表见代理,该代理行为有效

5. 司机吴某要出差到山东,李某委托他代买一箱苹果。吴见当地苹果物美价廉,就多买了一箱。此行为属于( )。

A. 没有代理权　　B. 有代理权　　C. 滥用代理权　　D. 超越代理权

二、判断改错题

1. 表见代理中,代理人与第三人订立的合同,其权利义务由代理人自己承担责任。( )

2. 当一个未被授权的代理行为被追认以后,其效力同事前授权的代理行为相同。( )

3. 张三旷课,若老师点名,让李四代其答到,属于代理行为。( )

4. 当终止代理关系时,必须通知第三人,否则不对第三人发生效力。( )

5. 保付代理是在代理人所介绍的买方,即第三人不付货款时,由代理人赔偿被代理人的损失。( )

三、辨析题

1. 直接代理与间接代理的区别。

2. 举三个例子说明代理制度中的连带责任。

3. 简述保兑银行代理的流程。

四、案例分析

2008年3月1日，银泰百货公司与张某签订了一份委托合同，委托张某订购一批新款流行时装，并给了张某一些空白合同纸(盖有银泰百货公司的合同专用章)，合同规定授权期限为6个月，价款不超过50万元，张某的酬金是1万元。张某持银泰百货公司的介绍信到苏州寻找货源。3月10日与当地一服装制品有限责任公司签订了一份买卖合同，约定总价款为10万元，服装公司两次供货，由银泰百货公司自己提货。合同订立后，张某不想在此地久留，于是委托其原来的合作伙伴李某代为订购，并将空白合同纸留给他一些，称自己去另一地考察，请李某订立合同后立即与他联系，但价款不能超过40万元。3月16日，服装公司通知银泰百货公司来提取第一批500件服装。3月18日，银泰百货公司认为张某购买的服装不属于流行新款，表示不承认这份合同，并于3月20日通知张某撤销其委托授权，要其即日将所剩余空白合同纸以及介绍信送回。张某不同意百货公司的做法，认为这是百货公司授权不明造成的。张某接到通知后第三天，李某给张某来电称已经与七匹狼服装公司签订了价款为40万元的合同，10日后将货送到银泰公司。张某将此事告诉银泰百货公司，百货公司称张某是在代理权终止后做出的行为，应由其自己承担。4月10日，七匹狼服装公司送货，银泰百货公司拒收。与此同时，服装制品公司再次通知提取第二批货，银泰百货公司也拒收。

请问：

1. 张某转委托李某订购服装的行为是何性质？

2. 银泰百货公司可否拒收七匹狼服装公司送来的服装？为什么？

3. 银泰百货公司能否要求张某承担赔偿责任？银泰百货公司撤销委托授权的通知是否有效，为什么？

第五章　产品责任法

【学习目标】

- 了解美国产品责任法中的规则、原则和重要术语；
- 了解欧盟产品责任立法的相关公约；
- 掌握并学会运用中国产品责任法。

商品经济的高速发展使得商品的种类越来越丰富，满足了消费者的物质文化需求，但产品的缺陷和瑕疵引发的责任问题也不断增多。为了保护消费者的合法权益，各国陆续制定相应的产品责任法律制度。但目前世界上还没有形成统一的或被广泛接受的产品责任实体法律制度，因而各国国内的产品责任法律制度成为保护本国消费者的重要依据和手段。

产品责任法是调整产品生产者或销售者因其生产或销售的缺陷产品致使产品的使用者遭受损害而引起的侵权赔偿法律关系的法律规范的总称。

就立法沿革来看，产品责任原先包含在货物买卖之中，由货物买卖法进行规制。例如，卖方对所提供的货物承担品质担保的规定与产品责任中生产者或销售者对产品质量承担义务有相同之处。但实际上两者存在差别。首先，货物买卖法属于私法的范畴，它所调整的是卖方与买方之间基于买卖合同所产生的权利义务关系，双方当事人可以在合同中对一些法律规定加以排除或更改。而产品责任法属于公法的范畴，调整的是产品的生产者和消费者之间基于侵权行为而引起的人身伤亡与财产损失问题，双方当事人不能通过协议加以更改。其次，货物买卖是建立在合同法律关系基础上，其责任主要体现为违约责任；而产品责任不需要以合同关系为基础，其责任主要体现为侵权责任。因此，将产品责任法与货物买卖法相分离是完全必要的。

第一节　中国产品质量法

一、立法概况

我国涉及产品责任的法律较多，如《食品卫生法》《药品管理法》《化妆品卫生监督条例》以及《工业产品质量责任条例》等。同时，《民法通则》《侵权责任法》和《消费者权益保护法》也就产品责任进行了原则性的规定。但是关于产品责任的主要立法依据是 1993 年 2 月 22 日全国人大常委会通过的《产品质量法》，并在 2000 年 7 月 8 日对《产品质量法》进行了第一次修改，一直沿用至今。我国的《产品质量法》并非严格意义上的关于产品责任的单独立法，它汇集了经济关系与管理关系、民事规范和行政规范（如我国政府对产品质量进行监督管理的规范），对产品质量的民事责任、行政和刑事责任作了全面规定。

二、产品的界定

产品是指经过加工、制作，用于销售的产品。建设工程不适用本法规定；但是，建设工程使用的建筑材料、建筑构配件和设备，属于前款规定的产品范围的，适用本法规定。根据上述规定，可知我国对于产品范围的界定必须符合以下三个条件：

（1）必须是经过加工、制作的产品，不包括自然产品。

（2）必须是用于销售的产品。

（3）必须是可以移动的产品，不包括土地、房屋等不动产。

此外，对于一些特殊的产品，如电、输血用的血液等，是否包含在上述的产品定义中，我国法律尚未做出明确的规定。

三、产品缺陷

产品缺陷，是指产品存在危及人身、他人财产安全的不合理的危险；产品有保障人体健康和人身、财产安全的国家标准、行业标准的，是指不符合该标准。

（一）关于“不合理的危险”

实践中如何具体运用这项法定标准来判断产品是否存在缺陷，是个事实问题，需要根据每一案件、每种产品的情况具体分析，做出结论。一般来说，产品存在缺陷，即产品存在“不合理危险”，大体有以下情况：一是产品本身不应当存在危及人身、财产安全的危险（如儿童玩具），但因设计、制造上的原因，导致产品存在危及人身、财产安全的危险，这种危险即为“不合理的危险”。二是某些产品因本身的性质而具有一定的危险（如易燃易爆产品），但如在正常合理使用的情况下，不会发生危害人身、财产安全的危险，但因产品设计、制造等方面的原因，导致该产品在正常使用的情况下也存在危及人身、财产安全的危险，这种危险就属于“不合理危险”。

（二）关于产品的标准

如果产品的各项性能指标都符合该产品的强制性标准，是否可据此判定该产品不存在缺陷呢？不能笼统下这样的结论。因为某一产品的强制性标准，可能并未覆盖该产品的安全性能指标（特别对某些新产品更是如此）。在这种情况下，如果因该产品中的某项属于强制性国家标准、行业标准中未作规定的性能指标不符合保障人身、财产安全的要求,可能造成他人损害的,仍可判定该产品存在缺陷。例如,某厂生产的农用地膜的有关性能指标都符合国家、行业关于农用地膜的强制性标准,但该地膜中含有一种国家和行业标准中都未作规定的对农作物生产不利的有害物质,结果导致使用该厂生产的地膜的农田减产,造成农民的财产损失,则对该种地膜仍应认为是存在缺陷的产品。

【案例分析】

原告陆某为装修新买的房屋先后向被告恒成装饰材料门市部购买了138.27平方米的水曲柳实木地板,购买价人民币8 711元。装修竣工后不久,其发现室内飞虫不断,且越来越多,影响正常生活。原告称,飞虫系从地板中长出,显然地板质量不合格,故要求将已铺设使用的地板退货,并由被告承担赔偿责任。

本案在审理过程中,有两种意见:一种意见认为,地板铺设后出现飞虫是质量瑕疵,属于没有按照合同约定交付合格的货物,是违约行为。另一种意见认为,地板出现飞虫,不仅是质量瑕疵,而且是产品缺陷,属于产品责任,原告可以选择诉讼。

分析:案中地板是属于木制品,由木材制得的,树木在生长过程中生有虫子,是合理的情况,但树木加工成木材,制成地板,就要求加工过程须采用必要的技术,杀死木材中的活虫及虫卵,使得地板能够符合其本身的用途,不致产生安全隐患,虫蛀地板的断裂可能性就存在伤人毁物的可能性,飞虫乱飞就会造成居住环境破坏、人体健康的危险性,所以,虽然木材生虫是可能、合理的,但是地板进入流通时仍然存在虫患,就存在不合理的危险了,不符合地板的有关标准。因而在地板铺设后出现虫子、虫蛀,应属于产品缺陷。

四、责任主体及归责原则

(一)生产者

因产品存在缺陷造成消费者人身或者他人人身、缺陷产品以外的其他财产(简称他人财产)损害的,生产者应当承担赔偿责任。据此,生产者承担缺陷产品的民事责任需具备一定的条件:一是产品存在缺陷。二是存在损害事实,即消费者人身或者他人人身、缺陷产品以外的财产已经存在损害。三是消费者人身或者他人人身、财产存在损害是由于产品缺陷造成的,即两者有直接的因果关系。三个条件只要同时具备即可,而不问生产者是否有过失,这是严格责任原则的体现。

(二)销售者

由于销售者的过错使产品存在缺陷,造成人身、他人财产损害的,销售者应当承担赔偿责任。这是销售者过错责任原则的规定。销售者不能指明缺陷产品的生产者也不能指明缺陷产品的供货者的,销售者应当承担赔偿责任。这是销售者严格责任原则的体现。

(三)运输者、仓储者

我国《侵权责任法》第44条规定,因运输者、仓储者等第三人的过错使产品存在缺陷,造成他人损害的,产品的生产者、销售者赔偿后,有权向第三人追偿。依据该条规定,由于第三人的过错导致产品存在缺陷造成他人损害的,生产者、销售者仍然不能对受害人免责,而是在承担责任后再向第三人追偿。

(四)连带责任

生产者与销售者承担连带责任。因产品存在缺陷造成损害的,被侵权人可以向产品的生产者请求赔偿,也可以向产品的销售者请求赔偿。产品缺陷由生产者造成的,销售者赔偿后，有权向生产者追偿。因销售者的过错使产品存在缺陷的，生产者赔偿后，有权向销售者追偿。

（五）免责条款

生产者能够证明有下列情形之一的，不承担赔偿责任：

（1）生产者能够证明未将产品投入流通的，不承担赔偿责任。这里所讲“未将产品投入流通”，是指生产者生产的产品虽然经过了加工制作，但是根本没有投入销售。根据《产品质量法》第2条规定关于“产品是经过加工、制作，用于销售的产品”的规定，“未将产品投入流通”的，不应适用本法。

（2）生产者能够证明产品投入流通时，引起损害的缺陷尚不存在的，不承担赔偿责任。这里所讲“产品投入流通时”“引起损害的缺陷尚不存在”，是指生产者能够证明其将产品投放市场，转移到销售商或者直接出售给购买者时，产品并不存在缺陷。

（3）生产者能够证明将产品投入流通时的科学技术水平尚不能发现缺陷的存在的，不承担赔偿责任。随着科学技术的发展，可能会发现过去生产并投入流通的产品会存在一些不合理的危险。对这种不合理的危险在产品投入流通时的科学技术水平是不能发现的，生产者则不承担责任。这是新产品开发过程中产生的风险，该风险是在发展中产生的，因而生产者是难以预见到的，对其免除责任是合理的。对此，国外也均规定免除责任。这里需要指出的是，评断产品是否能为投入流通时的科技水平所发现，是以当时整个社会所具有的科学技术水平来认定的，而不是依据产品生产者自身所掌握的科学技术来认定的。

【案例分析】

2010年2月13日，原告石某的岳父将从牧童村农家店严某某处购买的笛音雷燃放。燃放完之后原告之岳母将其放置在屋外。之后，原告两岁的女儿将燃放完毕的笛音雷挪到烤火的房间内，放置在火炉旁边。下午3时左右，原告之岳母看见房间的爆竹燃了，原告立即跑往房间，抢救当时正在房间的女儿，随后笛音雷发生爆炸，原告眼睛受伤。2010年2月13日～3月22日住院医治，原告伤残等级为七级，诊断为左眼爆炸伤，左眼角巩膜裂伤，花费医药费10 441.76元，诊断证明全休两周。

原告于2010年8月5日向所在区人民法院提起诉讼，要求被告某鞭炮礼花厂与严某某承担连带赔偿责任。2010年8月9日，原告自愿撤回了对被告严某某的起诉。

2010年9月8日，在庭审过程中，被告某鞭炮礼花厂申请对产品质量进行鉴定。经过认真核查后，经过专家讨论，表示对送检的烟花质量无法做出鉴定。

分析：本案中，被告认为笛音雷没有炸筒现象、没有漏底现象、燃放后内置小筒不可能存在炸药，据此认为产品不存在质量问题。这仅属于一种主观臆断的推测，不能推翻原告被笛音雷致伤的事实。被告虽然出具了某市产品质量监督检验所的4份检验报告，以此证明自己生产的产品在质量上不存在问题，但产品合格检验报告只能证明产品符合国家有关法律法规、质量标准，并不能证明产品不存在缺陷。对于符合法定安全标准，但具有不合理危险的产品，仍视为缺陷产品。换言之，有缺陷的产品肯定质量不合格，产品质量合格并不等于产品不存在缺陷。综上所述，被告应该对此次事故承担责任。烟花爆竹属于危险易燃品，应该警示避免接触火源。

本案中，作为女儿的法定监护人，原告没有尽到应尽的监护责任，具有非常明显的过错，应承担相应的责任。

综合以上情况，法院认为，本案由原告承担30%的责任，被告承担70%的赔偿责任为宜。

一审法院最终判决被告赔偿给原告各项费用合计 146 951.54 元。

（资料来源：http://www.110.com/ziliao/article-347550.html）

五、损害赔偿

（一）惩罚性赔偿

我国《侵权责任法》第 47 条规定，明知产品存在缺陷仍然生产、销售，造成他人死亡或者健康严重损害的，被侵权人有权请求相应的惩罚性赔偿。《食品安全法》第 96 条规定，违反本法规定，造成人身、财产或者其他损害的，依法承担赔偿责任。生产不符合食品安全标准的食品或者销售明知是不符合食品安全标准的食品，消费者除要求赔偿损失外，还可以向生产者或者销售者要求支付价款十倍的赔偿金。

（二）赔偿的范围

损害赔偿的范围包括人身伤害和财产损失。

1. 人身伤害

因产品存在缺陷造成受害人人身伤害的，侵害人应当赔偿医疗费、治疗期间的护理费、因误工减少的收入等费用；造成残疾的，还应当支付残疾者生活自助具费、生活补助费、残疾赔偿金以及由其扶养的人所必需的生活费等费用；造成受害人死亡的，并应当支付丧葬费、死亡赔偿金以及由死者生前扶养的人所必需的生活费等费用。

2. 财产损失

因产品存在缺陷造成受害人财产损失的，侵害人应当恢复原状或者折价赔偿。受害人因此遭受其他重大损失的，侵害人应当赔偿损失。这里所讲的恢复原状，是指使受害人受到损害的财产经过修理、加工恢复到以前的状态或者用同一种类和质量的财产更换受到损害的财产。折价赔偿是指侵害人对造成的财产不愿意或者无法恢复原状的，侵害人按照该财产现行价格折算为货币进行赔偿。对于"受害人因此遭受其他重大损失"，包括间接损失，即受害人可得的利益损失，如因缺陷产品造成开旅店的房屋失火，其中失火后不能正常营业而少收取的收入就是可得利益的损失，责任者也应赔偿。

我国对于受害人因产品缺陷造成的精神损害的赔偿，在《产品质量法》中没有做出规定，但与侵权责任相关的司法解释中已经做出了具体规定。

【案例】

1994 年，一户赵姓人家在为家中老人祝寿时，高压锅突然爆炸，儿媳妇被锅盖击中头部，抢救无效死亡。据负责对高压锅质量检测的专家鉴定，高压锅爆炸的直接原因是高压锅的设计有问题，导致锅盖上的排气孔堵塞。由于高压锅的生产厂家距离赵家遥远，赵家要求出售此高压锅的商场承担损害民事赔偿责任。但商场声称缺陷不是由其造成的，而且商场在出售这种高压锅（尚处于试销期）的时候已与买方签订有一份合同，约定如果产品存在质量问题，商场负责退货，并双倍返还货款，因而商场只承担双倍返还货款的违约责任。

请问：

1. 赵家可否向该商场请求承担责任？为什么？

2. 赵家可以请求违约责任还是侵权赔偿责任？

六、产品责任的诉讼时效

（一）普通时效

诉讼时效是指请求人民法院保护自己合法权益的法定的有效期限。在法定的有效期限内，人民法院对当事人的请求权予以保护；超过法定的有效期限的，人民法院对当事人的请求权不予保护。我国《产品质量法》规定，因产品存在缺陷造成损害要求赔偿的诉讼时效期间为2年，自当事人知道或者应当知道其权益受到损害时起计算。

《产品质量法》规定的诉讼时效要比《民法通则》的规定长一年。按照《民法通则》第136条和第137条的规定，"出售质量不合格的商品未声明的"诉讼时效期间为一年；"诉讼时效期间从知道或者应当知道权利被侵害时起计算"。这里需要说明的是，两者的适用范围不完全一致。《民法通则》规定的"出售质量不合格的商品"引起纠纷的诉讼时效，既包括对销售者出售质量不合格商品提出的违约之诉，也包括因产品质量提起的侵权之诉，而《产品质量法》的规定仅适用产品责任的侵权之诉的诉讼时效这一种情况。也就是说，对于产品责任问题的侵权之诉，按照特别法优先适用的原则和《民法通则》第141条关于"法律对诉讼时效另有规定的，依照法律规定"的规定，适用《产品质量法》关于2年诉讼时效的规定。

（二）除斥期间

因产品存在缺陷造成损害要求赔偿的请求权，在造成损害的缺陷产品交付最初消费者满10年丧失；尚未超过明示的安全使用期的除外。但是，需要说明的是，如果生产者明示产品的安全使用期在10年以上的，则不适用上述规定，应适用明示的安全期的规定。在明示超过10年的安全期间内，因产品存在缺陷造成损害的，受害人有权要求生产者赔偿。

第二节　美国的产品责任法

一、产品责任的相关概念解析

对于产品责任的概念界定，美国《布莱克法律词典》的解释具有一定的代表性："产品责任是生产者或销售者因其生产或销售的缺陷产品致使购买者、使用者以及旁观者遭受财产损害或人身伤亡而需承担的侵权法律责任。"美国产品责任法起步较早，形式多样，既有习惯法也有成文法，包括联邦产品责任法、各州产品责任法以及普通法判例。1979年，美国商务部对产品责任法进行了规范，颁布《统一产品责任示范法》，供各州采纳适用，但至今被采纳的并不多。在1997年，美国法学会颁布了《侵权法重述Ⅲ：产品责任》（简称《重述Ⅲ》），对产品责任的主要问题做出清晰的界定。

（一）产品

《重述Ⅲ》第19条规定，(1)产品是经过商业性销售以供使用或消费的有形动产。其他种类如不动产和电，当它们的销售及使用情形与有形动产的销售及使用足够类似而适用本重述所述规则显得适当时，也是产品。(2)服务，即使是商业性提供的，也不是产品。(3)人类血液及人类组织器官，即使是商业性提供的，也不受本重述规则的支配。

根据上述定义以及美国各州的立法、判例，美国的产品种类丰富，首先应包括普通的有形动产，其次还应当包括：(1)天然产品，如原材料、原始农产品以及染病的动物等。(2)无形动产。如电和信息类产品。前者主要是指电压不稳而致损害;后者诸如书籍、地图、航行图等,因其中提供的信息有错误而导致损害。(3)不动产,如出售和出租的房屋,尤其是批量生产的房屋。同时需要注意的是,虽然上述产品的范围非常广泛,但美国各州法院在部分案例上的判决和观点并非一致。最后,产品不包括服务、人体血液和人体组织,但是服务中提供的商品应该属于产品的范围,如在航空运输中,航空公司提供给乘客的食品。

(二)缺陷

产品缺陷是要求承担产品责任的基础,美国《侵权法重述 II》规定,凡销售的缺陷产品对使用者或消费者或其财产具有不合理的危险,那么销售者应对最终使用者或消费者或其财产因此而遭受的实际损害承担责任。可见,产品缺陷的核心概念是"不合理的危险"。

起初美国采用"消费者期望标准"作为判断产品是否存在缺陷,即产品是否满足普通消费者对产品合理的安全期望。此标准对于提高美国产品的安全起到了非常重要的作用,但在案件审理中,会导致法院过分偏袒消费者的利益,而不合理地加大生产者的责任,造成美国产业发展的不利影响。因此,美国开始对此标准进行反思,将"风险—效用比较标准"作为判断标准,以消费者期望标准作为判断的辅助标准。即如果产品的实际效用明显高于产品存在的危险,而且该危险不能通过合理的方式以合理的成本予以降低或消除的话,那么产品依然是安全的,没有缺陷的。例如,汽车的时速设计在每小时 20 英里的低速,虽然事故的可能性大大降低,但社会却因为低效率遭受更大的损失。

美国产品责任法将产品的缺陷种类分为以下三种:

1. 产品的制造缺陷

如果背离其设计意图,即便在该产品准备和营销过程中已尽到所有可能的注意,产品依然不存在不合理的危险,那么(产品)包含制造缺陷。制造缺陷是因为质量管理不善、技术水平差引起的,一般属于整批产品中的个别现象。

【案例分析】

我国某玩具进出口公司向美国某玩具公司出口塑料弹弓。出口后不久就反映质量有问题,称美国儿童使用弹弓时弓柄断裂,并已发生多起伤害案件,有的眼睛致残。经法院审理,美方提出证明表示:我方出口的弹弓所使用的材料不安全,仅经受 9 磅拉力弓柄就断裂,香港同类弹弓弓柄能承受 60 磅拉力。

请问:出口产品弹弓属于质量不合格还是缺陷产品?我国出口商是否应承担产品责任?应对谁承担产品责任?

分析:如果我国出口公司与美国公司在订立合同时约定弓柄承受拉力应超过 9 磅,则由于该玩具弹弓的弓柄仅经受 9 磅拉力就断裂,属产品质量不合格。但这不影响它同时构成缺陷产品。如果该缺陷产品给消费者造成了损害,生产者或进口商应承担产品责任,对受损害的消费者承担赔偿责任;如果涉及产品质量不合格,应由出口商对美国的进口公司承担违约责任。

2. 产品的设计缺陷

如果产品的设计中存在不合理的危险,会导致整批产品存在潜在危险。设计缺陷一般是由配方、处方的错误、原理的错误、结构设计的错误等方面造成。与制造缺陷相比,一般来说产品的设计造成的危害比较严重,判断比较困难且不被保险公司在责任险中承保。

3. 产品的警示缺陷

如果产品存在可以合理预见的危险,但产品的生产者或者销售者没有提供必要和充分的产品使用说明或警告,从而对使用者构成不合理的危险,就是产品的警示缺陷。警示缺陷一般与产品的生产者或销售者违反法律规定的告知义务有关。一般原则是，生产者或消费者应对产品使用中可以合理预见的危险做出充分的说明和警告，但是并非针对一切可能的危险。《重述Ⅲ》对生产者承担产品危险警告义务的范围做出了较为详细的解释。

(1)对于不可预见的产品使用方式及危险，尤其是因为产品的滥用而产生的危险，生产者没有义务做出警告。

(2)如果产品的危险是明显的或众所周知的，产品提供者可以此为免责，即所谓“已知危险不得追究或完全排除的规则”，但在美国仍然有一些州是不接受这种免责规则的。同时，如果危险的性质和程度大大超出了使用者的期望时，仍应承担警告义务。

(3)对于消费者使用药品而产生的不良反应，那么生产者必须对此提出警告，但是如果产生不良反应的情况或人是非常罕见的，那么不应苛责生产者的警告义务。同时，不良反应所造成伤害的严重程度应当作为判断生产者是否应当做出警告的重要参考因素。

另外，需要注意的是，单纯的警告并不能免除生产者应当承担的其他产品责任义务。比如，一个产品存在不合理的危险，而且该不合理的危险可以通过更安全的设计予以降低或消除，那么生产者就不应将自己的义务仅仅停留在警告上。

4. 违反品质担保的缺陷

美国将货物提供者的品质担保责任分为明示的担保和默示的担保。美国法认为，如果产品的提供者违反这种品质担保，则根据美国《统一商法典》规定：卖方的明示或默示担保延及买方家庭中的任何自然人或买方中的客人，只要可以合理设想上述任何人将使用或消费此种物品或受其影响，并且上述任何人因卖方违反担保而受到的人身伤害，卖方不得排除或限制本条的适用。

5. 开发缺陷

开发缺陷是指产品投入流通时科学技术水平尚无发现而后又被证明确实存在的缺陷。对此种发展上的缺陷造成他人的损害，产品提供者应否承担责任，美国各州的做法并不一致。有些州出于保护弱者地位的消费者，认为即使在产品投入市场时科学技术尚不能发现产品存在缺陷，但如果该缺陷产品造成他人损害，产品提供者不得以此抗辩，而应承担赔偿责任。在司法实践中，法院常会针对个案的具体情况做出与州立法不同的判决。

(三)责任主体

根据美国 1979 年《统一产品责任示范法》第 102 条、104 条、105 条规定，产品的销售者及制造者为承担产品责任的主体。产品制造者是指在产品出售给使用者或消费者之前，设计、生产、制作、组装、建造或者加工相关产品或产品组件的自然人或组织，包括不是但自称是制造者的产品销售者或组织，此外制造者还包括主要经营产品批发、分销或者零售业务的产品销售者，但这些销售者局限于在销售前设计、生产、制作、组装、建造或者加工该产品的情形。所谓产品销售者是指从事产品销售业务的任何自然人或者实体，而不论交易是为了使用、消费或者再消费。销售者包括产品制造者、批发商、分销商和零售商，也包括产品的出租人和行纪人。

根据《重述Ⅲ》第 1 条和第 20 条的规定，产品责任分为生产性的销售商(也就是生产者)和非生产类的销售商、其他类型的产品分销者。后两者主要是从事产品销售或分销的销售者，包括产品的批发、分销和零售业者，此外还包括从事产品出租的经营者、在销售—服务混合经营中提供产品的经营者以及提供产品寄托的经营者。《重述 III》强调销售应当为商业性的销售，不包括非商业性的销售或分销。销售的产品包括商业活动中的赠品。

（四）请求赔偿的主体

按照美国各州的司法实践，凡是人身或财产遭受缺陷产品损害的当事人，无论其是否与产品提供者订立产品买卖合同，都有权要求产品的制造者或销售者向其承担责任。也就是说，请求赔偿的主体并不局限于合同关系的对方当事人，任何遭到缺陷产品侵害的产品使用者、消费者或第三者，都构成产品责任法的请求赔偿的主体。

【案例】

温特博姆诉赖特

1842年，英国。原告温特博姆，马车夫；被告赖特，驿站马车制造者。原告驾驶被告提供的马车运送邮件，车轮塌陷致使原告受伤。原告提起索赔之诉，被告以原告非合同当事人为由抗辩。

法院认为：被告保证车辆良好是其向另一签约人——驿站站长承担的合同责任，而无需对合同之外的人——原告承担责任。

该案肯定了产品责任案件最早的"无合同无责任"原则。此案前后的很长阶段，产品责任案件基本遵循"合同责任"原则，即原告和被告之间依据合同承担违约责任，如无合同则不承担责任。

【案例】

托马斯诉温彻斯特

1852年，美国。原告托马斯从批发商处购买一瓶贴错标签的药物，该药实际有毒性，其妻服后中毒，于是起诉药品生产商。

法院认为：尽管原被告之间没有合同关系，但可以预见，误贴标签的毒药可能会致人死亡，由于所出售商品对生命健康具有危险性，故该制药商应对最终消费者负赔偿责任。

二、产品责任的诉讼依据

产品责任的诉讼依据是指缺陷产品提供者应依据何种法律关系承担责任。美国产品责任的诉讼依据主要包括以下三种：疏忽说、违反担保说和严格责任说。

（一）疏忽责任

疏忽责任也称为过失责任原则，是指由于生产者或销售者的疏忽致使产品有缺陷，从而使消费者或使用者的人身或财产遭受损害。对此，产品的生产者或销售者应当对其疏忽承担赔偿责任。

原告在以疏忽为理由向法院起诉要求被告赔偿其损失时，必须提出证据证明：

(1)被告没有做到"合理注意"，存在疏忽之处。原告可以从各个不同的方面证明被告有疏忽，如被告的产品设计有缺陷、被告对产品的危险性没有做出充分的说明和被告在生产或经销商品时，违反了联邦或州的关于产品的质量、检验、广告或推销方面的法律法规。

(2)由于被告的疏忽直接造成了原告的损失，仅凭原告使用产品造成了损失这一事实，一般不能推定被告有疏忽。另外，如果由于原告自己的疏忽造成的损失，被告也不承担责任。由此可见，援引疏忽证明责任原则的诉讼，对原告来说，其举证责任较重。

【案例】

麦克弗森诉别克汽车

原告麦克弗森从零售商处购买了一辆由被告别克汽车公司制造的汽车。当他驾车行驶时，因车轮破裂，汽车突然翻覆，原告被抛在外而受伤。于是，原告提起诉讼，要求被告赔偿损失。被告的律师在答辩中声称:制造商对此不负责任,并援用温特博姆诉赖特案认为:买车合同是与销售商订立的,与买受人无直接合同关系,因此不存在赔偿问题。卡多佐法官代表上诉法院多数意见表示拒绝接受英国判例的约束,并认为:任何物品制造上具有过失,依其本质将构成对生命及身体危险的,即术语危险物品。……制造人若熟悉该项物品将有买受人之外的第三人未经检验而使用的,则无论有无合同关系,对该项危险物品的制造,均负有注意义务。制造人未经注意的,就所发生的损害,应负赔偿责任。

(二)担保责任

担保是生产商或销售商就产品做出了声明。这里的担保区别于不会导致责任的各种表示,比如在广告中进行的吹嘘。违反担保是指产品存在缺陷或瑕疵,卖方违反了对货物的明示或默示担保,如果原告由于产品有缺陷而遭受损失,他可以违反担保为由对被告提起诉讼,要求赔偿。担保主要分为明示担保和默示担保两种。

1. 明示担保

这是指产品制造或销售商对货物性能、质量或所有权的声明或陈述,如违反了合同、说明书、样品、电视节目、广告等类型的担保。根据美国的判例,广告也有可能构成卖方的明示担保。因此如果被告在电台、电视或报纸上对其产品做了广告,但广告的内容与实际不符,结果使原告因产品缺陷遭受损失,原告也可以违反担保为理由要求被告赔偿。

【案例】

美国巴克斯特诉福特汽车公司案(1932)

原告巴克斯特向汽车零售商购买了被告福特公司制造的一辆福特牌汽车,被告以书面形式保证汽车的挡风玻璃是防碎玻璃。但是,当原告在驾驶汽车时被一颗小石子击中挡风玻璃,玻璃的碎片伤及原告的眼睛。为此,原告以被告违反担保为由起诉福特公司。法院认为,尽管原、被告之间无合同关系,但是被告能够预见到对其产品的明示担保范围涉及购买人和使用者,如果被告的产品不具有原告相信的广告说明中的功能,仍应承担赔偿责任。

2. 默示担保

这是根据法律产生的一种担保责任。包括商销性默示担保和适用专门用途的默示担保。前者是指投放市场的产品应符合产品之所以制造和销售的一般目的。违反适用专门用途的默示担保,原告必须证明,卖方已经被告知或有理由知道产品的使用意图;买方信赖卖方在选择产品方面的技能、技术和专门知识;损害由于产品未能符合特殊用途而引起。

美国早期的担保以合同为基础,原告与被告之间必须存在合同关系才能起诉,这些限制了担保责任在产品责任诉讼中的作用。因此在司法实践中,法院逐步做出了突破,放宽了原告和被告的范围。1966年修订的《统一商法典》在第2～313条对没有合同关系的第三人因产品提供者违反明示或默示担保对其造成损害的赔偿请求提供了法律的依据,并规定了三种选择方案,供各州参考。

方案一:只将违反担保的产品责任承担扩及对买方的家庭成员、家庭内其他人员或客人的人身伤害,而对上述人的财产及对其他人的人身或财产方面的损害,概不能依据违反担保为诉因要求承担损害赔偿责任。此种方案采用的州最多。

方案二:较方案一扩大了担保适用的请求主体的范围,即"任何自然人"均可根据卖方违反担保而要求其承担损害赔偿责任,但仍局限于对人身伤害的损害赔偿上。

方案三:最大范围对担保责任基础的适用,不仅因缺陷产品造成人身损害的任何人都可以依据违反担保要求产品提供者承担赔偿责任,并且即使这种损害是发生在财产上也可以这样做。此种方案采用的较少。

在以违反担保作为责任基础要求产品提供者承担责任时，对受害人的有利之处在于他无须证明产品提供者有疏忽，而只需证明产品确有缺陷，而且由于这种缺陷使他遭到损失，他就可以要求产品提供者赔偿其损失。但是他仍然必须以产品提供者对产品做出了某种担保为前提，如果产品的缺陷没有包括在担保之中，但又造成了损害，则受害人无法利用担保责任原则要求损害赔偿。当受损害方为货物买卖合同的对方当事人时，他还可以依据合同上的违约提起赔偿要求，这时就发生了违约与侵权的责任竞合。

美国法认为如果买方没有在发现或应当发现卖方违反担保义务之后的一段合理时间内就产品有缺陷的情况通知卖方，就失去了以担保责任为由向卖方索赔的权利；但如果买方这样做了，那么他就拥有了选择权，既可以要求卖方承担违反担保的责任，也可以提起侵权之诉。

【案例分析】

海林森诉布隆弗尔德汽车公司案件

原告海林森从被告布隆弗尔德公司(汽车经销商)购得一辆由另一被告克莱斯勒公司生产的汽车。海林森将汽车作为“母亲节”的礼物送给妻子海林森夫人——该案的另一原告。由于汽车驾驶系统存在缺陷，在汽车交付10日后，行驶里程达到468英里时汽车发生事故，导致海林森夫人受伤。原告主要基于被告违反默示担保提起诉请。被告的抗辩理由主要包括两点：一是受害人海林森夫人与两被告均没有合同关系；二是被告布隆弗尔德公司与海林森签订的销售合同有明示的免责条款，即被告只承担汽车缺陷零部件的修理和更换的责任，但不负责其他经济损失及人身伤害赔偿。

法院判决首先排除了合同关系的要求，担保责任覆盖可以合理预见的使用者。其次，合同中作为格式条款的消费者弃权条款，无论在其订立上还是在结果上都明显不公平，而且与生产者或销售者的默示担保义务相违背，损害了公共利益，因而判定该条款无效。

(三)严格责任

严格责任是指受害人只能够证明产品有缺陷，产品的制造人或销售者就仍应承担赔偿责任的制度。严格责任是一种无过错责任，消费者证明的核心是产品存在缺陷，而无需证明该产品的缺陷是否由于生产者或销售者的疏忽所致。

【案例】

格林曼诉尤巴电器

1963年，美国。原告格林曼之妻在零售商处购买被告生产的多功能电动工具，当格林曼按照说明书要求使用时，一块木块从电动工具中飞出并击中其头部使其受伤。案件中，原告并未能证明被告存在疏忽。

法院在判决中指出，只要制造商将产品投放市场，又明知使用者不经检验就使用，只要该产品的缺陷对人造成伤害，则制造商就应对损害承担严格责任。

该案突破了疏忽责任理论，确立了不需证明疏忽而只要产品存在缺陷，对消费者具有不合理危险，并使人身或者财产遭受损失，就应当承担赔偿责任。此即产品责任法上著名的“格林曼规则”。

1965年《侵权行为法重述》第402条A款具体反映了严格责任理论的基本精神，该条规定：

(1)凡销售任何有缺陷的产品而给消费者或使用者带来不合理的危险的人，对因此给消费者或使用者的人身伤害或财产损害负有责任，如果，①销售者从事经营出售此种产品；②预期转到消费者或者使用者手中时，其销售时的条件没有重大变化。

（2）即使有下述情况，仍适用前款规定：①销售者在准备销售和出售其产品时已经尽到一切可能的注意；而且，②消费者或使用者没有从销售者手中购买产品以及与销售者没有任何合同关系。

此后的 1979 年《统一产品责任示范法》、1982 年《统一产品责任议案》以及美国《统一商法典》都基本上采用了严格责任原则。一般认为严格责任就是侵权法上的无过失责任（Strict Liability in Tort）。但在美国法，无过失责任是一种针对汽车、火车、飞机等的事故性伤害所采用的特定的责任方式。严格责任也不同于过错推定责任，原因在于后者仍属于过错责任范畴的概念，可在被告证明其无过错时获得免责，而严格责任原则给予被告抗辩的机会很少，并且在无过错的情况下被告也可能被判决承担责任。

但是这并不意味着在严格责任原则下，原告就可以轻松获得赔偿。美国法认为当缺陷产品的受害人以严格责任为基础要求产品提供者承担损害赔偿责任时，他必须证明：

（1）产品存在缺陷。并且根据《侵权行为法重述》的规定，受害人仅证明产品有缺陷也是不够的，还必须进一步证明产品的缺陷给消费者或使用者带来不合理的危险。这在一定程度上增加了原告的举证困难，因为危险的"合理"与否，是个复杂的判断过程。

（2）产品出厂时缺陷已经存在。如果受害人无法以有效的方法证明产品的缺陷在出厂时业已存在，那么他也可用自己按照产品的使用说明正确地使用了产品的方法反证缺陷在出厂前已经存在。

（3）损害与产品缺陷之间有因果关系。

但总的来说，严格责任原则相对于一般的契约责任原则、疏忽责任原则、违反担保的责任原则而言，给消费者提供了更充分合理的保护方式。尽管在一些案例中表明适用如违反担保的责任原则更有利于受害人权利的保护，但依旧不能否认严格责任原则在消费者权益保护方面的意义和作用。

由于产品责任法律制度归责理论的复杂性，因此在美国各个归责理论被并行地由受害人选择适用，受害人可以选择他认为最为有利的责任基础进行索赔，同时也意味着他同意使自己处于相应的举证地位，承担举证责任。

（四）严格责任的发展

严格责任在美国沿着两个方向发展：一方面，朝着更有利于保护消费者利益的方向发展。如市场份额责任理论，认为当原告不能明确举证他的损害是由谁的缺陷产品所造成的，就以各个被告的市场份额作为判决的根据。另一方面，对严格责任的适用做出适当的限制，从而更加公平地分配生产者和消费者之间对产品危险的风险分担，鼓励生产者积极研发新产品。如《重述Ⅲ》第 2 条规定，对产品的制造缺陷采用的是严格责任，但对于产品的设计缺陷和警告缺陷，消费者需通过证明产品存在更合理的替代设计或警告或以减少或消除现存的危险，方可证明产品确有缺陷，要求生产者或销售者承担责任。但以合理替代设计来证明产品缺陷并非绝对，比如有些产品设计明显不合理，产品危险性高且效用低下，那么即使不存在合理的替代设计，仍可以认定产品存在缺陷。与此同时，采用替代设计还存在一个前提，即产品的危险是可以合理预见的，对于不可预见的危险，生产者或销售者当然不可能采取相应的措施来减少危险。这就意味着"产品的技术发展水平"可以成为产品责任的抗辩理由。

【案例】

辛德尔是一位美国女士,她在二十几岁时发现自己患上了乳腺癌。原因确定:是她母亲在怀孕时吃了一种保胎药,叫做乙烯雌粉。后来这种药被美国政府明令禁止,因为已经判明孕妇服用这种药物保胎会导致胎儿出生后患乳腺癌。辛德尔向法院起诉。一审法院驳回了她的诉讼请求,因为她没法证明母亲是吃了阿伯特化工厂的药。后来她又上诉。最后,最高法院判决生产这种药的11家工厂承担赔偿责任,赔偿了200万美元。

最高法院在这个判决中遵循了三个规则。第一个规则:胎儿在母体当中受到了损害,她出生以后可以请求赔偿。第二个规则:共同危险行为的规则。美国法官认为按照共同危险行为的规则,应当把当时全国生产这种药的药厂全部追加进来,一共是11家,把其他10家都追加进来了以后,都作为被告要承担赔偿责任。第三个规则,就是市场份额规则。这11家生产这种药的工厂都追加进来了,他们怎么来承担赔偿责任呢?要按照造成损害的概率来计算,即按照她母亲吃这个药的时间,每一家生产这种药的工厂的产品在当时市场上所占的份额来确定他的责任,这就叫做市场占有份额。你的工厂在市场上占的份额是10%,你的工厂就赔偿10%,你的工厂在市场上的份额是5%,你就赔偿5%。

【案例分析】

英格索尔—兰德公司的产品中有一种研磨机。随同机器发放的使用手册警告使用者,当设备运转时要在机器后方保持10英尺以外的距离,要检查退后警告器是否正常运行,并查看工作区域以防其他人员靠近。机器上还有一个告示,使用者要靠后10英尺以外。当特里尔使用该机器把沥青从一条正在重铺的路面上剥离下来的时候,他按照警告后退了。警告器没有响,而背对着研磨机站在路上的罗杰斯被机器碾过而致残废。罗杰斯把英格索尔—兰德公司告上了联邦地区法院,以设计缺陷为由,要求该公司承担一部分直接责任。

陪审团决定判给罗杰斯补偿性赔偿金1 020万美元,惩罚性赔偿金65万美元。英格索尔—兰德公司上诉,强调他们给予了足够的警告。

请问:足够的警告就可以让制造商免除承担因产品设计缺陷而导致的任何责任吗?

分析:美国上诉法院维持了哥伦比亚巡回法院的陪审团的决定。法院解释,在一个有关设计缺欠的案件中,原告必须证明产品以及替代设计的危险、代价和益处,还要证明产品危险的严重程度超过了为避免危险而付出的代价。警告只是其中一个考虑因素,但却不是仅有的一个。警告不能"超越所有别的因素"。在这个案件中,法院指出,一个背对着机器的研磨机的工人不太可能留意机器上"要靠后10英尺之外"的告示,制造商理应预见到这种危险,在这种情况下,"制造商应该具有更高的责任感,并采取进一步的安全措施来防止可预见危害。

三、产品责任的抗辩

产品责任的抗辩是指产品责任人主张减轻或免除责任的理由。在美国的立法和司法实践中,不同的产品责任归责理论体系中,被告可以提出抗辩的事由有以下几种:

(一)疏忽责任中的抗辩事由

如前所述,疏忽责任需要证明被告有过错,如果被告能够证明自己尽了"合理注意"的义务仍不能发现产品的缺陷,不存在疏忽,就不承担赔偿责任。除此之外,被告还可以证明损害是由于:

(1)原告自己的过失行为,如果双方均有过失,那么通过此项证明也可以相应减少被告赔偿的数额。

(2)原告明知产品有危险仍自主或故意加以使用。

(3)原告明显的危险或非正常使用或擅自改动而造成的,则被告可以获得免责。

(二)担保责任中的抗辩事由

被告可以在合同中明示或默示地修改、限制或排除其在产品销售中的担保条件。如果被告已经在合同中排除了以上担保,他就可以提出担保已被排除作为其抗辩的理由。但是关涉公共利益和消费者权益的保护,美国法院不允许生产者或销售者通过在合同中订立免责条款或限制责任条款来减免自身的责任。如果此项限制或排除是针对默示担保的,法律将不承认其排除的效力,此时法律禁止产品提供者对于人身伤害的责任进行排除或限制。

(三)严格责任中的抗辩事由

严格责任提供给被告的抗辩事由主要包括以下几点:

(1)生产者未将产品投入流通领域。

(2)产品投入市场时引起损害的缺陷并不存在。

(3)产品不是为了营利目的而生产、销售的。

(4)产品的缺陷是由于遵循政府的强制性规定而导致的。

(5)产品缺陷是将其投入流通时的科技水平尚不能发现的。

(6)对于具有不可避免的危险性的产品,其缺陷不属于制造上的缺陷或产品的提供者在采取了合理的行动包括给予充分而适当的警示,才予以销售的情况下,产品的提供者对产品的不可避免的危险性造成的损害不承担责任。

四、损害赔偿的范围

美国产品责任法中的损害赔偿范围主要由美国各州的判例法决定,采取全面赔偿为主,兼具惩罚性赔偿的原则。美国产品责任诉讼判决的赔偿金额很高,动辄几十万上百万美元。2000年在一起几乎包含所有佛罗里达州吸烟者的集团诉讼中,案件一审中陪审团裁决的惩罚性赔偿金额高达1 450亿美元。

(一)人身伤害赔偿

人身损害赔偿具体包括以下几方面:

(1)受害人过去和将来必要合理的医疗费用。

(2)受害人生计上的损失以及失去谋生能力的补偿。

(3)受害人肉体及精神痛苦的补偿等。该项赔偿在整个赔偿金额中占较大的比例,且精神损害赔偿额较高。

(4)因产品缺陷致人死亡,死者的遗嘱执行人或遗产管理人或死者的遗产继承人或受益人向产品提供者主张权利并获得赔偿。

(二)财产损害赔偿

产品责任法上的财产损害通常是指缺陷产品之外的其他财产的损坏、毁灭,而对于产品本身则可依据买卖合同获得赔偿。财产损害的赔偿一般认为只是受到损害财产的直接经济损失,但1981年的《产品责任风险保留法案》已将间接财产损失及纯经济损失这种因财产损害而不能使用该财产所产生的损失,例如交通工具被损坏不能投入运营、因机器设备被损坏不能投入生产等丧失的营业收入,列入财产损害赔偿的范围,并在一些法院的判例中获得了支持。

(三)惩罚性损害赔偿

所谓惩罚性损害赔偿,是指侵权行为人实施侵权行为出于恶意或存在有重大过失,因而法院在判令支付赔偿性的赔偿金的同时，还可以要求侵权行为人向受害者支付高于实际损失的赔偿金。《统一产品责任示范法》第120条规定，原告通过明显的和令人信服的证据证明，由于产品销售者对产品使用者、消费者或可能受到产品损害的其他人员的安全采取轻率漠视的态度，致使原告遭受损害的，原告可得到惩罚性赔偿金。惩罚性的损害赔偿在美国被广泛运用，它要求陪审团在裁决赔偿金时充分考虑被告在伤害原告时的主观恶意程度，并且允许陪审团在裁决时有最大的自由裁量权。

但是，惩罚性的赔偿对于加害人而言并不是一个必须加以给付的赔偿，因此对惩罚性赔偿金的适用，法院在确定惩罚性赔偿数额时应考虑下列因素：

(1)在相关时间内，产品销售者的不当行为造成严重损害的可能性。

(2)产品销售者对这种可能性的察觉程度。

(3)不当行为对产品销售者的可获利性。

(4)不当行为持续时间和产品销售者的任何隐瞒行为。

(5)产品销售者在不当行为被发现后采取的态度及其行为，以及不当行为是否已经停止。

(6)产品销售者的财务状况。

(7)产品销售者由于不当行为，已经或可能受到的其他处罚的综合惩罚效果。

(8)原告所遭受的损害是否亦是原告对自身安全采取轻率漠视态度的结果。

近年来，美国惩罚性赔偿制度出现了一种新型的惩罚性赔偿，在赔偿金的归属问题上，新型惩罚性赔偿责任的赔偿最终不归或不全部归原告所有。比如，美国的一些州议会和法院实施的"分效补偿法规"，即法院将个案件中的惩罚性赔偿在原告和州之间做出切分，归属州的那一部分最终支付给法院认定的社会公益组织。

【案例】

斯特拉·里备克诉麦当劳案

1992年，斯特拉·里备79岁，孙子开车拉她在麦当劳花0.49美元买了一杯咖啡。她将杯子夹在两腿之间，试图打开杯盖往里加糖和奶精，没想到杯子翻了，滚热的咖啡将她的大腿、腹股沟烫伤，大部分受伤部位达到三度烫伤的程度(一度为表皮受伤、二度为真皮受伤、三度为皮下组织受伤)。经过住院治疗并多次植皮，折腾了两年她才能重新下地行走。老人女儿要求麦当劳赔偿2万元医药费及护理费——这是除保险公司支付之外他们自己付出的金额。麦当劳当时特别傲慢和短视，只肯赔800美元。女儿就请律师起诉到法院。律师起诉的理由是麦当劳出售的咖啡"具不该有的危险性"和"劣质产品"("unreasonably dangerous" and "defectively manufactured")。这就是著名的"麦当劳咖啡案"。

经查证，麦当劳当时出售的咖啡的温度的确偏高，为80～90摄氏度，高于其他几个快餐连锁店的70～75摄氏度，而且杯子上没有明显警示。陪审团判决麦当劳的责任是80%，老太太的责任是20%，所以麦当劳需赔偿1.6万美元的医疗费。

法庭要求麦当劳公开公司内部的秘密文件和记录，发现在1982～1992年的10年期间，麦当劳总共收到700余起咖啡烫伤严重事故的投诉，而麦当劳只是私下给受害者一点补偿了事，一直对该问题漠视不理。辩护律师解释说，他们10年间总计卖出100亿杯咖啡，事故率为0.000 007%，可以忽略不计。这个说法把陪审团给气坏了，所以陪审团又判麦当劳必须给老太太270万美元的惩罚性补偿。但法官认为陪审团过于意气用事，把惩罚金减为64万美元。双方都不服，继续上诉。后来庭外和解，据说老太太最终得到100万美元的赔偿。于是就有了流传甚广的说法：一位80岁老太在麦当劳买咖啡打翻了杯子烫伤了腿，告赢麦当劳得了100

万美元赔偿。

这个案子当时轰动一时，带来的积极影响是服务行业从此把顾客的安全放在第一位考虑，汽车制造商受到启发在车上安装了放饮料杯的装置，使得在汽车上因饮料翻倒引发的事故大大减少。消极的影响是许多贪婪之人开始热衷于投诉大企业，胡搅蛮缠起来。

第三节　欧盟产品责任法

欧盟在产品责任的立法方面，主要包括欧洲共同体理事会于1977年通过的《关于造成人身伤害与死亡的产品责任欧洲公约》、1985年颁布的《关于对有缺陷产品的产品责任指令》和1992年颁布、2001年修改的《通用产品安全指令》。

一、《关于造成人身伤害与死亡的产品责任欧洲公约》

《关于造成人身伤害与死亡的产品责任欧洲公约》(简称《公约》)是欧洲理事会各成员国于1977年1月27日在斯特拉斯堡正式签订的，因此又称为《斯特拉斯堡公约》。该《公约》主要适用于缺陷产品造成人身伤害和死亡所引起的赔偿责任问题，而不包括缺陷产品对于财产造成的损害所引起的产品责任。其主要内容有：

(一)关于产品、责任主体和缺陷的定义

“产品”一词指所有动产包括天然动产、工业动产，无论是未加工的还是加工过的，即使组装在另外的动产内或组装在不动产内，也应包括在内。例如，房屋是不动产，但是建房用的砖瓦、钢筋仍视为公约所称的产品，如果砖瓦、钢筋有缺陷造成房屋倒塌造成人员伤亡的，那么这些产品的生产商应承担产品责任。

“生产者”一词指成品或零配件的制造商以及天然产品的生产者。其中包括：(1)成品或零配件的生产者；(2)任何以将产品投入流通为目的的按商业惯例进口产品的人；(3)任何使自己名字、商标或其他标志特征出现在产品上将其作为自己产品的出示者；(4)产品没有标明生产者时，每一供应者应视为生产者，除非根据索赔人的要求，供应者将生产者或前供应者的身份在合理的时间告知索赔人。

关于缺陷的定义，《公约》规定，考虑到包括产品说明在内的所有情况，如果一项产品没有向有权期待安全的人提供安全，则该产品为有“瑕疵”。

(二)归责原则

《公约》采用严格责任原则。由于一项产品组装在另一项产品内的瑕疵而造成损害时，则被组装的产品的生产者和组装该项产品的生产者均应承担责任。根据《公约》规定，数人对同一损害负有责任，则每个人应承担全部责任 。

(三)赔偿和免责

根据该国国内法的规定，按符合本公约的该国国内法限制生产者支付赔偿金的金额。但这种限制不得少于：对每个死者或受到人身伤害者偿付相当于国际货币基金组织规定的70 000特别提款权的国内货币；对具有相同瑕疵的同类产品造成的一切损害，偿付相当于批准公约时国际货币基金组织规定的10 000 000特别提款权的国内货币。可见，《公约》对赔偿的最低额度进行了规定。

生产者如果证明下列事实，则不承担责任：(1)他未将产品投入流通；或(2)在考虑了有关情

况后，造成损害的瑕疵可能在他把产品投入流通时并不存在或是其后才产生的；(3)该造成损害的缺陷的产品不是用于销售、出租或为经济目的的分销，而又非在商业过程中制造或分销。

如果受害人或有权索赔的人因其自己的过失造成损害，在考虑了所有情况后，可减少或拒绝赔偿。如果根据国内法，受害人或有权索赔的人，应当对其行为负责任的人，由于过失造成损害时，上述规定同样适用。如果损害由产品的瑕疵和第三人的作为或不作为造成，则不应减轻生产者的责任。《公约》规定的生产者的责任，不得以任何免责或解除义务条款排除或加以限制。

(四)时效

要求损害赔偿的诉讼时效应为自请求人知道或应合理地知道损害、瑕疵及生产者身份之日起 3 年之内。如果诉讼未在自生产者将造成损害的产品投入流通之日起 10 年内提起，则丧失本公约规定的要求生产者赔偿的权利。

二、《关于对有缺陷产品的产品责任指令》

《关于对有缺陷产品的产品责任指令》是欧共体理事会为了协调统一各成员国之间的法律而制定的一部统一产品责任法，全称为《使成员国产品责任法相互接近的指令》(简称《指令 1985》)，于 1985 年 7 月 25 日通过，并要求成员国通过国内立法实施《指令 1985》。欧共体当时规定的期限是 1988 年，而实际上多数国家都未能按期履行，法国直至 1998 年才通过了相应的法律。截至 2003 年 2 月，欧盟 15 国均完成了相应的国内立法程序。《指令 1985》实施后，为了进一步提高产品责任的保护水平，应对部分领域的产品安全危机，欧共体理事会于 1999 年 5 月 10 日通过了《修订指令 85/374/EEC 的指令 1999/34/EC》(简称《指令 1999》)，内容共 4 条，主要围绕产品责任的适用范围进行修订。

(一)产品

根据《指令 1985》第 2 条的规定，产品是指除初级农产品和狩猎产品以外的所有的动产，包括组装在其他动产或不动产中的动产，还包含电。初级农产品是指没有经过初步加工的种植业产品、畜牧业产品和渔业产品。狩猎物一般是指捕获的野生动物。同时，指令的前言指出，所谓动产的产品并需经过加工，也就是工业性质的加工。

到了 20 世纪 90 年代，随着疯牛病危机的发生，农产品安全成了欧盟各国关注的突出问题，因此《指令 1999》对产品的范围进行了修订，产品包含所有的动产。这就意味着初级农产品和狩猎物纳入产品的范围，并且不允许各成员国对此提出保留或排除适用。

(二)缺陷

如果一个产品不能提供人们有权期待的安全性，产品即为有缺陷。也就是说，产品缺陷的认定不是以适用性判断，而是以一般大众期望产品的安全性的权利为着眼点。在产品是否具有缺陷的问题上，需要考虑相关的因素：(1)产品的使用说明；(2)可以合理预见的产品使用状况；(3)产品投入流通的时间。同时，在缺陷的认定上应排除消费者对产品的不合理使用，也不能单纯以产品投入流通后有更好的产品出现作为产品存在缺陷的理由。

(三)责任主体

产品责任的承担者是产品的生产者。生产者具体包括：(1)成品生产者；(2)原料生产者或零部件生产者；(3)通过在产品上标明其姓名、商标或其他可辨识的特征，表明其为生产者的任何人；(4)在不减损产品生产者责任的情况下，任何将产品输入到欧共体市场用于销售、租用、出租或任何形态之商业销售者，都将被认为本指令意义上的生产者，并将承担与生产者相同的责任；(5)如果生产者不能被确认，产品的供应商将被视作生产者，除非在合理的时间内，其能够向消费者告知生产者或向其提供产品的供应商的身份。此规定同样适用于上述(4)情况中的进口产品,即使在产品上标有生产者,但如果供应商不能向消费者提供产品进口商或向其提供产品的供应商的身份,其将被视作生产者。

(四)归责原则

《指令 1985》以严格责任为责任承担的基础,但同时指出这一规定不影响消费者依据本国契约责任或类似契约责任的法规进行全力请求。同时,请求权者证明制造人有过失时,也可以本国法请求损害赔偿。

(五)赔偿和免责

1. 损害赔偿

《指令 1985》第 9 条对产品责任因果关系中的损害要件做出规定,即损害是指人身伤亡或对缺陷产品本身以外的任何财产的损害或灭失。

对于人身伤害的具体赔偿项目没有做出规定,只是特别提到本指令不影响各成员国规定受害者可以提出精神损害赔偿,在 15 国中,有 10 个国家规定赔偿,德国、荷兰和希腊 3 国规定不予赔偿。意大利规定不予赔偿,除非该行为已构成犯罪。爱尔兰则规定“有可能”赔偿。此外,鉴于各成员国的不同法律传统,《指令 1985》允许成员国对损害赔偿额规定上限,但不得低于《指令 1985》所规定的最低标准。对于同类产品的相同缺陷所导致的损害,各成员国规定的赔偿限额不得低于 7 000 欧洲货币单位。值得注意的是,《指令 1985》并不完全排斥成员国内现有的产品责任法的规定,如惩罚性赔偿、消费者自愿承担风险、共同侵权人的责任等规定仍然可以作为《指令 1985》的补充继续适用。

对于财产损害,《指令 1985》规定财产损害不包括缺陷产品本身,并对缺陷产品以外的其他财产的损害规定了赔偿门槛,即该财产损害不低于 500 欧洲货币单位。该规定主要在于避免过多的产品责任诉讼。同时指令指出,损害的财产必须是消费者私人使用或消费的产品。

2. 责任的免除或减轻

《指令 1985》在为生产者设定了严格的产品责任的同时,亦赋予生产者相当的免责事由。该指令规定,生产者能证明下列情形之一的,不承担产品责任:

(1)生产者未将产品投入流通。

(2)引起损害的缺陷在产品投入流通时并不存在。

(3)产品并非由生产者出于商业或经济目的而制造或销售。

(4)生产者为使产品符合政府机构发布的强制性法规而导致产品存在缺陷。

(5)生产者将产品投入流通时的科技水平尚不能发现缺陷的存在。此规定便是所谓产品发展缺陷,指令允许各国在其国内法中对此做出不同的规定。

(6)作为零部件的制造者,零部件产品的缺陷是因产品设计所致,而且零部件已经依制造商的指示符合设计标准。此产品缺陷其实并非零部件的缺陷,而是成品存在缺陷,因此零部件生产者无需承担产品责任。

《指令 1985》同时指出,产品存在缺陷造成损害,产品生产者的责任不能因为损害的造成部分是由于第三人的行为或疏忽所致而受影响或减轻;但是依情况考虑,如果损害的造成也可归因于受害人自身的过错,生产者的责任可以相应减轻甚至免除。此外,第 12 条规定,生产者对受害人应承担的责任不能依据任何免除或限制生产者责任的条款而减轻或免除。该条规定主要针对生产者利用不合理的格式条款规避法定的责任,从而损害消费者的合法权益。

（六）诉讼时效

《指令1985》统一了产品责任的诉讼时效期间。提起产品责任诉讼的时效期间为3年，自受害方应该知道损害、缺陷的存在以及生产者时开始计算。但产品进入流通满10年后，生产者对产品缺陷造成的损害不承担责任。

三、《通用产品安全指令》

2001年12月3日，欧盟通过了《通用产品安全指令》（简称《指令2001》），并要求各成员国从2004年1月15日开始全面实施，原指令92/59/EEC作废。《指令2001》提出了产品质量安全的基本要求，适用于除食品以外的一切消费产品，特别是对无专门法规（包含通用指令和特定产品指令）规定的产品安全要求做出了基本规定。《指令2001》是一系列产品安全专门法规的基础，从产品风险控制、产品安全责任等方面对这些专门法规进行了补充和完善。需要特别注意的是，《指令2001》并非是一部直接规范产品责任的法律，生产者和消费者承担的是确保产品安全的义务，但是他们对该项义务的违反需承担何种民事责任，《指令2001》并没有明确规定，但《指令2001》规定了成员国政府可以采取的相关行政措施，如对危险产品的撤回和销毁。因此《指令2001》是一部具有公法性质的法律。

（一）产品

产品包括除食品以外的任何产品，如果产品是通过商业活动意图提供给消费者使用，或者并非意图提供给消费者，但在可以合理预见的情况下使消费者获取使用的产品，而且不论消费者获取产品是否支付对价，也不论产品是否新的、使用过的或修理过的。但对以下两种产品做了特别规定：

（1）二手产品。如果二手产品是作为古董而提供的，或者供应商明确告知消费者该二手产品在使用前是需要经过修理的，那么《指令2001》不适用于该二手产品。

（2）服务。《指令2001》并没有将服务纳入产品的范畴。但《指令2001》"前言"指出，服务过程中提供的产品应属于本指令所指的产品，如美容服务商提供的美容产品，但由于服务过程中使用的设备本指令不包括，尤其是那些由服务提供者操作供消费者乘坐或履行的设备，如汽车、飞机等，因为该设备的安全与服务提供者所提供的服务安全是相关联的。由此可见，欧盟目前是将产品安全和服务安全分别考虑的。

（二）安全产品

所谓安全产品，就是在正常或可合理预见的使用条件下（包括产品使用寿命、投入使用、安装和维修要求），不会构成任何危险，或仅构成与产品使用相适应的最低程度危险。最低程度的危险，是指该危险是与产品使用共同存在的，并且是可以接受的，与对公众安全与健康的高水准保护的要求相一致。对于产品的安全性，应考虑以下要素：

（1）产品特性，包括其组成、包装以及安装、维修时的说明书；

（2）对于其他产品的影响，如果可以预见产品将与其他产品一起使用；

（3）产品的介绍、标签、任何使用和报废时的警告和使用说明，以及其他任何有关产品的指示或信息；

（4）因使用产品处于危险的消费者群体，特别是儿童和老人。

（三）生产者

《指令2001》对于生产者的范围界定得较为广泛，既包括产品的实际生产者和名义上的生产者，还包括影响产品安全性能的任何经营者。指令所指的生产者具体包括：

(1)在欧共体内设立的产品制造商;任何通过在产品上加贴名称、商品或其他显著性标记,表明其为产品制造商的人;或者修理产品的人。

(2)如果产品制造商并非在欧共体内设立,那么其代表机构作为生产者;如果其在欧共体内没有设立代表机构,那么进口商作为生产者。

(3)在产品流通环节的其他执业者,只要他们的行为可能会影响到产品的安全性能。

(四)销售者

《指令 2001》中的销售者,是指在产品流通环节中对产品安全性能不构成营销的任何职业者。需要注意的是,《指令 2001》对于生产者和销售商的区别,关键在于他们的经营行为是否会构成对产品安全性能的影响,如果一个销售商在经营中改变了产品的安全性能,那就视作为生产者。

(五)生产者和销售商的产品安全义务

除了只可向市场投放安全产品这个通用安全要求外,生产商应告知消费者有关所提供产品的危险,并采取适当措施防止这些危险以及能够追溯危险产品。这些措施包括:从市场上撤回产品,对消费者的足够且有效的警告,或从消费者手中召回产品。经销商也有责任提供符合通用安全要求的产品,监控市场上的产品安全,并提供必要的文件确保产品能被追踪。如果生产商或经销商发现产品是危险的,他们一定要通知主管当局,与主管当局进行必要的合作。生产商和经销商向主管当局通报的信息要求在指令附录 I 中给出。对于严重危险产品,至少包含以下信息:能够准确识别问题产品或问题产品批次的信息;问题产品存在危险的完整描述;所有与产品追溯有关的有用信息;为防止对消费者造成伤害所采取措施的描述。

本章小结

1. 产品责任法是调整产品生产者或销售者因其生产或销售的缺陷产品致使产品的使用者遭受损害而引起的侵权赔偿法律关系的法律规范的总称。

2. 我国的产品是指经过加工、制作,用于销售的产品。建设工程不适用本法规定;但是,建设工程使用的建筑材料、建筑构配件和设备,属于前款规定的产品范围的,适用产品质量法规定。

3. 美国法产品的缺陷包括制造缺陷、设计缺陷、警示缺陷、违反品质担保的缺陷和开发缺陷。

4. 美国产品责任理论包括疏忽责任理论、担保责任理论和严格责任理论。

5. 欧盟的《关于对有缺陷产品的产品责任指令》对于欧盟成员之间产品责任立法的统一具有重要的作用。

思考与练习

一、不定项选择题

1. 依美国产品责任法,原告以严格责任提起诉讼,其举证责任不包括(　　)。

A. 产品确实存在缺陷或不合理的危险

B. 由于该产品缺陷给原告造成了损害

C. 原告与被告之间存在合同关系

D. 被告存在疏忽

2. 依美国产品责任法，原告以违反担保为理由诉讼时，对原告的有利之处在于，他只需证明(　　)。

A. 与被告有合同关系　　B. 产品有缺陷

C. 被告未尽合理注意　　D. 被告有疏忽

3. 下列产品中应有警示标志或中文警示说明的有(　　)。

A. 有副作用的药品　　B. 需稀释方可使用的农药

C. 易燃易爆物　　D. 书籍

4. 根据我国法律，生产者的责任采用的是(　　)。

A. 过错责任原则　　B. 过错推定原则

C. 严格责任原则　　D. 过失责任原则

5. 欧盟《指令 1985》在确定产品是否具有缺陷的问题上，应当考虑以下因素：(　　)。

A. 产品的使用说明　　B. 可以合理预见的产品使用状况

C. 产品投入流通的时间　　D. 消费者对产品合理的误用

二、判断改错题

1. 产品责任是指因制造商、销售商所制造或销售的产品存在缺陷而造成人身伤亡或财产损失引起的刑事责任。(　　)

2. 依美国产品责任法，原告以违反担保为理由诉讼时，原告必须提供证明生产者或销售者有疏忽之处，即使这种缺陷或瑕疵未导致原告受到损害，生产销售者也承担责任。(　　)

3. 欧盟的《产品责任法指令》中产品不包括初级农产品和狩猎物。(　　)

4. 严格责任说与疏忽说之间的主要区别在于卖方是否尽到了适当注意的义务。(　　)

5. 产品责任法不仅调整有合同关系的当事人之间的产品责任关系，而且调整没有合同关系的当事人之间的产品责任关系。(　　)

三、简答题

1. 简述美国的几种产品责任理论。

2. 欧盟《指令 1985》中，生产者在哪些情况下免责？

3. 简述产品缺陷的类型。

四、案例讨论

丰田“召回门”爆发后，丰田召回涉及车辆总数超过 850 万辆，美国召回 600 多万辆汽车，欧洲召回 200 多万辆，而在中国仅仅召回 7.5 万辆。从车型看，在北美召回有 16 种之多，在中国只召回了 RAV4 一种车型。3 月 14 日，在浙江省工商局、浙江省消保委联合举办的“丰田问题汽车消费维权暨汽车销售服务领域专项整治会”上，有人指出，针对同样作为丰田问题汽车的受害者，中国消费者受到了鲜明反差的待遇。

在美国，全美各地共有 1 200 多家经销商进行召回，丰田给予每家经销商最多达 7.5 万美元的补贴。而在中国只字不提赔偿，甚至明确表示不给予中国消费者补偿。大家要知道，丰田公司在全球 2008 财年、2009 财年连续陷入亏损的境况下，2009 年却在中国市场获取了超过 10 亿美元的巨额利润。

请结合以上信息，参阅相关资料，探讨我国就产品责任法应做出哪些完善。

第六章　国际商事组织法

【学习目标】

·公司法方面，了解公司概念、公司的治理、股票和债券、股权转让、公司合并、分立、增资、减资、解散和清算；掌握有限公司和股份公司的区别、公司设立的基本流程；理解和记忆公司的资本制度和公司资本三原则，并能解决实际法律问题。

·合伙企业法方面，了解合伙企业设立、解散、清算；掌握普通合伙企业和有限合伙企业的区别。

第一节　商事组织法概述

商事组织，也称商事企业，是指能够以自己名义从事营利性活动，并具有一定规模的经济组织。商事组织的主要特征：(1)商事组织是独立的经济组织；(2)商事组织是以营利为目的的组织。(3)商事组织是商人的组织表现。

在商事组织的长期发展过程中，形成了各种各样的组织形式，不同类型的商事组织在法律地位、设立程序、投资者的利润与责任、资金的筹措、管理权的分配与税收等方面均有很大的不同。在法律因素方面，企业选择组织形式主要集中在两个问题上：一是投资者对商业活动中产生的债务承担的风险，即有限责任还是无限责任；二是税收负担。

一般而言，商事组织主要有以下三种基本形式：个人企业、合伙、公司，其中公司是最重要的商事组织形式。

一、个人企业

个人企业，也称为一人公司或独资经营企业，是指由一名出资者单独出资并从事经营管理的企业。从法律性质而言，个人企业不是法人，不具有独立的法律人格，其财产与出资人的个人财产没有区别，出资人就是企业的所有人，他以个人的全部财产对企业的债务负责。出资人对企业的经营管理拥有控制权与指挥权。尽管个人企业有时聘用经理或其他职员，但其经营的重大决策仍然属于出资人。出资人有权决定企业的扩大、停业或关闭等事项。个人企业是世界各国中数量最多的企业形式。个人企业大多属于中小企业。在日本，个人企业不得从事银行、保险等金融事业。

我国的个人企业形式主要是个人独资企业，是依照个人独资企业法在中国境内设立的，由一个自然人投资，财产为投资人个人所有，投资人以其个人财产对企业债务承担无限责任的经营实体。

二、合伙

合伙是两个或两个以上的合伙人为经营共同事业、共同投资与共享利润而组成的企业。合伙企业是人类最古老的企业组织形式之一，包括有限合伙和普通合伙两种类型。

合伙的优点：(1)设立手续比较简单，费用较少。(2)合伙企业的资本来源广泛，它可以充分发挥企业和合伙人个人的力量，使得其规模相对扩大。(3)每个合伙人均有参加管理的权利，合伙人共同承担合伙企业的经营风险和责任，因此合伙企业的风险和责任相对于个人独资企业要分散一些。(4)税收负担较轻。合伙企业与个人独资企业一样无需缴纳企业所得税，合伙人只需将从合伙企业分得的利润与其他个人收入汇总缴纳一次所得税即可。(5)法律对合伙企业的干预和限制较少，一般不要求其公开企业账目和年度报告，因此合伙企业在经营管理上具有较大的自主性和灵活性。

合伙的缺点：(1)相对于公司而言，合伙企业的资金来源和企业信用能力有限，合伙人的数量有限，且不能发行股票和债券，难以募集大量资本，这使合伙企业的规模不可能太大。(2)合伙的责任比公司股东责任大，合伙人之间的连带责任更加重了合伙人的风险。(3)每个合伙人都有权参与管理，不利于企业管理的集中和统一，不利于实现有效管理。(4)由于合伙企业的人合性，合伙人破产、死亡或退伙都有可能导致合伙企业解散，因而其存续状态不稳定。

三、公司

公司是依法定程序设立，并且以营利为目的的法人组织。各国法律均规定，公司具有独立的法人资格，有权以自己的名义拥有财产，享受权利与承担义务。

公司的优点：(1)股东一般仅以出资额为限承担有限责任，从而减少了股东投资的风险。(2)公司具有较强的筹资能力，股份有限公司还可以获准在证券交易所上市，能迅速扩大企业规模。(3)公司的经营权与所有权分离，管理更有效。

公司的缺点：(1)设立程序比较复杂。(2)法律监管比较多，上市的股份有限公司还应定期向社会公开其营业情况和财务情况，保密性不强。(3)所有权和经营权分开，会产生复杂的委托—代理关系。(4)公司税负较重，法律既对公司征收企业所得税，又对股东就公司分配的收益征收个人所得税。

第二节　公司法

一、公司概述

(一)公司的概念

英美法系认为，公司是人们为了实现某种目的而组成的社团，是自然人组合，并无严格的法律意义，英美法系国家的公司法确认公司有两个基本属性，即法人和有限责任。

大陆法系一般直接规定公司的概念，即公司是依法定程序设立的以营利为目的的社团法人。如日本《商法》规定，公司是以商业行为为开业之目的而设立的社团；依本法成立，以营利为目的的社团，虽然不以商业行为为业，仍视为公司。

我国《公司法》规定：公司是企业法人，有独立的法人财产，享有法人财产权。公司以其全部财产对公司的债务承担责任。有限责任公司的股东以其认缴的出资额对公司承担责任；股份有限公司的股东以其认购的股份对公司承担责任。

综上，本书认为：公司是依照公司法成立的，资本由股份或出资组成，股东以其所持有的出资额或股份额为限对公司的债务承担责任，公司以其全部资产独立承担责任的企业法人。

(二)公司的基本特征

1. 营利性

公司的本质属性是企业，其是从事生产、流通、服务、科技开发等经济活动，以营利为目的的经济组织。

2. 社团性

公司一般由两个以上的股东组成，具有集合性。这是公司区别于一般企业的基本特征。

在大陆法系国家，通常人们根据本国商事法律的规定，将公司的本质概括为社团法人。公司是社团法人的一种，是由两人以上的股东所组成的社团法人，公司的社团性突出地表现为公司股东人数的复数性。早先的各国公司立法几乎没有不强调公司成员的复数性，这也是公司作为团体区别于其他的个人商业组织的基本结构特征。但随着科技的不断进步和专业分工的愈益细化，具有更大灵活性和现实适应性的中小企业大量出现，大量的家族企业和大型企业单独投资设立全资子公司出现，德国有限责任公司法首先承认了一人公司的合法存在。许多国家修改立法，开始承认一人公司。在这种情况下，许多学者对作为公司的社团性提出质疑。

我国《公司法》也规定了一人公司。一人有限责任公司是指只有一个自然人股东或者一个法人股东的有限责任公司。一个自然人只能投资设立一个一人有限责任公司，即一人有限责任公司不能投资设立新的一人有限责任公司。一人有限责任公司应当在公司登记中注明自然人独资或者法人独资，并在公司营业执照中载明。一人有限责任公司章程由股东制定。一人有限责任公司不设股东会。

3. 独立性

公司以其独立财产承担无限责任，股东以其出资额（或者股权）承担有限责任。公司独立性有例外，为防范滥用公司制度的风险，保证交易安全，保障公司债权人的利益，维护社会经济秩序，提供了必要的制度安排，公司法创设了公司法人人格否认制度。我国《公司法》规定，公司股东应当遵守法律、行政法规和公司章程，依法行使股东权利，不得滥用股东权利损害公司或其他股东的利益；不得滥用公司法人独立地位和股东有限责任损害公司债权人的利益。公司股东滥用股东权利给公司或其他股东造成损失的，应当依法承担赔偿责任。公司股东滥用公司法人独立地位和股东有限责任，逃避债务，严重损害公司债权人利益的，应当对公司债务承担连带责任。

在司法实务中，适用公司人格否认制度的主要包括利用公司法人人格潜逃法律和回避合同义务，以及公司法人人格完全混同等场合。

(1)利用公司回避合同义务。一是负有契约上特定的不作为义务（如竞业禁止、商业保密等）的当事人，为回避这一义务而设立新公司或利用旧公司掩盖其真实行为。二是通过成立新的公司逃避债务。在实践中,负有巨额债务的公司的股东,往往通过抽逃资金及解散该公司或宣告该公司破产,再以原有的经营场所、公司资金等另设公司,从事原有的业务,以逃脱原来公司的债务。三是利用公司对债权人进行欺诈以逃避合同义务。现实中,有的公司既无资产也无人员,纯粹是股东用来行使诈骗的工具。四是利用公司规避法律义务。如为了逃税、洗钱等非法目的而成立公司、为避免自己的财产被强制执行而成立公司等均属于公司法人人格滥用。

(2)公司法人人格完全混同。公司法人人格完全混同主要体现在一人公司和母子公司的场合下。在实践中主要表现为公司意志、利益、财产等独立性的丧失,公司被股东不当控制以及公司与股东或另一公司之间的财产、业务与组织机构的混同。我国公司法规定,一人有限责任公司的股东不能证明公司财产独立于股东自己的财产的,应当对公司债务承担连带责任。

【例题】

甲公司出资20万元、乙公司出资10万元共同设立丙有限责任公司。丁公司系甲公司的子公司。在丙公司经营过程中,甲公司多次利用其股东地位通过公司决议让丙公司以高于市场同等水平的价格从丁公司进货,致使丙公司产品因成本过高而严重滞销,造成公司亏损。下列哪一选项是正确的?

A. 丁公司应当对丙公司承担赔偿责任

B. 甲公司应当对乙公司承担赔偿责任

C. 甲公司应当对丙公司承担赔偿责任

D. 丁公司、甲公司共同对丙公司承担赔偿责任

答案:C。

(三)公司分类

1. 大陆法系国家根据责任形式,公司分为有限公司(有限责任公司和股份有限公司)、无限公司、两合公司(普通两合公司和股份两合公司)

有限公司(limited liability company)包括有限责任公司和股份有限公司。有限责任公司(CO.,LTD.,全称为 limited liability company),简称有限公司,是股东以其出资额为限对公司承担责任,公司以其全部资产对公司的债务承担无限责任的公司。股份有限公司(stock corporation),简称股份公司,是指全部资本划分为等额股份,股东以其所持有的股份对公司承担责任,公司以其全部资本对公司债务承担无限责任的公司。

无限责任公司(unlimited liability company)由两个以上股东组成、股东对公司债务负连带无限责任的公司形式,又称无限公司。为最典型的人合公司。无限责任公司是建立在成员相互信赖基础上的少数小的共同企业形式。

两合公司(limited partnership),是以共同商号进行商业活动的公司,其股东的一人或数人以其一定的出资财产数额而对公司的债务负责任(有限责任股东),其他股东负无限责任。无限股东是法律上的经理,但并不排除有限股东按合同参与领导公司。与只计资本出资的有限股东相比,无限股东有权获得更多的利润分成。普通的两合公司兼有无限公司和有限公司的特点,而股份两合公司则兼有无限公司和股份有限公司的特点。股份两合公司与普通两合公司的不同在于,有限责任股东是以认购股份即购买公司股票的形式进行出资,从而使得公司在对外吸收社会投资上比一般两合公司更容易。

法国1673年的《商业条例》已对两合公司有明确规定,1807年又将它与隐名合伙一并规定于《法国商法典》中。日本商法与法国商法类似,只是将它改称为“合资会社”。德国不承认此类公司的法人资格,但同样将它与隐名合伙并列规定在商法中。在英美法国家,一般视其为

有限合伙，以有限合伙来进行规范。英美法虽无“两合公司”此称，但其所谓“有限合伙”，除了无法人身份以外，其实质上与两合公司无异。我国公司法没有规定两合公司，但是我国合伙企业法里面的有限合伙企业与两合公司有些类似。因为我国法律认为，凡称为“公司”的都应当是责任独立的法人，两合公司中“无限责任和有限责任并存”这一概念与公司的“责任独立”是冲突的，所以我国没有“两合公司”这一称谓，只有与之对应的“有限合伙”。

2. 大陆法系国家根据公司组成的基础的不同，分为人合公司、资合公司、人合兼资合公司

人合公司是以股东个人的信用、地位和声望作为对外活动基础的公司，比如无限公司。资合公司是指以资本的结合作为公司的信用基础的公司，它使人们相信该种公司有足够的资本作为基础而取得对外的信誉，从而便于公司的生产经营及同其他公司进行经济交往，比如股份有限公司。人合兼资合公司是指具有股东信用结合与资本结合的双重属性的公司，比如两合公司。

3. 英美法系国家按照股份发行、持有和转让的方式不同，将公司分为封闭式公司和开放式公司

开放式公司有权以公开认购方式发行股票，有权根据依法自主销售这些股票，开放式公司的股东数目不受限制。封闭式公司只在公司发起人中间或在其他事先规定的人员范围内分配股票，无权以公开认购方式发售自己的股票，股东数目不应超过 50 个。如果封闭式公司的股东数目超过 50 个限额，该公司应该转制为开放式公司，否则公司应当按法定程序进行清算。

4. 两大法系国家根据公司的控制与被控制的关系的不同，分为母公司与子公司

母公司是指拥有另一个公司一定比例以上的股份或通过协议方式能够对另一个公司实行实际控制的公司，具有法人资格，可以独立承担民事责任。

子公司是与母公司相对应的法律概念，是指一定比例以上的股份被另一个公司持有或通过协议方式受到另一个公司实际控制的公司。子公司具有法人资格，可以独立承担民事责任。子公司拥有自己所有的财产，自己的公司名称、章程和董事会，以自己的名义开展经营活动，从事各类民事活动，独立承担公司行为所带来的一切后果和责任，但涉及公司利益的重大决策或重大人事安排，仍要由母公司决定。

【例题】

某纺织公司设立了一个纺织子公司，该子公司因经营不善，欠某纺织原料厂 8 万元债务，无力偿还。于是某纺织原料厂请求某纺织公司承担还款责任。根据法律规定，(　　)。

A. 某纺织公司应承担责任

B. 某纺织公司与其子公司承担连带清偿责任

C. 某纺织公司不承担责任

D. 某纺织公司承担其子公司资产不足清偿债务的清偿责任

答案：C。

5. 两大法系国家根据公司在管辖与被管辖关系中所处地位的不同，分为总公司和分公司

总公司是领导、管理整个公司事务的总机构，总公司为公司的中心，故其不仅为实行管理的中心，同时为股东大会的当然开会地(法律另有规定除外)，也为董事会的所在地。法人的住所为总公司所在地。分公司是受总公司管理的分支机构，不具有独立法人地位。

分公司可以有经理，但不能设董事会。公司的全部组织包括总公司、分公司、营业所、门市部、工厂等附属机构，但只有一个法人资格，分公司无法人资格，仅为法人的一部分。全部公司的财产包括总公司与分公司的财产。在税法上，以总公司为单一的纳税义务人为原则。公司

可以设立分公司。设立分公司，应当向公司登记机关申请登记，领取营业执照。分公司不具有法人资格，其民事责任由公司承担。公司可以设立子公司，子公司具有法人资格，依法独立承担民事责任。

6. 我国公司法根据公司国籍的不同，将公司分为本国公司、跨国公司、外国公司

本国公司是依据本国法律在本国批准登记设立的公司，无论外国资本占多大比例。

跨国公司，又称多国公司，是指以一国为主要基地，在多个国家投资设立子公司或分公司的公司。

外国公司是指依照外国法律在中国境外设立的公司。外国公司在中国境内设立分支机构，必须向中国主管机关提出申请，并提交其公司章程、所属国的公司登记证书等有关文件，经批准后，向公司登记机关依法办理登记，领取营业执照。

二、公司特点

(一)有限责任公司的特点

1. 股东人数的有限性

这一特点是由有限责任公司的自身性质决定的。因为它虽为资合公司，却有一定的人合性，股东之间需相互合作和信任，这就决定了公司的人数不宜太多，否则将影响公司股东之间的了解和合作。英国和我国公司法规定，有限责任公司应由 50 人以下的股东组成。

2. 股东出资的非股份性

有限责任公司一般不划分为股份，每个股东只有一份出资，其出资额可以不同；而股份有限公司则要将其资本划分为若干金额相等的股份。这是有限责任公司与股份有限公司的明显区别。

3. 公司资本的封闭性

有限责任公司的资本只能由全体股东认缴，不能向社会公开募集股份，不能发行股票。其股东出资转让也有严格限制，以保证公司的人合性。

4. 公司组织的简便性

有限责任公司的设立程序简单，只有发起设立，没有募集设立；其组织机构也较为简单、灵活；股东会的召集方法和议事程序也较为简便。

5. 资合与人合的统一性

有限责任公司从本质上讲是一种资本的联合，但它与股份有限公司相比更强调和注重股东之间的信任和合作，因此，资合与人合的统一是有限责任公司最本质的特征。

(二)股份有限公司的特点

1. 股东人数的广泛性

英国、法国规定发起人不少于 7 人；我国公司法要求股份有限公司的发起人人数应为 2 人以上 200 人以下，其目的就是要确保公司股东具有一定的广泛性。

2. 股东出资的股份性和证券化

这是区别于有限责任公司的重要特征之一。股份有限公司的资本均划分为等额的股份，每个股东所持有的股份数额可以不同，但每股的金额必须相等。这有利于公司股东认购公司股份、行使股东权益及股东进行利润分配。

3. 资本募集的公开性

股份有限公司采取公开募股的方式来筹集公司资本，自然人、法人都可成为股东，这就使

得股东具有广泛性。同时,为了保证持股人、债权人的利益,各国法律都要求股份公司将财务公开。

4. 公司的资合性

股份有限公司是一种完全而纯粹的资合性公司。首先,两大法系国家公司法对股东的身份无特殊的要求,只要认购公司股份就可以成为公司的股东,这和强调股东之间信任和合作的有限责任公司完全不同;其次,两大法系国家公司法中,股份有限公司的股东都可以在法律规定的范围内自由转让公司的股份,无需征求他人意见或受到公司章程或股东会决议的限制。股份的自由流动,使公司不具有人合因素。股份公司是典型的资合公司,公司的组成是基于资本的结合而不是基于股东间的信任,股东间的关系较为松散,因此股票可以依法自由转让。这就使得股东有更多的投资选择机会,公司可拥有更多的股东,资金来源更加广泛雄厚。

三、公司的设立

(一)公司设立条件

公司设立采取准则主义为主,核准主义为辅。公司设立采取准则主义为主,就是说设立公司应当依法向公司登记机关申请设立登记,只要符合公司法规定的设立条件的,公司登记机关就必须分别登记为有限责任公司或者股份有限公司;不符合公司法规定的设立条件的,公司登记机关就不得登记为有限责任公司或者股份有限公司。公众可以向公司登记机关申请查询公司登记事项,公司登记机关应当提供查询服务。公司设立采取核准主义为辅,就是说法律、行政法规规定设立公司必须报经批准的,应当在公司登记前依法办理批准手续。公众可以向公司登记机关申请查询公司登记事项,公司登记机关应当提供查询服务。

公司设立时人数和资本限额方面做出规定的一般是大陆法系国家,如德国规定设立有限公司至少 5 000 欧元,股份公司 5 万欧元,对公司人数没有限制。日本在 2005 年放弃最低资本金制度。英美法系一般不规定人数和资本限额。

我国《公司法》关于公司设立条件做出了具体规定:

1. 有限责任公司设立条件

有限责任公司是指依公司法设立的,由符合法定人数股东组成,股东以其出资额为限对公司承担责任,公司以其全部资产对公司的债务承担责任的企业法人。设立有限责任公司,应当具备下列条件:(1)股东符合法定人数,有限责任公司由 50 个以下股东出资设立;(2)有符合公司章程规定的全体股东认缴的出资额;(3)股东共同制定公司章程;(4)有公司名称及公司住所。

2. 股份有限公司设立条件

股份有限公司,又称股份公司,是指注册资本划分为等额股份,股东以其所持有的股份对公司承担责任,公司以其全部资本对公司债务承担责任的企业法人。设立股份有限公司,应当具备下列条件:(1)发起人符合法定人数 2～200 人,其中需有半数以上的发起人在中国境内有住所。(2)有符合公司章程规定的全体发起人认购的股本总额或者募集的实收股本总额;法律、行政法规以及国务院决定对股份有限公司注册资本实缴、注册资本最低限额另有规定的,从其规定。(3)股份发行、筹办事项符合法律规定。(4)发起人制订公司章程,采用募集方式设立的经创立大会通过。(5)有公司名称,建立符合股份有限公司要求的组织机构。(6)有公司住所。

（二）公司的设立方式

1. 发起设立

发起设立，是指由发起人认购公司应发行的全部股份而设立公司。因无限公司、两合公司、有限公司的人合性强，资本具有封闭性，所以其设立方式均为发起设立。股份有限公司属于开放性公司，其设立可以采取发起方式，也可以采取募集方式。

我国《公司法》规定，股份有限公司采取发起设立方式设立的，注册资本为在公司登记机关登记的全体发起人认购的股本总额。在发起人认购的股份缴足前，不得向他人募集股份。以发起设立方式设立股份有限公司的，发起人应当书面认足公司章程规定其认购的股份，并按照公司章程规定缴纳出资。以非货币财产出资的，应当依法办理其财产权的转移手续。发起人不依照前款规定缴纳出资的，应当按照发起人协议承担违约责任。发起人认足公司章程规定的出资后，应当选举董事会和监事会，由董事会向公司登记机关报送公司章程以及法律、行政法规规定的其他文件，申请设立登记。

2. 募集设立

募集设立，是指由发起人认购公司应发行股份的一部分，其余股份向社会公开募集或者向特定对象募集而设立公司。募集设立方式可以广泛筹集社会资金，具有发起设立无可比拟的优势，但也存在弊端：第一，股权的高度分散，不利于实现发起人对公司的控制权。第二，必须召开创立大会。如我国法律规定，发行股份的股款缴足后，发起人在30日内未召开创立大会的，认股人可以按照所缴股款并加算银行同期存款利息，要求发起人返还。第三，在审批程序上较为复杂，可能受到国家金融政策方面的制约。第四，募集设立还可能被少数不法分子作为欺诈手段。鉴于此，各国立法多采取一定的措施予以限制。

我国《公司法》规定，股份有限公司采取募集方式设立的，注册资本为在公司登记机关登记的实收股本总额。法律、行政法规以及国务院决定对股份有限公司注册资本实缴、注册资本最低限额另有规定的，从其规定。以募集设立方式设立股份有限公司的，发起人认购的股份不得少于公司股份总数的35%；但是，法律、行政法规另有规定的，从其规定。

【案例】

青花股份有限公司发起人在招股说明书中承诺自2006年2月1日～5月1日止，3个月内首批向社会公开募集资金5 000万元后，召开公司创立大会。但是，青花股份有限公司发起人在按期募足资金后，拖延至2006年6月5日仍未发出召开公司创立大会通知，股东要求股份有限公司发起人按所认购的股金加算银行利息予以返还。

青花股份有限公司发起人认为公司按期募足了股份，目前正在积极筹备召开公司创立大会，股东的要求不仅有违股金不可抽回的法律规定，而且这一行为将直接导致公司因未按期募足资金而不能成立，致发起人遭受较大的经济损失，因而不同意股东的要求。

双方几经协商未达成一致，股东诉至人民法院。

请问：如果你是法官，你的审理意见会是怎样的？

（三）公司章程

公司章程的内容也称公司章程条款，是规定公司宗旨、名称、资本构成、组织结构及公司经营活动基本规则的法律文件，是规范公司经营活动的根本性大法。

关于公司章程的形式，大陆法系一般采用单一形式，即公司章程。英美法系规定两个文件组成，即组织大纲和内部细则。组织大纲规定公司对外关系的纲领性文件；而内部细则是在组织大纲的基础上订立的，关于公司内部事务准则的基本文件。内部细则一般只能在公司内部有效，不能对抗善意第三人，一般由董事会制定、修改或废除。各国公司立法尽管立法机关体例不同，但是公司章程记载的内容大体一致。下面以我国为例，对公司章程的内容作一介绍：

1. 公司名称和注册地址

名称必须反映其性质。设立有限责任公司的，必须在公司名称中标明有限责任公司或者有限公司字样。设立股份有限公司的，必须在公司名称中标明股份有限公司或者股份公司字样。住所一般就是注册的地址。注明注册地址是为了便于公司与第三人之间的交往以及公司收受诉讼或行政文书等。很多国家还将注册地址视为公司的住所而在该地向公司征税。

2. 公司经营范围

关于公司的经营范围，发达国家几乎没有限制性规定，一切合法的商事活动，公司都可以经营。但公司需在章程中载明其经营范围，其目的是保护股东的利益，使之熟悉其投资的流向；保护第三人利益，便于他们了解公司的权限，公司成立后超越其载明的经营范围的行为属"越权行为"。关于公司越权的后果，各国现行法规定大体一致，即公司的越权行为对第三人而言仍视为公司的行为，但是公司的股东可以"越权"指控公司与做出越权决定的董事会。

3. 公司注册资本

公司注册资本由全体股东出资构成，它是公司开展经营活动的前提和承担责任的基础。英美法系国家一般对公司设立的注册资本没有严格要求，我国也做出了相似的规定：如有限责任公司的注册资本为在公司登记机关登记的全体股东认缴的出资额。法律不要求验资，公司章程可以要求验资；股份有限公司也没有最低注册资本的要求，但发行股份的股款缴足后，必须经依法设立的验资机构验资并出具证明。

4. 股东的姓名或者名称

有限责任公司应当置备股东名册，记载下列事项：股东的姓名或者名称及住所；股东的出资额；出资证明书编号。记载于股东名册的股东，可以依股东名册主张行使股东权利。公司应当将股东的姓名或者名称向公司登记机关登记；登记事项发生变更的，应当办理变更登记。未经登记或者变更登记的，不得对抗第三人。

5. 股东的出资方式、出资额和出资时间

股东可以用货币出资，也可以用实物、知识产权、土地使用权等可以用货币估价并可以依法转让的非货币财产作价出资；但是，法律、行政法规规定不得作为出资的财产除外。对作为出资的非货币财产应当评估作价，核实财产，不得高估或者低估作价。法律、行政法规对评估作价有规定的，从其规定。

6. 公司的机构及其产生办法、职权、议事规则

这主要包括股东会、董事会（执行董事）、监事会（监事）、经理及其产生办法、职权、议事规则。后文将做详细介绍。

7. 公司法定代表人

法定代表人指依法律或法人章程规定代表法人行使职权的负责人。我国法律实行单一法定代表人制，一般认为法人的正职行政负责人为公司唯一法定代表人。公司法定代表人依照公司章程的规定，由董事长、执行董事或者经理担任，并依法登记。公司法定代表人变更，应当办理变更登记。

8. 公司章程的修改规则

【例题】

甲、乙、丙拟共同出资100万元设立一有限公司。公司成立后，在其设置的股东名册中记载了甲、乙、丙三人的姓名与出资额等事项，但在办理公司登记时遗漏了丙，使得公司登记的文件中股东只有甲乙两人。问丙能否取得股东资格？

答案：丙可以取得股东资格，但不能对抗第三人。《公司法》规定，公司应当将股东的姓名或者名称及其出资额向公司登记机关登记；登记事项发生变更的，应当办理变更登记。未经登记或者变更登记的，不得对抗第三人。

【例题】

甲、乙、丙、丁计划设立一家从事技术开发的天际有限责任公司，按照公司设立协议，甲以其持有的君则房地产开发有限公司20%的股权作为其出资。下列哪些情形会导致甲无法全面履行其出资义务？（　）

A. 君则公司章程中对该公司股权是否可用作对其他公司的出资形式没有明确规定

B. 甲对君则公司尚未履行完毕其出资义务

C. 甲已将其股权出质给其债权人戊

D. 甲以其股权作为出资转让给天际公司时，君则公司的另一股东已主张行使优先购买权

答案：B、C、D。

（四）公司设立的效力

公司设立的效力即公司设立行为的法律后果。设立行为的后果包括：一是因符合法定条件，被核准登记的公司取得法人资格。二是经过设立程序，不符合法定条件，未被核准登记，公司设立失败或公司被确认设立无效或被撤销。三是公司无论成立与否，发起人对其设立行为都要承担相应的法律责任。

1. 设立中的公司的法律地位

从发起人设立公司到公司正式成立，需要经过一段时间，这段时间的公司便是设立中的公司。由于设立中的公司并不以发起人之间产生债权债务关系为目的，而是要设立一个独立主体资格的法人，即设立中的公司与其后成立的公司具有不可分割的联系，因此设立中的公司形成的权利义务关系由成立后的公司承担，但发起人的权限范围以与公司设立有关的行为为限，以设立中的公司的名义进行的与设立无关的行为，对设立中的公司和其后成立的公司没有约束力，原则上应由发起人自己承担。

2. 公司设立完成，发起人的责任

各国公司法均对发起人规定了较为严格的责任。

（1）差额填补责任。这是指为了资本的充实可靠，保证法律人格的健全，由发起人共同承担的相互担保出资义务履行，从而确保实收资本与公司章程所规定的资本相一致的民事责任。如日本、德国都有这方面的规定。

我国称为出资瑕疵承担的责任，股东应当按期足额缴纳公司章程中规定的各自所认缴的出资额。股东以货币出资的，应当将货币出资足额存入有限责任公司在银行开设的账户；以非货币财产出资的，应当依法办理其财产权的转移手续。股东不按照前款规定缴纳出资的，除应当向公司足额缴纳外，还应当向已按期足额缴纳出资的股东承担违约责任。有限责任公司成立后，发现作为设立公司出资的非货币财产的实际价额显著低于公司章程所定价额的，应当由交付该出资的股东补足其差额；公司设立时的其他股东承担连带责任。

（2）损害赔偿责任。为了防止发起人借设立公司之名侵害公司及第三人利益，各国公司立

法多要求发起人须就自己的设立行为对公司负责。如我国法律规定，在公司设立过程中，由于发起人的过失致使公司利益受到损害的，应当对公司承担赔偿责任。

3. 公司设立失败，发起人的责任

这是指公司没有能够成立的情形。各国一般规定发起人承担如下责任：

(1)公司不能成立时，发起人之间的关系近似于合伙关系，因此各国公司法比照合伙的有关规定，要求发起人对设立行为所产生的债务和费用负连带责任；

(2)公司不能成立时，对认股人已缴纳的股款，负返还股款并加算银行同期存款利息的连带责任。

【例题】

李、张、王分别出资14万元、16万元和70万元成立了一家专门从事水产品加工制造的有限责任公司。其中李某和张某的出资为现金，王某的出资为房产。公司成立后，经营有方，原有的投资已经不能扩大再生产，于是又吸收刘的现金出资20万元。后来由于竞争加剧，负债累累，被债权人告上法庭。法院在执行过程中查明，王某作为出资的房产价值仅有35万元。又查明，王某可供执行的个人财产有20万元。依照公司法规定，对此应当如何处理？(　　)

A. 王以其现有的20万元补足差额，不足部分(15万元)等到他有其他财产可供执行时再行补足

B. 王以其现有的20万元补足差额，不足部分由李承担7万元，张承担8万元

C. 王以其现有的20万元补足差额，不足部分由李、张、刘承担连带责任

D. 王以其现有的20万元补足差额，不足部分由李和张承担连带责任

答案：D。

四、公司的资本

(一)公司资本制度

英美法系国家的授权资本制(authorized capital system)，是指在公司设立时，资本总额虽然记载于公司章程，但并不要求发起人全部发行，只需认缴其中的一部分，公司即可成立；未认缴的部分可授权董事会根据公司经营发展的需要随时发行，不必经股东会决议，也无需变更章程。授权资本制为英、美公司法所创设，其中美国是典型的实行授权资本制的国家。

传统大陆法系国家的法定资本制度(statutory capital system)，是指公司在设立时，必须在章程中对公司的资本总额做出明确规定，并须由股东全部认足，否则公司不能成立。因法定资本制中的公司资本，是公司章程载明且已全部发行的资本，所以在公司成立后，要增加资本时必须履行一系列的法律手续，即由股东(大)会做出决议，变更公司章程中的资本数额，并办理相应的变更手续。法定资本制由法国、德国公司法首创，后为意大利、瑞士、奥地利等国家公司法所继受，成为大陆法系国家公司法中的一种典型的资本制度。

现代大陆法系国家的折中资本制，又称为认可资本制或许可资本制，是指公司资本总额在公司设立时仍由章程明确规定，但股东只需认足一定比例的资本数额，公司即可成立；其余部分授权董事会在一定期限内发行，其发行总额不得超过法律限制的资本制度。折中资本制是介于法定资本制和授权资本制之间的一种新型资本制度，是两种制度的有机结合。目前，德国、日本以及我国台湾地区的公司法中在一定程度上实行了这一制度，以德国和日本最为典型。

对于三种公司资本制度的优劣，一般认为：法定资本制具有确保公司资本真实、可靠，从而

保障债权人利益和交易安全的优点，但比较僵化，从而影响公司的效益。授权资本制则具有更大的灵活性，更符合现代经济发展的要求，但容易造成公司滥设和公司资本虚空，同时将新股发行权赋予董事会，对股东利益的保护欠缺周全。折中资本制吸收了法定资本制和授权资本制的优点，而克服了两者的弊端，被看作是一种更具优越性的资本制度，并且被认为是我国公司资本制度改革完善的发展趋势。

(二)公司的资本三原则

1. 资本确定原则

资本确定原则，又称为资本法定原则(statutory capital system)，是指公司在设立时，必须在章程中对公司的资本总额做出明确规定，并须由股东全部认足，否则公司不能成立。

2. 资本维持原则

资本维持原则，又称资本充实原则，是指公司在其存续过程中，应经常保持与其资本额相当的财产。资本是公司对外交往的一般担保和从事生产经营活动的物质基础，公司拥有足够的现实财产，可在一定程度上减少股东有限责任给债权人带来的交易风险。一般而言，在公司成立时，公司资本即代表了公司的实有财产，但这一财产并非恒量，尤其在公司的存续过程中，它可能因公司经营的盈余、亏损或财产本身的无表损耗而在价值量上发生变动。当公司实有财产的价值高于其向外明示的公司资本的价值时，其偿债能力增强，对社会交易安全自然有利；其实有财产价值大大低于公司资本价值时，必然使公司无法按照其所标示的价值承担责任，从而对交易安全和债权人利益构成威胁。同时，由于股东往往对盈余分配有着无限扩张的偏好，如果法律对盈余分配没有一定的限制，股东在短期求利动机的驱动下，就可能蚕食公司资本。

在各国公司法中资本维持原则通常有以下内容：(1)公司成立后，股东不得退股，不得抽回其出资。我国公司法有这样的规定。(2)股票发行价格不得低于股票面值。股票是股份有限公司股份的表现形式，股份总和就是公司资本，为维持公司资本的实际财产价值，一般各国公司法都禁止公司折价发行股份。日本商法、德国股份公司法、我国公司法都有这方面规定。(3)公司应按规定提取和使用法定公积金。法定公积金可视为资本储备，主要用于弥补公司的亏损，扩大公司的生产经营或增加公司资本，各国公司法大都对法定公积金的提取和使用作了明确规定。日本商法称“盈余公积金”，该法第288条规定了盈余公积金的提取方法，第289条规定盈余公积金“除充作资本亏损的填补场合外，不得使用”。我国台湾地区公司法也有类似规定。(4)各国公司法普遍规定，亏损或无利润不得分配股利。公司缴纳所得税后的利润，须先用于弥补公司的亏损，在弥补亏损及提取法定公积金和公益金之前，不得分配股息和红利。而且，公司在虽无亏损却无利润的情况下，也不得分配股息和红利。日本商法第290条规定，当公司违法分配时，公司债权人可以让其返还。(5)公司原则上不得收购自己的股份或将其收为质物。德国股份公司法第56条、日本商法第210条、我国台湾地区公司法第167条以及我国公司法均作了此规定。(6)债务不得抵消。公司是法人，具有独立的人格，公司与股东在法律关系上是两个独立的主体。因此，公司的债务人不得以其对公司股东个人债权，主张与其所欠公司的债务相抵消，即使是无限公司的债务人，亦受这一规则的限制。而且股东在缴纳股款时，也不得以其对公司的债权实行抵消。日本商法第200条第2项规定：“股份有限公司股东不能以其对公司的债权抵作股款。”(7)股东和发起人的连带认缴出资责任，当有限责任公司或股份有限公司股东未缴足出资，致使公司实收资本低于法定最低资本额和应收股本时，其他股东或发起人应负连带认缴责任，而且当实物、无形财产估价过高时，股东或发起人也应承担连带补偿责任。

3. 资本不变原则

资本不变原则，是指公司资本总额一经确定，非依法定程序，不得任意变动。资本不变原则只具有相对意义，并非指资本绝对不能改变，而是指公司资本一经确定便不得随意变更。事实上，在公司成立后，有很多原因可以导致公司资本的增加或减少，如经营规模的扩大或缩小，股东人数的增加或减少。

在公司法上，资本不变原则主要体现在公司增减资本所应具备的条件和应遵循的严格法律程序上。日本商法认为，公司增资对债权人无害，所以对增资条件不作严格限制。德国股份公司法对增加资本作了严格限制，该法第 192 条第(2)项规定，有条件增加资本应限于以下目的：(1)用于保证可兑换债券的债权人的兑换权和新股票认购权。(2)用以准备多个企业的合并。(3)用于保证公司职工以支付现金为条件认购新股票的认购权，这些支付现金的要求涉及所有从公司获得分离盈利的职工。各国公司法对减少资本的条件无一例外地加以严格限制。我国台湾地区公司法甚至规定有限责任公司不得减少资本总额。

我国 2014 年《公司法》对公司资本做了修订，体现在四个方面：(1)取消法定最低资本制度。除法律、行政法规以及国务院决定对注册资本最低限额另有规定外，有限责任公司和股份有限公司不再设定法定最低注册资本。(2)实行公司注册资本认缴制度。股东不必实际缴纳全部出资，可以先成立公司，再分期缴纳，公司法取消了股东实缴出资的比例和期限限制。(3)取消货币出资比例限制，取消货币出资占 30%的规定。(4)有限责任公司股东认缴出资额，公司实收资本不再作为登记事项。公司登记时，不再需要提交验资报告。登记事项和登记文件得到简化。股份公司要求实收股本，法律、行政法规和国务院决定可以规定注册资本最低限额，募集设立的股份公司不允许分期缴纳。

五、公司的治理

(一)股东会

股东会由全体股东组成，是公司的最高权力机关。股东会对公司拥有领导权和管理权，但对内并不直接经营管理公司业务，对外也不代表公司，而是由它选举和控制董事会，通过董事会来间接地行使实现管理和领导权。

1. 股东大会的职权

股东大会行使的职权一般是针对公司的重大事项，各国对股东会权限范围的规定不完全相同。我国《公司法》规定，股东会行使下列职权：(1)决定公司的经营方针和投资计划；(2)选举和更换非由职工代表担任的董事、监事，决定有关董事、监事的报酬事项；(3)审议批准董事会的报告；(4)审议批准监事会或者监事的报告；(5)审议批准公司的年度财务预算方案、决算方案；(6)审议批准公司的利润分配方案和弥补亏损方案；(7)对公司增加或者减少注册资本做出决议；(8)对发行公司债券做出决议；(9)对公司合并、分立、解散、清算或者变更公司形式做出决议；(10)修改公司章程；(11)公司章程规定的其他职权。

在实践中，根据某些国家公司法的规定，选任与解任董事的权力不属于股东大会，而属于监事会。如德国《股份有限公司法》规定，股份有限公司设有监事会与董事会，监事会的成员由股东大会选任与解任，而董事会的成员则由监事会选任与解任，股东大会不能直接干预。

2. 股东大会的类型

(1)定期会议，是指依据法律和公司章程的规定在一定时间内必须召开的股东会议。定期会议主要决定股东大会职权范围内的例行重大事项。我国《公司法》规定，有限责任公司股东大会定期会议应当依照公司章程的规定按时召开。股份有限责任公司的股东大会应当每年召开一次年会。而英国则规定两次定期会议之间的间隔自上一年度大会举行之日起不得超过15个月；美国许多州规定间隔不超过13个月。

(2)临时会议，这是由于发生法定事由或者根据法定人员、机构的提议而召开的股东会议。各国公司法一般规定以下情况可以召开临时会议：

第一，持有一定比例股份的股东申请时。如我国法律规定，有限责任公司代表1/10以上表决权的股东，可以提议召开临时会议；股份有限公司单独或者合计持有公司10%以上股份的股东请求时，应在2个月内召开临时股东大会。

第二，根据董事会提议或董事会认为必要时。如我国法律规定，有限责任公司1/3以上的董事可以提议召开临时会议；董事会认为必要时，应在2个月内召开临时股东大会。

第三，根据监事会提议或监事会认为必要时。如我国法律规定，监事会或者不设监事会的公司的监事可以提议召开临时会议；监事会提议召开时，应在2个月内召开临时股东大会。

第四，发生法定事由时。我国法律规定，董事人数不足规定人数或者公司章程所定人数的2/3时，公司未弥补的亏损达实收股本总额1/3时，应在2个月内召开临时股东大会。

3. 投票方式

(1)本人投票与委托投票。本人投票制度是由股东亲自出席股东会议并进行表决。委托投票制度是公司股东委托代理人出席股东会议并进行投票。由于股份有限公司特别是上市公司的股权高度分散，多数股东居住地也十分分散，导致不少小股东由于主客观原因不能亲自参加股东大会，所以各国都设置了委托投票制度。但各国的公司法一般对代理表决有比较严格的规定，对代理人和委托手续有严格的限制，如代理人需持股东作为委托人的委托证书，委托证书必须注明委托范围。为了防止少数股东利用收购委托书的方式控制公司，有的国家规定代理人的表决权不应该超过一定的比例。如美国法律规定，代理表决时应签代理委托书，除非委托书另有规定，代理有效期为3年。我国《公司法》也规定了委托投票制度，但没有对代理人的资格、代理人代理的股份的数额以及代理的时效做出具体规定。

另外，一些公司制度比较成熟的国家还存在表决权书面行使制度。针对不出席股东会议，但又不愿意放弃表决权、不放心代理人代理行为的股东而言，他们可以在书面投票用纸上就股东会议决议中的有关事项表示其赞成、否定或弃权的意思，将该书面投票用纸在股东会议召开之前提交公司，以产生表决权行使的效果。

(2)直接投票制与累积投票制。直接投票制，即每股对公司的每项决议有一个投票权。采取这种投票方式，掌握股东会多数股票的股东一般有权决定公司的重大事项，往往造成明显的多数股压少数股的现象，无法保护中小股东的利益，特别是在选择董事的时候，只拥有少数股权的小股东将无法选出一个董事，来代表自已的权益。

累积投票制的设计就是为了保护中小股东的利益的。其具体做法是，股东在决定董事人选时，允许股东可以将其在选举每位董事上的表决票数累加，即股东在选举董事时的总票数为其持有股份决定的表决票数乘以必须选举的董事人数，股东可以选择将总票数集中投在一个董事候选人的名下，也可以选择分散投在数人名下，从而提高中小股东的投票影响度。我国股东大会选举董事、监事，可以依照公司章程的规定或者股东大会的决议，实行累积投票制。

4. 股东大会的表决

股东大会的表决采用多数决原则，但是就不同规定的决议事项，各国公司法规定了不同的多数决的标准。我国《公司法》规定，有限责任公司股东会会议由股东按照出资比例行使表决权；但是，公司章程另有规定的除外。股份有限责任公司的股东出席股东大会会议，所持每一股份有一表决权，公司持有的本公司股份没有表决权，股东大会做出决议，必须经出席会议的股东所持表决权过半数通过。

股东大会做出修改公司章程、增加或者减少注册资本的决议，以及公司合并、分立、解散或者变更公司形式的决议，必须经出席会议的股东所持表决权的2/3以上通过。

（二）董事会

董事会是公司业务的管理和执行机构，对内负责公司的经营管理，对外代表公司。各国的公司法都有一个独立的章节，专门对董事和董事会的基本问题做出规定。

1、董事的资格

董事是由股东会选举进入董事会，负责对公司的经营管理事务进行决策、集体或单独代表公司执行业务的人。各国公司法均对董事资格做出了一定的限制，一般包括国籍、年龄、持股、兼职等限制。

我国《公司法》规定，有下列情形之一的，不得担任公司的董事、监事、高级管理人员：(1)无民事行为能力或者限制民事行为能力；(2)因贪污、贿赂、侵占财产、挪用财产或者破坏社会主义市场经济秩序，被判处刑罚，执行期满未逾5年，或者因犯罪被剥夺政治权利，执行期满未逾5年；(3)担任破产清算的公司、企业的董事或者厂长、经理，对该公司、企业的破产负有个人责任的，自该公司、企业破产清算完结之日起未逾3年；(4)担任因违法被吊销营业执照、责令关闭的公司、企业的法定代表人，并负有个人责任的，自该公司、企业被吊销营业执照之日起未逾3年；(5)个人所负数额较大的债务到期未清偿。公司违反前款规定选举、委派董事、监事或者聘任高级管理人员的，该选举、委派或者聘任无效。

2. 董事的人数

各国公司法对董事人数有不同的规定，但一般只规定最高或最低人数，具体的人数由公司章程规定。董事会人数太少，容易出现专权，危害股东利益；董事会人数太多，也会导致公司的效率低下。例如德国规定，董事会必须至少由3个人组成，股本金额在120万马克以下者，不得超过9人。

我国《公司法》规定，有限责任公司设董事会，其成员为3～13人；但是，股东人数较少或者规模较小的有限责任公司，可以设一名执行董事，不设董事会。执行董事可以兼任公司经理。执行董事的职权由公司章程规定。两个以上的国有企业或者两个以上的其他国有投资主体投资设立的有限责任公司，其董事会成员中应当有公司职工代表。

股份有限公司设董事会，其成员为5～19人。董事会成员中可以有公司职工代表。董事会中的职工代表由公司职工通过职工代表大会、职工大会或者其他形式民主选举产生。

3. 董事会的职权

董事会对股东会负责，行使下列职权：(1)召集股东会会议，并向股东会报告工作；(2)执行股东会的决议；(3)决定公司的经营计划和投资方案；(4)制订公司的年度财务预算方案、决算方案；(5)制订公司的利润分配方案和弥补亏损方案；(6)制订公司增加或者减少注册资本以及发行公司债券的方案；(7)制订公司合并、分立、解散或者变更公司形式的方案；(8)决定公司内部管理机构的设置；(9)决定聘任或者解聘公司经理及其报酬事项，并根据经理的提名决定聘任或者解聘公司副经理、财务负责人及其报酬事项；(10)制定公司的基本管理制度；(11)公司章程规定的其他职权。

4. 董事会会议

我国《公司法》规定，董事会会议应有过半数的董事出席方可举行。董事会做出决议，必须经全体董事的过半数通过。董事会决议的表决，实行一人一票。董事会会议，应由董事本人出席；董事因故不能出席，可以书面委托其他董事代为出席，委托书中应载明授权范围。董事会应当对会议所议事项的决定作成会议记录，出席会议的董事应当在会议记录上签名。董事应当对董事会的决议承担责任。董事会的决议违反法律、行政法规或者公司章程、股东大会决议，致使公司遭受严重损失的，参与决议的董事对公司负赔偿责任。但经证明在表决时曾表明异议并记载于会议记录的，该董事可以免除责任。

(三)监事会

监事会是依法产生，对董事和经理的经营管理行为及公司财务进行监督的常设机构，它代表全体股东对公司的经营管理进行监督，行使监督职能，是公司的监督机构。

1. 监事会的设置

(1)美国模式。美国是单轨制，只设立董事会而不设立监事会，但是美国公司治理结构中并不缺少监督机构。美国董事会中的独立董事实际上承担了监督职能，特别是上市公司董事会下设的内部审计委员会，其成员全部由独立董事组成，是专职的监督部门。

(2)德国模式。德国为"双层委员会"制度，由股东大会和工会机构选举产生监督委员会，简称监事会，再由监督委员会公开招聘管理委员会，简称理事会。监事会代表股东监督理事会，理事会负责企业日常经营管理活动。因此，德国的监事会并非如其他国家的监事会，而是更像美国的董事会，兼具决策和监督的重要职能。

(3)日本模式。日本在公司组织机构中设立了监察人作为监督机构，其公司组织机构由股东会、董事会、监察人三者构成。我国的公司监督体制与日本相似，监事会是公司的监督机构。

(4)法国模式。法国对监事会的设置采取灵活态度，监事会不是法定必设机构。公司章程可以选择设立监事会，也可以不设立。

2. 监事会的组成

监事会成员一般由股东会在有行为能力的股东中选任。董事和高级管理人员一般不得兼任监事。我国法律规定，有限责任公司设监事会，其成员不得少于3人。股东人数较少或者规模较小的有限责任公司，可以设1～2名监事，不设监事会。监事会应当包括股东代表和适当比例的公司职工代表，其中职工代表的比例不得低于1/3，具体比例由公司章程规定。

股份有限公司设监事会，其成员不得少于3人。监事会应当包括股东代表和适当比例的公司职工代表，其中职工代表的比例不得低于1/3，具体比例由公司章程规定。监事会中的职工代表由公司职工通过职工代表大会、职工大会或者其他形式民主选举产生。

3. 监事会的职权

监事会、不设监事会的公司的监事行使下列职权：(1)检查公司财务；(2)对董事、高级管理人员执行公司职务的行为进行监督，对违反法律、行政法规、公司章程或者股东会决议的董事、高级管理人员提出罢免的建议；(3)当董事、高级管理人员的行为损害公司的利益时，要求董事、高级管理人员予以纠正；(4)提议召开临时股东会会议，在董事会不履行规定的召集和主持股东会会议职责时召集和主持股东会会议；(5)向股东会会议提出提案；(6)对董事、高级管理人员提起诉讼；(7)公司章程规定的其他职权。监事可以列席董事会会议，并对董事会决议事项提出质询或者建议。

六、股权转让

股权转让以自由为原则是各国公司法立法的通例。但由于股份转让可能影响公司财产的稳定性，某些股东对股份的处分也可能损害另一部分股东的利益，而且股份转让还可能会带来股票的投机，因此，许多国家的公司法、证券法对股份转让做出必要的限制，以便将股份转让可能产生的弊端限制在尽可能小的范围内。如英国规定，除非国家财政部同意，不得将英国公司的股份转让给非居住于爱尔兰、联合王国、马恩岛、英法海峡各岛和直布罗陀的居民。

以下以我国股权转让的规定为例，作具体介绍。

（一）有限责任公司的股权转让

1. 股权转让一般规定

（1）内部任意转让。有限责任公司的股东之间可以相互转让其全部或者部分股权。

（2）外部转让需要经其他股东过半数同意。股东向股东以外的人转让股权，应当经其他股东过半数同意。股东应就其股权转让事项书面通知其他股东征求同意，其他股东自接到书面通知之日起满 30 日未答复的，视为同意转让。其他股东半数以上不同意转让的，不同意的股东应当购买该转让的股权；不购买的，视为同意转让。

（3）同等条件下的优先购买权。经股东同意转让的股权，在同等条件下，其他股东有优先购买权。两个以上股东主张行使优先购买权的，协商确定各自的购买比例；协商不成的，按照转让时各自的出资比例行使优先购买权。

【例题】

甲、乙、丙为某有限责任公司股东。现甲欲对外转让其股份，下列哪一判断是正确的？（　）

A. 甲必须就此事书面通知乙、丙并征求其意见

B. 在任何情况下，乙、丙均享有优先购买权

C. 在符合对外转让条件的情况下，受让人应当将股权转让款支付给公司

D. 未经工商变更登记，受让人不能取得公司股东资格

答案：A。

（4）异议股东股权收购请求权。有下列情形之一的，对股东会该项决议投反对票的股东可以请求公司按照合理的价格收购其股权：①公司连续 5 年不向股东分配利润，而公司该 5 年连续盈利，并且符合本法规定的分配利润条件的；②公司合并、分立、转让主要财产的；③公司章程规定的营业期限届满或者章程规定的其他解散事由出现，股东会会议通过决议修改章程使公司存续的。自股东会会议决议通过之日起 60 日内，股东与公司不能达成股权收购协议的，股东可以自股东会会议决议通过之日起 90 日内向人民法院提起诉讼。

【例题】

甲乙等 6 位股东各出资 30 万元于 2004 年 2 月设立一有限责任公司，5 年来公司效益一直不错，但为了扩大再生产一直未向股东分配利润。2009 年股东会上，乙提议进行利润分配，但股东会仍然做出不分配利润的决议。对此，下列哪些表述是错误的？（　　）

A. 该股东会决议无效

B. 乙可请求法院撤销该股东会决议

C. 乙有权请求公司以合理价格收购其股权

D. 乙可不经其他股东同意而将其股份转让给第三人

答案：A、B、D。

(5)股东资格继承。自然人股东死亡后，其合法继承人可以继承股东资格；但是，公司章程另有规定的除外。

【例题】

甲与乙为一有限责任公司股东，甲为董事长。2014 年 4 月，一次出差途中遭遇车祸，甲与乙同时遇难。关于甲、乙股东资格的继承，下列哪一表述是错误的？（ ）

A. 在公司章程未特别规定时，甲、乙的继承人均可主张股东资格继承

B. 在公司章程未特别规定时，甲的继承人可以主张继承股东资格与董事长职位

C. 公司章程可以规定甲、乙的继承人继承股东资格的条件

D. 公司章程可以规定甲、乙的继承人不得继承股东资格

答案：B。

(二)股份公司的股权转让

1. 股份转让

股东持有的股份可以依法转让。股东转让其股份，应当在依法设立的证券交易场所进行或者按照国务院规定的其他方式进行。

2. 转让方式

(1)记名股票转让方式是背书。记名股票，由股东以背书方式或者法律、行政法规规定的其他方式转让；转让后由公司将受让人的姓名或者名称及住所记载于股东名册。股东大会召开前 20 日内或者公司决定分配股利的基准日前 5 日内，不得进行前款规定的股东名册的变更登记。但是，法律对上市公司股东名册变更登记另有规定的，从其规定。

(2)无记名股票转让方式是交付。无记名股票的转让，由股东将该股票交付给受让人后即发生转让的效力。

3. 特定持有人股份转让的限制

发起人持有的本公司股份，自公司成立之日起 1 年内不得转让。公司公开发行股份前已发行的股份，自公司股票在证券交易所上市交易之日起 1 年内不得转让。公司董事、监事、高级管理人员应当向公司申报所持有的本公司的股份及其变动情况，在任职期间每年转让的股份不得超过其所持有本公司股份总数的 25%；所持本公司股份自公司股票上市交易之日起 1 年内不得转让。上述人员离职后半年内，不得转让其所持有的本公司股份。公司章程可以对公司董事、监事、高级管理人员转让其所持有的本公司股份做出其他限制性规定。

4. 本公司股份的收购禁止和例外

公司不得收购本公司股份。但是，有下列情形之一的除外：(1)减少公司注册资本(减资)；(2)与持有本公司股份的其他公司合并(合并)；(3)将股份奖励给本公司职工(奖励)；(4)股东因对股东大会做出的公司合并、分立决议持异议，要求公司收购其股份的(异议)。公司因减资、合并、奖励等原因收购本公司股份的，应当经股东大会决议。公司依照前款规定收购本公司股份后，属于减资情形的，应当自收购之日起 10 日内注销；属于合并、异议情形的，应当在 6 个月内转让或者注销。公司依照奖励规定收购的本公司股份，不得超过本公司已发行股份总额的 5%；用于收购的资金应当从公司的税后利润中支出；所收购的股份应当在 1 年内转让给职工。公司不得接受本公司的股票作为质押权的标的。

5. 记名股票丢失的补救

记名股票被盗、遗失或者灭失，股东可以依照我国《民事诉讼法》规定的公示催告程序，

请求人民法院宣告该股票失效。人民法院宣告该股票失效后，股东可以向公司申请补发股票。

七、股东权利

股东权或者股东权益简称股权，泛指公司给予股东的各种权益或者所有的权利，具体是指股东基于股东资格而享有的从公司获取经济利益并参与公司管理的权利。股东权包括股东与财产有关的各种权益和企业内部经营管理的各种权益，是集财产与经营两种权利于一体的一种综合性的、新型的、独立的权利形态。

股东权利可分为两类：财产权和管理参与权。前者如股东身份权、资产收益权、优先受让和认购新股权、转让出资或股份的权利；后者如参与决策权，选择、监督管理者权，知情权，提议、召集、主持股东会临时会议权。其中，财产权是核心，是股东出资的目的所在，管理参与权则是手段，是保障股东实现其财产权的必要途径。根据我国《公司法》，股东一般享有以下具体权利：

（一）股东分红权和优先认购权

股东按照实缴的出资比例分取红利；公司新增资本时，股东有权优先按照实缴的出资比例认缴出资。但是，全体股东约定不按照出资比例分取红利或者不按照出资比例优先认缴出资的除外。

公司分配当年税后利润时，应当提取利润的10%列入公司法定公积金。公司法定公积金累计额为公司注册资本的50%以上的，可以不再提取。公司的法定公积金不足以弥补以前年度亏损的，在依照前款规定提取法定公积金之前，应当先用当年利润弥补亏损。公司从税后利润中提取法定公积金后，经股东会或者股东大会决议，还可以从税后利润中提取任意公积金。公司弥补亏损和提取公积金后所余税后利润，有限责任公司依照股东分红权和优先认购权的规定分配；股份有限公司按照股东持有的股份比例分配，但股份有限公司章程规定不按持股比例分配的除外。股东会、股东大会或者董事会违反前款规定，在公司弥补亏损和提取法定公积金之前向股东分配利润的，股东必须将违反规定分配的利润退还公司。公司持有的本公司股份不得分配利润。股份有限公司以超过股票票面金额的发行价格发行股份所得的溢价款以及国务院财政部门规定列入资本公积金的其他收入，应当列为公司资本公积金。公司的公积金用于弥补公司的亏损、扩大公司生产经营或者转为增加公司资本。但是，资本公积金不得用于弥补公司的亏损。法定公积金转为资本时，所留存的该项公积金不得少于转增前公司注册资本的25%。公司除法定的会计账簿外，不得另立会计账簿。对公司资产，不得以任何个人名义开立账户存储。

（二）知情权

股东有权查阅、复制公司章程、股东会会议记录、董事会会议决议、监事会会议决议和财务会计报告。股东可以要求查阅公司会计账簿。股东要求查阅公司会计账簿的，应当向公司提出书面请求，说明目的。公司有合理根据认为股东查阅会计账簿有不正当目的，可能损害公司合法利益的，可以拒绝提供查阅，并应当自股东提出书面请求之日起15日内书面答复股东并说明理由。公司拒绝提供查阅的，股东可以请求人民法院要求公司提供查阅。

（三）新股优先受让和认购权

经股东同意转让的出资，在同等条件下，其他股东对该出资有优先购买权；公司新增资本时，股东有权优先按照实缴的出资比例认缴出资。

（四）以自己名义向侵犯公司或股东利益的董事、监事、高级管理人员提起诉讼

1. 董事、监事、高级管理人员的义务

董事、监事、高级管理人员应当遵守法律、行政法规和公司章程，对公司负有忠实义务和勤勉义务。董事、监事、高级管理人员不得利用职权收受贿赂或者其他非法收入，不得侵占公司的财产。董事、高级管理人员不得有下列行为：(1)挪用公司资金；(2)将公司资金以其个人名义或者以其他个人名义开立账户存储；(3)违反公司章程的规定，未经股东会、股东大会或者董事会同意，将公司资金借贷给他人或者以公司财产为他人提供担保；(4)违反公司章程的规定或者未经股东会、股东大会同意，与本公司订立合同或者进行交易；(5)未经股东会或者股东大会同意，利用职务便利为自己或者他人谋取属于公司的商业机会，自营或者为他人经营与所任职公司同类的业务；(6)接受他人与公司交易的佣金归为己有；(7)擅自披露公司秘密；(8)违反对公司忠实义务的其他行为。董事、高级管理人员违反前款规定所得的收入应当归公司所有。

2. 股东派生诉讼

董事、监事、高级管理人员执行公司职务时违反法律、行政法规或者公司章程的规定，给公司造成损失的，应当承担赔偿责任。董事、高级管理人员有损害赔偿责任规定的情形的，有限责任公司的股东、股份有限公司连续180日以上单独或者合计持有公司1%以上股份的股东，可以书面请求监事会或者不设监事会的有限责任公司的监事向人民法院提起诉讼；监事损害赔偿责任规定的情形的，前述股东可以书面请求董事会或者不设董事会的有限责任公司的执行董事向人民法院提起诉讼。监事会、不设监事会的有限责任公司的监事，或者董事会、执行董事收到前款规定的股东书面请求后拒绝提起诉讼，或者自收到请求之日起30日内未提起诉讼，或者情况紧急、不立即提起诉讼将会使公司利益受到难以弥补的损害的，前款规定的股东有权为了公司的利益以自己的名义直接向人民法院提起诉讼。他人侵犯公司合法权益，给公司造成损失的，股东可以向人民法院提起诉讼。

【案例】

杨某、苏某系深圳市某某达贸易有限公司股东，各占50%股权。1998年2月20日，股东会决议任命杨某、苏某及杨某某为公司董事，苏某担任公司董事长、总经理及法定代表人，并任命闫某某、何某某、朱某某为公司监事。1999年11月22日，苏某从公司账户中将110万元资金转入其长城证券有限责任公司深圳第一营业部的个人账户内，用于买卖股票。后除28万元转回公司账户外，其他款项由苏某分次取出。杨某发现该事实后，要求苏某归还不果，遂诉至法院。

深圳市福田区人民法院做出(2009)深福法民二初字第303号民事判决书，判决苏某向公司归还82万元以及利息。苏某不服上诉，深圳市中级人民法院做出(2009)深中法民二终字第1959号民事判决书，判决驳回上诉，维持原判。

3. 股东个人诉讼

董事、高级管理人员违反法律、行政法规或者公司章程的规定，损害股东利益的，股东可以向人民法院提起诉讼。

【例题】

郑某为甲有限公司的经理，利用职务之便为其妻吴某经营的乙公司年取本来属于甲公司的商业机会，致甲公司损失50万元。甲公司小股东付某欲通过诉讼维护公司利益。关于付某的做法，下列哪一选项是正确的？（　　）

A. 必须先书面请求甲公司董事会对郑某提起诉讼

B. 必须先书面请求甲公司监事会对郑某提起诉讼

C. 只有在董事会拒绝起诉情况下，才能请求监事会对郑某提起诉讼

D. 只有在其股权达到1%时，才能请求甲公司有关部门对郑某提起诉讼

答案：B。

（五）司法解散请求权

公司经营管理发生严重困难，继续存续会使股东利益受到重大损失，通过其他途径不能解决的，持有公司全部股东表决权10%以上的股东，可以请求人民法院解散公司。2008年，最高人民法院《关于适用〈中华人民共和国公司法〉若干问题的规定（二）》规定了股东可以提起解散公司诉讼的四种情况："公司持续2年以上无法召开股东会或者股东大会，公司经营管理发生严重困难的；股东表决时无法达到法定或者公司章程规定的比例，持续2年以上不能做出有效的股东会或者股东大会决议，公司经营管理发生严重困难的；公司董事长期冲突，且无法通过股东会或者股东大会解决，公司经营管理发生严重困难的；经营管理发生其他严重困难，公司继续存续会使股东利益受到重大损失的情形。"

第三节　合伙企业法

一、合伙企业概述

合伙企业是指自然人、法人和其他组织依照合伙企业法在中国境内设立的普通合伙企业和有限合伙企业。由于合伙企业没有独立法人资格，合伙企业的生产经营所得和其他所得，按照国家有关税收规定，由合伙人分别缴纳所得税。

（一）普通合伙企业

普通合伙企业由普通合伙人组成，合伙人对合伙企业债务承担无限连带责任。合伙企业法对普通合伙人承担责任的形式有特别规定的，从其规定。

（二）有限合伙企业

有限合伙企业由普通合伙人和有限合伙人组成，普通合伙人对合伙企业债务承担无限连带责任，有限合伙人承担有限责任。

普通合伙人与有限合伙人的区别：

（1）责任不同。普通合伙人承担无限责任；有限合伙人承担有限责任。

（2）自我交易不同。普通合伙人不得同本企业进行交易，但是合伙协议另有约定或者全体合伙人另有约定的除外；有限合伙人可以同本企业进行交易，但是合伙协议另有约定的除外。

（3）竞争业务不同。普通合伙人不得自营或者同他人合营与本合伙企业相竞争的业务；有限合伙人可以，但是合伙协议另有约定的除外。

（4）利润分配不同。普通合伙企业的合伙协议不得约定将全部利润分配给部分合伙人；有限合伙企业不得将全部利润分配给部分合伙人，但是合伙协议另有约定的除外。

（5）出质不同。普通合伙人以其在合伙企业中的财产份额出质的，须经其他合伙人一致同意；未经其他合伙人一致同意，其行为无效；有限合伙人可以将其在有限合伙企业中的财产份额出质，但是合伙协议另有约定的除外。

二、普通合伙企业

(一)普通合伙企业设立的条件

设立普通合伙企业,应当具备下列条件:

(1)有两个以上合伙人。合伙人为自然人的,应当具有完全民事行为能力;国有独资公司、国有企业、上市公司以及公益性的事业单位、社会团体不得成为普通合伙人。

(2)有书面合伙协议。合伙协议应当载明下列事项:合伙企业的名称和主要经营场所的地点;合伙目的和合伙经营范围;合伙人的姓名或者名称、住所;合伙人的出资方式、数额和缴付期限;利润分配、亏损分担方式;合伙事务的执行;入伙与退伙;争议解决办法;合伙企业的解散与清算;违约责任。合伙协议经全体合伙人签名、盖章后生效。合伙人按照合伙协议享有权利,履行义务。修改或者补充合伙协议,应当经全体合伙人一致同意;但是,合伙协议另有约定的除外。合伙协议未约定或者约定不明确的事项,由合伙人协商决定;协商不成的,依照合伙企业法和其他有关法律、行政法规的规定处理。

(3)有合伙人认缴或者实际缴付的出资。合伙企业名称中应当标明"普通合伙"字样。合伙人可以用货币、实物、知识产权、土地使用权或者其他财产权利出资,也可以用劳务出资。合伙人以实物、知识产权、土地使用权或者其他财产权利出资,需要评估作价的,可以由全体合伙人协商确定,也可以由全体合伙人委托法定评估机构评估。合伙人以劳务出资的,其评估办法由全体合伙人协商确定,并在合伙协议中载明。合伙人应当按照合伙协议约定的出资方式、数额和缴付期限,履行出资义务。以非货币财产出资的,依照法律、行政法规的规定,需要办理财产权转移手续的,应当依法办理。

(4)有合伙企业的名称和生产经营场所。

(5)法律、行政法规规定的其他条件。

【例题】

甲、乙、丙、丁打算设立一家普通合伙企业。对此,下列哪一表述是正确的?(　　)

A. 各合伙人不得以劳务作为出资

B. 如乙仅以其房屋使用权作为出资,则不必办理房屋产权过户登记

C. 该合伙企业名称中不得以任何一个合伙人的名字作为商号或字号

D. 合伙协议经全体合伙人签名、盖章并经登记后生效

答案:B。

(二)普通合伙企业财产

合伙人的出资、以合伙企业名义取得的收益和依法取得的其他财产,均为合伙企业的财产。合伙人在合伙企业清算前,不得请求分割合伙企业的财产;但是,合伙企业法另有规定的除外。合伙人在合伙企业清算前私自转移或者处分合伙企业财产的,合伙企业不得以此对抗善意第三人。除合伙协议另有约定外,合伙人向合伙人以外的人转让其在合伙企业中的全部或者部分财产份额时,须经其他合伙人一致同意。合伙人之间转让在合伙企业中的全部或者部分财产份额时,应当通知其他合伙人。合伙人向合伙人以外的人转让其在合伙企业中的财产份额的,在同等条件下,其他合伙人有优先购买权;但是,合伙协议另有约定的除外。合伙人以外的人依法受让合伙人在合伙企业中的财产份额的,经修改合伙协议即成为合伙企业的合伙人,依照《合伙企业法》和修改后的合伙协议享有权利,履行义务。合伙人以其在合伙企业中的财产份额出质的,须经其他合伙人一致同意;未经其他合伙人一致同意,其行为无效,由此给

善意第三人造成损失的，由行为人依法承担赔偿责任。

【例题】

张某向陈某借款50万元作为出资，与李某、王某成立一家普通合伙企业。2年后借款到期，张某无力还款。对此，下列哪些说法是正确的？（　　）

A. 经李某和王某同意，张某可将自己的财产份额作价转让给陈某，以抵消部分债务

B. 张某可不经李某和王某同意，将其在合伙中的份额进行出质，用获得的贷款偿还债务

C. 陈某可直接要求法院强制执行张某在合伙企业中的财产以实现自己的债权

D. 陈某可要求李某和王某对张某的债务承担连带责任

答案：A、C。

（三）普通合伙企业合伙事务执行

1. 全体普通合伙人对执行合伙事务享有同等的权利

合伙人对执行合伙事务享有同等的权利。按照合伙协议的约定或者经全体合伙人决定，可以委托一个或者数个合伙人对外代表合伙企业，执行合伙事务。作为合伙人的法人、其他组织执行合伙事务的，由其委派的代表执行。依法委托一个或者数个合伙人执行合伙事务的，其他合伙人不再执行合伙事务。不执行合伙事务的合伙人有权监督执行事务合伙人执行合伙事务的情况。由一个或者数个合伙人执行合伙事务的，执行事务合伙人应当定期向其他合伙人报告事务执行情况以及合伙企业的经营和财务状况，其执行合伙事务所产生的收益归合伙企业，所产生的费用和亏损由合伙企业承担。合伙人为了解合伙企业的经营状况和财务状况，有权查阅合伙企业会计账簿等财务资料。

2. 执行事务合伙人对其他合伙人执行的事务有异议权

合伙人分别执行合伙事务的，执行事务合伙人可以对其他合伙人执行的事务提出异议。提出异议时，应当暂停该项事务的执行。如果发生争议，按照合伙协议约定的表决办法办理。合伙协议未约定或者约定不明确的，实行合伙人一人一票并经全体合伙人过半数通过的表决办法。《合伙企业法》对合伙企业的表决办法另有规定的，从其规定。受委托执行合伙事务的合伙人不按照合伙协议或者全体合伙人的决定执行事务的，其他合伙人可以决定撤销该委托。

【例题】

通源商务中心为一家普通合伙企业，合伙人为赵某、钱某、孙某、李某、周某。就合伙事务的执行，合伙协议约定由赵某、钱某两人负责。下列哪些表述是正确的？（　　）

A. 孙某仍有权以合伙企业的名义对外签订合同

B. 对赵某、钱某的业务执行行为，李某享有监督权

C. 对赵某、钱某的业务执行行为，周某享有异议权

D. 赵某以合伙企业名义对外签订合同时，钱某享有异议权

答案：B、D。

3. 合伙企业应当经全体合伙人一致同意的事项

除合伙协议另有约定外，合伙企业的下列事项应当经全体合伙人一致同意：(1)改变合伙企业的名称；(2)改变合伙企业的经营范围、主要经营场所的地点；(3)处分合伙企业的不动产；(4)转让或者处分合伙企业的知识产权和其他财产权利；(5)以合伙企业名义为他人提供担保；(6)聘任合伙人以外的人担任合伙企业的经营管理人员。

4. 普通合伙人的禁止性事项

普通合伙人不得自营或者同他人合作经营与本合伙企业相竞争的业务。除合伙协议另有

约定或者经全体合伙人一致同意外，普通合伙人不得同本合伙企业进行交易。普通合伙人不得从事损害本合伙企业利益的活动。

5. 被聘任的经营管理人员的责任

被聘任的合伙企业的经营管理人员应当在合伙企业授权范围内履行职务。被聘任的合伙企业的经营管理人员，超越合伙企业授权范围履行职务，或者在履行职务过程中因故意或者重大过失给合伙企业造成损失的，依法承担赔偿责任。

6. 利润分配

合伙企业的利润分配、亏损分担，按照合伙协议的约定办理；合伙协议未约定或者约定不明确的，由合伙人协商决定；协商不成的，由合伙人按照实缴出资比例分配、分担；无法确定出资比例的，由合伙人平均分配、分担。合伙协议不得约定将全部利润分配给部分合伙人或者由部分合伙人承担全部亏损。合伙人按照合伙协议的约定或者经全体合伙人决定，可以增加或者减少对合伙企业的出资。

【例题】

关于合伙企业的利润分配，如合伙协议未作约定且合伙人协商不成，下列哪一选项是正确的？（ ）

A. 应当由全体合伙人平均分配

B. 应当由全体合伙人按实缴出资比例分配

C. 应当由全体合伙人按合伙协议约定的出资比例分配

D. 应当按合伙人的贡献决定如何分配

答案：B。

（六）合伙企业与第三人关系

1. 合伙人执行合伙事务的对外效力

合伙企业对合伙人执行合伙事务以及对外代表合伙企业权利的限制，不得对抗善意第三人。

2. 合伙企业债务清偿

合伙企业对其债务，应先以其全部财产进行清偿。合伙企业不能清偿到期债务的，合伙人承担无限连带责任。合伙人由于承担无限连带责任，合伙企业的利润分配、亏损分担，按照合伙协议的约定办理；合伙协议未约定或者约定不明确的，由合伙人协商决定；协商不成的，由合伙人按照实缴出资比例分配、分担；无法确定出资比例的，由合伙人平均分配、分担，如果清偿数额超过其亏损分担比例的，有权向其他合伙人追偿。

3. 合伙人债务清偿

合伙人发生与合伙企业无关的债务，相关债权人不得以其债权抵消其对合伙企业的债务；也不得代位行使合伙人在合伙企业中的权利。合伙人的自有财产不足清偿其与合伙企业无关的债务的，该合伙人可以其从合伙企业中分取的收益用于清偿；债权人也可以依法请求人民法院强制执行该合伙人在合伙企业中的财产份额用于清偿。人民法院强制执行合伙人的财产份额时，应当通知全体合伙人，其他合伙人有优先购买权；其他合伙人未购买，又不同意将该财产份额转让给他人的，依照《合伙企业法》第 51 条的规定为该合伙人办理退伙结算，或者办理削减该合伙人相应财产份额的结算。

（七）入伙、退伙

1. 入伙

新合伙人入伙，除合伙协议另有约定外，应当经全体合伙人一致同意，并依法订立书面入伙协议。订立入伙协议时，原合伙人应当向新合伙人如实告知原合伙企业的经营状况和财务状况。入伙的新合伙人与原合伙人享有同等权利，承担同等责任。入伙协议另有约定的，从其约定。新合伙人对入伙前合伙企业的债务承担无限连带责任。

2. 退伙

一是自愿退伙。合伙协议约定合伙期限的，在合伙企业存续期间，有下列情形之一的，合伙人可以退伙：(1)合伙协议约定的退伙事由出现；(2)经全体合伙人一致同意；(3)发生合伙人难以继续参加合伙的事由；(4)其他合伙人严重违反合伙协议约定的义务。合伙协议未约定合伙期限的，合伙人在不给合伙企业事务执行造成不利影响的情况下，可以退伙，但应当提前 30 日通知其他合伙人。合伙人违反《合伙企业法》第 45 条、第 46 条的规定退伙的，应当赔偿由此给合伙企业造成的损失。

二是当然退伙。合伙人有下列情形之一的，当然退伙：(1)作为合伙人的自然人死亡或者被依法宣告死亡；(2)个人丧失偿债能力；(3)作为合伙人的法人或者其他组织依法被吊销营业执照、责令关闭、撤销，或者被宣告破产；(4)法律规定或者合伙协议约定合伙人必须具有相关资格而丧失该资格；(5)合伙人在合伙企业中的全部财产份额被人民法院强制执行。合伙人被依法认定为无民事行为能力人或者限制民事行为能力人的，经其他合伙人一致同意，可以依法转为有限合伙人，普通合伙企业依法转为有限合伙企业。其他合伙人未能一致同意的，该无民事行为能力或者限制民事行为能力的合伙人退伙。退伙事由实际发生之日为退伙生效日。

三是除名退伙。合伙人有下列情形之一的，经其他合伙人一致同意，可以决议将其除名：(1)未履行出资义务；(2)因故意或者重大过失给合伙企业造成损失；(3)执行合伙事务时有不正当行为；(4)发生合伙协议约定的事由。对合伙人的除名决议应当书面通知被除名人。被除名人接到除名通知之日，除名生效，被除名人退伙。被除名人对除名决议有异议的，可以自接到除名通知之日起 30 日内，向人民法院起诉。

合伙人退伙，其他合伙人应当与该退伙人按照退伙时的合伙企业财产状况进行结算，退还退伙人的财产份额。退伙人对给合伙企业造成的损失负有赔偿责任的，相应扣减其应当赔偿的数额。退伙时有未了结的合伙企业事务的，待该事务了结后进行结算。退伙人在合伙企业中财产份额的退还办法，由合伙协议约定或者由全体合伙人决定，可以退还货币，也可以退还实物(可以还是不可以由合伙协议约定或者由全体合伙人决定，并不必然)。退伙人对基于其退伙前的原因发生的合伙企业债务，承担无限连带责任。合伙人退伙时，合伙企业财产少于合伙企业债务的，退伙人应当依照《合伙企业法》第 33 条第 1 款的规定分担亏损，也就是合伙企业的利润分配、亏损分担，按照合伙协议的约定办理；合伙协议未约定或者约定不明确的，由合伙人协商决定；协商不成的，由合伙人按照实缴出资比例分配、分担；无法确定出资比例的，由合伙人平均分配、分担。

【案例】

甲、乙、丙三人于 1999 年 10 月 1 日书面订立了一份普通合伙协议。协议约定，3 人共同出资 10 万元开设一家综合商店，其中甲出资 4 万元、乙出资 3 万元，丙出资 3 万元；3 人按出资比例分享收益或分摊亏损。1999 年 10 月 20 日，3 人缴清了全部出资，并经登记管理机关核准登记领取了营业执照。

2000 年 2 月 1 日，为了解决资金周转困难，甲、乙、丙 3 人向某市商业银行(简称银行)贷款 8 万元，期限为 1 年。2000 年 5 月 1 日，甲向乙、丙提出，准备将自己在综合商店的全部财产份额以4万元的价格转让给丁后，自己退出综合商店，乙、丙两人协商后表示同意。

2000年5月10日，甲办理了退伙结算手续；丁向甲交付了4万元；乙、丙向丁介绍了有关综合商店的经营和财务状况后，共同修订了合伙协议，并向原登记管理机关办理了变更登记手续。2000年年终结算，该综合商店发生严重亏损。

2001年1月20日，乙、丙、丁三人商定解散综合商店，并将综合商店现有财产5万元予以分配，但对如何清偿银行贷款未作处理。2001年2月2日，银行贷款到期后，银行便找甲要求偿还全部贷款，甲说自己早已退出综合商店，合伙债务应由丁承担，自己不负责。银行找到丁要求偿还全部贷款，丁说这笔贷款是在自己入伙前由甲、乙、丙三人借的，自己不负责。银行又找乙、丙要求偿还全部贷款，乙、丙均表示只按合伙协议约定的比例偿还应由其偿付的份额。

请问：

1. 丁入伙是否符合入伙的条件和程序？并说明理由。

2. 甲、乙、丙、丁的主张能否成立？并说明理由。

3. 综合商店所欠银行贷款如何清偿？

4. 甲、乙、丙、丁之间如何分担清偿责任？

3. 合伙人资格的继承

合伙人死亡或者被依法宣告死亡的，对该合伙人在合伙企业中的财产份额享有合法继承权的继承人，按照合伙协议的约定或者经全体合伙人一致同意，从继承开始之日起，取得该合伙企业的合伙人资格。有下列情形之一的，合伙企业应当向合伙人的继承人退还被继承合伙人的财产份额：(1)继承人不愿意成为合伙人；(2)法律规定或者合伙协议约定合伙人必须具有相关资格，而该继承人未取得该资格；(3)合伙协议约定不能成为合伙人的其他情形。合伙人的继承人为无民事行为能力人或者限制民事行为能力人的，经全体合伙人一致同意，可以依法成为有限合伙人，普通合伙企业依法转为有限合伙企业。全体合伙人未能一致同意的，合伙企业应当将被继承合伙人的财产份额退还该继承人。

【例题】

2014年3月，周某、吴某、郑某、王某以普通合伙企业形式开办一家湘菜馆。2015年7月，吴某因车祸死亡，其妻欧某为唯一继承人。在下列哪些情形中，欧某不能通过继承的方式取得该合伙企业的普通合伙人资格？（　　）

A. 吴某之父对欧某取得合伙人资格表示异议

B. 合伙协议规定合伙人须具有国家一级厨师资格证，欧某不具有

C. 郑某不愿意接纳欧某为合伙人

D. 欧某因夫亡突遭打击，精神失常，经法院宣告为无民事行为能力人

答案：B、C、D。

（八）特殊的普通合伙企业

特殊的普通合伙企业是指合伙人依照《合伙企业法》第57条的规定承担责任的普通合伙企业，即一个合伙人或者数个合伙人在执业活动中因故意或者重大过失造成合伙企业债务的，应当承担无限责任或者无限连带责任，其他合伙人以其在合伙企业中的财产份额为限承担责任。合伙人在执业活动中非因故意或者重大过失造成的合伙企业债务以及合伙企业的其他债务，由全体合伙人承担无限连带责任。以专业知识和专门技能为客户提供有偿服务的专业服务机构，可以设立为特殊的普通合伙企业，比如律师事务所、会计师事务所和破产清算事务所。

特殊的普通合伙企业名称中应当标明“特殊普通合伙”字样。一个合伙人或者数个合伙人在执业活动中因故意或者重大过失造成合伙企业债务的，应当承担无限责任或者无限连带责任，其他合伙人以其在合伙企业中的财产份额为限承担责任。合伙人在执业活动中非因故意或者重大过失造成的合伙企业债务以及合伙企业的其他债务，由全体合伙人承担无限连带责任。合伙人执业活动中因故意或者重大过失造成的合伙企业债务，以合伙企业财产对外承担责任后，该合伙人应当按照合伙协议的约定对给合伙企业造成的损失承担赔偿责任。特殊的普通合伙企业应当建立执业风险基金，办理职业保险。执业风险基金用于偿付合伙人执业活动造成的债务。执业风险基金应当单独立户管理。具体管理办法由国务院规定。

非企业专业服务机构依据有关法律采取合伙制的，其合伙人承担责任的形式可以适用特殊的普通合伙企业合伙人承担责任的规定。

三、有限合伙企业

(一)有限合伙企业设立条件

有限合伙企业由2个以上50个以下合伙人设立；但是，法律另有规定的除外。有限合伙企业至少应当有一个普通合伙人。有限合伙企业名称中应当标明“有限合伙”字样。合伙协议除符合《合伙企业法》第18条的规定外，还应当载明下列事项：(1)普通合伙人和有限合伙人的姓名或者名称、住所；(2)执行事务合伙人应具备的条件和选择程序；(3)执行事务合伙人权限与违约处理办法；(4)执行事务合伙人的除名条件和更换程序；(5)有限合伙人入伙、退伙的条件、程序以及相关责任；(6)有限合伙人和普通合伙人相互转变程序。

(二)有限合伙企业出资

有限合伙人可以用货币、实物、知识产权、土地使用权或者其他财产权利作价出资。有限合伙人不得以劳务出资。有限合伙人应当按照合伙协议的约定按期足额缴纳出资；未按期足额缴纳的，应当承担补缴义务，并对其他合伙人承担违约责任。有限合伙企业登记事项中应当载明有限合伙人的姓名或者名称及认缴的出资数额。

(三)有限合伙企业事务由普通合伙人执行

有限合伙企业由普通合伙人执行合伙事务。执行事务合伙人可以要求在合伙协议中确定执行事务的报酬及报酬提取方式。有限合伙人不执行合伙事务，不得对外代表有限合伙企业。

有限合伙人的下列行为，不视为执行合伙事务：(1)参与决定普通合伙人入伙、退伙；(2)对企业的经营管理提出建议；(3)参与选择承办有限合伙企业审计业务的会计师事务所；(4)获取经审计的有限合伙企业财务会计报告；(5)对涉及自身利益的情况，查阅有限合伙企业财务会计账簿等财务资料；(6)在有限合伙企业中的利益受到侵害时，向有责任的合伙人主张权利或者提起诉讼；(7)执行事务合伙人怠于行使权利时，督促其行使权利或者为了本企业的利益以自己的名义提起诉讼；(8)依法为本企业提供担保。

(四)有限合伙企业的禁止性事项

有限合伙企业不得将全部利润分配给部分合伙人；但是，合伙协议另有约定的除外。

(五)有限合伙人的特殊权利

1. 自我交易权

有限合伙人可以同本有限合伙企业进行交易；但是，合伙协议另有约定的除外。

2. 竞争业务从事权

有限合伙人可以自营或者同他人合作经营与本有限合伙企业相竞争的业务；但是，合伙协议另有约定的除外。

3. 出质权

有限合伙人可以将其在有限合伙企业中的财产份额出质；但是，合伙协议另有约定的除外。

4. 转让财产份额权

有限合伙人可以按照合伙协议的约定向合伙人以外的人转让其在有限合伙企业中的财产份额，但应当提前30日通知其他合伙人。有限合伙人的自有财产不足清偿其与合伙企业无关的债务的，该合伙人可以从有限合伙企业中分取的收益用于清偿；债权人也可以依法请求人民法院强制执行该合伙人在有限合伙企业中的财产份额用于清偿。人民法院强制执行有限合伙人的财产份额时，应当通知全体合伙人。在同等条件下，其他合伙人有优先购买权。

（六）有限合伙人转化

有限合伙企业仅剩有限合伙人的，应当解散；有限合伙企业仅剩普通合伙人的，转为普通合伙企业。除合伙协议另有约定外，普通合伙人转变为有限合伙人，或者有限合伙人转变为普通合伙人，应当经全体合伙人一致同意。有限合伙人转变为普通合伙人的，对其作为有限合伙人期间有限合伙企业发生的债务承担无限连带责任。普通合伙人转变为有限合伙人的，对其作为普通合伙人期间合伙企业发生的债务承担无限连带责任。

第三人有理由相信有限合伙人为普通合伙人并与其交易的，该有限合伙人对该笔交易承担与普通合伙人同样的责任。有限合伙人未经授权以有限合伙企业名义与他人进行交易，给有限合伙企业或者其他合伙人造成损失的，该有限合伙人应当承担赔偿责任。新入伙的有限合伙人对入伙前有限合伙企业的债务，以其认缴的出资额为限承担责任。

（七）有限合伙人的表见普通合伙

英美法的表见合伙。早在美国《统一合伙法》被各州接纳为法律之前，许多州法院已经经常地通过判例表明他们的观点：某些人虽然就其内部关系来说彼此不是合伙人，但如果他们对外表明自己是合伙人，那么这些人是“相对于第三人的合伙人”，要承担合伙人的责任。美国1907年《统一合伙法》对这一思想作了发展与完善，其内容与英国合伙法的相应规定大致相同，只是在责任承担上规定得更为具体、详细。

英美表见合伙是建立在禁止反言原则之上的。禁止反言原则是指当一个人以言辞、书面、行为或不行为作某种表述，致第三人善意地相信这种表述并依此信赖为某种行为时，该当事人不能否认其先前的表述，以避免对第三人造成欺诈，产生不公平的结果。禁止反言原则根源于衡平原则，以公共政策、公平交易、善意和公正为基础，其基本功能是要防止欺诈（实际的或推定的）发生，以提高司法的公正，促成双方当事人之间本应达到的结果。适用这个原则应十分谨慎，因为这个原则本身就是为了防止不公正结果的发生，一旦适用不慎，又会损害另一方的利益。

（八）有限合伙企业退伙

有限合伙人有《合伙企业法》第48条第一款所列情形之一的，当然退伙：(1)作为合伙人的自然人死亡或者被依法宣告死亡；(2)作为合伙人的法人或者其他组织依法被吊销营业执照、责令关闭、撤销，或者被宣告破产；(3)法律规定或者合伙协议约定合伙人必须具有相关资格而丧失该资格；(4)合伙人在合伙企业中的全部财产份额被人民法院强制执行。

作为有限合伙人的自然人在有限合伙企业存续期间丧失民事行为能力的，其他合伙人不得因此要求其退伙。作为有限合伙人的自然人死亡、被依法宣告死亡或者作为有限合伙人的法人及其他组织终止时，其继承人或者权利承受人可以依法取得该有限合伙人在有限合伙企业中的资格。有限合伙人退伙后，对基于其退伙前的原因发生的有限合伙企业债务，以其退伙时从有限合伙企业中取回的财产承担责任。

【例题】

甲、乙、丙、丁欲设立一有限合伙企业，合伙协议中约定了如下内容，其中哪些符合法律规定？（　　）

A. 甲仅以出资额为限对企业债务承担责任，同时被推举为合伙事务执行人

B. 丙以其劳务出资，为普通合伙人，其出资份额经各合伙人商定为5万元

C. 合伙企业的利润由甲、乙、丁三人分配，丙仅按营业额提取一定比例的劳务报酬

D. 经全体合伙人同意，有限合伙人可以全部转为普通合伙人，普通合伙人也可以全部转为有限合伙人

答案：B、C。

四、合伙企业的解散、清算

（一）合伙企业解散

合伙企业有下列情形之一的，应当解散：(1)合伙期限届满，合伙人决定不再经营；(2)合伙协议约定的解散事由出现；(3)全体合伙人决定解散；(4)合伙人已不具备法定人数满30天；(5)合伙协议约定的合伙目的已经实现或者无法实现；(6)依法被吊销营业执照、责令关闭或者被撤销；7、法律、行政法规规定的其他原因。

（二）合伙企业清算

合伙企业解散，应当由清算人进行清算。清算人由全体合伙人担任；经全体合伙人过半数同意，可以自合伙企业解散事由出现后15日内指定一个或者数个合伙人，或者委托第三人，担任清算人。自合伙企业解散事由出现之日起15日内未确定清算人的，合伙人或者其他利害关系人可以申请人民法院指定清算人。

清算人在清算期间执行下列事务：(1)清理合伙企业财产，分别编制资产负债表和财产清单；(2)处理与清算有关的合伙企业未了结事务；(3)清缴所欠税款；(4)清理债权、债务；(5)处理合伙企业清偿债务后的剩余财产；(6)代表合伙企业参加诉讼或者仲裁活动。

清算人自被确定之日起10日内将合伙企业解散事项通知债权人，并于60日内在报纸上公告。债权人应当自接到通知书之日起30日内，未接到通知书的自公告之日起45日内，向清算人申报债权。债权人申报债权，应当说明债权的有关事项，并提供证明材料。清算人应当对债权进行登记。清算期间，合伙企业存续，但不得开展与清算无关的经营活动。合伙企业财产在支付清算费用和职工工资、社会保险费用、法定补偿金以及缴纳所欠税款、清偿债务后的剩余财产，依照《合伙企业法》第33条第1款的规定进行分配。清算结束，清算人应当编制清算报告，经全体合伙人签名、盖章后，在15日内向企业登记机关报送清算报告，申请办理合伙企业注销登记。

（三）合伙企业注销

合伙企业注销后，原普通合伙人对合伙企业存续期间的债务仍应承担无限连带责任。合伙企业不能清偿到期债务的，债权人可以依法向人民法院提出破产清算申请，也可以要求普通合伙人清偿。合伙企业依法被宣告破产的，普通合伙人对合伙企业债务仍应承担无限连带责任。

本章小结

1. 公司是依照公司法成立的，资本由股份或出资组成，股东以其所持有的出资额或股份额为限对公司的债务承担责任，公司以其全部资产独立承担责任的企业法人。

2. 公司具有营利性、社团性和独立性特征。

3. 公司资本三制度是法定资本制度、授权资本制度、折中资本制度。公司资本三原则是资本确定原则、资本维持原则、资本不变原则。

4. 公司的治理结构包括股东会(股份公司是股东大会)、董事会、监事会和经理。

5. 合伙企业是指自然人、法人和其他组织依照合伙企业法在中国境内设立的普通合伙企业和有限合伙企业。由于合伙企业没有独立法人资格，合伙企业的生产经营所得和其他所得，按照国家有关税收规定，由合伙人分别缴纳所得税。

6. 普通合伙人与有限合伙人的区别有：责任不同、自我交易不同、竞争业务不同、利润分配不同、出质不同。

思考与练习

一、单项选择题

1. 玮平公司是一家从事家具贸易的有限责任公司，注册地在北京，股东为张某、刘某、姜某、方某4人。公司成立两年后，拟设立分公司或子公司以开拓市场。对此，下列哪一表述是正确的？(　　)

A. 在北京市设立分公司，不必申领分公司营业执照

B. 在北京市以外设立分公司，须经登记并领取营业执照，且须独立承担民事责任

C. 在北京市以外设立分公司，其负责人只能由张某、刘某、姜某、方某中的一人担任

D. 在北京市以外设立子公司，即使是全资子公司，亦须独立承担民事责任

2. 甲与乙为一有限责任公司股东，甲为董事长。2014年4月，一次出差途中遭遇车祸，甲与乙同时遇难。关于甲、乙股东资格的继承，下列哪一表述是错误的？(　　)

A. 在公司章程未特别规定时，甲、乙的继承人均可主张股东资格继承

B. 在公司章程未特别规定时，甲的继承人可以主张继承股东资格与董事长职位

C. 公司章程可以规定甲、乙的继承人继承股东资格的条件

D. 公司章程可以规定甲、乙的继承人不得继承股东资格

3. 严某为鑫佳有限责任公司股东。关于公司对严某签发出资证明书，下列哪一选项是正确的？(　　)

A. 在严某认缴公司章程所规定的出资后，公司即须签发出资证明书

B. 若严某遗失出资证明书，其股东资格并不因此丧失

C. 出资证明书须载明严某以及其他股东的姓名、各自所缴纳的出资额

D. 出资证明书在法律性质上属于有价证券

4. 2010年5月，贾某以一套房屋作为投资，与几位朋友设立一家普通合伙企业，从事软件开发。2014年6月，贾某举家移民海外，故打算自合伙企业中退出。对此，下列哪一选项是正确的？(　　)

A. 在合伙协议未约定合伙期限时，贾某向其他合伙人发出退伙通知后，即发生退伙效力

B. 因贾某的退伙，合伙企业须进行清算

C. 退伙后贾某可向合伙企业要求返还该房屋

D. 贾某对退伙前合伙企业的债务仍须承担无限连带责任

5. 赵某、钱某、孙某、李某设立一家普通合伙企业。经全体合伙人会议决定，委托赵与钱执行合伙事务，对外代表合伙企业。对此，下列哪一表述是错误的？（　　）

A. 孙某、李某仍享有执行合伙事务的权限

B. 孙某、李某有权监督赵某、钱某执行合伙事务的情况

C. 如赵某单独执行某一合伙事务，钱某可以对赵某执行的事务提出异议

D. 如赵某执行事务违反合伙协议，孙某、李某有权决定撤销对赵某的委托

二、多项选择题

1. 2014 年 5 月，甲、乙、丙、丁 4 人拟设立一家有限责任公司。关于该公司的注册资本与出资，下列哪些表述是正确的？（　　）

A. 公司注册资本可以登记为 1 元人民币

B. 公司章程应载明其注册资本

C. 公司营业执照不必载明其注册资本

D. 公司章程可以要求股东出资须经验资机构验资

2. 关于有限责任公司股东名册制度，下列哪些表述是正确的？（　　）

A. 公司负有置备股东名册的法定义务

B. 股东名册须提交于公司登记机关

C. 股东可依据股东名册的记载，向公司主张行使股东权利

D. 就股东事项，股东名册记载与公司登记之间不一致时，以公司登记为准

3. 关于公司的财务行为，下列哪些选项是正确的？（　　）

A. 在会计年度终了时，公司须编制财务会计报告，并自行审计

B. 公司的法定公积金不足以弥补以前年度亏损时，则在提取本年度法定公积金之前，应先用当年利润弥补亏损

C. 公司可用其资本公积金来弥补公司的亏损

D. 公司可将法定公积金转为公司资本，但所留存的该项公积金不得少于转增前公司注册资本的 25%

4. 顺昌有限公司等 5 家公司作为发起人，拟以募集方式设立一家股份有限公司。关于公开募集程序，下列哪些表述是正确的？（　　）

A. 发起人应与依法设立的证券公司签订承销协议，由其承销公开募集的股份

B. 证券公司应与银行签订协议，由该银行代收所发行股份的股款

C. 发行股份的股款缴足后，须经依法设立的验资机构验资并出具证明

D. 由发起人主持召开公司创立大会，选举董事会成员、监事会成员与公司总经理

5. 甲、乙、丙于 2010 年成立一家普通合伙企业，3 人均享有合伙事务执行权。2014 年 3 月 1 日，甲被法院宣告为无民事行为能力人。3 月 5 日，丁因不知情找到甲商谈一笔生意，甲以合伙人身份与丁签订合同。下列哪些选项是错误的？（　　）

A. 因丁不知情，故该合同有效，对合伙企业具有约束力

B. 乙与丙可以甲丧失行为能力为由，一致决议将其除名

C. 乙与丙可以甲丧失行为能力为由，一致决议将其转为有限合伙人

D. 如甲因丧失行为能力而退伙，其退伙时间为其无行为能力判决的生效时间

三、简答题

1. 我国2014年公司法对公司资本做了哪些修订？

2. 有限责任公司和股份有限公司的主要区别有哪些？

3. 普通合伙人和有限合伙人的主要区别有哪些？

四、案例分析

甲股份有限公司（简称甲公司）成立于2013年9月3日，公司股票自2015年2月1日起在深圳证券交易所上市交易。公司章程规定，凡投资额在2 000万元以上的投资项目须提交公司股东大会讨论决定。乙有限责任公司（简称乙公司）是一家软件公司，甲公司董事李某为其出资人之一。乙公司于2015年1月新研发一高科技软件，但缺少3 000万元生产资金。遂与甲公司洽谈，希望甲公司投资3 000万元用于生产此软件。2015年2月10日，甲公司董事会直接就投资生产软件项目事宜进行讨论表决。

问题：(1)董事李某是否有权对甲公司投资生产软件项目决议行使表决权？(2)董事陈某是否应就投资软件项目的损失对甲公司承担赔偿责任？(3)董事李某建议其朋友王某抛售甲公司股票是否符合法律规定？(4)股东郑某以自己名义直接向人民法院提起诉讼是否符合法律规定？(5)股东郑某是否可以于2015年12月20日转让全部股份？请说明理由。

第七章　票据法

【学习目标】

- 掌握票据、票据行为的特征；
- 了解票据权利与票据责任；
- 区分票据伪造与票据变造；
- 熟悉汇票及其出票、背书、承兑、保证、付款、追索权和汇票结算规则；
- 熟悉本票和支票的基本制度。

第一节　票据概述

两个不同国家的当事人，不论是个人、单位、企业或政府因为商品买卖、服务供应、资金调拨、国际借贷而需要通过银行办理的两国间的外汇收付业务，称为国际结算。国际结算的工具分为货币与票据两种，但在国际贸易中票据的使用最为广泛。国际结算的支付方式包括汇付、托收、信用证以及国际保理等。

票据是现代经济活动中不可或缺的工具。在国际贸易结算中，货币可以分为出口国、进口国以及第三国的货币。为了减少汇率风险对于贸易的阻碍，交易双方通常会选择票据作为常见的非现金支付以及结算工具，因此票据法也成为了国际商法的重要内容之一。

一、票据的立法概况

当今世界各国在票据立法方面，存在两大法系：日内瓦统一票据法系和英美票据法系。

日内瓦统一票据法系又称为日内瓦体系（简称《日内瓦统一法》），其中包括：统一的汇票、本票公约：《统一汇票、本票法公约》《解决汇票本票法律冲突公约》《汇票本票印花税法公约》；统一支票法公约：《统一支票法公约》《解决支票法律冲突公约》《支票印花税法公约》。由国际联盟在日内瓦召开的统一票据法会议上通过，并于 1934 年 1 月 1 日生效。德国、法国、意大利、瑞士、日本等国先后予以批准并据此对国内法做出了修订，但是由于与英美法存在较大的差异，所以英国和美国等国家拒绝参加。

英美法系的票据立法以英国1882年票据法、1957年支票法和美国《统一商法典》第三编为代表。英国采取汇票、本票和支票统一立法的形式，名为《汇票法》，并且，在票据形式要件等方面采取比较自由的方式。美国《统一商法典》第三编为商业证券，即是关于票据的法律规定，在英美法系国家的票据法中具有一定的影响力。

由于英美法系的票据法与日内瓦公约存在较大的分歧，对于票据在国际上的流通使用造成了不利的影响。为了解决这个问题，联合国国际贸易法委员会从1988年12月在联合国第43次大会上通过了《联合国国际汇票和国际本票公约》，并开放供签署。按该公约的规定，公约至少10个国家批准或加入后，方能生效。但迄今批准国家仍未达到要求，因此国际上票据法的两个法系的对立依然存在。

我国未参加日内瓦体系，但在对外结算中也常常参照《日内瓦统一法》的有关规定来处理与汇票有关的法律问题。我国《票据法》于1995年5月10日颁布，1996年1月1日起实施，并在2004年进行了修订。这是我国一部重要的经济立法，对调整我国国内票据关系及涉外票据关系起着重要作用。国际票据法律适用的原则大致为：有关出票及票据的合法性适用出票地法律；其他票据行为适用行为地法律；在我国对外经济交往中发生涉外票据关系时，既要依照我国票据法，有时也要适用别国的票据法。

二、票据的概念与特征

票据有广义狭义之分。广义的票据是指各种表彰财产权的凭证，包括发票、提单、仓单、车票、股票等。狭义的票据，仅指以无条件支付一定金额为内容，且由票据法规范的有价证券。票据具有以下特征：

(1)票据是完全有价证券。所谓完全有价证券，是指票据这种文书与其所体现的权利紧密结合。票据权利的产生以做成票据为必要，票据权利的转让以交付票据为必要，票据权利的行使以提示票据为必要。

(2)票据是无因证券。票据权利与产生票据权利的原因(如，买卖合同中用票据支付货款)关系相分离。也就是说，票据权利人享有票据的权利以持有票据为必要，而不考虑票据权利产生的原因。

【案例】

2009年5月7日，奥利安达公司从李峰处取得一张票据号码33810686，金额3.51万元的转账支票，票面记载事项全面，出票人为安广美生公司，出票日期为贰零零玖年零伍月零柒日；奥利安达公司向银行提示付款，因密码错误而遭银行退票；奥利安达公司要求安广美生公司更换支票，遭到安广美生公司拒绝，至起诉日仍未给付。

原告奥利安达公司诉称，2009年5月7日，安广美生公司向奥利安达公司购买化工产品，并给付一张票据号码33810686，金额3.51万元的转账支票，奥利安达公司向银行提示付款，因密码错误而遭银行退票。事情发生后，奥利安达公司找到安广美生公司要求更换支票，遭到拒绝。故请求判令安广美生公司给付人民币3.51万元，并承担诉讼费用。

被告安广美生公司辩称：安广美生公司根本没有从奥利安达公司处购买化工产品，也没有给付奥利安达公司一张面额为3.51万元的转账支票；2009年安广美生公司向李峰购买707乳液4吨，共计货款3.51万元，并给付李峰一张票据号码33810686，金额为3.51万元的中国工商银行转账支票，李峰指派刘明臣领取，但当时没有写出票日期，支票没有密码且未告知李峰，之后因某些原因，支票的款项没有被转走；2009年4月25日，安广美生公司给付李峰一张票据号码40147866，金额为3.51万元的中国工商银行转账支票，且款项被划走，但由于李峰当时未带票据号码33810686的转账支票，故安广美生公司并未取回该转账支票，故此票据号码33810686的转账支票是一张作废(无效)的支票。

请问，本案被告是否需要向原告支付人民币3.51万元？为什么？

(资料来源：http://www.110.com/ziliao/article-148807.html)

(3)票据是设权证券。出票人签发票据的意义在于创设票据权利，而不是证明已存在的权利，这点与债权和股票是有区别的。

(4)票据是文义证券。票据所表现的权利完全依据票据上记载的文义来确定，任何人不得以票据文义之外的情况改变票据上的权利义务。

(5)票据是要式证券。一张有效的票据须按照法定的方式做成才具有法律效力，任何人不得随意进行修改。《日内瓦统一法》对票据的形式要求较为严格，《联合国国际汇票和国际本票公约》除规定汇票上必须载有出票日期及不得开立无记名式的国际汇票外，其他规定与《日内瓦统一法》基本一致。

(6)票据是流通证券。票据可以凭交付或背书方式自由转让，无需通知债务人。

(7)票据是债权证券。票据是以表示债权为目的的证券。持票人或收款人为债权人，有权向票据上签名的人即债务人请求支付票据上所载明的金额。

三、票据行为

(一)票据行为的概念

狭义的票据行为是指能产生票据债权、债务关系的要式的法律行为，有出票、背书、承兑、保证和参加5种行为。广义的票据行为除了包括狭义票据行为之外，还包括付款、见票、划线、变更、涂销等。我国票据法主要有出票、背书、承兑、保证和付款5种。其中出票是创设票据的基本行为，票据上的权利义务都是由出票行为而发生的，也称为主票据行为。其他票据行为都是以出票行为为前提才发生的，称为附属票据行为，也称为从票据行为。

票据行为具有要式性、文义性、无因性和独立性的特征。其中，独立性是指在同一票据上，可能存在若干个票据行为，每个行为可能有先有后，但是均为独立的票据行为，在效力上互不牵连，均独立发生效力。在先的票据行为无效，不影响后续的票据行为的效力；某一票据行为无效，不影响其他票据行为的效力。

(二)票据行为的构成要件

票据行为的要件包括实质性要件和形式要件。

1. 实质性要件

票据行为的实质性要件包括票据能力、票据意思表示以及行为的合法性三个方面。

(1)票据能力。票据能力是指票据行为人应当具有的权利能力和行为能力。票据的权利能力是指可以享受票据权利或承担票据义务的资格。自然人的票据权利能力始于出生，终于死亡。自然人的票据行为能力分为三种：完全行为能力人可以独立进行民事活动；无行为能力人的票据行为无效，需要由其法定代理人进行代理；限制行为能力人与无民事行为能力人在票据行为能力上的地位一致，但经法定代理人允许或追认的票据行为以及限制原因消灭后的原限制行为能力人予以追认的票据行为是有效的。法人的票据权利能力与行为能力是一致的，开始于登记，终止于解散后清算终了。依照民法理论，法人的权利能力要受到法人性质和法律上的有关限制，而且还受到其章程所订的目的、范围的限制。但是在票据权利上，法人是不受法人章程所定的目的、范围限制，因为票据具有无因性，法人章程中的经营范围并非一般人所知道，所以，如果票据行为是基于法人的目的、范围以外的原因而进行，该票据不应该因此无效。当然，可以因此在取得票据的直接当事人之间或者对于恶意取得票据的第三人主张抗辩，但不能对抗善意第三人。

(2)意思表示。为了促进票据的使用和流通，保护善意的持票人，票据法更多会采取表示意思的表示主义。原则上讲，一票据行为只要形式上符合票据法的要求，就属于有效的行为，行为人就应当承担相应的票据义务，而不问其在此行为的意思表示是否真实。只有在直接当事人之间或恶意持票人主张权利的情况下，票据行为人才可以以意思表示不真实为理由行使抗辩权。

(3)行为的合法性。行为的合法性分为内容合法与形式合法两个方面。票据行为是要式行为，在形式上必须符合票据法的规定，否则该行为无效。至于票据行为的内容合法，是指产生票据行为的原因关系合法。因为票据是一种抽象的要式行为，行为本身并没有实质内容可言，所以也谈不上内容违法或违反公共利益。

2. 形式要件

(1)票据记载事项。票据法对于各种票据行为的记载事项都有具体的要求，票据必须依照票据法的要求记载相关事项，才能产生法律效力。依据票据记载事项对票据行为成立所发生的不同作用，可以分为绝对记载事项、相对记载事项、任意记载事项和不产生票据法上的效力的记载事项。

绝对记载事项，是指依据法律明文规定必须记载的，如不记载，票据即为无效的事项，包括票据种类的记载、票据金额的记载、票据收款人的记载和年月日的记载。

相对记载事项，是指票据法规定票据应当记载，如果不记载，该事项应依法律规定的办法予以确定，票据并不因此项记载欠缺而无效的记载事项。相对记载事项可以记载，也可以不记载。记载的，按照记载的具体事项履行权利和义务；未记载的，适用法律的统一认定。例如，汇票上付款日的记载为相对记载事项，如果没有记载法律则视为见票即付。

任意记载事项，是指不强制当事人必须记载而允许当事人自行选择。不记载，不影响票据效力；记载，则产生票据效力。例如，出票人在汇票上记载"不得转让"字样的，汇票不得转让，其中的"不得转让"事项即为任意记载事项。

不产生票据法上的效力的记载事项，是指除了绝对记载事项、相对记载事项、任意记载事项外，票据上还可以记载其他一些事项，但这些事项不具有票据效力。如本票出票人在记载票据金额之外，又记载利息和违约金。违约金不是票据法规定的事项，当事人只能依法提出支付违约金的请求。

不得记载事项，是指票据法规定不可以在票据上记载的事项，如附条件支付的票据金额的记载、部分金额转让背书或分别转让背书的记载，都会使得背书无效。

(2)签章。票据上的签章是确定票据义务人的唯一根据。票据行为人只有通过在票据上签章才能表明其参加票据关系、承担票据债务的意思，成为票据义务人。依照签章主题的不同，可分为自然人签章、法人签章和两人以上共同签章。

(3)记载格式和交付。关于记载格式，我国票据法规定，汇票、本票与支票的格式应当统一，票据凭证的格式和印制管理办法，由中国人民银行统一规定。

票据行为人必须交付票据。交付是指票据行为人将记载完毕的票据交给相对人持有。票据作为有价证券，其权利的转移均应通过票据自身占有的转移才能实现，因而票据行为的成立，要求行为人将票据交付对方。

（三）票据行为的代理

票据当事人可以委托他人为一定的票据行为。票据代理除了具备一般代理行为要件外，还必须具备特有的要件：在票据上记载被代理人；记载代理的意思；票据代理人签章。

1. 无权代理

无权代理是指行为人没有代理权而以本人的名义在票据上签名的行为。对于票据行为的无权代理，票据法作了不同于民法的规定。民法上认为无权代理的效力待定，可以由被代理人追认，但这一规则不适用于票据行为的无权代理，因为这对于持票人的利益与票据的流通是十分不利的。《日内瓦统一汇票本票法》第 8 条规定：无权代理人而以代理人名义签名于汇票者，应自负汇票上的责任。无权代理人履行付款责任时，取得与本人同一之权利。如果代理行为的相对人不知也不可能得知行为人无代理权，即相对人为善意的，无权代理人应负票据上的责任。行为人的责任与权利的内容，与本人原应负担的票据责任和原应享有的权利相同。有权代理的本人可以主张抗辩的事由，无代理权的行为人也可以主张。

无权代理包括超越代理权限而为的代理行为。各国票据法均规定，对于超越权限部分，由代理人自负其责；没有超越的部分由本人负责。但是本人对代理人代理权的限制，不得对抗善意第三人，该善意第三人可以请求本人对越权部分负责。

2. 表见代理

表见代理，是指代理人虽没有代理权，但客观上有足以使第三人相信其有代理权的理由而为的票据代理行为。比如，甲和乙两人，甲的印章或支票本常交给乙保管，签发支票时也常由乙填写。这时，虽然甲和乙之间从来没有授权代理的关系，但是第三人根据他们的日常行为足以相信乙具有代理权。表见代理成立时，持票人可依一般的民法理论向本人主张权利，本人不得以无权代理为理由对抗持票人；持票人也可以依照票据法关于无权代理的规定，直接向无代理权的行为人请求承担票据责任，行为人不得以表见代理成立而主张抗辩。

【案例】

1995 年初，A 公司承包了北京某工程。因工程量较大，A 公司于 1995 年 2 月 16 日将该工程中的 5 栋楼房的工程转包给了 B 公司并与之签订了书面转包合同，规定由 B 公司负责此部分工程，工程款由 A 公司根据工程进度陆续拨付。B 公司因在北京未开立银行账户，施工中无法在京购物付款，经与 A 公司协商，A 公司同意以自己的名义为 B 公司在银行开设账户，在银行备案的会计图章用 B 公司业务员王某的私章。A 公司还在其会计处为 B 公司设立分户账，凡王某在 A 公司会计处领取的银行转账支票及一切付款、支出均计在 B 公司的分户账内。1995 年 7 月，王某从建材公司购入钢材 27 吨，价款 8 万元，王从 A 公司会计处领取该公司银行转账支票付款 2.7 万元，尚欠 5.3 万元。建材公司经多次索要未能追回该剩余欠款，故该公司起诉 A 公司和王某，要求 A 公司和王某共同给付欠款 5.3 万元。A 公司答辩称：王某不是我公司的人员，而是 B 公司的业务员，而双方没有委托代理关系，因此王某对外购物的欠款应由 B 公司负责，与己无关。

请问：建材公司应向谁追索此笔欠款？

（资料来源：王拥政、郑宁主编：《票据法实例说》，湖南人民出版社 2004 年版）

四、票据权利与票据抗辩

（一）票据权利

1. 票据权利的种类

票据权利是依票据行为所发生的、持票人向票据债务人请求支付票据金额的权利,包括付款请求权和追索权。

付款请求权是指持票人向票据第一债务人或者关系人请求支付票据的权利。这是持票人首先应当行使的权利,所以也称为第一次请求权。持票人一般是票据的收款人或者经票据转让而受让票据的人;第一债务人或者关系人是指持票人首先主张权利的对象,如汇票的承兑人或付款人、本票的出票人或代理付款人、支票的付款人等。追索权是当票据到期得不到付款,或者在到期日得不到承兑,或到期日前发生其他法定原因使票据可能得不到承兑或付款时,持票人在保全票据权利的基础上,向其前手请求支付票据金额及其他法定款项的权利。这一权利以持票人的第一次请求权不获实现或者有可能不获实现为前提,因此称为第二请求权。其中,到期日前发生的其他法定原因包括:(1)汇票被拒绝承兑的;(2)承兑人或者付款人死亡、逃匿的;(3)承兑人或者付款人被依法宣告破产的或者因违法被责令终止业务活动的。

2. 票据权利的取得

票据权利的取得是指持票人合法、有效地取得票据的所有权并享有票据权利,包括原始取得和继受取得。原始取得主要包括:依出票行为取得票据;善意受让取得票据,即出票人从无处分权人那里善意取得票据。继受取得主要是指受让人从票据权利人手中以法定方式取得票据,包括:应票据权利人背书转让或无记名票据的交付票据而继受取得票据权利;依票据法以外的原因,如公司合并、分立、税收、继承与赠与等行为受让票据取得;票据债务人因被追索偿还票据金额,取得票据后,继受取得票据权利。

对如何合法取得票据,尽管各国规定有所不同,但均遵循以下三个原则:第一,凡通过连续背书而取得票据的人,就可以合法地取得票据权利。第二,凡在取得票据时是善意或无重大过失的,就合法地取得票据权利。第三,凡是无对价或以不相当的对价取得票据的,不得享有优先于其前手的权利。例如,我国《票据法》规定,因税收、继承、赠与可以依法无偿取得票据的,不受给付对价的限制;但是,所享有的票据权利不得优于其前手的权利。前手是指在票据签章人或者持票人之前签章的其他票据债务人。以欺诈、偷盗或者胁迫等手段取得票据的,或者明知有前列情形,出于恶意取得票据的,不得享有票据权利。持票人因重大过失取得不符合票据法规定的票据的,也不得享有票据权利。

【案例】

2006 年 3 月 10 日,甲工商银行签发出票人为 A 公司、收款人 B 公司的一张银行承兑汇票。B 公司就在该汇票背书栏内签章后,派一工作人员赶赴外地贴现,被当地 C 公司骗走。C 公司在该汇票背书人栏内签章后,到乙农业银行贴现。B 公司向当地人民银行反映,人民银行告知乙农业银行不得办理贴现,但乙仍然向 C 办理,并用贴现款扣收了 C 在该银行的逾期贷款。

请问:乙是否享有向甲请求付款的权利,为什么?若 B 向法院起诉要求甲工商银行向其付款,是否得到支持?

(二)票据抗辩

票据抗辩是指票据债务人享有的一项权利,即他对于票据债权人行使承兑或付款的请求权,可以提出某种合法的理由加以拒绝。凡是在票据上签名的人,无论是出票人、承兑人、背书人、保证人还是参加承兑或参加付款人,都是票据债务人。所有的债务人都可以对债权人的请求提出抗辩。抗辩有三种,即对物抗辩、对人抗辩和恶意抗辩。

1. 对物抗辩

对物抗辩又称为绝对抗辩，是指票据本身缺乏有效要件而提出的抗辩。这种抗辩不受限制，不论持票人或债务人是谁，均可以此为由进行抗辩。我国2000年最高人民法院《关于审理票据纠纷案件若干问题的规定》第16条规定，欠缺法定必要记载事项或者不符合法定格式的，超过票据权利时效的，人民法院做出的除权判决已经发生法律效力的，以背书方式取得但背书不连续的，其他依法不得享有票据权利的，票据债务人对持票人可以提出抗辩。

2. 对人抗辩

对人抗辩又称相对抗辩，是指票据债务人对特定的权利人提出的抗辩。这种抗辩权可以分为三种：第一类为任何票据债务人可以向特定持票人行使的抗辩，包括：(1)特定的持票人欠缺或丧失受领票据金额的能力，如被宣告为无民事行为能力人、被宣告破产或因违法等活动而被依法扣押财产等。(2)特定持票人取得票据时不符合法律规定的条件，如无特殊原因，没有支付对价。(3)特定持票人欠缺形式上的受领票据金额的资格。这里主要是看票据的背书是否连续。第二类为特定票据债务人可以向特定持票人行使的抗辩。这包括因欠缺原因关系为理由而主张的抗辩和以原因关系非法为理由而主张的抗辩。例如，甲为支付货款而向乙签发了一张汇票，但是后来由于不可抗力事件的发生致使无法履行交货义务，双方合同被宣告无效，直接当事人之间可以行使抗辩权。第三类为一方当事人违反了彼此之间的特别约定，另一方可以此特别约定为由行使抗辩权。

3. 恶意抗辩

为了使票据关系稳定可靠，各国票据法均注重保护善意持票人的正当权利。只要持票人不知道或不应当、无必要知道所取得的票据权利是没有法律依据，在有些国家还加上是支付了对价时，就属于善意持票人。债务人不能对善意持票人提出抗辩，而只能以持票人取得票据是处于恶意、欺诈或胁迫等而提出抗辩，这种抗辩称为恶意抗辩，如我国法律规定以欺诈、偷盗或者胁迫等非法手段取得票据，或者明知有前列情形，出于恶意取得票据的；明知票据债务人与出票人或者与持票人的前手之间存在抗辩事由而取得票据的；因重大过失取得票据的。

五、票据的瑕疵

票据的瑕疵，是指影响票据效力的行为，即由于票据当事人或其他人进行了这些行为，致使票据权利义务关系的实现受到了一定影响，包括票据的伪造、票据的变造、票据的涂销和票据的更改。

(一)票据的伪造

票据的伪造包括伪造票据本身或伪造票据上的签名。例如，盗用出票人的签章或模仿背书人的笔迹在票据上签章。此时由于伪造人没有在票据上签过名，因此没有票据行为，不产生票据上的责任；被伪造人也没有在票据上签名，其签名是由伪造人伪造的，因此也不负票据上的责任。对于票据上真实签章的人，因票据行为的独立性和文义性，所以真实签章人应当承担票据责任。对于付款人而言，出票人在付款人处有供付款人识别签章真伪的预留印鉴的，付款人如识别有误而对伪造的票据给予付款的，应由付款人承担责任。付款人不负有识别背书签章真伪的认定责任，只对票据上的背书负有形式上是否连续的认定责任，如果背书连续，即使票据上有伪造的签章，付款人的付款行为除有欺诈和重大过失之外，都是有效付款，可以免责。如票据本身就是伪造的，那么票据本身不存在，更不会发生票据上的效力。至于伪造人因为伪造而构成侵权行为或构成犯罪，应当依据民法或者刑法的有关规定进行处理。

就伪造背书的票据风险责任而言,《日内瓦统一法》认为如果票据背书是伪造的,对于没有重大过失、通过一系列连续的背书而善意取得票据的支票人来说,该项背书有效,持票人可享有票据上的权利。如果付款人对这张伪造背书的票据付款,可以解除责任。公约侧重保护合法持票人,伪造背书的风险由票据的所有人来承担。而英美法则认为,任何人都不能通过伪造签名的背书而取得权利、付款人有义务鉴别背书的真伪,如果付款人对伪造签名的票据给以付款,应自负其责,不能免除其对该票据真正所有人的付款义务。英美法侧重于保护票据的真正所有人,伪造背书的风险由直接从伪造者手中取得票据的人承担。

【案例】

1995 年 12 月 24 日,合作公司与香港商人陈某约定:合作公司用 400 万港元从陈某手中购买香港某银行开出的 050760 号和 050767 号本票两张,金额分别为 260 万和 240 万港元。陈某在上述两张本票的收款人空白栏内填入合作公司后,合作公司当日即持票到某工商银行办理兑付。由于该行与香港某银行无直接业务关系,便建议合作公司到某中国银行办理兑付。

同月 25 日,某工商银行与合作公司一起到某中国银行办理兑付业务。某中国银行(系香港某银行在海外的联行)审查后,认为该两张本票票面要件相符,密押相符,便在本票上盖了"印押相符"章,合作公司与某工商银行分别在两张本票后背书签章。某中国银行即将 500 万港元划入某工商银行账户,某工商银行又将此款划入合作公司账户。合作公司见款已入账,在认为没有问题的情况下将 400 万元人民币划到陈某指定的账户上。某中国银行工作人员在划出 500 万港元汇账后,便把两张本票留作存根归档。至 1996 年 8 月 22 日,有关人员在检查中发现后,方从档案中取出这两张本票,并向香港某银行提示付款。

同月 30 日,某中国银行接到香港某银行的退票通知书,称此两张本票系伪造,拒绝付款。某中国银行即日向某工商银行退回本票并说明理由,要求其将 500 万港元归还。某工商银行接票后当日即函复某中国银行请求控制合作公司在某中国银行的港币账户。此时陈某已不知去向。某中国银行以某工商银行和合作公司为共同被告提起诉讼。

请问:某工商银行和合作公司是否应当承担责任,为什么?

(资料来源:http://www.110.com/ziliao/article-148796.html)

(二)票据的变造

票据的变造是指没有合法权限的人在已有效成立的票据上变更签名以外的记载内容的行为,最常见的是变更票据金额和到期日。此时票据本身以及票据上所有的签章都是真实的,只是部分内容被涂改。票据本身在变造之前和变造之后均有效,只是当事人之间的责任依据《日内瓦统一法》规定,汇票文字有变造时,签章在变造之前的,签章人对原记载事项负责;签章在变造之后的,签章人对变造之后的记载事项负责。不能辨别签章在变造之前或变造之后的,视同签章在变造之前。我国《票据法》所规定的原则与《日内瓦统一法》基本一致,如果变造人不是票据行为人,只能追究其民事责任;如果变造人同时也是票据上的票据行为人,还可以让其承担票据责任。

(三)票据的涂销

票据的涂销是指票据权利人涂去票据上记载的事项,使之失去效力的行为。各国对于票据涂改的效力规定不一。通常而言,票据权利人故意涂销票据上记载的事项,那么该权利人丧失其在该涂销部分的票据权利;如果票据权利人并非出于故意,那么涂销行为不影响票据的权利。

根据《日内瓦统一法》以及大陆法系各国的规定，票据涂销因涂销的内容不同而导致不同的结果。对票据背书有权涂销的人应该是背书人本人或其他票据权利人，票据背书的涂销具有将该背书完全去除效力，被涂销的背书人及其后手背书人（在被涂销背书人之后而在涂销权人涂销以前背书的人）的背书责任免除。对于汇票承兑的涂销，必须是发生在承兑人接受持票人提示的汇票后，但没有完成承兑程序之前，也就是说没有将签有承兑字样的票据交给提示人之前。对于划线支票，由于在平行线内会记载特定的银行名称，从而使付款人只能向持有该支票的另一家银行或其他法定金融机构付款，所以支票划线的涂销不发生涂销的效力。

（四）票据的更改

票据的更改是指依法有更改权限的人，对票据上可以更改的记载事项按法定方式加以改变的行为。其中票据金额、日期、收款人名称不得变更，更改的票据无效。对于票据上的其他记载事项，原记载人可以更改，更改时应当由原记载人签章证明。更改后，原记载的内容因更改而无效，改写后的记载事项代替原记载事项产生票据法律效力。如果有更改权的人在票据交付后进行更改，但没有取得全体票据当事人的同意或者没有更改权的人对票据进行了更改，则可以根据更改内容的不同，可能产生票据伪造或者票据变造的结果。

六、票据的丧失及补救

票据的丧失，是指持票人非自愿地失去票据的占有，分为绝对丧失和相对丧失两种。绝对丧失又称票据的灭失，是指票据作为一种物已被消灭，如被烧毁、撕毁。相对丧失又称票据的遗失，是指票据被持票人丢失或被他人盗窃。票据的绝对丧失与相对丧失的法律后果都会使得票据权利无法行使。票据的绝对丧失，失票人虽然暂时无法行使票据权利，但不存在票据金额被他人冒领或被第三人善意取得的可能性，只要持票人采取了法定的补救措施，最终还是能够实现自己的票据权利。而票据的相对丧失，失票人的风险就要大很多，如果采取的措施不及时，票据金额就有可能被他人冒领，或者票据被第三人善意取得而使失票人遭受损失。因此，为了保障票据交易安全和票据权利人的利益，各国均规定有票据丧失的补救办法：一是失票人向法院申请公示催告；二是失票人在一定条件下向法院提起诉讼。大陆法系国家多采用前种办法，英美法系国家多采取后种办法。

我国《票据法》第 15 条规定，票据丧失，失票人可以及时通知票据的付款人挂失止付，但是，未记载付款人或者无法确定付款人及其代理付款人的票据除外。收到挂失止付通知的付款人，应当暂停支付。失票人应当在通知挂失止付后 3 日内，也可以在票据丧失后，依法向人民法院申请公示催告，或者向人民法院提起诉讼。由此看来，如果票据丧失，首先应该向付款人挂失止付通知，以防被人冒领，在一定程度上能保全自己的票据权利。但挂失止付的举措并不能对抗善意持票人，在票据上签名的人，仍对丧失的票据对善意持有人承担票据责任，因此挂失止付只是一个应急防范措施。最好的办法还是应当向法院申请公示催告，由法院做出除权判决，以消除已失票据的票据权利。因除权判决，失票人重新获得已失票据的票据权利，而在此后任何申明占有该票据的人，均不享有票据权利。公示催告期间，转让票据权利的行为无效，利害关系人应当在公示催告期间向人民法院申报。利害关系人因正当理由不能在判决前向人民法院申报的，从知道或者应当知道判决公告之日起一年内，可以向做出判决的人民法院起诉。

第二节 汇 票

一、汇票的概念及种类

（一）汇票的概念

汇票是出票人签发的，委托付款人在见票时或者在指定日期无条件支付确定金额给收款人或者持票人的票据。汇票是票据中最为典型的一种，英美法系国家一般认为汇票是无附带条件的书面命令，它由发票人签名而向付款人开出，要求付款人见票即付、定期支付或在将来某个特定的日期付给特定受款人、其指定人或持票人一笔定额现金。在国际贸易中适用的是国外汇票，汇票的签发地和付款地不在同一个国家。如果发生诉讼，其解决的原则是以行为地法为准据法。例如一张汇票，如果在美国签发，在中国背书，在法国承兑，那么，出票行为效力就应当适用美国法，背书行为与承兑行为的效力就应当分别适用中国法和法国法。

（二）汇票的种类

1. 依签发和支付地点不同，分为国内汇票和国际汇票

国内汇票为境内签发并支付；国际汇票为本国签发、外国支付或者外国签发、本国支付，国际汇票在中国称为涉外汇票。我国《票据法》第 94 条规定，涉外票据，是指出票、背书、承兑、保证、付款等行为中，既有发生在中华人民共和国境内又有发生在中华人民共和国境外的票据。

2. 依汇票出票人身份的不同，分为银行汇票和商业汇票

银行汇票，出票人是银行，付款人也是银行，多为光票。常用于顺汇，进口商为偿付货款，向银行购买银行签发的汇票，自行寄交国外的出口商，向付款银行领取款项的一种付款方式。商业汇票，出票人是企业或个人，付款人可以是企业、个人或银行。根据承兑人的不同，又可以分为银行承兑汇票和商业承兑汇票。商业承兑汇票的出票人是商号或商人，多是附货运单据的跟单汇票。常用于逆汇，由作为出口方的收款人，在装运货物后开出汇票，向外汇银行委托代收，或请外汇银行贴现汇票。

3. 根据汇票对收款人记载方式的不同，分为记名汇票、指示汇票和无记名汇票

如果出票人在汇票上明确记载了收款人姓名或名称的汇票，就是记名汇票，又称为抬头汇票。如果不仅记载了收款人姓名或名称，还附有“或其指定人”的汇票，则属于指示汇票；如果汇票上未记载收款人姓名或名称，或者仅抽象记载“来人”或“持票人”，则是无记名汇票，又称为来人汇票或空白汇票。我国票据法仅承认载明收款人姓名的记名汇票，不承认无记名汇票。

4. 依据汇票是否附有包括运输单据在内的商业单据，分为光票和跟单汇票

光票是指不附带商业票据的汇票。银行汇票多是光票。跟单汇票是指附有包括运输单据在内的商业单据的汇票，跟单汇票多是商业汇票。

5. 根据汇票付款期限不同，分为即期汇票和远期汇票

即期汇票也称见票即付，包括汇票上明确记载“见票即付”字样；汇票上未记载付款日期；汇票上记载的到期日与出票日相同的。远期汇票是指汇票上记载了一定的付款日期，在该日期到来之前，不得提示付款的汇票，包括定日付款的汇票、出票后定期付款的汇票、见票后定期付款的汇票。此外在英美法国家，还有一种分期付款的汇票。

二、汇票的出票

汇票的出票又称为“发票”，是出票人签发汇票并将其交付给付款人的基本票据行为。其包含两个含义：首先，汇票的出票是出票人创设汇票的基本票据行为，是背书、承兑、保证等票据行为的前提。其次，汇票的出票由作成汇票和交付汇票两个部分构成。出票人只有作成汇票并将其交付，汇票的出票行为才算完成。

（一）汇票出票的格式

汇票出票的格式是指汇票的出票人按照票据法的规定，在汇票上所做的各种记载。出票行为是要式行为，其形式由汇票的格式确定，而格式通常统一印刷，如我国《票据法》附则第108条规定，即是。

1. 出票的应记载的事项

(1)标明汇票字样。《日内瓦统一法》和我国《票据法》均要求在汇票的正面标明其名称，从而与本票、支票相区别。有的汇票上方没有注明“Bill of Exchange”，但表明“汇票”的字样是在文中，如文中有“Exchange for”字样。英国票据法虽没有加以规定，但通常也都有注有“汇票”字样。

(2)支付文句。汇票的出票就是出票人委托付款人无条件向收款人支付一定金额的行为。所谓无条件，并不是毫无原因地开出一张付款命令要求对方付款，而是指汇票上的文义不能附加任何条件。如货到后付款2 000元，这句话就是有条件的限制性语句。如果汇票的付款命令附加了条件，那么这张汇票就是无效汇票，不具有法律效力。汇票是支付命令，汇票上不能出现请求或征求意见等，但是并不排斥礼貌用语。无条件支付的记载，主要是为了促进票据流通和交易安全。

(3)确定金额。所谓确定金额，是指汇票上记载的要求付款人支付的金额必须明确而具体，且不得涂改。汇票的金额不得浮动不定，不得具有可选择性。汇票上表示的金额在“Exchange for ______”后面用阿拉伯数字表示，在“The Sum of ______”处用文字，当两者不一致时，各国票据法一般都规定以文字表示为准。

许多国家均允许在汇票金额的后面附有利率条款及汇率条款，但金额仍要确定，若只标明计利息，而未标明利率，汇票无效。但《日内瓦统一法》规定，这里只是利息的记载无效，汇票本身仍然成立。

(4)收款人名称。收款人是出票行为的对方当事人，我国《票据法》和《日内瓦统一法》要求在汇票上必须记载收款人的姓名，不承认无记明汇票。但是根据英国票据法的规定，汇票的收款人一般记录在“pay to”之后，也是称汇票的抬头。表明汇票的最初权利者，在其完成背书后，成为第一背书人。依据英国票据法，汇票上的收款人可以有以下三种写法：

一是限制性抬头。例如，汇票上载明“pay to A only”。这种带有限制转让字样的汇票，不能以背书的方式转让，而只能根据一般民法中的债权转让的方式转让。

二是指示性抬头。例如，“pay to A or order”或“pay to the order of A”。这种指示性抬头的汇票可以经过背书转让。如果汇票上仅写明“pay to A”，但是没有加注限制转让的字样，那么这种汇票可以视同指示式汇票，可以背书转让。

三是来人式抬头。例如，“pay to Bearer”。汇票上没有载明收款人的姓名，而只是写明付给持票人，这种汇票是可以流通转让的，而且在转让时无需由持票人背书，仅凭交付票据本身即可以实现转让的目的。

汇票上的收款人通常是出票人以外的人，但是各国的法律都允许出票人与收款人同为一人。这种汇票称为“指己汇票”，在转让时，直接由出票人背书即可。

(5)出票日期。出票日期是汇票上记载的签发票据的日期。出票日期对于汇票具有重要的作用，首先，可以依照出票日期来确定某些法律事实是否成立。如确定出票人签发汇票时，是否具有行为能力，代理人是否具有代理权等。其次，依出票日期确定某些期限的起算点。如确定利息起算日、即期汇票的付款提示期限和注期汇票的承兑提示期限等。出票日期以汇票上的记载为准，即使实际出票日与记载的日期不相符。

《日内瓦统一法》和我国《票据法》均规定，汇票应当记载出票日期，否则不得认为有效。但英美法国家则认为，出票日期并不是汇票必须记载的事项。如果汇票上没有填写出票日期，汇票仍然有效，在这种情况下，持票人可以将其认为正确的日期补填在汇票上。

(6)出票人签章。出票人是发行票据并创设票据权利的人，没有出票人的签章，出票行为不能成立，出票人不负法律责任。汇票的出票人可以一人签章，也可以两人或两人以上签章。凡是两人以上共同签章的，为共同出票人，应对票据上的文义负连带责任。

(7)付款人名称。各国票据法都要求汇票必须载明付款人的姓名或商号，要求写清楚其详细地址，以便持票人提示承兑或要求付款。在国际贸易中，如果是信用证交易，则付款人大多是开证行。英国票据法还允许由两个或两个以上的付款人，但任何一个付款人都必须对全部债务负责，没有主次之分，当其中一个付款人付款后，其余的付款人可以解除付款义务。

(8)汇票的到期日。汇票的到期日也称为付款日，是汇票权利人行使权利、义务人履行义务的日期。根据英美法国家的法律规定，载明到期日并不是汇票的法定条件，如果汇票上没有写明到期日，则作为见票即付的汇票处理。《日内瓦统一法》也有类似的规定。换言之，汇票即使没有载明付款日期，其效力也不受影响。根据各国法律，如果汇票上的到期日恰遇公休节日或假日，可以顺延至下一个营业日。

汇票的到期日有以下四种表示方法：

一是见票即付(at sight；on demand)，即持票人向付款人提示汇票的当天，就是该汇票的到期日。

二是见票后定期付款(payable at a fixed period after sight or at … days after sight)，此种汇票的持票人向付款人提示，仅承兑后确定付款到期日，等到到期日再付款。如果付款人拒绝承兑，持票人应立即做成拒绝证书，此时汇票的到期日从做成拒绝证书日起算。如果拒绝证书做成后，付款人又承兑了汇票，则持票人有权坚持将第一次提示汇票的日期作为承兑日。

三是出票后定期付款(payable at a fixed period after date)，这种汇票是在出票日后的一定期间内付款。

四是确定日期付款(payable at a fixed date)，这种汇票是以某一确定的日期为付款日。

根据英国票据法的规定，汇票到期日可以是确定的期限或日期，也可以把将来肯定会发生的但不能预先确定发生的确切日期的时间作为汇票的到期日。但《日内瓦统一法》只允许上述4种办法规定到期日。

(9)付款地。汇票的支付地为付款地。如果没有记载付款地点，一般以付款人名字旁的地点为付款地。若出口商所开的汇票是以外币表示，有时要在金额的后面注明以何地的货币为付款货币。英国票据法则认为，不管付款人在什么地方，只要执票人能找到他，就可以向他提示汇票，要求付款。我国《票据法》规定，汇票上未记载付款地的，付款人的营业场所、住所或者经常居住地为付款地。

(10)出票地。出票地是票面上记载的进行出票行为的地点,如果票据上记载的出票地与实际出票地不相符,仍以票据上记载的出票地为准。如果汇票上没有记载出票地点,可以出票人的营业场所、住所或居所地为出票地。出票的地点关系到汇票的法律适用,一般而言以出票地国家的法律来确定。我国《票据法》规定,汇票上未记载出票地的,出票人的营业场所、住所或者经常居住地为出票地。

我国《票据法》和《日内瓦统一法》均规定,汇票必须记载下列事项:表明"汇票"的字样;无条件支付的委托;确定的金额;付款人名称;收款人名称;出票日期;出票人签章。汇票上未记载前款规定事项之一的,汇票无效。

(二)汇票出票的效力

出票是单方法律行为,以交付为生效要件。在出票人做成票据但没有交付前,如票据丢失而流入第三人之手,应当根据持票人是否善意来认定。如果是善意的,应认定票据有效;如果持票人是恶意的,应认定无效。

对于出票人而言,出票人签发汇票后,即承担保证该汇票承兑和付款的责任。出票人在汇票得不到承兑或者付款时,应当向持票人清偿票据的金额和追索的相关费用。也就是说,汇票的出票使得出票人成为汇票上的义务人,对其签发的汇票能够获得承兑和付款承担担保责任。当汇票不获承兑或付款时承担清偿责任。对于付款人而言,使其取得对汇票进行承兑和付款的资格。付款人可以对汇票进行承兑或者付款,但是没有义务必须对汇票承兑或者付款。对于收款人而言,出票行为做出之后,收款人便取得了汇票上的一切权利,包括付款请求权和追索权,以及将汇票背书转让的权利。

三、汇票的背书

(一)背书的含义及性质

背书是指持票人在票据上签名并交付受让人的票据行为。转让人是背书人(前手),受让人是被背书人(后手)。被背书人可以将受让的票据通过背书再次转让他人,称为再背书。这种票据连续的转让,称为票据流通。

背书行为具有以下特点:

1. 背书具有债权让与的性质

持票人拥有的票据权利也是一种债权。持票人背书将票据转让给被背书人,实质上是一种债权的让与,但是与民法上一般的债权让与存在区别。首先,背书是单方的法律行为,一般的债权让与是合同行为。其次,背书是要式法律行为,一般的债权让与没有特定形式的要求。再次,依背书让与债权后,债务人原则上不得以自己与背书人之间存在的抗辩事由对抗新的权利人,一般的债权让与是可以对抗的。最后,依背书让与债权必须全部金额的无条件的让与,部分背书或将汇票金额分别转让给两人以上的背书无效。

2. 背书具有保证性质

背书人做成背书必须在票据上签章,从而成为票据上的债务人,受让人不仅对其直接转让人享有追索权,而且对票据上所有的背书人享有追索权,因此背书人对于其后所有的合法取得票据的持票人具有担保承兑和付款的责任。但如果出票人禁止背书,那么票据不得转让;背书人禁止背书后,票据仍然可以转让,背书人的后手在背书转让的,原背书人对后手的被背书人不承担保证责任。

3. 背书具有权利证明性质

持票人可以通过背书的连续性来证明自己具有行使票据权利的资格。背书连续，是指在票据转让中，转让汇票的背书人与受让汇票的被背书人在汇票上的签章依次前后衔接。但汇票被拒绝承兑、被拒绝付款或者超过付款提示期限的，不得背书转让。背书转让的，背书人应当承担汇票责任。

（二）背书的种类

1. 记名背书与空白背书

以是否记载被背书人为标准，分为记名背书和空白背书。记名背书也称为完全背书，除背书在汇票背面签名外，还要注明“付给某某”的字样。空白背书是背书人在背书中没有指定被背书人，而在被背书人记载处留有空白的背书。汇票一旦成为空白背书，就成了来人汇票，受让人可以不做背书仅凭交付就可以转让汇票的权利。

记名背书与空白背书可以相互转变。例如，取得空白背书汇票的持票人，可以将自己的名字加在背书人签名之后，这就将空白背书转变为记名背书。同样，取得记名背书汇票的持票人，在将该汇票再度转让时，可以仅签上自己的名字而不记载受让人的名字，从而使该汇票成为空白背书汇票。当今世界各国的票据法都是承认空白背书效力的。

2. 限制背书、回头背书和期后背书

这三种背书是与一般转让背书相对应的特殊转让背书。限制背书，是指背书中附加某些特别的记载，从而对转让的票据权利给予一定限制的背书。如出票人、背书人记载“不得转让”或者法律直接规定取消票据的背书性。回头背书是指票据上的原债务人为被背书人的背书。在回头背书中，由于被背书人就是票据上的债务人，又是票据权利人。因此我国《票据法》第69条规定持票人为出票人的，对其前手无追索权。持票人为背书人的，对其后手无追索权。期后背书是指票据被拒绝承兑、被拒绝付款或超过付款提示期限后所为的背书。我国《票据法》对期后背书未作规定。但期后背书的效力较弱，它没有担保效力。

3. 委托收款背书和质押背书

这是对非转让背书进行的分类，用于转让票据权以外的其他目的的背书。委托收款背书是委托他人代为收款为目的而为的背书，被背书人可以代理背书人行使票据上的权利，包括支付请求权、追索权以及提起票据诉讼的权利等。但是被背书人不得行使包括转让票据、免除债务人债务等有关票据权利的处分权方面的权利。票据债务人对背书人的一切抗辩均可以用来对抗被背书人。

质押背书是以为担保债务而在票据上设定质权为目的的背书。其中被背书人是质权人，背书人是质权设定人。质权人实现质押权，可分为三种情形：(1)质押到期，但票据付款尚未到期，为实现质权，持票人可以行使票据转让的权利。(2)质押到期，票据付款也已经到期时，为实现质权，持票人可以行使支付请求权和追索权，但不得转让汇票。(3)票据付款到期，但质押尚未到期时，为避免票据权利丧失，危及质权，也可以行使票据权利，提前实现质押权。《日内瓦统一法》规定，汇票的债务人不能以其对质权设定人的抗辩来对抗质权人，但如果后者在接受汇票时明知损害债务人而接受者除外。

【案例】

2011年11月22日，山东省五莲县五征集团签发承兑汇票一份，面额为30万元，收款人为五莲县某机械制造有限公司，付款行为被告某商业银行，到期日为2012年5月22日。五莲县某机械制造有限公司接受该汇票后，背书转让与五莲县某轮胎有限公司，五莲县某轮胎有限公司背书后又将该汇票交于某水泥有限公司（未记载被背书人）。某水泥有限公司又将该汇票转让与原告五莲县某造纸公司(未背书,未记载被背书人)。2012 年 1 月 19 日,原告持有的该票据不慎丢失。公安机关在侦查过程中发现,该汇票在丢失后由某物资公司背书转让至某果汁公司。公安机关于 2012 年 4 月 5 日将汇票追回,于同年 4 月 28 日将汇票返还原告。原告委托收款时,被告某商业银行于 2012 年 6 月 1 日以此票有争议为由拒付。为此,原告要求法院判令被告某商业银行支付汇票金额 30 万元及自汇票到期日至支付日的利息。

请问:原告的诉讼请求是否能够得到支持,为什么?

(资料来源:http://www.110.com/ziliao/article-373259.html)

四、汇票的承兑

承兑是指汇票的付款人接受出票人的付款委托,同意承担支付的义务,而将此项意思表示以书面文字记载于汇票之上的行为。在票据关系中,出票行为是出票人单方面的法律行为,付款人并没有参与出票,其是否接受委托并不确定,因此付款人并不是汇票的当然债务人。只有付款人承兑后才成为票据的主债务人,出票人和其他背书人成为从债务人。但是承兑并不能解除出票人与背书人对汇票的责任,如果承兑人在汇票到期日不付款,那么持票人仍然有权向任何前手背书人或出票人进行追索。

(一)承兑的程序

承兑需要按照一定的程序进行,可以分为持票人提示承兑、付款人承兑或者拒绝承兑、汇票的交还。

1. 持票人提示承兑

提示承兑是指持票人向付款人出示汇票,并要求付款人在票据到期日愿意对票据付款的行为。我国《票据法》规定付款人收到持票人提示承兑的汇票时,应当向持票人签发收到汇票的回单。回单上应当记明汇票提示承兑日期并签章。回单既可以证明持票人已经进行了提示承兑,同时如果承兑人没有记载承兑日期,回单上记载的日期起的第三日,依法被推定为承兑日期。提示承兑不是票据行为,只是付款人对票据进行承兑的前提。

对于持票人提示承兑的时间,我国《票据法》规定,定日付款或者出票后定期付款的汇票,持票人应当在汇票到期日前向付款人提示承兑。见票后定期付款的汇票,持票人应当自出票日起一个月内向付款人提示承兑。见票即付的汇票无需提示承兑。汇票未按照规定期限提示承兑的,持票人丧失对其前手的追索权。

2. 付款人承兑或拒绝承兑

持票人按照规定的期限向付款人提示汇票请求承兑后,付款人应在一定时间内做出承兑或拒绝承兑的决定。关于承兑人做出承兑的时间,英国票据法规定为持票人做出承兑提示的 24 小时内做出,否则就是拒付。但是拒付后还可以再承兑,但是汇票的到期日是从第一次提示日起算。《日内瓦统一法》则规定,持票人第一次提示时,付款人可不承兑而要求他第二天再提示,第二天提示时就必须做承兑。我国《票据法》第 41 条规定,付款人对向其提示承兑的汇票,应当自收到提示承兑的汇票之日起 3 日内承兑或者拒绝承兑。

承兑的方式通常是付款人在汇票正面横写“承兑”字样,签上自己的名字,并注明承兑的日期。《日内瓦统一法》规定,承兑应在汇票上记载“承兑”或其他相等的字样。英美国家则只需要承兑人的签名即可,不用一定要写上“承兑”两字。付款人拒绝承兑的,应当出具拒绝证明或者出具退票理由书,持票人可以此向其前手提起追索权。

3. 付款人交付汇票

承兑期间届满，承兑人应当交付汇票。交付可以是实际交付，即在承兑后将汇票交给持票人，也可以是推定交付，只要付款人通知持票人在某日已做了承兑，就算交付。对于180天以内的远期汇票，国际上习惯做法是承兑后不退给持票人，而是发一个书面承兑通知。同时，在没有交还票据之前，付款人可以涂销其承兑，使其不发生法律效力。

（二）承兑的种类

汇票承兑分为两种：

1. 一般性承兑

这是指付款人在承兑时，对汇票的到期付款不加限制地予以确定。

2. 限制性承兑

这是指付款人在承兑时，对汇票的到期付款加上一些限制条件，对票据文义进行部分修改。主要包括：(1)有条件的承兑。例如付款人在承兑时注明必须在检验货物完好后才能付款或必须提交提单后才能承兑等。(2)部分承兑，只承兑汇票金额的一部分。(3)规定地点的承兑，表明只能在某地承兑付款。(4)规定时间的承兑，表明对承兑付款的时间做出限制，如限定承兑的有效期为3个月，逾期需要更新等。(5)并非由全体付款人承兑。当汇票有数个付款人时，只有某些付款人承兑，而不是全体付款人都承兑。

对于限制性承兑的效力各国的法律有不同的规定。英国票据法规定，持票人可以拒绝接受附有条件的承兑，也可以认为这是付款人拒绝承兑的行为。但是如果持票人接受限制性的承兑，他必须征得出票人与背书人的同意，否则持票人丧失对出票人与背书人的追索权。根据《日内瓦统一法》承兑应当是无条件的。但是承兑人可以限制其所承兑的数额，仅承兑汇票金额的一部分。我国《票据法》规定，付款人承兑汇票，不得附有条件；承兑附有条件的，视为拒绝承兑。

五、汇票的保证

汇票的保证，是指票据债务人以外的第三人，为担保主票据行为产生的债务而做出的从票据行为。票据保证是由第三人提为票据的债务人提供的保证，被保证人可以为出票人、背书人或承兑人。因票据的保证行为使得票据的信用进一步增强，更有利于票据的流通。

汇票的保证具有以下特点：

1. 汇票的保证是一种要式行为

汇票保证应在汇票上或粘单上做出，注明“保证”字样或类似的语句，并由保证人签名。根据《日内瓦统一法》的规定，保证人在做出保证时，可以在汇票上记载被保证人的姓名；如果没有记载，则视作为出票人提供保证。如果欠缺保证日期的记载，那么可以推定出票日期为保证日期。另外，保证不得附有条件；附有条件的，不影响对汇票的保证责任。例如，某公司愿意为武汉市天虹商场保证，但是汇票不得再转让。这是一个附条件的保证，所附条件不产生票据法上的效力，但是并不影响保证行为的有效性，保证人依然要承担保证责任。

2. 汇票保证具有独立性

这是汇票保证与民法保证的区别。汇票的保证与民法的保证虽然都具有从属性，都是以保证债务存在为前提，但两者有较大的区别。在汇票保证的场合下，即使被保证的主债务无效，只要汇票的记载事项没有欠缺，票据保证仍然有效，保证人仍然应当承担责任；保证人为两人以上的，保证人之间承担连带责任，该连带责任不允许当事人以特别约定排除或更改。而民法中的保证,被保证的主债务被宣告无效或撤销,保证行为也随之无效,保证人可以不承担义务;民事保证中的各保证人可以约定保证的范围,仅以约定的范围承担责任。

3. 汇票保证人不享有先诉抗辩权

先诉抗辩权是指一般保证的保证人在主合同纠纷未经审判或仲裁,并就债务人财产依法强制执行仍然不能履行债务前,对债权人可以拒绝承担保证责任的抗辩权。但是汇票保证人不能享有此种先诉抗辩权。保证人与被保证人的责任性质完全相同,持票人可以不先向被保证人行使权利,而直接向保证人提出付款请求或追索。保证人在承担了保证责任后,取得票据上的权利,可以行使持票人对被保证人及其前手的追索权。

【案例】

A于7月8日签发了一张定日付款的汇票,收款人为B,付款人为该市交通银行,付款日期为8月8日,票面金额为25万元。本市两家公司W公司与H公司分别在票据上签章,表示愿意对出票人所出具的票据负保证责任,并在票据上 记载“保证责任”文字。汇票到期,B持汇票要求付款人承兑并付款,付款人以出票人在其处的存款不足为由,拒绝承兑,并出具了退票理由书。8月10日,B持汇票及退票理由书向出票人A主张票据权利,A以目前无资金为由要求延后付款。此后,B找到保证人W公司,要求其承担保证责任。W公司认为自己仅应承担票据金额的一半的保证责任。持票人B遂将出票人A、保证人W公司及H公司告上法庭,要求他们对票据债务承担连带责任。

请问:持票人B的要求是否能够得到支持,为什么?

六、汇票的付款

汇票的付款是指汇票的付款人在汇票的到期日向持票人支付汇票金额,以消灭票据关系的行为。付款的行为由三个步骤组成。首先,持票人应当提示付款。所谓提示付款,是指汇票的持票人向汇票的付款人或代理付款人现实出示票据,并请求其付款的行为。付款提示的时间各国规定不同,如英国法规定,凡是见票即付的票据,持票人必须在合理的时间内向付款人做付款提示。《日内瓦统一法》规定,见票即付的汇票,持票人应于出票后1年内向付款人做付款提示,否则持票人即丧失对出票人及前手背书人追索权;定日付款或出票后定期付款或见票后定期付款的汇票,持票人应于到期日或其后的2个营业日内做出付款提示。我国见票即付的汇票与《日内瓦统一法》规定一致,而定日付款或出票后定期付款或见票后定期付款的汇票,持票人应于到期日起10日内向承兑人做出付款提示。通过委托收款银行或票据交换系统向付款人做付款提示的,视同持票人提示。在持票人依法提示的情况下,付款人应在当时足额付款,如到期日为法定节假日,则可顺延至下一个营业日付款。持票人获得付款的,应当在汇票签收后交给付款人。付款人依法足额付款后,全体汇票债务人的责任随之解除。

付款人付款时具有审查的义务。我国《票据法》第57条规定,付款人及其代理付款人付款时,应当审查汇票背书的连续性,并审查提示付款人的合法身份证明或者有效证件。付款人及其代理付款人以恶意或者有重大过失付款的,应当自行承担责任。可见,我国付款人的审查义务包括形式审查和持票人身份的审查。其中形式审查包括从外观上审查票据格式是否合法、记载事项是否完备和汇票的背书是否连续等。对于善意持票人向伪造背书后支付了对价而取得汇票的持票人付款的,按照英国的法律,付款人的责任不能解除,汇票的真正所有人仍有权要求付款人付款。按照《日内瓦统一法》规定,付款人没有义务审查签章的真实性,只负有审查汇票背书连续性的义务，故善意的付款人向符合背书连续性的汇票持票人付款后，付款人的汇票责任即合法解除。

七、汇票的追索

汇票追索权是指汇票持有人在法定期限内提示承兑或提示付款而遭拒绝，或有其他无法行使汇票权利的法定原因时，依法向其背书人、出票人以及汇票的其他债务人请求支付汇票金额、利息以及相关费用的一种票据上的权利。其中，追索权人包括最后持票人、作为被追索人而清偿债务后享有与持票人同等权利的背书人和保证人。被追索人包括背书人、出票人和其他票据债务人。

根据各国票据法的规定，持票人行使追索权必须具备以下四个条件：

(1)汇票遭到拒绝承兑或拒绝付款。我国在票据承兑和票据付款方面都采取了较为严格的立法主义，故付款人对汇票金额进行部分承兑或改变汇票文义的承兑均为拒绝，都可能引起追索权的发生。

(2)已经在法定的期限内向付款人作承兑提示或付款提示，但由于付款人或承兑人死亡、逃匿或者其他原因，不能向其提示时，或付款人与承兑人宣告破产时，无须作上述承兑提示或付款提示。

(3)必须在汇票遭到拒付后的法定期间内做成拒付证书。所谓拒付证书，是一种由付款地的公证人或其他依法有权做出这种证书的机构，如法院或银行公会等作成的证明付款人拒付的书面文件。持票人在请求公证人做成拒付证书时，应把汇票交给公证人，由公证人再向付款人提示一次，如果遭到拒付或拒绝承兑，即做成拒付证书，连同汇票交还持票人，由持票人据此向其先手进行追索。如果持票人不能出示拒付证明、退票理由书或未按规定的期限提供其他合法证明的，则丧失对其前手的追索权。但英国票据法的规定与之有区别，认为国内汇票在遭到拒付时，不一定要做成拒付证书，只有国外汇票才必须在拒付之日或翌日做成拒付证书，否则出票人与背书人即可以解除对该汇票的责任。至于汇票的承兑人仍然应对汇票负责。

(4)必须在汇票遭到拒付后的法定期限内将拒付事实通知其前手。我国《票据法》第 66 条规定，持票人应当自收到被拒绝承兑或者被拒绝付款的有关证明之日起 3 日内，将被拒绝事由书面通知其前手；其前手应当自收到通知之日起 3 日内书面通知其再前手。持票人也可以同时向各汇票债务人发出书面通知。未按照前款规定期限通知的，持票人仍可以行使追索权。因延期通知给其前手或者出票人造成损失的，由没有按照规定期限通知的汇票当事人，承担对该损失的赔偿责任，但是所赔偿的金额以汇票金额为限。在规定期限内将通知按照法定地址或者约定的地址邮寄的，视为已经发出通知。

英国法对于拒付通知的要求十分严格，持票人必须将拒付事实通知其直接背书人以及任何他将对之追索的前手，如果他只通知其直接背书人，则后者在接到通知后必须立即通知他将对之进行追索的前手，依次通知直至出票人。此项拒付通知必须在合理的时间(一般为拒付翌日)内做出，否则持票人将丧失其对前手背书人与出票人的追索权。

第三节 本票与支票

一、本票

(一)本票的概念

本票是出票人签发的,承诺自己在见票时无条件支付确定的金额给收款人或者持票人的票据。我国票据法所称的本票,仅限于由银行签发的银行本票。英国票据法对本票的定义为,本票是一人向另一人签发的,保证即期或定期在可以确定的将来时间对某人或指定人或持票人支付一定金额的无条件的书面承诺。由此可见,西方国家的本票除了银行本票还包括出票人为企业个人的一般本票。本票在商事交易中所发挥的作用不及汇票和支票。

(二)本票的基本关系人

由于本票的出票人和付款人是同一人,所以基本关系人只有出票人和收款人。

(1)出票人,即签发本票的人,也是本票的付款人、主债务人。当出票人由两人或两人以上时,他们所承担的责任有两种:连带责任和连带又单独的责任。两种责任的区别如下:

第一,对于出票人,如果是连带责任,如其中一个出票人死亡,其责任就可以解除,持票人不能向他的遗产继承者或个人代表索偿;如果是连带又单独责任的情况下,持票人可以向其继承人索偿。

第二,对于持票人,权利是不同的。一张负连带责任的本票只有一次起诉权,如果他在第一次只选择了其中一个而不是全体出票人起诉,而这个出票人没有偿付能力,则他就不能再进行第二次起诉。一张负连带又单独责任的本票,有几个出票人就有几次起诉权,只是不允许持票人得到超过该本票金额的赔偿。

(2)收款人也称受款人,本票的债权人,收款人可以背书转让本票,并对后手保证付款,若出票人拒付,可行使追索权。

(三)本票与汇票的比较

各国票据法有关对汇票的出票、背书、到期日、追索等规定,基本上都可以适用于本票。但见票后定期付款的本票,持票人应向出票人提示,在票面上签章,并记载“见票”字样和日期,以便确定本票的到期日。如出票人拒绝签名,持票人可请求做成拒付证书,以便行使追索权。本票与汇票的主要区别如下:

(1)证券性质不同。汇票为委托付款证券,本票是自付证券。

(2)主债务人不同。汇票在承兑前出票人负第一性质的付款责任,但在承兑后,承兑人成为主债务人,负第一性的付款责任。而本票的主债务人始终为出票人。

(3)是否存在承兑不同。汇票中定期汇票、出票后定期的汇票和见票后定期的汇票,持票人必须做出付款提示,付款人应当做出承兑或拒绝承兑的意思表示。本票的出票人即为付款人,所以不需要承兑。

(4)出票人与背书人责任不同。汇票的出票人应负担承兑和担保付款的责任,本票的出票人应负绝对付款责任;汇票的背书人应负承兑和付款的担保责任,本票的背书人仅负付款的担保责任。

（四）本票应记载的事项

1. 绝对应当记载的事项

我国《票据法》第75条规定，本票必须记载下列事项：(1)表明“本票”的字样；(2)无条件支付的承诺；(3)确定的金额；(4)收款人名称；(4)出票日期；(5)出票人签章。本票上未记载前款规定事项之一的，本票无效。

2. 相对应当记载的事项

我国《票据法》第76条规定了两项相对应当记载的事项：付款地和出票地；本票上未记载付款地的，出票人的营业场所为付款地；本票上未记载出票地的，出票人的营业场所为出票地。

二、支票

（一）支票的概念及其种类

支票是出票人签发的，委托办理支票存款业务的银行或者其他金融机构在见票时无条件支付确定的金额给收款人或者持票人的票据。英国票据法对支票的定义为，支票是以银行为付款人的即期汇票。英美法系将支票视为汇票的一种。

（二）支票的分类

支票按照不同的标准，可以分为以下几种。

(1)记名支票(抬头支票)和无记名支票(来人支票)。其中，无记名支票又称空白支票，出票人在支票上不记载收款人的名称，在转让时不适用背书转让规则，可直接依票据交付行为实现支票的转让。我国票据法允许签发无记名支票，但是《支票结算办法》又规定，支票的金额、收款人名称在补记前不得背书转让和提示付款。

(2)转账支票和现金支票。转账支票是指只能以记入受款人账户才能支付，不能以现金支付票款的支票。转账支票的持票人必须首先将支票存入自己的账户，然后再从自己的账户中提取现金。支票正面记载“转账”或同义的文字，就是转账支票，其作用是可以防止支票被人冒领。现金支票，可以支付现金也可以转账。

(3)普通支票、保付支票和划线支票。普通支票是个人平常使用的没有特殊规定的一般支票。保付支票是银行或其他法定金融机构等办理支票存款业务的机构，承担绝对付款义务的支票。经付款银行在支票的票面记载“保付”、“照付”字样或同类文字并盖章后，保付人就成为唯一的债务人，其他所有债务人均免责。划线支票是指在支票上加划两道平行线的支票，又称为平行线支票。划线支票有三种格式：①平行线中间没有文字。②平行线中间写有“银行”两字。这两种是一般划线支票。一般划线支票只能向银行或向付款银行的客户付款。例如，A为一般划线支票的持有人，B银行为付款人，A是B的存款户，A可以将划线支票存入户头，委托B银行将票款从他人账户划入A的户头之内。B银行不是付款人，C银行才是付款人，A在C银行内没有账户，那么A可以将支票交给自己的开户行B，委托B银行向C银行取款。这样，C向B付款，B银行再将票款划入甲的账户。③平行线中间记载特定银行名称，称为特别划线支票。这种支票只能由平行线内特定的银行付款。划线支票一般用于较大的金额。由于支票在使用时受到限制，所以即使丢失也比较容易查找，相对安全可靠。

（三）支票与汇票的区别

我国《票据法》规定，支票的背书、保证、付款行为和追索权的行为，可以适用有关汇票的规定。但支票与汇票也存在以下区别：

(1)付款人。汇票的付款人不受限制，而支票的付款人限定为“办理支票存款业务的银行或者其他金融机构”。

(2)付款日期。汇票的付款日期除见票即付外,还包括定日付款、见票后定期付款和出票后定期付款等。支票的付款日为见票即付,没有远期支票。

(3)承兑。由于支票是见票即付,所以没有承兑行为。

(4)资金关系。汇票的出票人在付款人处是否存有资金,票据法不强求。而支票强调支付性,出票人必须在付款人处存有资金才能签发支票,否则为空头支票。

(5)付款人的责任。汇票付款人即使在资金充足的情形下,仍可以拒绝承兑和拒绝付款。承兑前的主债务人是出票人,承兑后的主债务人是承兑人。支票的付款人在出票人存款足以支付时,必须承担付款责任,且支票关系中主债务人是出票人,除保付支票之外,付款人不是主债务人。

(四)支票的止付和拒付

1. 支票的止付

支票的止付也称支付的撤回,是支票的出票人在出票后向付款银行发出通知,通知银行不再对该支票付款。支票止付的原因大多是支票遗失或被窃造成的。英国票据法允许止付,但是止付后出票人并不能解除债务。银行在确定出票人已经死亡或破产时,也有权止付支票。如遇到支票止付,持票人不能对付款银行提起诉讼,只能要求出票人按其开出的支票付款或向前手追索。因为支票的债务人是出票人,不是付款银行。

支票的持票人为了防止支票的出票人出票后止付或撤回,持票人可以要求付款银行对支票予以确认,一旦付款银行在支票上签字盖章后,付款银行对该支票就承担了绝对的付款义务。

2. 支票的拒付

这主要是指银行对于不符合付款条件的支票应退票,拒绝付款。引起支票拒付的情形主要有:(1)出票人签名不符。(2)支票未到期或预期提示。(3)大小写金额不符。(4)存款不足。(5)支票已止付。(6)出票人、横线、付款人、付款地和金额等要项被涂改。

【案例】

司徒先生是某研究所的研究员,因专利发明获得了大量收入,银行为其开了支票账户。2002年,司徒先生因家庭不和,受到刺激,导致精神失常。2002年4月1日司徒先生签了一张60万元的转账支票给某房地产公司购买房屋。某房地产公司希望有保证人予以保证。司徒先生找到其朋友钟女士保证。房地产公司收受支票后,4月15日以背书的方式将该支票转让给某租赁公司以支付所欠的建筑机械租金。4月19日,某租赁公司持该支票向某现代商城购置计算机设备。4月26日,某现代商城通过其开户银行提示付款时,开户银行以超越提示付款期为由作了退票处理。某现代商城只好通知其前手进行追索。在追索过程中,租赁公司和房地产公司均以有保证人为由推卸自己的责任,保证人钟女士以司徒先生系精神病人,其签发支票无效为由,拒不承担责任。经鉴定,司徒先生确属精神不正常,属无行为能力人。

请问:本案中的保证人应否承担保证责任? 为什么?

本章小结

1. 本章所讲的票据,仅指以无条件支付一定金额为内容,且由票据法规范的有价证券。票据具有以下特征:有价证券、要式证券、设权证券、文义证券、无因证券和流通证券。

2. 票据权利是依票据行为所发生的,持票人向票据债务人请求支付票据金额的权利,包括付款请求权和追索权。票据权利的取得，其实质是持票人合法、有效地取得票据的所有权并享有票据权利，包括原始取得和继受取得。

3. 票据伪造和变造都是假冒他人的名义而为的票据行为。前者主要是指伪造票据本身或票据上的签名；后者主要是没有合法权限的人在已有效成立的票据上变更签名以外的记载内容。

4. 票据行为：出票、背书、承兑、付款、保证、追索。

5. 汇票、支票和本票。

思考与练习

一、不定项选择题

1. 一张汇票的出票人是甲，乙、丙、丁、戊依次是背书人，已是持票人。现查出这张汇票的金额被变造，且确定丁、戊是在变造之后签章，乙是在变造之前签章，但不能确定丙是在变造之前或变造之后签章的。下列说法中哪项是正确的？（　　）

A. 汇票中的金额被变造导致这张汇票无效

B. 甲、乙、丙、丁、戊均只就变造前的票据金额对已负责

C. 甲、乙就变造之前的票据金额对已负责，丙、丁、戊就变造后的金额对已负责

D. 甲、乙、丙就变造之前的票据金额对已负责，丁、戊就变造后的金额对已负责

2. 下列关于本票和支票的说法正确的是（　　）。

A. 我国票据法上的本票包括银行本票和商业本票，而支票只有银行支票

B. 我国票据法上的本票和支票都仅限于见票即付

C. 本票和支票的基本当事人都只包括银行和收款人

D. 普通支票只能用于支取现金，不得用于转账

3. 甲签发汇票一张，汇票上记载收款人为乙，保证人为丙、丁，金额为 20 万元，汇票到期日为 1997 年 11 月 1 日。乙持票后将其背书转让给戊，戊再背书转让给已，已要求付款银行付款时，被以背书不具连续性为由拒绝付款。下列说法中哪些是正确的？（　　）

A. 已可以向戊行使追索权，也可以同时向甲、乙、戊行使追索权

B. 已向乙行使追索权时，只有当乙不能偿付时，丙、丁才对已承担保证责任

C. 如果丙、丁在保证时约定有份额，则丙、丁按该约定的份额对已承担保证责任

D. 保证人丙、丁对已的追索支付了全部款项后，可以向乙或甲追索

4. 某丁拾得一张某甲为出票人、某乙为背书人、某丙为被背书人的汇票。票面金额为 5 万元，见票后 3 个月内付款。丁拾得票据后，立即伪造某丙签章，将汇票转让给自己，然后拿到 A 银行贴现。A 银行审查了汇票背书的连续性后，给予贴现。这时某丙发现汇票丢失，并立即向法院申请公示催告，并向付款人 B 银行提出挂失止付。下列选项中正确的有哪些？（　　）

A. 丁除了承担票据责任之外，还应承担其他法律责任

B. 被伪造人丙可以追究伪造人乙的民事责任，但应承担票据责任

C. 付款人 B 银行不承担任何票据责任

D. A 银行因为善意取得而成为真正的票据权利人，某丙不得以某丁的伪造背书行为而主

张 A 银行的票据权利无效

5. 下列关于附条件的票据行为的说法正确的是(　　)。

A. 票据背书不得附有条件,若附有条件,则该条件不具有票据上的效力

B. 承兑人承兑汇票不得附有条件,若附有条件的,视为拒绝承兑

C. 保证不得附有条件,若附有条件,则该保证无效

D. 保证不得附有条件,若附有条件,则不影响票据保证责任

二、判断改错题

1. 票据的涂销是指票据权利人涂去票据上记载的事项使之失去效力的行为,所有票据一经涂销,被涂销的事项无效。(　　)

2. 票据的伪造最常见的是对票据金额和到期日的伪造。(　　)

3. 支票与本票关于承兑的规定可以比照汇票的承兑相关规则。(　　)

4. 票据上的保证是在被保证人无法履行义务时,保证人才会承担责任。(　　)

三、案例分析

甲市一个建筑公司因为基建工程资金不足,后期工程无法完成,欲向该市工商银行申请贷款 600 万元,但是该市工商银行资金困难,无法出贷。乙市一家百货商场经理闻知,提出本市工商银行可以帮助解决资金问题。于是,甲市建筑公司经理、工商银行行长以及信贷科长一行数人赶到乙市,约见该市工商银行行长以及商场经理。四方商量提出一个方案:先由建筑公司开出 1 000 万元的银行承兑汇票,经甲市工商银行(以下称甲银行)承兑后,再由百货商场送交乙市工商银行(以下称乙银行)办理汇票贴现,所得 1 000 万元,转汇甲银行 600 万元,贷给建筑公司使用,留下 400 万元留给商场使用。到期则由乙银行收回各方票款。甲银行当场开出两张汇票,一张 600 万元、一张 400 万元,汇票上均未填具交易合同号码和承兑契约编号。当天,乙银行即办理了票据贴现,次日则以百货商场名义转汇甲银行 600 万元,留下 400 万元冲抵了百货商场的债务。年底建筑公司如期归还到百货商场,但是,百货商场无力归还 400 万元本息,汇票到期后甲银行拒绝付款。乙银行遂告甲银行,并将百货商场和建筑公司列为第三人。

请问:

1. 甲银行签发的无商品交易的银行承兑汇票是否有效?为什么?

2. 甲银行有无权利拒绝付款?为什么?

3. 如果汇票到期之前乙银行将该汇票背书后转让给了丙银行,甲银行能否拒绝丙银行的付款请求?为什么?

第八章 WTO 贸易规则

【学习目标】

·理解 GATS 规定的服务种类和成员义务;

·掌握 TRIPS 的基本原则;

·学会运用 WTO 争端解决机制;

·重点记忆 GATT 的 14 条主要条款和 13 个具体协议、TRIPS 保护的知识产权种类、WTO 争端解决机制程序。

第一节 WTO 货物贸易法

一、GATT 介绍

《关税及贸易总协定》(General Agreement on Tariffs and Trade,GATT)是一个政府间缔结的有关关税和贸易规则的多边国际协定,简称《关贸总协定》。它的宗旨是通过削减关税和其他贸易壁垒,消除国际贸易中的差别待遇,促进国际贸易自由化,以充分利用世界资源,扩大商品的生产与流通。《关贸总协定》于 1947 年 10 月 30 日在日内瓦签订,并于 1948 年 1 月 1 日开始临时适用。应当注意的是,由于未能达到 GATT 规定的生效条件,作为多边国际协定的 GATT 从未正式生效,而是一直通过《临时适用议定书》的形式产生临时适用的效力。

(一)协定宗旨

《关贸总协定》的“序言”明确规定其宗旨是:缔约各国政府认为,在处理它们的贸易和经济事务的关系方面,应以提高生活水平、保证充分就业、保证实际收入和有效需求的巨大持续增长、扩大世界资源的充分利用以及发展商品生产与交换为目的;通过达成互惠互利协议,大幅度地削减关税和其他贸易障碍,取消国际贸易中的歧视待遇等措施,以对上述目的做出贡献。

(二)协定作用

《关贸总协定》实施以后,即开始进行全球多边贸易谈判。40 多年来,经过多次关税减让谈判,缔约国关税已有大幅度的削减,世界贸易已增长十几倍,其在国际贸易领域内所发挥的作用越来越大，主要表现在以下几个方面：

(1)总协定为各成员规范了一套处理它们之间贸易关系的原则及规章。总协定通过签署大量协议，不断丰富、完善多边贸易体制的法律规范，对国际贸易进行全面的协调和管理。

(2)总协定为解决各成员在相互贸易关系中所产生的矛盾和纠纷提供了场所和规则。总协定为了解决各成员在国际贸易关系中所产生的矛盾和争议，制定了一套调处各成员争议的程序和方法。总协定虽然是一个临时协定，但由于其协调机制有较强的权威性，它使大多数的贸易纠纷得到了解决。

(3)总协定为成员举行关税减让谈判提供了可能和方针。总协定为各成员提供了进行关税减让谈判的场所。总协定自成立以来，进行过八大回合的多边贸易谈判，关税税率有了较大幅度的下降。发达国家的平均关税已从1948年的36%降到20世纪90年代中期的3.8%，发展中国家和地区同期降至12.7%。这种大幅度地减让关税是国际贸易发展史上所未有的，对于推动国际贸易的发展起了很大作用，为实现贸易自由化创造了条件。

(4)总协定努力为发展中国家争取贸易优惠条件。关贸总协定成立后被长期称作"富人俱乐部"，因为它所倡导的各类自由贸易规则对发达国家更有利。但随着发展中国家成员的增多和力量的增大，总协定不再是发达国家一手遮天的讲坛，已经增加了若干有利于发展中国家的条款，为发展中国家分享国际贸易利益起到了积极作用。

(5)总协定为各成员提供经贸资料和培训经贸人才。关贸总协定与联合国合办的"国际贸易中心"，从各国搜集统计资料和其他资料，经过整理后再发给各成员，并且举办各类培训班，积极为发展中国家培训经贸人才。

(三)产生过程

第二次世界大战结束后，美国为推动国际贸易"自由化"，向联合国经社理事会提出召开世界贸易和就业会议，成立国际贸易组织。1946年由美、英等19个国家组成的联合国贸易与就业会议筹备委员会，起草了《联合国国际贸易组织宪章》。1947年11月在古巴哈瓦那举行的联合国贸易和就业会议上通过了该宪章，通称《哈瓦那宪章》。与此同时，由美国邀请包括中国在内的23个国家，根据这一宪章中有关国际贸易政策的内容，进行了减让关税的多边谈判，采纳了《哈瓦那宪章》中关于国际贸易政策的内容，签订了《关税及贸易总协定》，并从翌年1月1日起临时生效。

(四)协定内容

《关贸总协定》分为序言和四大部分，共计38条，另附若干附件。第一部分从第1～2条，规定缔约各方在关税及贸易方面相互提供无条件最惠国待遇和关税减让事项。第二部分从第3～23条，规定取消数量限制以及允许采取的例外和紧急措施。第三部分从第24～35条，规定本协定的接受、生效、减让的停止或撤销以及退出等程序。第四部分从第36～38条，规定了缔约国中发展中国家的贸易和发展问题。这一部分是后加的，于1966年开始生效。

(五)局限性

由于关贸总协定不是一个正式的国际组织，这使它在体制上和规则上有着多方面的局限性。

(1)总协定的有些规则缺乏法律约束，也无必要的检查和监督手段。例如，规定一国以低于"正常价值"的办法，将产品输入另一国市场并给其工业造成"实质性损害和实质性威胁"就是倾销。而"正常价值"、"实质性损害和实质性威胁"难以界定和量化，这很容易被一些国家加以歪曲和用来征收反倾销税。

(2)总协定中存在着“灰色区域”,致使许多规则难以很好地落实。所谓“灰色区域”,是指缔约国为绕开总协定的某些规定,所采取的在总协定法律规则和规定的边缘或之外的歧视性贸易政策措施。这种“灰色区域”的存在,损害了总协定的权威性。

(3)总协定的条款中对不同的社会经济制度带有歧视色彩。例如,对“中央计划经济国家”进入关贸总协定设置了较多的障碍。

(4)总协定解决争端的机制不够健全。虽然总协定为解决国际商业争端建立了一套制度,但由于解决争端的手段主要是调解,缺乏强制性,致使争端久拖不决。

(5)允许纺织品配额和农产品补贴长期存在,损害了总协定的自由贸易原则。

正是由于总协定的上述种种局限性,使这个临时性准国际贸易组织最终被世界贸易组织(WTO)所取代。

二、GATT 主要内容

(一)《1994 年关贸总协定》

《1994 年关贸总协定》继承了《1947 年关贸总协定》的核心原则,以及这些原则的例外,但有些条款已补充、扩展、派生成单独的协议,有的或失去意义,或被《建立世界贸易组织的协议》的相关条款所取代或修正。主要条款有 14 条:最惠国待遇条款;关税减让条款;国民待遇条款;取消数量限制条款;以国际收支为由的限制条款;国营贸易条款;海关估价条款;原产地规则条款;贸易救济措施条款;透明度和贸易政策统一条款;关税同盟、自由贸易区和边境贸易条款;争端解决条款;对发展中成员的特殊优惠待遇条款;例外与免责条款。

1. 最惠国待遇条款

最惠国待遇的基本目标是使所有参与多边贸易体制的成员都能分享该体制带来的好处。1978 年 8 月,联合国国际法委员会把“最惠国待遇”定义为:“给惠国给予受惠国或者与该受惠国有确定关系的人或物的优惠,不低于该给惠国给予第三国或者与该第三国有同样关系的人或物的待遇。”缔约国之间对于进出口货物及有关的关税规费征收方法、规章制度、销售和运输等方面,一律适用无条件最惠国待遇原则。但关税同盟、自由贸易区以及对发展中国家的优惠安排都作为最惠国待遇的例外。

最惠国待遇原则:(1)自动性。当一成员给予其他成员的优惠超过其他成员享有的优惠时,其他成员便自动享有这种优惠。(2)同一性。当一成员给予其他成员的某种优惠自动地转给其他成员方时,受惠标准必须相同。(3)相互性。任何一成员既是受惠方,又是给惠方。即在享受最惠国待遇权利时,也承担最惠国待遇义务。(4)普遍性。最惠国待遇适用于全部进出口产品、服务贸易的各个部门和所有种类的知识产权的所有者和持有者。

根据 GATT 文本第 1 条和第 3 条的有关规定,各成员在以下范围内适用最惠国待遇:(1)在对输出或输入、有关输出或输入及输出入货物的国际支付转账所征收的关税和费用方面;(2)在征收上述关税和费用的方法方面;(3)在输出或输入的规章手续方面;(4)在直接或间接征收的国内税或其他费用方面;(5)在关于产品的国内销售、推销、购买、运输、分配或使用的全部法令、条例的规定方面。从这一适用范围看,显然比双边经贸条约中最惠国待遇条款的适用范围小。但 WTO 体制的最惠国待遇的适用范围却由原定范围扩大适用到服务贸易、与贸易有关的知识产权方面和与贸易有关的投资措施方面。

最惠国待遇原则也有可以不执行的例外情况:第一,某发达国家给予发展中国家出口的工业品及半成品以更加优惠的差别的关税待遇;在非关税措施方面给予发展中国家更为优惠的差别的待遇；发展中国家之间实行的优惠关税；对最不发达国家的特殊优惠，可不给予其他发达国家成员。第二，自由贸易区、关税同盟及边境贸易所规定的少数国家享受的待遇和经济一体化组织内部的待遇，可不给予其他 WTO 成员。第三，一些成员为保障动、植物及人民的生命、健康、安全或一些特定目的对进出口采取的所有措施，不受最惠国待遇的约束。第四，当一国的国家安全受到威胁时，可以不受最惠国待遇的约束。第五，反补贴、反倾销及在争端解决机制下授权采取的报复措施，不受最惠国待遇的约束。第六，货物贸易中的政府采购不受 WTO 管辖，所以不受最惠国待遇的约束。第七，不属 WTO 管辖范围的诸边贸易协议中的义务，主要指在民用航空器贸易、奶制品及牛肉贸易等方面，WTO 成员彼此间可以不给予最惠国待遇。在服务贸易中，根据最惠国待遇原则，WTO 规定在服务和服务的提供者方面，各成员应该立即和无条件地给予任何其他成员的服务及服务提供者相同的待遇。但鉴于服务贸易发展的水平参差不齐，WTO《服务贸易总协定》允许少数成员在 2005 年以前，存在与最惠国待遇不符的暂时性措施。在 2005 年之后，最惠国待遇原则上应是无条件地、永久地在所有成员间实施。在与贸易有关的知识产权方面，最惠国待遇原则要求除有关国际条约规定的外，某一成员提供给其他成员国民的任何利益、优惠、特权或豁免，均应立即无条件地给予全体 WTO 其他成员的国民。

【例题】

甲、乙、丙三国为世界贸易组织成员，丁国不是该组织成员。关于甲国对进口立式空调和中央空调的进口关税问题，根据《关贸总协定》，下列违反最惠国待遇的做法是（　　）。

A. 甲国给予来自乙国的立式空调和丙国的中央空调以不同的关税

B. 甲国给予来自乙国和丁国的立式空调以不同的进口关税

C. 因实施反倾销措施，导致从乙国进口的立式空调的关税高于从丙国进口的

D. 甲国给予来自乙、丙两国的立式空调以不同的关税

答案：D。

2. 关税减让条款

缔约国之间通过谈判，在互惠基础上互减关税，并对减让结果进行约束，以保障缔约国的出口商品适用稳定的税率。

3. 国民待遇条款

国民待遇原则是指在民事权利方面一个国家给予在其国境内的外国公民和企业与其国内公民、企业同等待遇，而非政治方面的待遇。国民待遇原则是最惠国待遇原则的重要补充。在实现所有 WTO 成员平等待遇基础上，WTO 成员的商品或服务进入另一成员领土后，也应该享受与该国的商品或服务相同的待遇。这正是 WTO 非歧视贸易原则的重要体现。国民待遇原则严格讲就是外国商品或服务与进口国国内商品或服务处于平等待遇的原则。

在货物贸易中，WTO 对国民待遇的实施也有例外规定：首先，国民待遇义务不适用于政府采购。其次，国民待遇义务并不禁止单独支付给某种产品国内生产者的补贴。再次，国民待遇原则并不禁止有关电影片的国内放映数量限制。最后，WTO 允许发展中国家自 1995 年 1 月 1 日起的 5 年中对使用国内产品进行补贴。对最不发达国家，这一期限延长为 8 年。

由于服务贸易与货物贸易的差异及其自身的复杂性，WTO 对两者有关国民待遇的要求大有区别。服务贸易中国民待遇是以 WTO 成员间在平等基础上通过谈判方式达成协议的，根据协议在不同行业中不同程度地履行国民待遇。

对于与贸易有关的知识产权领域的国民待遇，WTO 规定每一个成员向其他成员的国民

就知识产权的保护提供的待遇不得低于其给予本国国民待遇；同时，允许各成员在涉及工业产权的保护领域中，凡有关司法行政程序、司法管辖权问题的法律都可声明保留，不给予外国人以国民待遇。这也符合国际社会的通常做法。

4. 取消进口数量限制条款

总协定规定原则上应取消进口数量限制；但由于国际收支出现困难的，属于例外。

数量限制是国家对允许进出口的商品数额采取的限制措施，它主要通过配额制度和许可证制度来实施。配额是指在特定时期内对一种产品的进口规定最高限额，可分为全球配额与国别配额；许可证制度是指进口商在进口某种商品时必须取得许可证方可进口的制度。

取消数量限制的含义是，为了逐步促进贸易的自由化，在一般情况下，不允许国家对其进出口的商品数量进行限制。与关税、政府补贴等措施相比，数量限制是政府直接干预对外贸易的形式，其后果与关税措施一样都阻碍了正常国际贸易，违背了市场开放的原则。但关税具有透明、稳定、易于监督的优点，而数量限制具有隐蔽性、随机性和不易监督的特点。因此，在现行的各种贸易保护措施中，WTO 更倾向于关税。此外，关税措施在最惠国待遇原则的指导下能够更好地在非歧视原则的基础上使用，而数量限制却因行政自由裁量的运用很容易被歧视地使用。正因为以上原因，WTO 坚决反对数量限制，并不断完善相关制度。乌拉圭回合谈判达成的《纺织品与服装协定》和《农产品协定》反映了谈判各方在实现敏感商品贸易自由方面，以关税保护逐步取代数量限制的努力。

WTO 取消数量限制是对 GATT 相关规则与制度的继承与发展。GATT 第 11 条第 1 款规定："任何缔约国除征收关税和其他税费外，不得设立或维持配额、进出口许可证或其他措施以限制或禁止其他缔约国领土的产品的输入，或向其他缔约国领土输出或销售出口产品。"该条款包含两层含义：首先，普遍禁止数量限制。任何成员不得对其他成员产品进口和本国产品出口实行禁止或限制，不论是采取配额、许可证还是其他措施。其次，允许各成员采取一定的保护本国工业或其他产业的措施，这种保护应运用关税和国内税手段，并尽可能维持在较低的合理水平，而不应采取数量限制。

按照普遍禁止的原则，WTO 的成员不得使用数量限制措施影响国际贸易，但存在以下例外：(1)为保证农业、渔业产品市场而实施的限制；(2)为保证本国收支平衡而采取的限制措施；(3)为促进不发达国家成员经济发展而实施的限制；(4)为实施保障措施协议而规定的数量限制；(5)其他 WTO 规则许可使用数量限制措施的情况。然而，需要特别注意的是，即使在一定条件下，一国可采取数量限制措施，但在采取数量限时必须遵循非歧视原则。这是对在特别情况下实施数量限制措施的限制。

5. 以国际收支为由限制条款

国际收支是一个国家与其他国家的净金融交易的账目表。通常被分成经常账户，它包含有形贸易(净货品的出口和进口之间的差异)和无形贸易差额(如航运、银行和旅游服务的支出和收入)；资本账户，该账户的短期和长期资本的流入和流出(如来自直接投资、证券、地产等收入)。有形及无形贸易、经常账户和资本账户都有机会出现盈余(如出口大于进口)或赤字(如进口大于出口)，但原则上整体国际收支则应该没有盈余或赤字。为保证本国收支平衡可以采取的限制措施。

6. 国营贸易条款

以"国营贸易"为标题的《议定书》第 6 条，通常被理解是入世承诺"国营贸易条款"的主要体现。它似乎异乎寻常地简要和易于把握，一共只有两条规定。

第一条强调了三层意思。一是透明性，即“应保证国营贸易企业的进口购买程序完全透明”；二是合规性，即这种购买“符合《WTO协定》”；三是反对过度行政干预，即“应避免采取任何措施对国营贸易企业购买或销售货物的数量、价值或原产国施加影响或指导”。

第二条规定则更简单，即作为向WTO做出通知的一部分，“中国还应提供有关其国营贸易企业出口货物定价机制的全部信息”。讲到底，它实际上是对履行第一条规定的一种约束和监督。

7. 海关估价条款

海关估价是指一国或地区的海关为执行关税政策和对外贸易政策的需要，根据法定的价格标准和程序，对进出口货物确定完税价格的方法和程序。进出口货物的完税价格是指海关根据有关规定进行审定或估定后通过估价确定的价格，它是海关征收关税的依据。完税价格通常就是发票上表明的成交价格，即进口商在该货物销售出口至进口国时实付或应付的价格。但只有当进出口商申报的价格被海关接受后才能成为进出口货物的完税价格。《1947年关贸总协定》规定，海关征收关税的完税价格应以进口货物或同类货物的“实际价格”为依据，不应采用同类国产品的价格及任意或虚构的价格；计价采用的汇率应符合国际货币基金组织的有关规定。由于该规定不够具体，可操作性不强，因此，在“东京回合”中，关贸总协定缔约方通过谈判，达成《关于实施关税与贸易总协定第7条的协议》(亦称《海关估价守则》)，对如何实施上述规定作了详细解释。缔约方可自主决定是否加入该守则。

8. 原产地规则条款

原产地规则，也称货物原产地规则，是指一国根据国家法令或国际协定确定的原则制定并实施的，以确定生产或制造货物的国家或地区的具体规定。为了实施关税的优惠或差别待遇、数量限制或与贸易有关的其他措施，海关必须根据原产地规则的标准来确定进口货物的原产国，给以相应的海关待遇。货物的原产地被形象地称为商品的“经济国籍”。原产地规则在国际贸易中具有重要作用。原产地规则的主要内容包括原产地标准、直接运输原则和证明文件等。其中最重要的是原产地标准。经各有关方面的共同努力，终于在乌拉圭回合结束的1993年度，通过了《原产地规则协议》。该协议是GATT多边贸易体制内第一个关于原产地规则的国际协议，对简化、协调、统一国际间的原产地规则起到积极的推动作用。1995年成立的世界贸易组织(WTO)在其货物贸易理事会中专门下设了原产地规则委员会，旨在加强原产地规则的国际协调和趋同。

9. 贸易救济措施条款

贸易救济措施是为了保护本国贸易安全而制定的措施。中国的贸易救济措施主要包括反倾销、反补贴、保障措施。此外，中国对外贸易法还规定了其他救济措施、如适用服务贸易的保障措施、针对进口转移的救济措施、其他国家未履行义务时的救济措施、反规避措施、预警应急机制等。

10. 透明度和贸易政策统一条款

透明度是成员方所实施的与国家贸易有关的法令、条例、司法判决、行政决定，都必须公布，使各成员方及贸易商熟悉。一成员方政府与另一成员方政府所缔结的影响国家贸易的协定，也必须公布，以防止成员方之间不公平的贸易，从而造成对其他成员方的歧视。贸易政策指一国政府为了某种目的而制定的、对外贸活动进行管理的方针和原则。

11. 关税同盟、自由贸易区和边境贸易条款

关税同盟是指两个或两个以上国家缔结协定，建立统一的关境，在统一关境内缔约国相互

间减让或取消关税，对从关境以外的国家或地区的商品进口则实行共同的关税税率和外贸政策。关税同盟从欧洲开始，是经济一体化的组织形式之一。对内实行减免关税和贸易限制，商品自由流动；对外实行统一的关税和对外贸易政策。根据《关贸总协定》第 24 条“关税同盟和自由贸易区”第 8 项规定，关税同盟应理解为以一个单独关税领域代替两个以上的关税领土，区域内成员实质上取消关税或其他贸易限制，实质上实施同一关税或其他贸易规章。

自由贸易区又称为对外贸易区或免税贸易区，指两个或两个以上的国家通过达成某种协定或条约取消进出口商品的全部或大部分关税和与关税具有同等效力的其他措施，并且允许港内或区内进行商品的自由储存、展览、加工和制造等业务活动，以促进地区经济和对外贸易发展的一个区域。一般建立在一个港口的港区或邻近港口的地区，它实际上是采取自由港政策的关税隔离区。根据《关贸总协定》第 24 条“关税同盟和自由贸易区”第 8 项规定，自由贸易区应理解为由两个或两个以上的关税领土所组成的集团，对原产于这些成员领土的产品的贸易，已实质上取消关税或其他贸易限制。关税同盟和自由贸易区的区别在于：关税同盟是由若干个国家重新组成的一个关税领土，对外实行共同的关税和贸易限制；而自由贸易区中若干个国家仍保留其独立的关税领土，没有共同对外的关税和贸易限制。

边境贸易是指边境地区，在一定范围内边民或企业与邻国边境地区的边民或企业之间的货物贸易。通常有两种形式：一是边民互市贸易，是基于边民个人之间买卖行为的一种贸易方式，两国双方边境居民在规定的开放点或指定的集市上，以不超过规定的金额，买卖准许交换的商品。二是边境小额贸易，指边境地区的外贸公司与邻国边境地区的贸易机构或企业之间进行的小额贸易。

12. 争端解决条款

GATT 第 22 条规定的缔约方之间进行磋商的权利，第 23 条规定的提出磋商请求的条件、多边解决争端的主要程序及授权报复等。其特点包括：鼓励成员通过双边磋商解决贸易争端；以保证世界贸易组织规则的有效实施为优先目标；严格规定争端解决的时限；实行“反向协商一致”的决策原则；禁止未经授权的单边报复；允许交叉报复。

13. 对发展中成员的特殊优惠待遇条款

这主要是普惠制。普惠制，即普遍优惠制，简称 GSP，是一种关税制度，是指工业发达国家对发展中国家或地区出口的制成品和半制成品给予普遍的、非歧视的、非互惠的关税制度。

14. 例外与免责条款

GATT 第 20 条规定了一般例外，本协定的规定不得解释为禁止缔约方采用或加强以下措施，但对情况相同的各成员，实施的措施不得构成武断的或不合理的差别待遇，或构成对国际贸易的变相限制：(1)为维护公共道德所必需的措施；(2)为保护人类、动植物的生命或健康所必需的措施；(3)有关输出或输入黄金或白银的措施；(4)为了保证某些与本协定的规定并无抵触的法令或条例的贯彻执行所必需的措施，包括加强海关法令或条例，加强根据协定第 2 条第 4 款和第 14 条而实施的垄断，保护专利权、商标及版权，以及防止欺诈行为所必需的措施；(5)有关罪犯产品的措施；(6)为保护本国具有艺术、历史或考古价值的文物而采取的措施；(7)与国内限制生产与消费的措施相配合，为有效保护可能用竭的天然资源的有关措施；(8)如果商品协定所遵守的原则已向缔约方全体提出，缔约方全体未表示异议，或商品协定本身已向缔约方全体提出，缔约方全体未表示异议，为履行这种国际商品协定所承担的义务而采取的措施；(9)在国内原料的价格被压低到低于国际价格水平，作为政府稳定计划的一部分的期间内，为了保证国内加工工业对这些原料的基本需要，有必要采取的限制这些原料出口的措施，但不得利用限制来增加此种国内工业的出口或对其提供保护，也不得背离本协定的有关非歧视的规定；(10)在普遍或局部供应不足的情况下，为获取或分配产品所必须采取的措施，但采取的措施必须符合以下原则：所有缔约方在这些产品的国际供应中都有权占有公平的份额，而且，如采取的措施与本协定的其他规定不符，它应在导致其实施的条件不复存在时，立即予以停止。

(二)多边货物贸易具体协议

多边货物贸易的具体协议是《1994年关贸总协定》的具体化，又是相对独立的，WTO规定当《1994年关贸总协定》的某一规定与多边货物贸易具体协议的某一条款规定发生冲突时，具体协议的规定在冲突涉及的范围内具有优先效力。具体有13个协议：《农业协议》《纺织品和服装协议》《信息技术产品协议》《海关估价协议》《装运前检验协议》《进口许可程序协议》《原产地规则协议》《技术性贸易壁垒协议》《实施卫生与植物卫生措施协议》《与贸易有关的投资措施协议》《反倾销协议》《补贴与反补贴措施协议》《保障措施协议》。

1.《农业协议》

《农业协议》为农产品贸易和国内政策的改革提供了规则框架，把农产品贸易逐步纳入关贸总协定体制。其主要内容是对农业政策三个领域的规定——市场准入、国内支持和出口补贴。该协议对适用的产品范围列了清单(即附件1)，主要是协调第1～24章(除鱼及鱼制品)包括的产品及其他税号的产品。

(1)市场准入。《农业协议》规定通过将非关税措施关税化并禁止使用新的非关税壁垒，关税减让承诺，最低市场准入，以及建立特殊保障机制等措施促进农产品贸易自由化的实现。协议规定，从1995年开始分年度实施，发达成员实施期6年，发展中成员为10年。

具体规定主要是：(1)非关税措施的关税化。协议要求各成员取消非关税措施，即通过关税化取消原有的非关税措施。(2)约束关税并进行减让。协议规定对农产品的普通关税和关税化后的关税全部进行约束；现行关税和关税化后征收的新关税，在约束的基础上按一定的百分比进一步减让，并在2004年内逐步降低到零关税或低关税水平。(3)以关税配额的方式承诺现行准入和最低准入量。为了确保这些产品的进口不受关税化之后形成的更高关税的影响，进口成员通过建立“关税配额”，承担现行准入承诺，以保障现行农产品进口仍以较低的关税进口。配额准入量内的进口缴纳低税率，超过配额准入量的进口则需缴纳较高的税率。(4)建立特殊保障机制。协议对需要进行关税化的农产品建立了一个特殊保障机制，允许该成员对进口的突然增加或价格下跌做出相应的反应。特殊保障通过价格与数量“触发器”来实施。

(2)国内支持。减让承诺国内支持，是指有利于农产品生产者的国内支持措施。为消除许多成员的国内农产品支持政策对农产品市场产生不利影响，协议对不同的国内支持措施进行分类处理，区别对待：①需要减让承诺的国内支持政策。那些对生产和贸易产生扭曲作用的国内支持政策，称为“黄箱政策”。②需要约束的国内支持政策。在“黄箱政策”中，如果某些条件得到满足，不需要削减，但要约束，如：“蓝箱政策”、微量支持政策、发展中成员的“特殊和差别待遇”。③不需要减让承诺的国内支持政策。对贸易影响最小的措施，被称为“绿箱政策”。

(3)出口补贴。在出口竞争承诺方面，协议规定，在数量上和金额上对出口补贴进行了削减。农产品的出口补贴属于被禁止使用的，已实施的要进行削减；出口补贴减让以具体产品为基础的数量及价值削减为减让承诺方式。

2.《纺织品和服装协议》

根据《关贸总协定》的规则和纪律,《纺织品和服装协议》规定了把纺织品和服装纳入关贸总协定的原则、方法、期限、程序和步骤。协议要求成员不得设立新的纺织品与服装贸易限制,并逐步取消已有的限制,使之逐步实现贸易自由化。协议建立了过渡性保障机制,还规定了反舞弊条款、成员必须遵守的纪律条款。《纺织品和服装协议》于 2005 年 1 月 1 日废止,世界纺织品和服装贸易回归到关贸总协定规则内。

3.《信息技术产品协议》

《信息技术产品协议》是 WTO 成立后新达成的协议。1997 年 4 月 1 日生效。参加方对《信息技术产品协议》承担的义务在最惠国待遇基础上实施。该协议由 WTO 成员和申请加入国或单独关税区自愿参加,在参加主体上,它类似于诸边贸易协议,在适用对象上,则与多边贸易协议相同。适用产品范围包括:(1)计算机及软件;(2)电讯产品;(3)半导体生产设备;(4)科学仪器;(5)其他产品。《信息技术产品协议》主要内容是,在 2000 年 1 月 1 日前分 4 个阶段取消信息技术产品的关税及其他税费,一些发展中国家可以将其减税实施期延至 2005 年 1 月 1 日。《信息技术产品协议》只是一个关税削减机制。虽然协议也规定要审议非关税壁垒,但不需要做出约束承诺。成为协议参加方,必须遵守以下四项原则:第一,承诺必须涵盖协议所列全部产品,对于产品范围不存在例外,但对于敏感产品,可以延长降税实施期,但必须削减至零关税;第二,所有产品必须削减至零关税;第三,其他税费必须约束在零;第四,参加方削减关税及其他税费的措施并入《1994 年关贸总协定》所附各自减让表中。

4.《海关估价协议》

海关估价是海关为征收关税等目的,确定进口货物完税价格的程序。《关于履行 1994 年关贸总协定第 7 条的协议》又称为《海关估价协议》,规定了一个中性、公平、准确的海关估价制度,消除在海关估价方面的随意性、不可预见性,便利海关结关工作,减少进口商与海关当局之间的争议。主要内容有:

(1)完税价格。进口货物的完税价格应为成交价格,即进口商在该货物销售出口至进口国时实付或应付的价格。完税价格通常就是发票上表明的成交价格。同时,协议规定,需要对成交价格进行一些调整后方能成为完税价格。

(2)海关估价方法。协议确立了海关估价的 6 种方法,按先后次序实施:①货物本身的成交价格,若成交价格不能成为计算完税价格的基础,按规定可以有下面 5 种替代方法来确定完税价格。②相同货物的成交价格,即所有方面都相同的货物,包括相同的原产国。③类似货物的成交价格,类似货物不需要与被估价货物在各方面都相同,但它们具有相同的特点和组成材料,具有相同的功能,在商业上可以互换,与被估价的货物产自同一国家,而且通常是由同一生产者生产的。④扣除法价格,根据货物(相同或类似的货物)在进口国出售给无连带关系的购买者的价格,并应作适当扣除。具体的调整包括扣除构成售给无连带关系的购买者价格中的佣金、利润或运输费用。⑤计算法价格,是将各种规定的额外金额与生产成本加在一起得出的,包括利润、费用和运输等。这种方法通常只有在买卖双方有连带关系,而且卖方愿意提供必要的数据资料的情况下才能适用。⑥以“回顾”方法确定完税价格,只有在上述 5 种方法都不能使用时,海关当局才能“回顾”符合关贸总协定有关规定的其他方法,以确定进口货物的价格。

(3)对海关估价决定的司法复议。进口商对海关估价决定有申诉的权利。进口商可以向上一级海关或海关外部的某个独立机构提出申诉,要求行政复议;如对行政复议不服,进口商可向司法机关提出申诉,要求司法复议。进口商也可直接要求司法复议。

5.《装运前检验协议》

装船前检验是指进口商或进口方政府通过专业检验机构对出口产品在装运前进行检验，以确信产品符合合同中规定的条件，或符合进口方对产品的安全要求。《装运前检验协议》根据非歧视原则和透明度原则，确立了出口成员和进口成员在装运前检验活动中权利和义务的国际框架，协议的宗旨是确保装运前检验不会造成不必要的困难，划定了一个政府授权的装运前检验机构可以在其他成员领土内开展活动的范围。

6.《进口许可程序协议》

进口许可是指为实施进口许可制度而采用的行政管理程序，它包括进口许可证制度本身的程序，也包括作为进口前提条件的其他类似的行政管理手续。

《进口许可程序协议》确定了实施进口许可制度的基本原则，要求做到：(1)客观公正实施许可制度；(2)及时公布必要的信息；(3)简化申请和展期手续；(4)不得在外汇供应上实行歧视；(5)不得因小错而拒绝批准；(6)允许安全和保密例外。制度进口许可分为自动进口许可制和非自动进口许可制。自动进口许可制是指在任何情况下对申请进口商品一律予以批准签发的进口许可证制度，不得以对进口货物产生限制作用的方式加以实施。它通常用于统计和监督。非自动进口许可制是指未列入自动进口许可制管理商品的其他商品进口许可制度，它适用于对配额或其他限制性措施进行管理。

7.《原产地规则协议》

原产地规则是各国为了确定货物原产地而采取的法律、法规和行政规章，其核心是判定货物原产地的具体标准，即原产地标准。《原产地规则协议》的中心内容是协调各国现行的非优惠原产地规则，制定国际统一的非优惠原产地"协调规则"。

协议对"协调规则"的适用范围、制定原则、标准、程序、协调工作期限、管理机构等均有明确规定。协议规定"协调规则"将适用于各成员所有的非优惠性贸易政策措施，包括最惠国待遇、反倾销和反补贴、原产地标记和任何歧视性数量限制或关税配额等措施，以及政府采购和贸易统计所采用的原产地规则。

原产地规则包括原产地标准、直接运输规则和书面证明。协议适用于所有用于非优惠性商业政策措施的原产地规则，而不是关于关税优惠(普惠制)保证的原产地规则。协议旨在进行除关税优惠之外的原产地规则的长期协调，保证这些规则本身不构成不必要的贸易壁垒，使原产地规则以一种公正的、透明的、可预见的、一致的和无歧视的方式制定并实施。

协议规定了实施原产地规则的纪律，包括过渡期间的纪律和过渡期后的纪律。过渡期成员应遵守的纪律主要有：(1)应采用明确、中性的原产地规则；(2)应使用肯定性原产地标准，只要产品符合进口成员原产地标准，就可授予产品原产地资格；(3)应根据有关当事人的要求，尽快地进行原产地的评定，并公布评定结果；(4)任何与确定原产地有关的行政行为可以进行行政、仲裁或司法复议。过渡期结束后，成员除应继续遵守过渡期的纪律外，还须遵守同一原产地规则适用于所有非优惠性贸易政策的纪律。

原产地规则的协调原则主要有：(1)原产地规则应按最惠国待遇和无歧视原则同等地实施，适用于所有非优惠性贸易政策；(2)原产地规则应规定，确定为某一特定产品原产国的应是完整生产该项产品的国家，或当该产品的生产过程涉及一个以上国家时，则对产品最后实施实质性改变的国家为原产国；(3)原产地规则应是客观的、可理解的和可预测的，并具有连贯性；(4)不论采用何种措施与手段，原产地规则不得直接或间接地用于实现贸易目标；(5)原产地规则应以一致的、统一的、公正的和合理的方式加以管理；(6)原产地规则应以肯定性标准为基础，否定性标准可用以澄清肯定标准。

8.《技术性贸易壁垒协议》

技术性贸易壁垒是指由于各个不同国家的产品标准、法规及合格评定程序对国际贸易造成的阻碍，或一国有针对性地制定某些标准和法规，将国外竞争者置于成本劣势。《技术性贸易壁垒协议》为实现国际贸易的自由化和便利化在技术性壁垒方面为各成员的贸易行为以及必须履行的义务进行了规范。协议旨在保证包括包装、标记和标签等在内的各项技术法规、标准是否符合技术法规和标准的合格评定程序不会对国际贸易造成不必要的障碍，减少和消除贸易中的技术性壁垒。协议适用于所有产品，包括工业品和农产品，但涉及卫生与植物卫生措施，由《实施卫生与植物卫生措施协议》进行规范。

成员制定、采用和实施技术性措施，除应遵守 WTO 的非歧视原则、透明度原则外，还应遵守下列规则：(1)必要性规则。成员只能采取为实现合法目标所必需的技术性措施。(2)贸易影响最小规则。成员应尽可能采取对贸易影响最小的技术性措施。(3)协调规则。协议鼓励成员为协调技术法规、标准和合格评定程序而做出努力，以减少成员间的技术性措施差异对贸易造成的障碍；应尽力、充分地参与有关国际标准化机构制定国际标准和合格评定程序指南的工作。(4)等效和相互承认规则。成员应积极考虑接受其他成员的技术性措施作为等效技术法规，只要这些措施能够充分满足本国的政策目标。在合格评定程序方面，协议鼓励成员之间相互接受原产国的测试结果、检查结果、认证证书和认证标志，以避免重复检验，减少出口商的负担。(5)特殊和差别待遇规则。成员不应期望发展中成员采用不适合其发展、财政和贸易需要的国际标准作为发展中成员制定技术性措施的依据。

关于技术法规、标准和合格评定程序。(1)技术法规。它是指强制性执行的有关产品特性或相关工艺和生产方式的规定，主要包括国家制定的有关法律、法规，政府有关部门颁布的有关命令、决定、条例，以及有关技术规范、指南、准则、专门术语、符号、包装、标志或标签要求。(2)标准。它是指经公认机构批准供通用或重复使用的、非强制性执行的关于产品特性或相关工艺和生产方法的规则或指南，可包括有关专门术语、符号、包装、标志或标签要求。(3)合格评定程序。它是指任何直接或间接用以确定产品是否满足技术法规或标准要求的程序，主要包括：抽样、检验和检查；评估、验证和合格保证；注册、认可和批准；以及上述各项程序的综合。合格评定程序可分为认证、认可和相互承认三种形式。

9.《实施卫生与植物卫生措施协议》

《实施卫生与植物卫生措施协议》对各成员在实施卫生与植物卫生措施的权利以及必须履行的义务进行了规范。协议适用范围包括食品、动植物和动植物产品三个领域的进出口时有关实施卫生与植物卫生措施。制定协议的目的是支持各成员实施保护人类、动物、植物的生命或健康所采取的必要措施，规范卫生与植物卫生措施的国际运行规则，实现把对贸易的不利影响减少到最低程度。

卫生与植物卫生措施，是指成员政府为保护境内人和动物的生命免受食品、饮料和饲料中的添加剂、污染物、毒素及外来病虫害传入危害，为保护境内植物的生命免受外来病虫害传入危害，为保护人类、动植物的生命或健康而采取的有关措施。

卫生与植物卫生措施包括：为此目的而制定的所有有关法律、法规、要求和程序，特别是最终产品标准；工序和生产方法；检测、检验、出证和审批程序；各种检疫处理；有关统计方法、抽样程序和风险评估方法的规定；与食品安全直接有关的包装和标签要求等。

协议规定，成员在制定和实施卫生与动植物卫生措施时，应遵循以下原则：(1)非歧视地实施卫生与植物卫生措施;(2)以科学为依据实施卫生和植物卫生措施;(3)以国际标准为基础制定卫生和植物卫生措施;(4)等同对待出口成员达到要求的卫生与植物卫生措施;(5)根据有害生物风险分析确定适当的保护水平;(6)接受病虫害"非疫区"和病虫害"低度流行区"的概念;(7)保持卫生与植物卫生措施有关法规的透明度。

10.《与贸易有关的投资措施协议》

《与贸易有关的投资措施协议》是为避免对贸易造成不利影响的投资措施制定的规则。协议宗旨在于防止某些投资措施可能产生的贸易限制和扭曲,便利国际投资,促进世界贸易的扩大和逐步自由化。投资措施一般是指为了促进外国投资者达到某种业绩标准而采取的政策。"与贸易有关的投资措施"是指能够对国际贸易产生影响的投资措施。

基本原则:协议规定各成员实施与贸易有关的投资措施,不得违背《关贸总协定》的国民待遇和取消数量限制原则。

禁止使用的与贸易有关的投资措施:(1)违背国民待遇原则的投资措施,包括当地成分要求和外汇平衡要求;(2)违背普遍取消数量限制原则的投资措施,包括贸易平衡要求、进口用汇限制、国内销售要求。

11.《反倾销协议》

《关于执行1994年关贸总协定第6条的协议》通常称为《反倾销协议》,比较明确、详细地规定了确定产品倾销的方法、反倾销机构、争议解决。

(1)确定产品倾销的方法。首先,确定倾销。倾销是指一项产品的出口价格在正常的贸易过程中,低于出口成员国内消费的同类产品的可比价格,即以低于其正常价值进入另一成员的市场。出口价格是指进口商在正常贸易中实际支付或应支付给出口商的价格。正常价值通常是指在一般贸易条件下出口成员国内同类产品的可比销售价格。其次,确定损害。损害分为三种情况:对进口成员生产同类产品的相关产业造成实质损害,或对进口成员生产同类产品的产业构成实质损害威胁,或进口成员建立生产同类产品的相关产业受到实质性阻碍。最后,确定倾销与损害有因果关系。损害认定应根据确实的证据,证明损害是因进口产品的倾销造成的,即进口产品的倾销与进口成员产业所受损害之间存在因果关系。

(2)反倾销机构。WTO建立了由成员方代表组成的反倾销实施委员会。委员会主席经选举产生,每年至少举行两次会议,委员会履行反倾销协议或成员方授予的职责,组织成员方之间的磋商。WTO秘书处同时也是反倾销实施委员会的秘书处。各成员方应尽快向委员会报告其采取的所有的反倾销行动。各成员方还应通知委员会,其国内由哪一个主管部门负责反倾销调查以及该调查的国内程序。

(3)争议解决。成员方之间涉及倾销与反倾销而产生的争议,可提交WTO争端解决机制处理。其主要争议包括:成员方认为进口成员方实施反倾销措施影响其直接或间接利益;一成员方认为进口成员方的反倾销措施妨碍了WTO反倾销协议目标的实施,并且经协商未达成满意的结果;一成员方认为进口成员方所采取的临时反倾销措施违反了WTO反倾销协议的规定。

12.《补贴与反补贴措施协议》

《补贴与反补贴措施协议》规定各成员不得使用补贴来损害其他成员的贸易利益,也不得任意采取反补贴措施来阻碍国际贸易,规定了采取反补贴措施的规则。

(1)补贴的概念及特征。补贴是指由一缔约方境内的政府或任何公共机构提供并由此而授予各种利益的财政资助、措施或任何其他形式的收入或价格支持。这一定义表述了补贴的如下特征：一是补贴是一种政府行为。此处的政府不仅包括一般意义上的中央政府及相关机构，而且包括中央政府下属的各种体制如州省和地方各级政府。此外，政府行为还包括政府代理人的行为和政府干预下的私人行为。二是补贴是一种财政性措施。补贴应为政府的财政性干预行为，即由公共账户支出。三是补贴须授予受补贴方某种利益。协议未对“利益”做出明确的定义，依一般理解，利益即为受补贴方从某项政府资助计划中取得某些它从市场上不能取得的价值或优惠条件。没有此类利益的授予不构成补贴；补贴应为生产者或销售者所获得。只有授予企业的补贴才有可能对贸易产生扭曲作用，属于协议所调整的补贴。

但是并非所有的符合上述特征的补贴都受协议约束，受协议约束的补贴具有专向性（specificity），即只有在补贴是具体针对一个（或一类）企业或行业的情况下，方可针对“被禁止的”或“可申诉的”补贴实施所规定的补救措施。专向性是协议的核心概念。下列 4 种类型的补贴具有专向性。企业专向性：一国政府挑选一个或几个特定公司进行补贴；产业专向性：一国政府针对某一个或几个特定行业部门进行补贴；地区专向性：一国政府针对其领土内特定地区的生产进行补贴；被禁止的补贴：与出口实绩或使用国产产品相联系的补贴。

(2)补贴的类别：

一是禁止性补贴，又称为红灯补贴。出口补贴和进口替代补贴被明确列为禁止性补贴。出口补贴是指以出口实绩作为提供补贴的唯一条件或条件之一的补贴。出口补贴可以分为法律上的出口补贴和事实上的出口补贴。进口替代补贴是指以使用国内产品而不使用进口产品作为授予补贴的唯一条件或其中一个条件的补贴。

二是可申诉的补贴（又称为黄灯补贴），是指那些不是一律被禁止，但又不能自动免于质疑的补贴。对这类补贴，往往要根据其客观效果才能判定其是否符合世界贸易组织规则。除非申诉成员证明补贴对其利益造成了损害，否则对该补贴不得采取反措施。这样的补贴称为可诉补贴。可诉补贴主要是生产补贴和其他国内补贴。申诉成员只有在下述三种情形下，才可以采取反措施：受到补贴的产品进口损害进口国的国内产业（比如损害另一成员的国内产业、使另一成员依据《1994 年关贸总协定》获得的利益丧失或减损、严重歧视另一成员的利益）；补贴使其他成员根据有关协议享有的利益丧失或受损；补贴严重妨碍其他成员的利益。可申诉的补贴是指不绝对禁止但可以对其提出申诉的补贴措施。关贸总协定乌拉圭回合补贴和反补贴谈判把可申诉的补贴措施归纳为三类：第一类是政府（或通过私人机构）向某些特定的企业提供直接的现金资助（赠与、贷款、资产投入等），或间接的现金资助（如贷款担保），或税收减免，商业及服务。第二类是《关贸总协定》第 16 条下的多种收入补贴和价格支持。第三类是向特定企业提供的任何补贴。对于这种补贴，具体执行的政府当局是明确知道的，或者应该知道是为某些特定企业提供的。

三是不可诉补贴（又称绿色补贴），是指不会招致其他成员方提起反补贴申诉的补贴。不可诉补贴包括两种：一种是不具有专向性的补贴，即那些具有普遍性的补贴，这种补贴不会引起基于世界贸易组织相关规定而引起的任何反补贴措施；另一种是政府对科研、落后地区以及环保的补贴，即使具有专向性，也属于不可诉的补贴，但必须具备反补贴协议规定的条件。具体包括：首先是基础研究和竞争前开发活动补贴。该类补贴不能超出项目成本的指定比例，且只能用于某些开支。具体来说，高等院校、科研机构在合同基础上进行研究的补贴，该补贴不超过工业研究费用的 75%，或竞争前开发活动费用的 50%，并且该补贴仅限于人员开支、仪器设备、土地或建筑、咨询服务以及研究活动直接产生的其他费用等。其次是落后地区援助。根据地区发展总体规划，对处于落后地区的非用于特定企业或产业的补贴被视为不可诉补贴，且该补贴需满足下列两个条件：清楚表明地理区域以及经济与行政区划；该地区的人均国民生产总值低于该成员方境内人均国民生产总值的85%，失业率高出该成员方境内失业率的115%。再次是改造现有设施适应新的环境要求的援助。为适应新的环保要求扶持改进企业现有设备而提供的补贴，这种补贴应是一次性的，并且不得高于采用环保要求所需费用的20%。

13.《保障措施协议》

《保障措施协议》规定禁止和取消"灰色区域"措施，对保障措施的定义、采取保障措施的条件和程序等做出规定。

保障措施是指不可预见的发展导致一产品的进口数量增加，以致对生产同类或直接竞争产品的国内产业造成严重损害或严重损害威胁时，进口成员方可以在非歧视原则的基础上对该产品的进口实施限制。

(1)采取保障措施的条件。一成员在实施保障措施时，应当具备以下条件：

一是进口急增。协议规定的进口急增，是指进口产品的数量急增，包括"相对增加"与"绝对增加"。绝对增加是进口产品的数量的实际增长。例如，某产品的进口量从1 000吨增加为2 000吨。而相对增加是相对于进口国国内生产总量而言，进口产品的市场份额的增加；并且，实际进口量不一定发生改变。例如，某一进口国每年进口彩电1 000台，其国内彩电生产量从4 000台/年降到2 000台/年；在进口量不变的情况下，进口产品的市场份额从20%上升为33.3%。

二是进口急增原因。进口急增原因乃为《1994年关贸总协定》所规定的"意外情形"和"进口成员承担WTO义务结果"。所谓"意外情形"，是指有关缔约方在承担总协定有关义务之后所发生的且是不曾预见的情况，即承担义务之后的情势与承担义务之时的情势相比发生了意料之外的变化。意外情形就是一成员在承担WTO协定义务过程中所发生的、订立这些协定时所不能合理预见到的情形，它是情势变更原则的具体表现。所谓"进口成员承担WTO义务结果"，是指成员履行WTO义务时，其中最主要是有关关税减让和削减非关税壁垒义务，提高了进口产品的竞争力，从而导致进口产品数量急剧增加的结果。

三是进口急增后果。进口急增后果，是指导致进口国国内产业造成严重损害或严重损害威胁。所谓严重损害，是指对一成员某一国内产业总体状态上所造成的重大损害。严重损害威胁，是指显而易见的、迫近的损害威胁的存在的事实，该威胁不是可想象、推测或远期的可能发生的事实。在确定或判定是否对进口国国内产业造成严重损害或严重损害威胁时，主管机构应当评估或衡量影响该国内产业状况的、客观和可量化的所有相关因素。这些相关因素主要包括：有关进口产品绝对增加或相对增加的比例和数量；进口产品在国内市场上所占的市场份额；国内产业的销售水平、总产量、生产率、设备利用率、盈亏以及就业变化等。

(2)保障措施实施。进口当局在调查、确认了进口急剧增加、原因及后果，并履行通知与磋商义务后，进口成员政府即可采取保障措施。

第一，保障措施实施方式。保障措施实施方式主要有提高关税、实行关税配额以及数量限制等。但保障措施应在防止或救济严重损害或严重损害威胁的必要限度内。

鉴于非关税措施对国际贸易的扭曲作用较大，协议第5条对实施数量限制和配额措施做了限制规定，即实施数量限制，不得使进口数量低于过去3个有代表性年份的平均进口水平，除非进口方有正当理由表明有必要采用与此不同的进口水平。在实施配额限制时，进口方应与有利害关系的出口方就配额分配进行磋商。若磋商未果，则进口方应基于出口方前一有代表年份的进口份额进行分配，除非在保障措施委员会主持磋商中证明，不按该方法进行分配是有正当理由的。

第二，保障措施实施期限。协议要求，保障措施实施期限一般不应超过 4 年。如果需要以保障措施防止损害或救济受损害产业，或有证据证明该产业正在进行调整，则可延长实施期限。但保障措施实施的全部期限（包括临时保障措施）不得超过 10 年。

第三，临时保障措施。协议规定，在紧急状况下，如果迟延采取措施会造成难以弥补的损害，进口方可不经磋商而采取临时保障措施。该临时保障措施实施的条件：一是进口当局只能初步裁定进口急剧增加已经或正在造成严重损害或严重损害威胁时，方可采取临时保障措施；二是临时保障措施的实施期限不得超过 200 天，且该期限计入保障措施总期限内；三是临时保障措施应以关税形式为主，如果随后的调查不能证实进口急剧增加对国内产业已造成的严重损害或严重损害威胁，则征收的关税应迅速退还；四是成员在实施临时保障措施前应通知保障措施委员会，在采取该措施后应尽可能与各利害关系方进行磋商。

(3)实施限制：

一是实施的适度性。保障措施的实施必须在防止或补救损害所必需的程度和时间内。如果保障措施适用期限预计超过 1 年，进口方在该期限内应依固定时间间隔逐步放宽该措施；若实施期限超过 3 年，进口方应进行中期审查，根据审查结果撤销或加快放宽该措施。在该延长期内保障措施不得比最初适用更加严格，且应继续放宽。若对同一进口产品再次适用保障措施，则：一般情况下，两次之间应有不短于第一次实施期限，至少为 2 年的间隔；若适用期为少于或等于 180 天，且在该实施日前的 5 年内，未对同类产品实施两次以上保障措施，则该措施实施之日起 1 年后，可再次实施，期限最多为 180 天。

二是实施的无歧视性。保障措施的实施应遵循无歧视原则，对所有同类进口产品应一视同仁。即，根据协议规定，不能只对某一成员的进口产品实施保障措施，而对其他成员的同类产品大开绿灯。因此，"不问产品来源"实际上就是无歧视原则或最惠国待遇原则在保障措施方面措辞的具体化。

三是灰色区域措施。所谓灰色区域措施，是指进出口成员之间在《1994 年关贸总协定》之外达成的双边或多边协定，以限制对某些产品的出口。该措施包括：提高产品价格；限制出口数量或价格承诺；规避《1994 年关贸总协定》非歧视规定（如，有秩序的销售安排、自动出口限制、出口节制、出口价格或进口调整机制、出口或进口监督、强制性卡特尔、任意性出口或进口许可证制度）等。由于这些措施不受《1994 年关贸总协定》法律的约束，其实施前后无需履行通知义务，因而缺乏透明度，有些措施甚至连政府当局是否干预亦不得而知，故将其通称为"灰色区域措施"。针对该措施，协议对"灰色区域措施"做出了明确的禁止适用的规定。协议第 11 条第 1 款明确指出："各成员不应采取或寻求《1994 年关贸总协定》第 19 条中所规定的对特定产品进口任何紧急行动，除非此等行动符合依照本协议适用的该条之各项规定。"

第二节　WTO 服务贸易法

服务贸易总协定（GATS）的法律体系由正文、附件、各成员方关于市场准入及国民待遇承诺表、部长会议决议及谅解部分构成。GATS 协定分为六个部分：第一部分即第 1 条"范围与定义"，是关于服务贸易的要领和 GATS 协定管辖范围的规定。第二部分"一般义务与纪律"，规定了最惠国原则、透明度原则、机密信息的披露原则、发展中国家的更多参与、经济一体化原则等成员方应当遵守的一般性原则与义务。第三部分"具体承诺",规定具体承诺中的市场准入问题和国民待遇原则。第四部分"逐步自由化",规定成员方有实施逐步自由化目标的义务及其实施的方式。第五部分"机构条款",规定服务贸易纠纷的磋商机制、服务贸易理事会的构成及其与其他国际组织的关系。第六部分"最后条款",规定拒绝给予GATS协定项下的利益的情况,解释了GATS协定中的基本定义。"附件"包括《关于第2条豁免的附件》、《关于本协定项下提供服务的自然人流动的附件》、《关于空运服务的附件》、《关于金融服务的附件》、《关于金融服务的第二附件》、《关于海运服务谈判的附件》、《关于电信服务的附件》、《关于基础电信谈判的附件》,共8个附件。

一、GATS对服务贸易的界定

(一)GATS对服务贸易的定义

GATS以服务贸易的四种提供方式即跨境交付、境外消费、商业存在、自然人流动对服务贸易做出了全面的定义,这个定义已成为国际服务贸易的权威定义。

1. 跨境交付

服务提供者从一成员的境内向另一成员境内的消费者提供服务。这种服务贸易方式强调服务提供者和消费者在地理上的界限,跨越国境和边界的只是服务本身,它与一般的货物贸易方式非常相似,如在美国的律师为在中国的客户提供法律咨询服务。这种形式仅是服务本身跨越国界,没有人员、物质的流动。

2. 境外消费

服务的提供者在一成员境内向来自另一成员的消费者提供服务,即服务消费者移动到提供者境内享用服务,如中国公民到美国旅游或求学。

3. 商业存在

一成员的服务提供者在另一成员境内设立商业机构,为其境内的消费者提供服务,商业机构包括法人和非法人的分支机构或代表处。商业存在实际上就是一国服务提供者到东道国去设立外商投资企业,进行就地生产、就地销售服务。商业存在可以由东道国人员组成,也可有外国人参与,但这些外国人应以自然人流动方式提供服务。例如,一成员的银行或保险公司到另一成员境内开设分行或保险公司,提供金融、保险服务。

4. 自然人流动

一成员的服务提供者以自然人身份进入另一成员境内提供服务。与商业存在不同的是,它不涉及投资行为,如境外劳务服务等。

【例题】

根据GATS,下列哪一选项是正确的?( )

A. 协定适用于成员方的政府服务采购

B. 中国公民接受国外某银行在中国分支机构的服务属于协定中的境外消费

C. 协定中的最惠国待遇只适用于服务产品而不适用于服务提供者

D. 协定中的国民待遇义务,仅限于列入承诺表的部门

答案:D。

【例题】

GATS规定了服务贸易的方式,下列哪一选项不属于协定规定的服务贸易?( )

A. 中国某运动员应聘到美国担任体育教练

B. 中国某旅行公司组团到泰国旅游

C. 加拿大某银行在中国设立分支机构

D. 中国政府援助非洲某国一笔资金

答案:D。

2. GATS 对服务贸易的分类

GATS 参照《联合国中心产品分类系统》将服务贸易划分为 12 个部门,并在此基础上又进一步细分出 160 多个分部门或独立的服务活动。12 个大的服务贸易部门是:商业服务(包括专门服务和计算机服务),通讯服务,建筑和相关工程服务,分销服务,教育服务,环境服务,金融服务(包括银行和保险服务),与健康相关的服务和社会服务、旅游与旅游相关服务,娱乐、文化和体育服务,运输服务,其他未包括的服务,但是 GATS 不包括政府为实施职能的服务。值得注意的是,上述四种提供方式的分类并非基于服务贸易部门的划分,事实上,许多服务贸易部门都可能同时涉及以上几种提供方式。

二、GATS 规定的成员义务

(一)最惠国待遇

GATS 第 2 条对最惠国待遇原则作了规定;"有关本协议的任何措施,每一缔约方给予任何其他缔约方的服务或服务提供者的待遇,应立即无条件地以不低于前述待遇给予其他任何缔约方相同的服务或服务提供者。"但是,本条规定不适用国际司法援助或行政援助以及边境贸易中的服务输出人。

(二)服务贸易的透明度

GATS"前言"指出:"本协议所有缔约方:认识到服务贸易对世界经济增长和发展的重要性日益加强;希望在透明度和逐步自由化的条件下,建立一个具有各项准则和规定的服务贸易多边框架以扩大此类贸易并作为一种有利于促进所有贸易伙伴的经济增长和发展中国家经济发展的手段"。GATS 第 3 条对透明度原则规定:"除非在紧急情况下,每一参加方必须将影响本协议实施的有关法律、法规、行政命令及所有的其他决定、规则以及习惯做法:无论是由中央或是地方政府做出的,还是由非政府有权制定规章的机构做出的,都应最迟在它们生效之前予以公布";"本协议并不要求任何缔约方提供那些一旦公布就会妨碍其法律实施或对公共利益不利或损害公私企业正当合法商业利益的机密资料。"由此可知,服务贸易透明度的原则与货物贸易透明度原则的要求基本一致。

(三)区别于货物贸易的逐步自由化

服务贸易的逐步自由化原则与货物贸易的全面自由化要求显然有所不同,这是发展中国家争取的结果。一是应将服务贸易谈判与货物贸易谈判分开,形成了独立的服务贸易总协议。二是应明确给予发展中国家在承担服务贸易义务上的差别待遇,以促进发展中国家服务贸易的发展。这点经讨价还价,最后也基本被接受。三是作为让步,发展中国家接受"服务贸易逐步自由化"的原则。

(四)发展中国家更多参与

GATS 第 4 条规定,发达国家缔约方可通过协商承担具体义务,以促进发展中国家国内服务业的效率和竞争力;改善销售渠道和信息网络;促进具体服务部门的市场准入和服务出口;提供商业和技术方面的服务;为获得服务技术给予各种便利;等等。这一原则规定与货物贸易的发展中国家区别待遇原则相比较,发展中国家在服务贸易中应当享有更多的区别待遇,以尽快提高国际服务贸易的整体水平。

(五)服务贸易的限制和禁止

GATS在第10条紧急保障措施、第12条对保障国际收支平衡而实施的限制、第14条一般例外和该条附则中的安全例外等条款中,对缔约方在服务贸易方面做出限制或禁止时的依据作了原则规定。

(六)服务提供申请获准

在GATS的第6条国内规定中,规定了服务提供者对一缔约方已具体承担义务的服务部门提出服务提供申请的条件和应受到的非歧视性待遇以及行政主管部门的审查批准义务。如该条第3款规定:“当已经做出具体承担义务的服务提供者要求批准时,一参加方有管理权的当局应在接受申请后的合理期限内,根据国内法律及规定全面考虑,并把考虑的结果通知申请人。”该条还对管理部门审查批准时所考虑的申请人资格、能力和许可证程序等,作了合理、客观、公正和透明度方面的规定。

第三节 与贸易有关的知识产权协议

1999年11月15日,中美两国政府就中国加入世界贸易组织(WTO)达成双边协议,大大加快了我国加入世界贸易组织的进程。我国加入WTO以后,将要全面执行WTO的一系列协议,《与贸易有关的知识产权协议》(TRIPS)就是其中十分重要的一个协议。WTO的《与贸易有关的知识产权协议》于1993年12月5日通过,1994年4月15日正式签署,1995年起生效。该协议不仅是保护知识产权最新的一个公约,而且是将知识产权保护纳入WTO体制的法律根据。TRIPS是迄今为止,国际上所有有关知识产权的国际公约和条约中,参加方最多、内容最全面、保护水平最高、保护程度最严密的一项国际协定。

一、TRIPS的基本原则

(一)国民待遇原则

TRIPS第3条“国民待遇”第1款规定:“每一成员向其他成员的国民就知识产权的保护提供的待遇不得低于其给予本国国民的待遇。”这一原则与《1994年关贸总协定》第3条“国民待遇”、《服务贸易总协定》第17条“国民待遇”原则是一致的。

鉴于世界贸易组织成员可以是主权国家政府,也可以是单独关税区政府,TRIPS第1条第3款专门对该协议有关“国民”(nationals)的特指含义加以注释,指出:“本协议中所称‘国民’一词,在世界贸易组织成员是一个单独关税区的情况下,应被认为系指在那里有住所或有实际和有效的工业或商业营业所的人、自然人或法人。”当WTO成员是主权国家政府时,TRIPS规定“就相关知识产权而言,其他成员的国民应理解为符合《巴黎公约》(1967),《伯尔尼公约》(1971),《罗马公约》和《关于集成电路知识产权条约》所列明的保护标准项下的自然人或法人,是那些条约成员与WTO所有成员的国民”。

(二)最惠国待遇原则

TRIPS第4条规定:“任何一成员就知识产权保护提供给另一成员国民的利益、优惠、特权或豁免应当立即、无条件地给予所有其他成员的国民。”这种最惠国待遇与上述《1994年关贸总协定》最惠国待遇一样，是无条件的、多边的、永久性的。但是，TRIPS 的最惠国待遇只适用于知识产权的保护方面。WTO 把最惠国待遇视为国与国之间经贸关系的重要基石，而在过去的知识产权领域的国际公约中，几乎没有一个公约制定了最惠国待遇条款。TRIPS 要求在其管辖的知识产权范畴内，将重要的最惠国待遇原则移植于知识产权之中。这的确是知识产权领域国际保护方面的重大变化，对世界贸易组织成员间实行非歧视贸易提供了重要的法律基础。

（三）透明度原则

TRIPS 第 63 条关于透明度的要求总体上与 GATT 的透明度原则一致，除了公开法律、法规、司法决定、行政决定以及国际协定和向知识产权理事会报告外，任何成员认为其他成员的司法或行政行为影响了其应当享有的权利，均有权要求相关成员对之做出详细说明。值得指出的是，TRIPS 还就各成员执行协议下的义务规定了相当具体的程序和标准。

（四）权利用尽原则

TRIPS 第 6 条规定："在根据本协议进行争端解决时，符合第 3 条和第 4 条规定的前提下，不得借助本协议的任何条款去涉及知识产权用尽问题。"即发生与本协议有关的争端的时候，协议的任何规定不能用来解决权利用尽问题。换言之，TRIPS 把权利是否用尽的问题留给各国国内法做规定，TRIPS 不做统一规定。这对我国是有利的。因为我国只能根据国家经济发展状况来决定是给予全球性的还是地域性的权利用尽，以解决平行进口是否合法的问题。

（五）公共利益原则

这是协议第 8 条专门提出的原则。即在不违反协议义务的前提下，各成员"可采取必要措施保护公共健康和营养、促进对其社会经济和技术发展至关重要部门的公共利益"，并于必要时"采取适当措施防止知识产权所有人滥用知识产权或不正当地限制贸易或影响国际技术转让的做法"。这条规定实际上涉及公众健康权问题。

【例题】

南非有占全部人口 1/8 的艾滋病病毒携带者，每天有数千人死于艾滋病。为此，南非政府提出一项政策，允许国内药厂生产治疗艾滋病的仿制药。南非政府的做法导致世界二十几家大型制药公司联合抗议，在南非法院提出诉讼，要求南非政府改变政策。如果你是南非法院法官，应该如何判决？

答案：南非法院认为南非政府的法令政策是根据世界产权组织几个法令草案制定的，是南非政府强制许可的依据。这件事可以说是世界贸易组织下关于药品专利权和公众健康权的一次大的利益冲突。在国际舆论压力下，二十几个药厂无条件撤诉。此后，第 8 条常被作为援引例外条款的依据。

二、TRIPS 保护的知识产权

TRIPS 规定了各成员的基本保护标准或称最低保护标准，主要体现在该协议的第二部分，涉及权利范围、最低保护水平、例外限制 3 个方面的内容。TRIPS 规定的知识产权权利范围，在 TRIPS 中限于 7 种知识产权，即版权与邻接权、商标权、地理标志权、工业品外观设计权、发明专利权、集成电路布图设计权和未披露的信息权（即商业秘密）。该范围并不是受法律保护知识产权范围的全部，即该协议规定的义务并不是对某些知识产权的保护，如对我国专利法规定的实用新型专利权的保护等。

（一）版权及邻接权

TRIPS在对版权获得权利的条件和权利的内容中，重申了《伯尔尼公约》的原则和规定。这也就是说，《伯尔尼公约》要求的版权获得的条件范围等WTO的成员都应当遵守。在《伯尔尼公约》中界定了艺术作品的定义，强调包括文学、科学和艺术领域内的一切成果，而不问其表现形式或表现方式如何。直接创作作品的人，即作者就上述作品享有的权利都应当受到保护，并要求这些作品必须以某种物质形式加以固定，否则不受保护。TRIPS对艺术作品及这些作品版权保护的外延作了一定的澄清，更加明确了版权保护的特性：保全保护应延及表达，而不延及思想、工艺、操作方法或数学概念之类；并明确了版权对计算机程序与数据汇编的保护，以及对计算机程序、电影作品出租权的肯定。伯尔尼公约规定了权利人至少享有翻译权、复制权、公演权、广播权、朗诵权、改编权、录制权、制版权8项财产权，以及各成员可视具体情况授予作者的"追续"权。作品受保护的期限为作者有生之年加上之后的50年。TRIPS对表演者、录音制品制作者及广播电视组织权利的保护作了界定，如要求对表演者的录制及对录制的复制；以无线方式向公众广播其现场表演、向公众传播其现场表演权利的保护；录音制品复制权、出租权的保护；广播电视组织的录制、复制权和广播权的保护；等等。

TRIPS对著作权权利的限制包括以下几个方面：(1)排除了《伯尔尼公约》第6条之2规定的包括发表权、署名权、修改权、保护作品完整权的精神权利。(2)承认对著作权权利的限制和例外规定，但要求全体成员应当此种限制与例外局限于一定的特例中，该特例应当不发生与作品的正常利用相冲突，也不应当不合理地损害权利人的合法利益。(3)前述特例中的限制与例外，应当包括《伯尔尼公约》肯定的具体权利的限制：①从一部合法发表的作品中摘出引文，包括以报刊提要形式引用报纸期刊上的文章，并注明了出处；②以出版物、广播或录音录像形式为教学解说而使用作品，并注明了出处；③通过报刊、广播，复制在报刊上发表的有关经济、政治或宗教的时事文章，或具有同样性质的已经广播过的作品（只要原发表时未声明保留），并指明了出处；④用摄影、电影、广播或其他报道时事新闻的传播方式，在报道中使用无法避免使用的有关作品；⑤对于已经有作者授权录制的音乐作品的再次录制；⑥对翻译权保护的10年保留；⑦专门对发展中国家做出的有关强制许可的规定。根据TRIPS的规定，《伯尔尼公约》附件的规定是WTO各成员应当遵守的义务，由此可以推论出伯尔尼公约的有关强制许可的规定是被TRIPS有限度地肯定的。

（二）商标权

TRIPS对商标权构成的条件做出了明确的规定：任何能够将一企业的商品或服务与其他企业的商品或服务区分开的标记或标记组合，均应能够构成商标。这类标记，特别是文字（包括人名）字母、数字、图形要素，色彩的组合，以及前述内容的任何组合，均应能够作为商标获得注册。商标的根本目的是为了区别。它通常分为两个具体目标：一是帮助商标所有人通过鼓励对其名牌的信任而促销其产品；二是帮助消费者在几种可能中做出选择，以鼓励商标所有人维护或改善该商标代表的产品质量。TRIPS对商标注册条件做出要求，即规定成员可要求商标标记应系视觉可感知作为注册条件。这既表明协议采纳了"先注册"的原则，而未采用"先使用"的原则；同时，肯定了标记的视觉感知，而对不能被视觉感知的如气味商标申请等未作为成员商标权最低保护义务。

TRIPS虽然未明确列举不予注册的情形，但却规定了注册商标不得损害任何已有的在先权利，这就意味着不但商标注册后不得损害在先权利，而且在商标注册过程中如发现损害在先权的，也不能对其予以授权注册。对于注册商标的权利内容与范围，TRIPS第16条规定,商标权人应享有防止任何第三方未经许可而在贸易活动中使用与注册商标相同或近似的标记去标示相同或类似的商品或服务,以免造成混淆。值得注意的是,在防止该种使用时,该协议强调了对“混淆”判断的推定:如果确将相同标记用于相同商标或服务,即应当推定已有混淆之虞。这无疑对权利人的举证责任与法官对“混淆”事实认定的责任,都是一种减轻,并在知识产权保护的执法中发挥作用。TRIPS明确将服务商标特别是驰名商标规定在保护范围中,并规定了认定驰名商标的标准,即应当顾及有关公众对其知晓程度,包括在该成员地域内因宣传该商标而使公众知晓的程度予以认定。对于不类似商品或服务上相同标识的使用,只要对该驰名商标产生不良影响,使商标权人的利益可能受到损害,如暗示该驰名商标的权利人与此种使用有某种联系等,就应当原则上适用巴黎公约1967年文本,对驰名商标予以保护。对商标的首期注册及各个续展注册的保护期,该协议要求均不少于7年,续展注册可以无限次。TRIPS对商标权人的要求,主要表现在商标的使用上,对连续至少3年无正当、有效的理由不使用商标的,可以予以撤销其注册。所谓正当、有效的理由,包括遇有进口限制或政府对该商标所标示的商品或服务其他要求的情形。所谓保持商标的使用,也应当包括商标为权利人所控制情况下的他人的使用。此外,该协议对商标的使用也规定排除了不合理特殊要求的干扰,商标权的许可转让的条件排除了强制许可,以及商标权人对是否附随经营一道转让的决定权。

TRIPS对商标权限制的例外规定,主要体现在该协议第17条的规定中。该条规定,成员可规定商标权的有限例外,如对说明性词汇的合理使用等,只要此种例外顾及了商标所有人及第三方的合法利益。

(三)对地理标志的保护

TRIPS专门对地理标志的保护作了规定,并对地理标志的概念作了界定。所谓地理标志,是指下列标志:其标识出某商品来源于某成员地域内,或来源于该地域中的某地区或某地方;该商品的特定质量、信誉或其他特征,主要与该地理来源相关联。如果对地理标志的概念作进一步分析,可以将上述规定的内容分为两个部分:一部分为此种标志标识出商品的来源地,包括某成员地域或其中的某地区、地方;一部分为该标志代表了上述商品的特定质量、信誉或其他特征,而该特征与前一部分所标示的地域、地区或地方存在一定的联系。对地理标志的保护,成员的义务主要包括两个方面:一是对商标中包含有或组合有商品的地理标志,并具有误导公众忽略认明真正来源地的,商标行政主管部门依职权或利害关系人请求驳回或撤销该商标。二是现实存在的不正当竞争,包括不论以任何方式在商品的称谓或表达上明示或暗示有关商品来源于非真正来源地,并使公众对该商品来源产生误认;依照巴黎公约1967年文本第10条之2的规定,构成不正当竞争的行为,以及虽然地理标志逐字真实指明商品的来源地域、地区或地方,但仍误导公众以为该商品来源于另一地域的行为。对第二个方面的行为,TRIPS要求各成员应当提供法律措施保障利害关系人并予以阻止。有观点将对地理标志侵权行为的法律救济手段归结为当事人请求与依职权对侵权商标的处理,而忽略前述协议对第二个方面的现时不正当竞争行为制止的救济,是不够准确的。

由于酒类的地理标志的保护涉及欧盟等发达国家的重大利益,因此,对葡萄酒与白酒的地理标志,TRIPS在第23条作了补充规定。对该条涉及酒类地理标志保护的规定,可以分为3个部分:一是制止以他人的地理标志标示非来源于该标志所指的地方的葡萄酒或白酒,即同时也标出了商品的真正来源地;使用的翻译文字或伴有某某种、型、式、类,或相同的表达方式。各成员应当为利害关系人提供制止此种行为的法律措施,TRIPS在注释中注明此种法律措施可以采用行政程序。二是商标行政主管部门对包含有或组合有标示该酒的地理标志的某葡萄酒或白酒的商标，应当依职权或根据利害关系人请求驳回或撤销该商标的注册。三是对于诸多葡萄酒使用多音字或同形字的地理标志，应当本着对有关生产者平等待遇且不误导消费者的情况下，对每一地理标志予以保护。各成员应当确定将有关同音字或同形字地理标志间区别开来的条件。

TRIPS 对地理标志保护的例外或限制主要规定在第 24 条中。这些限制包括：(1)在先使用与善意使用的例外。根据第 24 条第 4 款的规定，在先使用是指 1994 年 4 月 15 日之前已经使用了某成员的地理标志，且至少使用 10 年以上。善意使用，是指 1994 年 4 月 15 日之前，非恶意地使用了某个成员的地理标志。在葡萄酒或白酒的商品或服务领域中，凡符合上述情形之一的，可以继续使用。(2)商标的善意注册权例外。第 24 条第 5 款规定，WTO 成员在适用 TRIPS 第 6 部分过渡协议规定前或某地理标志的来源国开始保护该标志以前，已经善意获得某个商标的注册或善意申请或善意使用而获得商标权，该商标与该地理标志即使相同或近似，也不得以此损害该商标注册的利益或效力，或损害该商标的使用权。(3)通常名称的惯用语例外。WTO 成员在其地域内的商品或服务上，以与某成员地理标志相同的当地惯用语表示的通常名称使用时，不要求该成员适用本节规定。如果《世界贸易组织协定》生效之日，某成员地域内已有的葡萄酒品种的惯用名称与其他成员葡萄酒产品的地理标志相同，也不适用本节的规定。(4)对涉及不被使用的地理标志的商标注册、使用的例外。在排除恶意对地理标志的使用或注册情况下，WTO 成员可以该协议第 3 节提出的任何将地理标志作为商标使用或注册的请求，都必须在该地理标志不被使用在该领域内公众知悉后的 5 年内提出；如果该商标在注册之日已被公布，并且公布之日早于上述“公众知悉之日”，则必须在该商标注册后 5 年内提出。(5)姓名与名称权例外。对地理标志的使用，不得损害任何人在贸易活动中对其姓名或其继用营业名称的使用，这些均属于在先权的一类。但条件是不得以误导公众的方式使用。这一条件又属于一种对权利限制的限制。(6)来源国不保护、中止保护和废止使用的例外。第 24 条第 9 款的规定，对于在来源国不受保护或中止保护的地理标志，或在来源国已废止使用的地理标志，依照本协议无保护义务。

（四）工业品外观设计

TRIPS 第 25 条规定，对独立创作的、具有新颖性或原创性的工业品外观设计，全体成员均应予以保护。获得工业品外观设计保护的条件有二：一是独立创作；二是具有新颖性或具有原创性。所谓新颖性或原创性，是指某外观设计与已知设计或已知设计特征的组合相比，无明显区别。各成员可以规定工业品外观设计的保护，不得延及主要由技术因素或功能因素构成的设计；成员没有义务将前述保护延伸到由技术因素或功能因素构成的外观设计。TRIPS 强调对纺织品外观设计的保护要求，成员可以选择以版权法或外观设计法保护外观设计，但要特别保证对纺织品本身关于对成本、检验或公布方面的要求，不至于不合理地损害对外观设计取得保护的机会。工业品外观设计的权利内容和范围，包括制止第三方未经许可为商业目的的制造、销售或进口带有或体现有受保护设计的复制品或实质性复制品的物品。外观设计的保护期不少于 10 年。

TRIPS 第 26 条第 2 款规定，WTO 各成员对工业品外观设计保护，可以规定有限的例外规定，但必须符合以下三个前提：(1)该例外应顾及第三方合法利益；(2)该例外并未与受保护设计的正常利用不合理地冲突；(3)该例外也未不合理损害受保护设计所有人的合法权益。

（五）专利权

TRIPS规定获得专利的条件为：在一切技术领域中的任何发明，只要其具有新颖性、创造性和可付诸工业应用性的"三性"，都应当有可能获得专利。虽然各国对专利的"三性"各有不同的表述，也有宽严的掌握，但基本认同各国专利法对专利性三个方面的规定。该三性是有机结合的统一体，缺一不可。TRIPS同时强制性地规定各成员应当给专利权的获得和享有不能因为发明地点不同、技术领域不同、产品是进口或当地生产等的不同而进行歧视。对可以不授予专利的情形，TRIPS也作了规定：(1)为保护公共秩序、社会公德为目的，包括保障人类、动植物生命与健康、防止严重环境损害的情形。(2)对人或动物的诊断、治疗和外科手术方法。(3)除微生物外的植物和动物，特别是除用微生物和非微生物方法生产的、主要是用于生物过程生产的动物、植物品种。但各成员应当采用适当的形式对植物新品种提供保护。对专利权的范围TRIPS也作了具体明确的规定，它包括对产品专利，权利人有权制止第三方未经许可制造、使用、许诺销售、销售及为此目的的进口行为。对方法专利，权利人有权制止他人使用和许诺销售、销售和进口该方法专利直接获得的产品。TRIPS还规定了专利权人对专利权的转让、继承和订立许可合同的权利，权利的保护期不少于20年。这完全体现了知识产权是一种特殊私权或称特殊民事权利的性质。TRIPS对专利申请人的条件或要求也作了规定，统一各成员对专利申请人最为重要、基本的义务规定，包括：以足够清楚和完整的方式披露其发明，以使统一技术领域的技术人员能够实施该发明；指明在申请日或在优先权日该发明的发明人所知的最佳实施方案；提供其相应的外国申请及批准的信息。

对专利权的限制，TRIPS只作了原则性的规定。第30条"所授专利权的例外"规定，成员对所受的专利权规定有限的例外，只要在顾及第三方合法利益的前提下，该例外未与专利的正常利用存在不合理的冲突，也并未不合理地损害专利所有人的合法利益。在其他权利中也有类似的规定。一般来说，前述规定分为三个要点：一是对权利限制的规定应当是有限的，不能超过所要求的限度限制权利；二是考虑专利第三方的合法利益，权利的限制不能与正当的权利实施相冲突；三是考虑第三方合法利益的情况下，对权利的限制不能无理损害专利权人的利益。对专利权的特殊限制，即对专利权实施的强制许可。强制许可是各国家出于对公众利益考虑，强制许可某项专利技术让他人使用，使用者支付使用费的制度。

出于对专利权的保护，TRIPS对专利权的强制许可规定了严格的条件。这些条件包括：(1)强制许可必须个案处理。(2)在申请或批准强制许可之前，使用者已做出各种为获准使用专利的努力，在合理期限内未获成功，但在国家实施紧急状态下或公共非商业场合不受上述限制，但有及时通知权利人的义务。(3)强制许可的范围和期限限于授权使用的目的。(4)强制许可不享有独占权利。(5)除与使用的企业或商誉一同转让，此种许可不得转让。(6)强制许可主要为供应本成员领域内市场。(7)一旦丧失许可的条件且不会再发生，则停止强制许可。(8)在考虑授权使用经济价值情况下，支付权利人使用费。(9)强制授权与支付使用费的行政决定应得到司法复审或更高一级主管当局独立审查。(10)有关强制许可使用系经司法或行政程序确定为反竞争的补救措施所允许使用，可不适用上述第(2)和第(6)规定的限制。在符合以下条件情况下，可授权使用为允许开发一项专利(称为第二专利)而不得不使用另一专利(称为第一专利)：第二专利权利要求书所覆盖的发明，比起第一专利权利要求书所覆盖的发明，应具有相当经济效益的重大技术进步；第一专利权人应有权按合理条款取得第二专利所覆盖发明的交叉使用许可证；就第一专利发出的授权使用，除与第二专利一并转让外，不得转让。有学者评论TRIPS对专利权限制时指出，综观第31条的具体内容，与其说是规定了对专利权的限制，不如说是规定了对权利限制的限制。之所以对强制许可的限制规定得如此详细，这与美国国内法没有强制许可制度并在谈判中反对专利强制许可不无关系。

（六）集成电路的布图设计

集成电路，又称为集成电路芯片或半导体芯片，是指以半导体材料为基片，将组成电路的多个元件，其中至少有一个是有源元件，互联集成在基片内部或者表面以执行某种电子功能的产品。集成电路的布图设计，又称为拓扑图，是指一个集成电路中各种元件（包括有源元件和无源元件）以及连接这些元件的导线的三维配置或图形结构。集成电路是根据要实现的功能和规格而设计的。布图设计的重要不在于它的艺术性，而在于它与集成电路规格的对应性和功能性。布图设计在很大程度上决定集成电路的功能和规格，是集成电路研制过程中最重要的一环，凝聚着开发者的创造性智力劳动和固化着总投资的一半。对布图设计的保护，实际上就实现了对集成电路的保护。根据 TRIPS 第 35 条的规定，对拓扑图的保护适用《集成电路知识产权条约》第 2～7 条、第 12 条和第 16 条第 3 款，第 6 条第 3 款除外。根据这些条款的规定，对拓扑图知识产权的保护可以根据各成员自己的情况适用特别法、版权法、专利法、实用新型法、工业品外观设计法、不正当竞争法或其他法律，或任何这类法律的结合。权利的取得要求该拓扑图应当具有原创性。所谓原创性，是指该设计为创作者自身智力劳动的成果；同时，该设计与其他制作者或设计者的成果相比较不属“平凡一般”的成果。对于“平凡一般”的元件及组合体组成的布图设计，其组合成果具有原创性的，方能受到保护。这也就是说，对不具有独创性的拓扑图不能获得版权或其他知识产权，不能得到法律的保护。受到保护的集成电路不论是否被结合在产品中，都应该同样得到相同的保护。

集成电路布图设计权利内容和范围，TRIPS 第 36 条明确规定：对未经权利人许可的为商业目的的进口、销售或以其他方式发行受保护的布图设计，为商业目的的进口、销售或以其他方式发行含有受保护布图设计的集成电路，或为商业目的的进口、销售或以其他方式发行含有上述集成电路的物品（仅以其持续包含非法复制的布图设计为限）。但上述规定是在该协议第 37 条第 1 款的前提下，才能成就。第 37 条第 1 款规定，对从事和提供含有非法复制布图设计的集成电路和含有此类电路的物品的，在获得该物品是不知、也无合理根据应知有关物品中含有非法复制品，不能认为该活动为非法。对上述行为人获悉该布图设计原系非法复制的确切通知后，仍可以就事先库存的物品或预购的物品从事上述活动，但应当支付自由交易合同约定为标准的使用费。

集成电路布图设计权利保护期分为三种情况：以注册为条件的成员，保护期从注册申请的提交日起，或从该设计于世界任何地方首次付诸商业利用起 10 年；不要求注册为条件的成员，保护期不得少于从该设计于世界任何地方首次付诸商业利用起 10 年；成员均可将保护期规定为布图设计创作完成起 15 年。

（七）未披露信息

TRIPS 对商业秘密定义为未披露过的信息。所谓未披露信息就是我国反不正当竞争法规定的商业秘密，即不为公众所知悉、能为权利人带来经济利益、具有实用性并经权利人采取保密措施的技术信息和经营信息。从该协议对商业秘密权利人界定为“合法控制该信息的人”以及商业秘密构成条件上，可以看出，商业秘密的取得并不要求类似登记注册的政府行为，仅为合法控制该信息的人，并为保密根据情况采取的合理措施。该信息本身应当具有一定的类似新颖性的“高度”以及商业价值。所谓商业秘密的“高度”，TRIPS 界定为，该信息作为整体或作为其中内容的确切组合，并非通常从事有关该信息工作领域的人们能普遍了解或容易获得的。即该协议将商业秘密的构成条件概括为秘密性、商业价值和采取了保密措施。

TRIPS对侵害商业秘密的行为也作了界定，即未经许可以违背诚实商业行为的方式，至少包括违约、泄密及诱使他人泄密的行为，通过第三方以获得未披露过的信息（无论该第三方已知或应知此种获得是否违背诚实信用原则）。对商业秘密的保护范围包括以下方面：一是制止巴黎公约1967年文本第10条之2规定为不正当竞争的行为；二是保护前述受保护的商业秘密；三是根据TRIPS第39条第3款的规定，保护向政府或政府代理机构提交的数据。提交此种数据，是成员要求以提交未披露过的试验数据或其他数据，作为批准采用新化学成分的医药用或农用化工产品上市的条件。在此种数据的原创活动蕴含了相当的努力情况下，对该数据应当保护。对保护公众利益和已对防止不正当竞争手段获取数据提供了保护的情形作了排除。

第四节 WTO争端解决机制

WTO争端解决机制，是一种贸易争端解决机制，也是WTO不可缺少的一部分，是多边贸易机制的支柱，在经济全球化发展中颇具特色。经过1986～1994年GATT乌拉圭回合多边贸易谈判，终于形成了WTO争端解决机制的基本法律文件《关于争端解决规则与程序的谅解》(DSU)。DSU包括27条和4个附件，主要内容是涉及世界贸易组织争端解决机制的适用范围、管理机构、一般原则、基本程序和特殊程序。争端解决机制机构是由“专家组”组成的。专家组由3名(有时是5名)来自不同国家的专家组成，负责审查证据并决定谁是谁非。专家组报告提交给争端解决机构(DSB)，该机构在协商一致的情况下才能否决这一报告。每一个案件的专家组成员可以从一份常备的符合资格的候选人名单中选择，或从其他地方选择。他们以个人身份任职，不能接受任何政府的指示进行斡旋、调解或调停。

一、磋商

磋商是必经阶段。DSU规定，争议各方首先必须要通过磋商解决争议。当一成员认为另一成员违反或不符合马拉喀什协议(WTO规则)，从而使自己遭受损害时，可要求对方进行磋商，同时应通知DSB和有关理事会或委员会。被要求磋商的成员应在接到磋商请求之日后的10天内做出答复，并应在接到请求之日后不超过30天的时间进行磋商。磋商应在被要求方接到磋商请求之日后60天内完成。DSU规定60天的期限是希望争端各方在此期限内能够通过外交磋商的友好方式解决争端。如果该成员方在接到请求之日后10天内没有答复，或在接到请求之日后30天内没有进行磋商，或在接到磋商请求35天后双方均认为达不成磋商一致，或者在接到磋商请求之日后60天内未达成磋商一致，投诉方可以向DSU提出申请成立专家组。争议各方也可不通过磋商，直接要求成立专家小组。一方提出磋商要求时，应说明对方违反了WTO哪一个协议中的哪一个条款，并提出法律根据。若某一第三方认为正在进行的磋商与自己的贸易利益有关，也可以第三方的身份参加磋商。但第三方须在得到磋商通知之日后10天内通知磋商当事各方参加磋商的请求。若磋商各方认为该问题与第三方没有贸易利益关系，也可以拒绝第三方参加磋商。

【例题】

关于世界贸易组织争端解决机制的表述，下列哪一选项是不正确的？（ ）

A. 磋商是争端双方解决争议的必经程序

B. 上诉机构为世界贸易组织争端解决机制中的常设机构

C. 如败诉方不遵守争端解决机构的裁决，申诉方可自行采取中止减让或中止其他义务的措施

D. 申诉方在实施报复时，中止减让或中止其他义务的程度和范围应与其所受到损害相等

答案：C。

二、专家组

（一）成立专家小组

专家小组的成立申请在被提出后，最迟应在该申请被首次列入 DSB 议程后的会议上设立，即 DSB 在接到成立专家小组申请后的第一次会议上只决定是否需要成立专家组。如决定成立，则列入 DSB 的既定日程。专家组在 DSB 第二次召开会议时成立，确定专家组的人员组成、工作范围等。第二次会议应在提出请求后 15 天内举行，这意味着给通过外交途径解决争端一个最后的机会。专家小组一般由 3 人组成。小组成员由争议双方共同选择，如有不同意见，由总理事选定。专家小组的工作方式和职责范围一方面根据双方的要求确定，另一方面根据 WTO 规则确定，各协议对此有不同的规定和做法。专家小组可确定自己的工作时间表。

关于是否请专家审议小组进行技术审议，完全由专家小组自行决定，但争议双方可以提出进行技术审议的要求。根据 DSU 第 13 条的规定，专家小组还可以使用非政府组织的信息来源。争端解决机制是解决各成员政府间争端的机制，原则上只有政府的代表才有权参加该机制，DSU 第 13 条的规定实际为非政府组织进入 WTO 开了方便之门，提供了参与 WTO 的机会。例如，WTO 的总秘书处经常收到非政府组织发表的公报，然后送给有关各方；有关各方收到后通知秘书处，哪些同意，哪些不同意，专家小组确定哪些可以接受，哪些不能接受。

（二）专家小组的工作程序

专家小组提出裁决报告的期限一般是 6 个月，可以延长但无论如何不能超过 9 个月。一般情况下，在争议各方提交书面材料后，专家小组紧跟着有 2 次口头听证会（实质性会议），此后专家小组开始实质性工作，由秘书处提供协助。专家小组首先拿出报告的大纲散发给争议各方。这仅是一个描述性报告，对事实和双方的观点进行阐述，若双方认为其与事实有出入，可以向秘书处澄清；此后，专家小组公布临时报告（中期报告）。争议各方可以进一步提出自己的观点和论据。争议各方和专家小组的交流必须通过书面方式，由秘书处传达。各方的书面意见作为副本，附在报告之后。专家小组形成的最终报告应以三种工作语言（英、法、西班牙）散发给各成员方，20 天后，才可在 DSB 会议上审议通过。在向各成员分发专家小组报告的 60 天内，该报告在 DSB 的会议上应予通过。该 60 天的期限可以延长，但无论如何不能超过 90 天。通过方式采取“反向一致”的原则。

三、上诉

如果某一当事方向 DSB 正式通知其将进行上诉，则争端解决进入上诉程序。上诉的范围

仅限于专家小组报告所涉及的法律问题及由该专家小组所做的法律解释。上诉机构有 60 天的时间处理上诉事宜，并通过报告。该期限可以延长但无论如何不得超过 90 天。上诉机构的报告应在发出后 30 天内经 DSB 通过，除非经协商一致不通过。

四、执行

解决争端机构通过专家小组或上诉机构的报告后，当事各方应予执行。在报告通过后 30 天内，当事方应通知 DSB 其履行 DSB 建议或裁决的意愿和改正的具体措施及期限。若不能立即执行，也可以要求在一段"合理期限"内执行。如果 DSB 及争端各方对合理期限都未能达成协议，则可通过仲裁确定。合理期限一般为 90 天，实际操作中最长可给予 15 个月。如果在合理期限内，被诉方不能改正其违法做法，申诉方应在此合理期限届满前与被诉方开始谈判，以求得双方都能接受的补偿办法。若合理期限到期后 20 天内，争议各方就补偿问题达不成一致，申诉方可请求 DSB 授权其对被诉方进行报复或交叉报复。

五、报复

DSU 制定了报复和交叉报复的程序。如果被诉方没有在合理期限内执行裁决，或争端各方没有就补偿问题达成协议，投诉方可向 DSB 申请批准其对被诉方中止依照所适用协议应承担的减让或其他义务，取消给予最惠国待遇，开始实施报复。DSB 应在合理期限届满后 30 天内，批准授权，除非 DSB 一致同意拒绝该项请求。若被诉方对申诉方的中止减让水平（报复措施）表示反对，或认为投诉方在要求报复中未遵守有关原则和程序，则可以提请仲裁。仲裁应在合理宽限期结束前 60 天内完成。仲裁裁决是终局的。

争端解决机制规定报复的行业或部门必须是具有争议和遭受损害的同一部门进行；报复应限于相当于利益丧失或损害的程度。如果受损害一方认为仅报复一个行业或部门无效或不能达到平衡，则可在其他的部门进行交叉报复。比如，在有关香蕉贸易的争议中，若只提高香蕉的关税还不足以弥补投诉方遭受的损害，投诉方可以提高其他水果、蔬菜的关税，也可提高机械设备产品的关税。法国生产奶酪的生产者遭到美国在激素方面的报复就是典型的实际例子。DSU 还规定，在情况非常严重的时候，报复可以针对 WTO 的另外一个协议，实施跨协议报复。比如，投诉方在补贴问题上受到损害，可以在知识产权领域进行报复。交叉报复是有效率的处罚，但只能作为临时性的处罚措施，因为该机制的宗旨是解决争端，迫使被诉方改正其不合法的做法，而不是为了处罚哪个国家。在 1995 年后处理的诸多争端中，很少导致报复和交叉报复的实施，第一次交叉报复是厄瓜多尔使用的。

【例题】

甲、乙均为世界贸易组织成员。乙称甲关于影像制品的进口管制违反国民待遇原则，为此向世界贸易组织提出申诉，并经专家组和上诉机构审理。对此，下列哪一选项是正确的？（　）

A. 甲、乙磋商阶段达成的谅解协议，可被用于后续争端解决审理

B. 专家组可对未在申请书中指明的诉求予以审查

C. 上诉机构可将案件发回专家组重审

D. 上诉案件由上诉机构 7 名成员中 3 人组成上诉庭审理

答案：D。

本章小结

1. GATT是一个政府间缔结的有关关税和贸易规则的多边国际协定，简称《关贸总协定》。它的宗旨是通过削减关税和其他贸易壁垒，消除国际贸易中的差别待遇，促进国际贸易自由化，以充分利用世界资源，扩大商品的生产与流通。

2. 多边货物贸易的具体协议是《1994年关贸总协定》的具体化，又是相对独立的，WTO规定当《1994年关贸总协定》的某一规定与多边货物贸易具体协议的某一条款规定发生冲突时，具体协议的规定在冲突涉及的范围内具有优先效力，具体包括13个协议。

3. GATS以四种提供方式即跨境交付、境外消费、商业存在、自然人流动定义服务贸易。GATS规定的成员义务有最惠国待遇、服务贸易的透明度、区别于货物贸易的逐步自由化、发展中国家更多参与、服务贸易的限制和禁止、服务提供申请获准。

4. TRIPS保护的知识产权有7种，即版权与邻接权、商标权、地理标志权、工业品外观设计权、发明专利权、集成电路布图设计权和未披露的信息权(即商业秘密)。

5. WTO争端解决机制程序是磋商、专家组(包括成立专家小组、专家小组的工作程序)、上诉、执行、报复。

思考与练习

一、选择题

1. GATS定义的服务贸易的提供方式有哪些？(　　)

A. 跨境交付　　B. 境外消费　　C. 商业存在　　D. 自然人流动

2. 下列哪些类型的补贴具有专向性？(　　)

A. 企业专向性补贴　　B. 产业专向性补贴

C. 地区专向性补贴　　D. 被禁止的补贴

二、简答题

1.《1994年关贸总协定》的主要条款有哪些？

2. GATS中服务贸易的四种提供方式是哪些？

3. WTO一成员在实施保障措施时，应当具备哪些条件？

4. TRIPS规定的知识产权权利范围有哪些？

三、案例分析

美国、欧盟和加拿大诉中国汽车零部件进口管理措施案

案件基本事实：本案涉及的是中国汽车进口零部件按整车征税。我国2005年出台的《汽车零部件进口管理办法》(简称《办法》)将进口零部件的价格总和达到该车型整车总价60%以上的按整车征税。公开资料显示，我国对进口整车征收25%的关税，对单纯维修用的进口零部件征收10%的关税。也就是说，对于构成“整车特征”的进口汽车零部件，我国将征收25%的高关税，比一般关税整整高了15%。自《办法》制订以来，这一产业政策引发纠纷不断，在欧美一些豪华车生产企业的游说和推动下，2006年3月，欧盟、美国就此问题诉诸WTO，与中

方开始在 WTO 争端解决机制下进行磋商，之后加拿大也加入进来，但磋商没有达成共识。在磋商期间，中国政府曾经于 2006 年 7 月 5 日做出让步，原定于 2005 年 10 月实施的《办法》被推迟到 2006 年 7 月 1 日起实施，同时进口零部件价格总和不能超过该车总价格 60%的规定，延期至 2008 年 7 月 1 日实施。中方的让步并没有使美国、欧盟和加拿大满意。其对于中国汽车进出口产业政策不断质疑，要求中方改变零部件关税的“区别性对待”。

试分析中国的汽车进口零部件的价格总和达到该车型整车总价 60%以上的按整车征税的贸易做法是否违背 GATT 的贸易基本规则，为什么？

第九章　国际电子商务法

【学习目标】

- 了解国际电子商务法的调整范围、电子签名、电子认证的法律关系；
- 熟悉国际电子商务交易主体及其法律关系；
- 掌握电子合同法和普通合同法、电子支付和传统支付的区别；
- 学会应用国际电子商务法律知识解决国际电子商务纠纷。

第一节　国际电子商务法概述

一、国际电子商务概念

20 世纪 90 年代以来，计算机网络技术的飞速发展，不仅实现了网域全球化、普遍化，而且扩大了应用范围，从传统的文字处理和信息传递领域延伸到商业领域，开辟出区别于传统商务不同的商务模式，这便是电子商务(electronic commerce)。今天，国际电子商务已经成为家喻户晓的概念，但国内外 IT(信息技术)界、商界和法学界对国际电子商务的概念并没有取得完全一致的看法。

国际电子商务系指交易当事人或参与人利用现代信息技术和计算机网络(主要是因特网)所进行的各类商业活动，包括货物贸易、服务贸易和知识产权贸易。简言之，国际电子商务是通过计算机网络来完成的商品交易新模式。所以，也可以将国际电子商务称为在线(On-line)商业或在线商务。

在联合国国际贸易法委员会于 1996 年颁布的《电子商务示范法》中，虽然未对“电子商务”做出定义，但是强调了电子商务交易手段的特殊性，即在商业交易中使用了数据电文作为信息表达方式。这里的“数据电文”包括经由电子手段、光学手段或类似手段生成、储存或传递的信息。这些手段包括但不限于电子数据交换、电子邮件、电报、电传或传真。

对国际电子商务的理解，应从“现代信息技术”“商务”两个方面来考虑。一方面，“国际电子商务”概念所包括的“现代信息技术”应涵盖各种使用电子技术为基础的通信方式；另一方面，对“商务”一词应作广义解释，使其包括不论是契约型或非契约型的一切商务性质的关系所引起的种种事项。而国际电子商务所覆盖的范围应当是这两个子集所形成的交集，即“国际电子商务”标题下可能广泛涉及的因特网、内部网和电子数据交换在贸易方面的种种用途（参见图 9－1）。而本章研究的范围为因特网上进行的国际电子商务，即因特网商务（Internet-Commerce），因为这一高级形态的商务法律规则可以直接或变通运用于其他形式的国际电子商务。

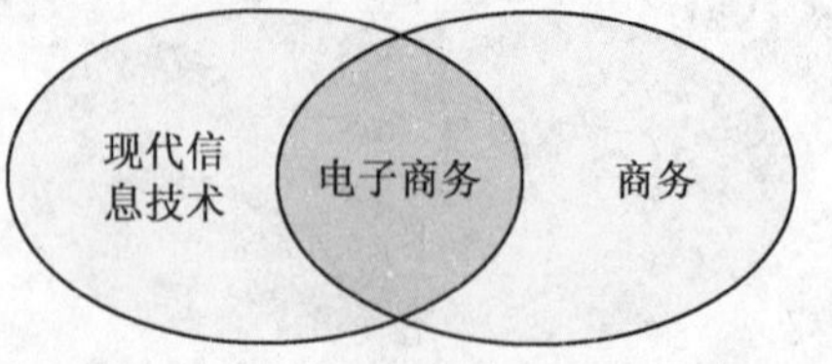

图 9－1 国际电子商务是“现代信息技术”与“商务”的交集

二、国际电子商务法的调整对象和范围

（一）国际电子商务法的调整对象

调整对象是立法的核心问题，它揭示了立法调整的因特定主体所产生的特定社会关系，也是一法区别于另一法的基本标准。根据国际电子商务的内在本质和特点，本书认为，国际电子商务法的调整对象应当是国际电子商务交易活动中发生的各种社会关系，而这类社会关系是在广泛采用新型信息技术并将这些技术应用到商业领域后才形成的特殊的社会关系，它交叉存在于虚拟社会和实体社会之间，有别于实体社会中的各种社会关系，且完全独立于现行法律的调整范围。国际电子商务法不是试图涉及所有的商业领域，重新建立一套新的商业运作规则，而是重点放在探讨因交易手段和交易方式的改变而产生的特殊商事法律问题。这就界定了国际电子商务法研究的范围：研究商业行为在计算机网络环境下的特殊问题。

（二）国际电子商务法的调整范围

国际电子商务是一新生事物，在制定国际电子商务法时，应注意处理当前这一主题的广泛含义。对国际电子商务立法范围的理解，也应从“商务”和“现代信息手段”两个方面考虑。综合两个方面，国际电子商务的调整范围主要在以下的 7 种：国际电子商务网站建设及其相关法律问题、在线交易主体及市场准入问题、电子签字与认证法律问题、电子合同问题、国际电子商务经营活动的法律问题、电子支付的法律问题、国际电子商务物流法律问题。

三、国际电子商务法的性质及特征

国际电子商务法是一个非常庞杂的法律体系，涉及许多领域，既包括传统的民法领域如合同法、著作权法等，又有新的领域如数字签名法、数字认证法等。这些法律规范从总体上属于商法范畴，但又表现出全球性、技术性、复合性等特点。

国际电子商务法律规范具有如下特征：

（1）法律主体的虚拟性和不确定性。国际电子商务属于不接触式经济。在交易过程中，虚拟的交易当事人，虚拟的交易平台，虚拟的交易工具、货币构成了新型经济的典型特征。而这种虚拟市场的不确定性使原有的法律关系变得错综复杂。

（2）调整对象的多样性和广泛性。国际电子商务法律规范调整的法律关系的客体既包括有形商品，又包括无形商品；既有商品，还有服务。随着网络公信力的不断提高，客体的种类和范围也将不断增加和扩大。

(3)法律规范的程式性和普适性。国际电子商务立法的主要任务是对传统法律难以调整的问题做出补充性规定。电子签名的形式和效力、电子交易中的认证规则、电子证据的效力及提交方式、税收征收管辖的确定，等等。

(4)法律规范的动态性和任意性。动态性表现在国际电子商务法律规范将随着计算机和互联网技术的发展而逐步完善。国际电子商务主体的虚拟性和客体的广泛性要求国际电子商务法律规范必须强调意思自治原则。

四、国际电子商务交易主体及其法律关系

(一)国际电子商务交易主体

1. 在线交易当事人

在线交易当事人是直接通过网络缔结买卖合同或服务合同的在线交易参与主体，转让某种财产或提供某种服务的为卖方，而受让某种财产或接受某种服务的为买方。

2. 在线交易服务提供者

为了保证在线交易的安全和效率，需要许多主体参与到货物交易或者服务交易中。相对于在线交易的当事人，这些主体属于第三人范畴，他们在交易中与交易当事人之间也会形成各种各样的法律关系。这些主体包括银行、认证机构、交易平台提供者、货物配送公司等。

(二)在线交易的标的物

在线交易内容或对象主要分三类：有形商品、信息产品和在线服务。

(三)国际电子商务参与各方的法律关系

在国际电子商务的交易过程中，买卖双方，客户与交易中心，客户与银行，客户、交易中心、银行与认证中心都将彼此发生业务关系，从而产生相应的法律关系。

1. 网络交易中买卖双方当事人的权利和义务

卖方的义务：(1)按照合同的规定提交标的物及单据。(2)对标的物的权利承担担保义务。(3)对标的物的质量承担担保义务。

买方的义务：(1)买方应承担按照网络交易规定方式支付价款的义务。(2)买方应承担按照合同规定的时间、地点和方式接受标的物的义务。(3)买方应当承担对标的物验收的义务。

2. 网络交易中心的法律地位

网络交易中心在网络商品交易中扮演着介绍、促成和组织者的角色，是交易的居间人。而网络交易中心业务是：按照法律规定，对买卖双方委托业务的范围和具体要求进行业务活动，做到申办严格、遵纪守法、认真负责、公正守信。网络交易中心必须在法律许可的范围内进行活动。网络交易中心经营的业务范围、物品的价格、收费标准等都应严格遵守国家的规定。

3. 虚拟银行的法律地位

在国际电子商务中，网络交易客户与虚拟银行之间的关系仍然是以合同为基础的合同关系，所以在出现违约情况时可以按照原有的法律规范进行处理，例如，在实践中，网络银行出现失误导致资金划拨事务或者延迟现象可以采取以下几种方式：返回资金，支付利息，补足差额、余额，偿还汇率波动导致的损失。

4. 认证机构的法律地位

在网络交易的撮合过程中，认证机构(CA)是提供身份验证的第三方机构，是一个或多个

用户信任的、具有权威性质的组织实体。它不仅要对进行网络交易的买卖双方负责，还要对整个国际电子商务的交易秩序负责。

五、在线(虚拟)企业的设立和主体认定问题

(一)在线(虚拟)企业的含义

人们习惯性将互联网称为虚拟世界，将仅在因特网上开展商务活动的企业称为虚拟企业。但虚拟并不表示不存在，而只是为了将它区别于实体社会中存在的从事传统商务活动的企业，因此本书将虚拟企业称为在线企业。

在线企业主要有两种形式：第一种，它是现实企业在网上的延伸，这类在线企业并不能完全独立存在，它仅仅是现实企业经营手段的一种扩展，是现实中的企业在网上宣传和销售产品的窗口；第二种，在线企业也可以是一种完全虚拟的形式，它们没有物理形式的生产、经营设施，只有通过网站上的页面来丰富自己的形象。

(二)在线交易主体的资格认定

在国际电子商务环境下，交易主体通常称为在线交易主体。在实践中存在两种不同情形：一种是现实中存在对应的主体，在线交易主体仅仅是现实中的主体“搬到网上”；另一种情形是在现实中并不存在对应的主体，即在线主体其实是虚拟的主体。但是，根据民事主体法定原则，法律不会认可虚拟的主体。这就需要有关于在线交易主体认定的制度。中国现行法律法规关于在线交易主体资格的认定制度是不完全的。

1. 关于经营性网站

关于经营性网站，我国《电信条例》和《互联网信息服务管理办法》已经做出相应的规定，即其设立需要获得网络信息服务的许可，并办理企业登记。根据北京市工商局颁布的《经营性网站备案登记管理暂行办法》，经营性网站的设立比照企业分支机构的设立予以管理，登记后，对经营性网站颁发《经营性网站备案登记证》并予以公告。即《经营性网站备案登记证》是经营性网站的主体身份证明。

2. 关于在线交易主体

但是，对于没有设立网站的在线交易主体(例如利用他人的网站设立的网上专卖店)，中国现行法律法规没有规定是否要进行工商登记。北京市工商局曾颁布过《网上经营行为登记备案的通告》，规定依照国家法律、法规领取营业执照的市场主体，利用互联网从事以营利为目的的经营活动，应申请网上经营行为登记备案。但是，《网上经营行为登记备案的通告》已被前述《经营性网站备案登记管理暂行办法》废止。

由于现行法律法规对于网上交易主体的认定未作有效规定，在实践中，这方面的工作在一定程度上实际是由市场参与主体在做。例如，提供国际电子商务交易平台的服务提供商，通常要求在线交易主体应首先注册成为其会员或用户，之后才可利用其提供的国际电子商务交易平台从事电子交易。

如果在线交易主体是企业，国际电子商务平台服务提供商通常会要求其提供营业执照；如果在线交易主体是自然人，则较严格的做法是要求对其身份进行实名认证。上述安排的目的是使现实中的交易主体与在线交易主体相挂钩，以尽可能确保交易主体的真实性，并将在线交易主体从事的交易行为的后果归属于现实中的交易主体，以尽可能维护在线交易的安全性以及国际电子商务的信用。但是，该种实名认证只能核实自然人身份的真实性，并不涉及对自然人是否具有经营资格的判断。

根据前述，由于在判断自然人是否从事经营活动时存在不确定性，因而当自然人参与国际电子商务时，其主体资格的合法性也就面临不确定性。在线交易是一种非面对面的交易，国际电子商务平台服务提供商提供的交易平台类似一个交易中心，里面聚集了许多卖家，这些卖家共同构成一个“市场”，而且这些卖家通常是通过接受国际电子商务平台服务商提供的平台服务，注册成为该平台服务提供商设立的国际电子商务网站的会员。在卖方为自然人的场合，由于法律对于经营行为这一概念未作界定，国际电子商务平台服务提供商无法判断利用其交易平台销售商品的自然人是否在从事经营行为，因此也无法对是否接受自然人在其平台上销售商品做出简单的拒绝或同意。为保险起见，国际电子商务平台服务提供商可能需要完全拒绝自然人利用其平台销售商品，以避免其可能被认定为自然人从事非法经营行为提供交易平台的法律风险。但是，国际电子商务的运行依赖于互联网络，目前互联网络的用户绝大多数是自然人，如果国际电子商务平台服务提供商为规避其可能承担的法律风险，拒绝或限制自然人利用其平台销售商品，则对于该行业的发展是十分不利的。

【案例】

1996年7月9日，北京市海淀区法院审理国内第一起电子邮件侵权案。

此案原、被告均系北京大学93级女研究生。4月9日，原告薛某收到美国密执安大学教育学院通过互联发给她的电子邮件。内容是该学院将给其提供1.8万美元金额奖学金的就学机会，她非常高兴。因为这是唯一一所答应给她奖学金的美国名牌大学。此后，她久等正式通知，但杳无音讯，蹊跷之中委托在美国的朋友去密执安大学查询。4月27日朋友告知，密执安大学收到一封北京时间4月12日10:16发出的署名薛某的电子邮件，表示拒绝该校的邀请。因此，密执安大学已将原准备给薛某的奖学金转给了他人。

法庭上，薛某说，密执安大学发来的电子邮件，是她和被告张某一起去北京大学某实验室看到的，并且存留在张某的电子信箱里。薛某认为，是张某在4月12日10:16用薛某的名义给密执安大学发了一封邮件，谎称薛已接受其他学校的邀请，故不能去该校学习。

薛某从北京大学计算中心取得4月12日的电子邮件记录，与美国取证回来的材料完全吻合。因此，薛某提出诉讼请求：被告承认并公开当面道歉，由被告承担原告的调查取证以及与美国学校交涉的费用、医疗费和营养费用，精神损失补偿等人民币1.5万元。张某在法庭上称，事实上她从未以薛的名义给密执安大学发过邮件，对此事没有丝毫责任。

原告收集了以下电子证据：

(1)4月12日上午10:12从地址号为“204”的计算机上发出的电子邮件，发件人署名“Nannan”，收件人是美国密苏里—哥伦比亚大学的刘某；

(2)4分钟后，从同一台计算机上发出的另一封电子邮件，发件人署名是原告，收件人是密执安大学；

(3)北京大学计算机中心的证明，表明了上述两封电子邮件是在前后相距4分钟的时间内从同一台计算机上发出的，当时的用户正是张某。

(4)技术试验结果，表明张某使用这台计算机时别人没有时间盗用。

此案在开庭审理后，尽管到底是谁借原告之名向密执安大学发出拒绝接受入学邀请的电子邮件，使原告丧失了一次出国留学深造的机会，并没有得出确切的结论；但是，在休庭之后，被告终于向原告承认，该电子邮件是她所为，并愿意就此向原告道歉并赔偿因其侵权行为给原告造成的精神及财产损失。经过法院主持调解，原、被告双方当事人自愿达成协议：被告以书面形式向原告赔礼道歉，并赔偿原告精神损害、补偿经济损失共计1.2万元。

阅读以上案例，如果按照旧有法律规范的举证原则是否能判定张某犯法？本案对于司法实践产生了什么样的影响？

第二节 电子签名与电子认证法

一、电子签字的概念和功能

(一)电子签字的概念

电子签名，是指数据电文中以电子形式所含、所附用于识别签名人身份并表明签名人认可其中内容的数据。本书所称数据电文，是指以电子、光学、磁或者类似手段生成、发送、接收或者储存的信息。常用的有对称密钥电子签名、计算机口令、生物笔迹鉴定法、眼虹网膜辨别法、数字签名等，以及如扫描的公章、签名等。

(二)电子签字的功能

以纸张为基础的传统签字主要是为了履行下述功能：(1)确认一个人的身份；(2)肯定是该人自己的签名；(3)使该人与文件内容发生关系。除此之外，视所签文件的性质而定，签字还有各种其他功能。例如，签字可以证明签字人愿意接受所签合同的约束；证明签字人认可某一文件的作者；证明签字人同意一份经由他人写出的文件内容；证明签字人曾在某个地点的事实和时间。

为确保经过核证的数据电文不会仅仅由于未按纸张文件的特有的方式加以核证而否认其法律价值，联合国《国际电子商务示范法》在第 7 条里做出了以下的规定：

(1)如法律要求要有一个人签字，则对于一项数据电文而言，倘若情况如下，即满足了该项要求：①使用了一种方法，鉴定了该人的身份，并且表明该人认可了数据电文内含的信息；和②从所有各种情况来，包括根据任何相关协议，所用方法是可靠的，对生成或传递数据电文的目的来说也是适当的。

(2)无论本条第(1)款所述要求是否采取一项义务的形式，也无论法律是不是仅仅规定了无签字时的后果，该款均将适用。

所以，现行的电子签字法侧重于签字的两种功能：一是确立一份文件的作者；二是证实该作者同意了该文件的内容。

二、数字签字的过程

数字签字可以用来防止电子信息因容易被修改而有人做假、或冒用他人名义发送信息、或发出(收到)信件后又加以否认等情况的发生。采用数字签名和加密技术相结合的方法，可以很好地解决信息传输过程中的保密性、完整性、防抵赖性及身份认证等问题。

在网络传输过程中，发送方和接收方的加密解密处理过程如下：

(1)发送方将要发送的信息原文用 SHA 函数编码，产生一段固定长度的数字摘要。

(2)发送方用自己的私用密钥对摘要加密，形成数字签名，并附在要发送的信息原文后面。

(3)发送方产生一个通信密钥，并用它对带有数字签名的信息原文进行加密后，传送到接收方。

(4)发送方用接收方的公开密钥对自己的通信密钥进行加密后，传到接收方。

(5)接收方收到发送方加密后的通信密钥后，用自己的私用密钥对其进行解密，得到发送方的通信密钥。

(6)接收方用发送方的通信密钥对收到的经加密的签名原文解密，得到数字签名和信息原文。

(7)接收方用发送方的公共密钥对数字签名进行解密，得到摘要；同时将收到的原文用SHA函数编码，产生另一个摘要。

(8)接收方将两个摘要进行比较，如果两者一致，则说明发送的信息原文在传送过程中信息没有被破坏或篡改过，从而得到准确的原文。

可见，通过将对称密码技术和非对称密码技术结合使用，用信息加密、数字摘要、数字签名等方法，既实现了双方的身份认证，又达到了信息的保密、完整、防抵赖等要求。

三、电子签字的适用范围和消费者保护

(一)电子签字的适用范围

电子签字是人们在互联网中沟通信息并确认信息证实的一种手段，是传统签字在网络中的延伸与发展。因此，从签字本身具有的原始作用的角度来看，凡是可以在纸面上进行的传统签字，电子签字均可使用。但是，受到现有法律和传统规定以及技术发展的限制，电子签字还很难做到这一点。

根据我国《合同法》，民事活动中的合同或者其他文件、单证等文书，当事人可以约定使用或者不使用电子签名、数据电文。当事人约定使用电子签名、数据电文的文书，不得仅因为其采用电子签名、数据电文的形式而否定其法律效力。电子签字受到局限的主要方面有：

(1)涉及婚姻、收养、继承等人身关系的；

(2)涉及土地、房屋等不动产权益转让的；

(3)涉及停止供水、供热、供气、供电等公用事业服务的；

(4)法律、行政法规规定的不适用电子文书的其他情形。

(二)电子签字与消费者权利保护

为保证交易的私密性和交易的安全，商家可要求消费者用电子签字完成各种交易行为。为此，商家应当明确以下事项：

(1)商家有义务告知消费者有使用电子签字的权利；

(2)在告知消费者的权利后应征得消费者的同意；

(3)商家应当特别提示消费者的事项。

四、电子签字与电子认证

电子签字与电子认证的政策、法律用以调整认证中心、证书用户、国家行政机关与不特定的社会公众之间在认证电子交易过程中所发生的法律关系，调整对象主要包括平等主体之间民商事法律关系和非平等主体之间的行政法律关系。

数据电讯的商业化应用，除了需要电子签名作为认证手段之外，在因特网等开放性网络环境下，认证中心的服务也是必不可少的。与此同时，调整认证法律关系的规范，将成为国际电子商务法律制度，乃至普通商事法律中的基本内容之一。认证中心并不向在线当事人出售任何有形的商品，也不提供资金或劳动力资源。它所提供的服务成果，只是一种无形的信息，包括交易相对人的身份、公开密钥、信用状况等信息。虽然这些信息无法以具体的价格来衡量，

它却是在开放型国际电子商务环境下，进行交易所必需的前提性条件，并且是交易当事人所很难亲自得知的。与一般信息服务不同的是，认证中心所提供的是经过核实的、有关国际电子商务交易人所关心的基本信息。实际，它是关于交易当事人的事实状况的信息，通常包括交易人是谁、在何处、以何种电子签字方式与之交易，其信用状况如何等。

因此，认证是一种专业化的信用服务，并非一般的实现某种商品使用价值的服务。如同医生对于病人，认证中心都对其客户，即利用数字证书进行交易的各方当事人，负有职业上的特殊义务。该种义务，实际上是一种社会责任。认证中心对于信赖证书的交易人，应承担公正信息发布义务，决不因未接收其服务报酬，而偏袒与之建立了服务合同关系的证书用户一方。任何一个认证中心都应当知道，证书信息的公正性，是其业务存在的根本条件，舍弃此点，该认证中心就没有存在必要。另外，从其营业目的上看，认证中心属于公用企业，以向全社会提供国际电子商务交易信用为已任，并非单纯追求盈利的企业。其服务费用的收取，也只是以微利为原则，而不能受高额利润的引诱。作为一种特许的营业，认证中心的成功来自规模化的经营业绩，而决不能依靠向单个用户收取高额服务费来维持其经营。

电子签字只是从技术手段上对签名人身份做出辨认及能对签署文件的发件人与发出电子文件所属关系做出确认的方式。但如何解决前文提到判定公共密钥的确定性以及私人密钥持有者否认签发文件的可能性等问题，则是电子签名技术本身无法解决的问题。换言之，这里有一个解决私人密钥持有人信用度的问题。这包括两种可能性：一是密钥持有人主观恶意，即有意识否认自己做出的行为；二是客观原因，即发生密钥丢失、被窃或被解密情况，使发件人或收件人很难解释归责问题。

事实上，相类似的问题在我们传统商业交易活动中也存在，只不过我们有一套相对完整的解决方案罢了。当然，这里包括相配套的法律规范及保护措施。在传统的签字(盖章)使用中，为了防止签字(盖章)方提供伪造虚假或被篡改的签字(盖章)或者防止发送人以各种理由否认该签字(盖章)为其本人所为，一些国家或地区采取通过具有权威性公信力的授权机关对某印章提前做出备案，并可提供验证证明的方式，防止抵赖或伪造等情形发生。例如，在我国台湾地区，对一些重要法律文件(如房地产买卖交易文件)，对印章真实性认证就采取下述方式处理：为保证盖过章的文件的真实性，印章持有人在盖章之前需把印章送到具有权威性的户政事务所登记备案，并申请印鉴证明，之后再把印鉴证明同盖过章的文件一并送给收件方，收件方将印鉴证明同原件相比较，如完全一致，就可确认文件及其印章的真实性。在电子交易过程中，同样需要一个具有权威性公信力的第三方作为安全电子认证中心(即 CA 中心)对公开密钥行使辨别及认证等管理职能，以防止发件人抵赖或减少因密钥丢失、被偷窃或被解密等风险。由此可见，电子签名的安全使用必须配合安全电子认证中心体系的建立。事实上，美国、加拿大、德国、日本等国都已经或正在建立相配套的公共密钥基础设施。这样，网络上电子签名与安全电子认证的相互结合就解决了前文提到的由于电子签名技术方面无法解决的信用度的问题。

五、电子签名安全认证机构的法律地位

认证机构与证书信赖人之间的关系应是一种法定信赖利益关系，认证机构对证书信赖人的法定义务即是其承担责任的基础。该义务集中表现在认证机构的担保义务上：

(1)认证机构对证书的疏漏和虚假陈述承担责任。

(2)认证机构对未按其认证业务说明的要求或程序进行操作承担责任。

从世界范围看,安全国际电子商务认证中心的设置主要有两种途径:一种是由政府组建的或者授权的机构担任,以政府信用作为担保;另一种则是通过市场的方式建立,在市场竞争中建立信用。新加坡《电子交易法案》采取的是后一种方式,即政府并不组建或授权安全国际电子商务认证中心,有能力的组织都可以进入安全认证的市场(新加坡境外的安全认证中心要进入其市场则必须经新加坡政府管理机构的批准),凭借自己的市场竞争能力建立信用。但是,新加坡在安全认证市场管理方面还是非常严格的。首先,《电子交易法案》规定,政府任命一个安全认证中心的管理机构,负责许可、证明、管理和监督安全认证中心的活动。其次,《电子交易法案》规定了所有从事安全认证业务(例如签发电子凭证,即数字证书)的机构都必须遵循统一的标准。再次,安全认证中心可以自愿向管理机构申请许可,虽然管理机构的许可并不妨碍安全认证中心进入市场,但是得到许可的安全认证中心可以享受某种优惠,尤其是可以享受法律规定的责任限制。总之,新加坡的做法是明松暗紧,既不把安全认证市场管死,又能把市场管住。

为了保障我国国际电子商务的健康发展,由政府组建的或者授权的机构担任电子签名的安全认证中心还是必要的。例如,广东省国际电子商务认证中心(注册名为广东省国际电子商务认证有限公司)、上海市国际电子商务安全证书管理中心有限公司就是在政府授权下组建的。

【案例】

2004年1月,杨先生结识了韩女士。同年8月27日,韩某发短信给杨先生,向他借钱应急。短信中说:"我需要5 000元,刚回北京做了眼睛手术,不能出门,你汇到我卡里。"杨先生随即将钱汇给了韩某。之后,杨先生再次收到韩某的短信,又借给其6 000元。此后,杨某要求韩某还钱。经过几次催要未果后,杨某起诉至法院。在提起诉讼后,杨某向法院提交了存有韩某借钱短信的手机。韩某的代理人否认发送短信的手机号码属于韩某,并质疑短信的真实性。后经法官核实,杨先生提供的发送短信的手机号码拨打后接听者是韩某本人。而韩某本人也承认,自己从2003年七八月份开始使用这个手机号码。随后,韩某代理人表示,短信不能作为证据。而杨某的律师表示,根据2005年4月1日出台的《电子签名法》,手机短信属于法律对"数据电文"的定义,也符合"有形表现所载内容"、"可以随时调取查用"的认定规则,并要求法院确认短信证据的效力。

本案作为《电子签名法》实施后出现的第一例有关数据电文的案件,备受关注。法院最终依据《电子签名法》第8条的规定审查了数据电文作为证据的真实性。在确定能够确认信息来源、发送时间以及传输系统基本可靠的情况、文件内容基本完整的情况下,同时又没有相反的证据足以否定这些证据的证明力的情况下,认可了这些手机短信息的证据力。

第三节　电子合同法

【案例分析】

2015年6月25日,崔某上网浏览时发现,安腾思路公司在硅谷动力公司的IT商城里开设的新惠普金牌店网页上,正开展"全新惠普笔记本网上促销"活动,其中有一款型号为533MHAZ的惠普笔记本电脑新款上市,网页上显示:"市场价:14 499.00,eNet价:1 100.00"。崔某立刻提交了订单,系统提示订单有效。然而当天下午,安腾思路公司向崔某发来电子邮件,声明因其疏忽,将笔记本电脑的实际价格11 000元误写为1 100元，并表示原订单无效。

因此，崔某以安腾思路公司违约为由将安腾思路公司告上了法院，法院经过审理，判决该合同属于重大误解范畴，裁定该合同无效，并且也以安腾思路科技公司有过错为由，判其赔偿崔某经济损失1 000元。

分析：本案双方当事人诉争的标的为一台全新惠普笔记本电脑，因安腾思路公司工作人员的疏忽将其价格误写为1 100元，该价格与市场上相同型号的笔记本电脑的交易价格相差10倍以上，将对安腾思路公司造成较大的损失。因此，安腾思路公司的行为属于重大误解。根据《合同法》第54条的规定，因重大误解订立的合同，当事人一方有权请求人民法院或者仲裁机构变更或者撤销合同。

一、合同形式的变化

电子合同用于商贸活动，已成为世界潮流。为适应这一新形势，我国必须建立健全和完善有关法律，对电子合同的合法性、可强制性、订立过程及法律责任等一系列问题予以规范，明确规定电子契约、合同的签订、确认、传输、保管交换等过程与环节的管理办法。

现行法律一般要求合同以书面形式出现。例如，美国《统一商法典》2—201条规定，凡交易在500美元以上的买卖合同，如果没有书面证明，法院在诉讼中不予强制执行。我国在采用EDI技术以后，全部交易信息均由电子计算机进行处理，即传统的合同形式已被合同当事人的计算机所取代。这种由电子计算机所取代的合同，显然不符合合同当事人通过直接谈判所约定的口头形式的合同特点，更不符合书面合同的特点。但是，这种EDI合同的形式已突破了传统民商法对合同形式的规定，在国际贸易合同形式中增加了新的合同种类，这种新合同可称为“电子数据合同”。

二、电子合同的概念及特征

电子合同，是通过电子计算机网络系统订立的，以数据电文的方式生成储存或传递商业贸易信息的一种现代贸易方式。电子合同作为一种崭新的电子化合同，除了具有传统合同的一些特征外，还具有自身的一些特征：

(一)合同的要约和承诺均通过计算机互联网进行

在传统的合同订立过程中 当事人一般是面对面地提出要约和接受要约做出承诺，或者当事人有时也通过信件、电报、电话、电传和传真等方式发出要约，做出承诺，而且，当事人有时先后多次采用上述方式、方法，以便充分地协商。而电子合同则不同，它的要约、承诺均是合同双方当事人通过电子数据的传递来完成的。一方的电子数据的发出(输入)即为要约，另一方的电子数据的回送(回执)即为承诺，并且由于电子数据交换(EDI)在功能上具有自动审单判断的功能，因此，合同的签订过程几乎通过因特网在计算机的操作下完成，不需要也不存在传统意义上的协商过程。

(二)合同的传递通过计算机互联网进行

在传统的合同订立、变更过程中，合同的传递一般是通过双方当事人面交、邮寄或电报传递；而电子合同则不然，它的传递，完全在于计算机互联网络的用户终端之间。这就是说，电子合同的传递也仅是互联网络的电子传递，其完全不同于传统的合同传递方式。

(三)合同的成立、变更和解除无需采用传统的书面形式

传统的合同成立，除即时清结的以外，须用书面合同。而电子合同则不同，它的成立、变更

或解除，均不需要传统的书面形式。由于电子合同是采用电子数据交换的方法、手段来签订合同，合同的内容完全可以储存在计算机的内存中，也完全可以储存在磁盘或其他接收者选择的非纸张的中介物上，如磁带、磁盘、激光盘等。正如联合国国际贸易法委员会第 29 届会议通过的，作为国际上正式诞生的第一个世界范围的有关数据电文的法案——《贸易法委员会国际电子商务示范法草案》第 6 条规定：如法律要求信息须采用书面形式，则假若一项数据电文所含信息可以调取以备日后查用，即满足了该项要求。

（四）合同的成立不需经过传统的签字

在电子合同中人们一般不以亲笔签名的形式确认自己的意图，因为一般在计算机上无法进行手写或盖章。这就产生了在计算机上以何种方式签名才能为法律所认同的问题。在利用电报等形式订立合同时，由于当事人首先要在原稿上签名，故其签名方式与传统的签名并无实质性差别。在电子合同中建立了一种当事人采用电子密码的签名机制，这种机制是由符号及代码组成的，具体采用什么符号或代码，是根据现有的技术，各方可应用的标准要求以及所使用的安全程序来确定的。任何一方的电子签名都可以随时改变，以保护其安全性。因此在电子合同中，一般都有禁止泄露对方签名的规定，所有这些都只是为了确保电子签名只代表当事人当时的意图，这一点与传统的合同签名是一致的。不论是国内贸易还是国际贸易，传统的合同要成立，都必须具有签字（签名或盖章）。例如，我国法律以及国际贸易规范均规定，单汇必须有签字；美国的《统一商法典》规定：合同必须签字。当然，该商法典第 1－201(39)条对签名的规定有所放宽，包括当事人意图认证一份书面材料的所做的或所使用的任何符号。但在电子合同中，人们不可能也不需要通过电子方式亲笔签名或签字，它只需要每一方采用电子密码、签名，即可。这种电子签名的方法不仅成为电子合同成立的特征，而且越来越获得国际社会的广泛认可。如《汉堡规则》第 14 条规定：提单上的签字可以用手写、印摹、打孔、盖章、符号或如提单签发地所在国家的法律，用任何其他机械的或电子的方法。

三、对电子合同的立法保护

对电子合同的立法保护是多种多样、多层次的，其中有民法的保护、合同法的保护、行政法的保护乃至刑法的保护。实践中，民法、合同法以及民事诉讼法的保护非常重要。

（一）对电子合同的民法保护

我国《民法通则》未对电子合同加以规定。所以，我国对电子合同的民法保护目前仍是空白，亟须立法界引起重视。在制定民法典的过程中，应将电子合同的民法保护纳入民法典。在民法典中确立相应的几项制度，并对原有的合同签字有效制度、合同书面有效制度等做出重大修改，以实现民法典的完善统一。具体来说，首先，应当在民法典中设立电子合同受法律保护的条款；其次，应当在民法典中明文规定：合同的签订，可以由当事人签字或用电子签名等方式进行。其中，电子签名是指当事人用符号及代码组成电子密码进行“签名”。

（二）对电子合同的合同法保护

我国现行《合同法》第 11 条规定，将数据电文作为合同书面形式的一种，从而明确了电子合同与书面合同具有同等的效力。如果在司法解释中将公文和印章概念加以扩大，扩展到电子签名，利用电子合同开展贸易就可以真正进入实施阶段。该法第 16 条、第 34 条对电子合同要约与承诺的生效时间、地点也作了严格的技术性规定，这些都有利于国际电子商务的实际操作。在今后修订合同法时可进一步规定：(1)电子合同依法成立，受法律保护；(2)电子合同可以采用电子签名的方式进行。如此，电子合同的效力及合法性就得到了切实保护。

(三)对电子合同的民诉法保护

在各国的合同法中,书面合同是指以书面形式订立并以书面材料作为合同的证据的合同。电子数据可以作为证据使用以及电子证据的可采用性目前已得到世界上大多数国家的认可,一些西方国家甚至还将其作为档案保存。例如,英国公共档案局已制定计划,准备将政府中往来的重要电子函件作为档案保存,以保证其中一些有价值的材料不至湮灭。又如,新加坡正式通过立法规定,电子数据具有法律效力并可以作为法律诉讼的依据,任何贸易数据都要保存以备查。还有一些重要的国际性组织也纷纷颁发文件、法案认可电子数据、电子证据的法律效力。例如,联合国国际贸易法委员会秘书处在第 18 届会议上提出的《计算机记录的法律价值》的报告,建议各国政府,重新审查涉及使用计算机记录作为诉讼举证的法律规则,以便消除对其使用所造成的不必要的障碍,确保这些规则符合技术的发展,并为法律提供适当的办法来评价这些记录中的资料的可靠性。联合国国际贸易法委员会第 29 届会议通过的《贸易法委员会国际电子商务示范法草案》,其第 5 条对数据电文的法律承认也作了如此规定:不得仅仅以某项信息采用数据电文形式为理由而否定其法律效力、有效性或执行性;第 9 条对数据电文的证据进一步规定,在任何法律诉讼中,任何方面均不得以任何理由而否定一项数据电文作为证据的可接受性。

我国是国际社会的重要一员,应当遵循联合国颁布的带有普遍性约束力的文件、法案,故必须认可电子数据、电子证据的法律效力,并用法律加以保护并规范。必须指出的是:电子数据容易被篡改、删除,故签订合同的双方当事人可以约定电子合同除由双方的电脑保存外,还由中间商或网络服务商或具有公证作用的其他第三者的电脑网络来储存记录。这样,不但有利于纠纷的解决,而且还可起到预防纠纷发生的作用。

我国现行《民事诉讼法》对电子数据做出明确规定,其第 63 条将证据规定为 8 种:当事人的陈述;书证;物证;视听资料;电子数据;证人证言;鉴定意见;勘验笔录。2015 年最高人民法院关于修订的民事诉讼法司法解释第 116 条规定,视听资料包括录音资料和影像资料;电子数据是指通过电子邮件、电子数据交换、网上聊天记录、博客、微博客、手机短信、电子签名、域名等形成或者存储在电子介质中的信息;存储在电子介质中的录音资料和影像资料,适用电子数据的规定。

(四)对电子合同的司法保护

1. 对电子合同是否成立的认定

在司法实践中,要认定电子合同的成立与否,首先,必须查明合同一方当事人发出的要约。这种要约,因为计算机网络的开放性,所以自动输入性不难查明。开放性使得多家网络使用者可以接收到这种要约;自动输入性也使得众多的网络用户可以自动储存这种要约。其次,必须查明合同另一方当事人的承诺。要查明当事人的承诺,必须查明当事人的收到和回执。在国际贸易中,收到具有十分重要的意义。各国法律均规定,发价须经过到达受发价人,即受发价人确认收到方能生效。在这一点上,电子合同也一样,要约须经对方适当收到并发出回执才能生效。在电子商贸中,一方当事人的要约传递输入了对方的电脑后,即为收到。需指出的是,电子合同的回执,是通过一种被称为"功能性回执"的传递来提供证实的。功能性回执是一个交易套,由接收方的收据电脑在收到源发方的信息时自动发出,它能确认一份单据的收到已经发生,且单据所有被要求的部分都被收到,没有句法错误。

2. 对电子证据的收集和认定

对电子证据的收集,按照"谁主张"、"谁举证"的原则,应是当事人自身的权利与义务。但对电子证据的认定，则是法院和法官之职责。在司法实践中，对电子证据的认定，决不可死抱着传统的证据认定方法和观念，把电子证据当作书证、物证等普通的证据来对待；也不可把电子证据当作一般的视听资料来看待，否则就会在司法实践中变相否定电子合同的存在，给电子商务贸易带来种种障碍，从而阻碍国际电子商务的发展。

四、电子合同的订立过程及其纠纷的诉讼处理

（一）电子合同的订立过程

1. 须电子签名

这是因为只有签章才能直接证实合同的真实性。电子签名在实际操作中，借用“电子印鉴”和“公开密钥算法”来完成。电子印鉴是一组密码，发送人在发送文书的同时将这组密码发出，收件人在收到后，通过双方事先约定的算法来对密码进行运算，从而核实发送人的身份。这样，就可以确定所收到的电子文书是事先约定好的人所发出的。但光使用电子印鉴只能保证文书的发送者的身份，对中途截获并删改文书的情况是无法防范的。因此，人们还使用文件的加密算法来对电子文书进行加密，对加密后的信息如果在事先不知道算法和密钥的情况下是很难解密的，但如果每一个通信者都使用一种加密、解密算法的话，那么，一个人同多个人之间要进行通信就必须使用多种算法及其密钥，这是非常不经济的。在这种情况下，人们设计并广泛使用了“公开密钥算法”来保证通信的安全。在通信过程中，收件人要将自己所指定的公开密钥告诉发件人，发件人则用收件人所指定的公开密钥对文件进行加密。收件人在收到加密文件后，再用自己的私人密钥同公开密钥一起对文件进行解密。

2. 确定归属权

这涉及使用电子印鉴和公开密钥算法。对收件人而言，可以确信电子文书的发件人，但若发件人否认该电子文书系其发送，那怎样确认电子文书的归属呢？联合国《电子贸易示范法》第13条对数据电文的归属所做的规定，不失为一种可行的借鉴方法。即，如果数据电文系由发端人（发件人）自己发出，则该数据电文当然成为该发端人的数据电文；如果数据电文系由有权代表发端人行为的人发送或系由发端人自己设计程序或他人行为设计程序的一个自动运作的信息系统发送，则应视为发端人的数据电文；就发端人与收件人之间而言，为确定该数据电文是否为发端人的数据电文，收件人正确使用了一种事先经发端人同意的核对程序，则收件人有权将一项数据电文视为发端人的数据电文。由此观之，联合国《电子贸易示范法》的三种方法几乎囊括了可以归属于发端人的数据电文的各种情形，使之不仅仅包括发端人自己或其代理人或自动程序发出的数据电文，还包括收件人可以通过“推断”得出数据电文归属的情形。

3. 确认成立的时间与地点，即承诺的生效时间与地点

我国合同法对电子合同的成立时间与地点采取“到达主义”，而不采取英美法系的“投邮主义”，主要是考虑到“投邮主义”很难在电子合同中适用。因为“投邮主义”认为，函件只要发出，不管其是否已到达目的地均不影响合同的成立，而电子合同，如采取 EDI 形式或 E－mail 形式，数据电文不仅传送迅速，而且数据电文几乎可以在任何地点发出。如在发件人的营业地，发件人拥有计算机的任何地点，均可以发出数据电文，哪怕是在旅行途中，发件人亦可以手提式计算机发送承诺的电文，故采取“投邮主义”会使合同成立的地点与合同失去实际意义上的联系。

（二）电子合同订立过程中涉及的收到和证实、发价和接收等问题

要完成签订一份电子合同，需要买卖双方在交易洽商过程中的多次电子数据传递构成。

一方电子数据的输入即为要约，另一方电子数据的发出即为承诺。由于其在功能上具有自动审单判断的功能，故电子合同的订立过程几乎在计算机操作下完成，不存在当事人在传统意义上的协商过程，这就涉及收到和证实、发价和接受等问题。

1. 收到和证实问题

“收到”这一概念，在国际贸易中具有相当重要的法律意义，各国法律都有规定。发价经过到达受发价人，即受发价人确认收到时方能生效。对于接受的生效时间，英美法和法国法均采取所谓的“投邮主义”。德国法则采取所谓的“到达主义 ”。联合国国际贸易物买卖合同公约和《国际商事合同通则（草案）》对接受生效原则上采取到达生效原则。

由于各种法律制度的差异，加上受到通信手段的限制，因此，对合同是否成立及何时成立，存在着许多不确定因素。在电子环境中，为避免贸易纠纷，确定了到达生效原则，即：不论何种传递，只有在被对方适当地“收到了”才具有法律意义。这就要求传递的信息必须能够进入对方在协议中指定的收据电脑，在电子交易中“收到”的意义也与各国法律的规定是一致的，即当传递进入接收方的收据电脑时，即为收到，而不管接受方是否已了解其内容。至于由于接收方自身的原因，延误对进入信息的反应而产生的风险责任则由接受方承担。在电子合同情况下，接收方有义务对任何单据及时提供收到证明，否则应赔偿由此所产生的损失。这是电子合同得以迅速、安全进行的保证。

例如，在联合国颁布的《贸易法委员会国际电子商务示范法》第 3 章第 12 条关于当事人各方对数据电文的承认中规定：“就一项数据电文的发端人和收件人之间而言，不得仅仅以意旨的声明或其他陈述采用数据电文形式为理由否定其法律效力、有效性或可执行性。”

2. 发价和接收问题

合同是当事人双方就一项交易达成合意的结果，而当事人双方合意的过程就是发价和接受的过程，在订立电子合同的情况下“发价”接受的含义及效果都与传统贸易方式下的相同。所不同的仅仅是由于电子合同的高速、精确和肯定性所能引起的与时间有关的一些问题，在电子数据交换过程中，发价和接受的有效期大大缩短，使得对发价的撤回、撤销及接受的撤回变得极为困难。

发价的撤销指发价人在发价送达受发人后，解除发价或变更发价的交易条件。一项发价能否撤销，各国法律有所不同。美国法认为发价原则上是可以在受发价人接受发价前撤销发价的，除非发价人在函件中保证该发价将保持有效且此种保证条款载于受发价人所提供的表格上并经受发价人另外签名，此种发价可以在 3 个月内不可撤销。德国法认为，发价在发价的有效期或合理期限内不可撤销除非发价中有不可拘束的语句。接受的撤销条件也因各国法律的分歧而不同，如在 EDI 中，同样由于缺乏撤回的交易套，且自由文本的速度使撤回接受成为不可能。因此，为防止这种现象发生，受发价人应对收入数据电脑的重要信息进行认真复审。受发价人可以编出一定的程序，装置在收据电脑上，让收据电脑对进入的信息进行复审，并与预先定好的条件相比较。当进入的信息符合一定的条件时，收据电脑就自动发出一份接受单据。在电子合同中，并不是对每一种含有发价的文件都要求有接受单据，任何一种没有指明接受单据的单据只有在适当收到时才具有法律意义，且其法律意义取决于适用法律下通信的类型和协议。

3. 关于合同成立的时间和地点问题

电子合同成立的时间和地点对于确定合同当事人的权利与义务，对于确定合同应适用的法律都具有重大的意义。比如《国际电子商务示范法》第 15 条对发出和收到数据电文的时间和地点都做了具体的规定供我们参考。但由于各国合同法对承诺生效的时间有不同的规则，有的国家如英美法系各国采取“到达生效规则”，因此，按照各国法律，合同成立的时间与地点也有所不同。

目前我国新颁布实行的《合同法》对电子合同要约与承诺的生效时间、地点也作了严格的技术性规定，如该法第16条规定：“采用数据电文形式订立合同收件人指定特定系统接收数据电文的，该数据电文进入该特定系统的时间，视为到达时间。未指定特定系统的，该数据电文进入收件人的任何系统的首次时间，视为到达时间。”同时，第34条规定：“采用数据电文形式订立合同的收件人的主营业地为合同成立的地点，没有主营业地的，其经常居住地为合同成立的地点。这些规定，都有利于电子合同的实际操作。

（三）电子合同纠纷的诉讼处理

经过以上三道环节，电子合同基本上订立了，与传统合同一样，签订电子合同后，也得准备后路，以防发生纠纷。

如果发生纠纷，可以诉诸法院，也可仲裁解决。因国际电子商务合同纠纷引起的诉讼，由被告住所地或者合同履行地人民法院管辖，当事人在违反民事诉讼法对级别管辖和专属管辖规定的情况下，可以按其约定的地点管辖。如果国际电子商务有涉外因素，形成涉外诉讼，当事人可以用书面协议选择与争议有实际联系的地点的法院管辖。选择中华人民共和国人民法院管辖的，不得违反民事诉讼法对级别管辖和专属管辖的规定，当事人也可在国际电子商务合同中订有仲裁条款或者在事后达成书面仲裁协议，选择仲裁委员会，用仲裁方式解决纠纷。

若国内电子合同纠纷，依我国《民诉法》第24条的规定：因合同纠纷提起的诉讼，由被告住所地或合同履行地法院管辖。由于当事人在电子合同中往往未明确约定合同的履行地、交货地，依此类推合同履行地确立电子合同的管辖法院比较困难，故对电子合同纠纷提起的诉讼，大多以被告住所地法院管辖。若对涉外电子合同纠纷提起的诉讼，可将信息传递到的目的地视为与合同有密切联系的地点为合同履行地、合同签订地。这样，目的地法院就可以对案件行使管辖权。

五、电子合同篡改的传递

在电子合同订立过程中，有时会出现一种称为“篡改的传递”(garbled transmissions)的现象。因为不论采用何种技术和程序，都难以防止传递的单据在被接受时，变得杂乱无章而难以辨认。在这种情况下，这些难以辨认或难以理解的信息需要得到进一步的证实和确认。为了公平地划分风险和商业负担，此时作为接收方应及时通知源发方，假如接收方没有提供有关传递被篡改的通知，则源发方传递的单据的内容的记录将起作用。当然，在发生篡改传递时，有时甚至都不知道源发方是准，这时接收方无法提出篡改传递的通知，不承担法律责任。

“难以理解”或“难以辨认”不适用意思明确的或缺少材料的数据组成部分。因为这种数据组成部分也许会被源发方在相关单据中说明。在这种情况下，源发方的记录将起作用。除非接收方以合理的方式(包括以电子方式以外的方式)提出及时的通知。同时 难以理解的或被篡改的，也不包括那些人们能够阅读的形式或虽能阅读但含有接收方知道，或有理由知道的可能是错误的信息。因为源发方和接收方可以协议采用一种程序。在这种程序中，接收方总是可以复审、确认或拒绝包含在任何单据中的实质性项目的，为了避免对篡改的传递的不同理解而导致的法律纠纷，最好的办法就是指定接受单据或指定功能性回执作为接受单据，从而使双方的利益均得以维护。

为了确保电子合同订立过程中的安全，可以考虑通过第三方网络来传递信息，以最大程度地防止数据遗失或数据被篡改，或被未经许可的用户窃取的现象。一般来说，第三方网络有许多安全措施来防止上述现象的发生。

为了有效地防范和打击利用现代最新尖端科技来进行的"智能型犯罪"，有关国家已经开始研究并陆续制定了一些法律法规，如美国先后颁布了《1977 年联邦计算机系统保护法》、《1978 年联邦电子基金转移法》、《1979 年与 1983 年的修订本》、《1984 年仿造信息存取手段与计算机欺诈及滥用法》等。

对此，国际商会 1987 年 9 月通过的《电传交换贸易数据统一行为守则（UN-CID)》第 6 条，对安全问题规定：传送电文的中介人保证，对中转传递的电文不得作未经授权的改动，并保证不得将其内容透露给未经授权的任何人。第 7 条规定：电子贸易数据的接收人在收到电文时应发出收妥通知，如收到的电文显示条理不清、形式上不正确或不完整，接收人应尽快将此情况通知送发人。第 9 条规定：各方当事人可采用协议方式，对他们之间交换的数据采用密码方法或其他方法给予特别保护。

此外，《国际电子商务示范法》第二章第 8 条对原件的规定的条款，也有类似的要求：

(1)如法律要求信息须以其原始形式展现或留存，倘若情况如下，则一项数据电文即满足了该项要求：①有办法可靠地保证自信息首次以其最终形式生成，作为一项数据电文或充当其他用途之时起，该信息保持了完整性；②如要求将信息展现，可将该信息显示给观看信息的人。

(2)为本条第(1)款第②项的目的：评定完整性的标准应当是，除加上背书及在通常传递、储存和显示中所发生的任何变动之外，有关信息是否保持完整，未经改变，和应根据生成信息的目的并参照所有相关情况来评定所要求的可靠性标准。

【案例】

被告乐德药厂是药品生产商，曾设置了一个计算机订单输入系统(Telgo)，可让客户用电话键远距离下订单。客户可在其办公室，直接打电话到 Telgo，通过按键下订单。2003 年 5 月 19 日，买方柯瑞兴药品批发商，得知乐德药厂的 DTP 疫苗，20 日将从每瓶 51 元涨到 171 元，就立即打电话到 Telgo，订购 1 000 瓶。

Telgo 通过自动发出订单跟踪号码，回应了柯瑞兴药房。然而，几天后乐德药厂拒绝履行订单。因此药房起诉药厂，称对方违约。

法院经审理后，认为合同未成立。理由是药房下的订单是购买要约，但药厂没有承诺。换句话说，药厂没有对销售 1 000 瓶的要约表示同意。药房辩解认为，Telgo 的跟踪号码就是承诺。但是法院拒绝了这一理由，认为该号码只是管理信息，并不是清晰的承诺。法院通过考察以前乐德药厂与柯瑞兴之间的通讯的条款和环境，强调了其结论，药厂曾清楚地表明，要约只有在承诺后才有效。

【分析】

该案的关键问题，在于对卖方自动发出的订单跟踪号码性质的认定。法院提示，如果 Telgo 发出的电子跟踪号码，确实代表承诺，合同就产生了。如果用国际电子商务数据电讯制度关于"收到告知"的规定来看，该号码只是"收到告知"的一种具体的形式，它起着保障数据电讯的正常收发、确认收到信息的作用，但并不代表卖方对信息的承诺。

六、电子合同立法思考与建议

从某种意义上讲,现代社会是"合同社会"。合同制度已成为发展市场经济的重要法律形式,而作为一种新型合同形式的电子合同已逐步渗透到社会的各个领域,无纸贸易正在全世界逐步展开,它正在改变着整个贸易行为,改变着管理和生产技术。

在有关电子数据交换的行为规则的制定方面,除世界各国的国内立法外,国际海事委员会于1990年6月29日通过《电子提单规则》,国际商会制定的《1990年国际贸易术语解释通则》和《跟单信用证统一惯例》对电子单汇的法律地位也加以了确定。联合国遂设计制定了《联合国贸易数据指南》《联合国行政、商业、运输电子数据交换规则》《电讯贸易数据交换行动统一规则》。联合国贸法会EDI工作组起草了《电子数据交换及相关电子化贸易手段所涉及法律方面的统一规则草案》并已经过两届会议讨论修改,直至《国际电子商务示范法》——国际上第一个世界范围的有关数据电文法规正式诞生。

为使电子合同在我国的国内外贸易中得以尽快健康发展,应处理好以下几个方面的工作:

(一)观念更新

必须下大力气让我国广大的公司、企业充分认识到电子合同的战略地位,认清通过互联网络进行交易的竞争优势,以及在各行业开展电子合同的成本和效益的讨论、宣传。

在进行成本和收益的分析时,必须记住电子合同的两个重要特性:一是成本比收益发生得早;二是成本比收益较易确定。

(二)专业人员的组织和培训

首先,要成功进行电子化交易,必须成立一个由所有部门的代表参加的跨部门的电子化合同项目小组。小组成员需熟悉电子化交易的各个方面:技术问题,如标准、软硬件结构、第三方网络的选择;管理问题,如法律及审计所关心的以及组织间的"碰撞";行业问题,如小组的活动和行业标准等。

其次,要组织和培训专业人员熟悉本组织的应用程序中所使用的各种数据率,编出程序,对现行数据库或软件作必要的修改,开发用于内部应用系统与EDI的界面的对话软件仓,开发或求得软件。

第三,根据人员的类别进行各种形式的培训。例如,对上层管理部门的培训,就组织和培训的项目来说,应根据各种不同的需要;还应分别进行标准培训、软件培训、系统设计培训、系统安全培训等。

(三)符合电子合同特点的法制的健全和完善

由于电子合同与纸张合同并无本质不同,因而无论信息媒介是依靠纸单汇还是电子处理,合同的一般程序依然不变,因而可以预计有关传统合同的法律将会继续基本适用于电子合同。不过,由于电子合同在形式上和操作上毕竟不同于纸张合同,因而也应预计会有适应这种新合同的一些法律规定上的变动。

【案例】

原告易趣网络信息服务公司(上海)是一家主要提供C2C的中介服务平台。2002年1月1日,被告刘某以"本田一郎"为用户名注册成为易趣用户,同年3月31日又以"Jaliseng"为用户名在易趣注册了另一用户账号。被告注册后,即使用上述两个用户名在易趣网交易平台上发布商品信息,从事C2C销售活动。刘某注册时,易趣网络平台实行免费服务,但未约定提供免费服务的期限。2002年7月1日,原告开始向其用户收取网络平台使用费,并在网上发布修改后的服务协议供新老用户确认。后来，该协议再次作了修改，其终稿于2002年9月18日作了公证，并在易趣网发布，再次供新老用户确认。该协议对用户注册程序、网上交易程序、收费标准和方式等作了具体约定，协议还约定如用户不按协议的约定付款，应承担赔偿损失的责任，其损失范围包括因追索欠款而支付的通信费、交通费、差旅费和律师费。此后，被告先后确认了原告的《服务协议》，并继续使用原告的网络交易平台。到2002年9月17日，被告的两个账户拖欠使用费4 336.6元。2002年10月24日，易趣网以刘某违反了双方间的网络服务协议为由向上法院提起诉讼，要求刘某依照协议支付网络平台使用费4 336.6元、律师费2 000元、调查费4元，并承担诉讼费。

请问：易趣网络信息服务公司（上海）与用户之间就免费邮箱的使用与提供是否达成了合同关系？为什么？

第四节 电子支付法

【案例分析】

2005年，第三方支付平台的突破性发展，体现了支付方式的变革。2月，由阿里巴巴旗下的淘宝网花费3 000万美元巨资开发，联合中国工商银行、建设银行等国内多家金融机构共同打造出"支付宝"交易服务工具。4月7日，从事多元化电子支付应用及服务的提供商通融通公司推出Yeepay电子支付平台，进军国内国际电子商务支付战场。5月12日，云网正式推出企业级在线支付系统支付@网。5月20日，网银在线携手VISA国际组织共同宣布，在中国国际电子商务在线支付市场推广"VISA验证服务"信用卡安全支付标准，期望提高在线支付的便捷性和安全性。7月11日，全球最大的在线支付商Paypal宣布落地中国，虽然舍弃了Paypal赖以成名的信用卡划账和多币种跨国交易，但这个起名"贝宝"的第三方支付平台仍然引起了同行的注视和商家的关注。10月，腾讯公司推出"财付通"，进军网上支付领域。据有关人士粗略估计，目前我国提供网上第三方支付服务的机构已不下50家。

分析：电子支付在互联网的催生下经历了10年的成长，新兴的电子支付融合传统电子支付的多个维度，推出了综合性、多元化支付平台。今天，支付工具融合了银行卡与非银行卡；支付终端融合了电脑、手机、固定电话、POS等；支付网络从互联网扩展至移动网、固话网、专网；支付模式不但有网关、虚拟账户，甚至还可以通过支付平台进行营销。但从2008年起，中国第三方支付市场盈利能力逐步下降，市场竞争加剧，且存在监管和风险的双重压力。

一、电子支付基础

（一）电子支付概念及特征

电子支付应该从狭义和广义上加以理解。美国《统一商法典》给出了狭义定义：电子支付是支付命令发送方将存放于商业银行的资金，通过传输线路划入收益方开户银行，以支付收益方的一系列过程。狭义的电子支付定义主要指电子资金划拨业务。而广义的电子支付，除了电子资金划拨之外，还应包括网上银行所开展的各种新型电子货币业务，如电子现金、电子钱包、电子信用卡等。而所谓"电子支付"（Electronic Payment），是指以计算机及其网络为手段，将载有特定信息的电子数据取代传统的支付工具用于资金流程，并具有实时支付效力的一种支付方式。这里讨论的电子支付，主要从广义上理解。

与传统的支付方式相比,电子支付具有以下特征:电子支付是采用先进的技术通过电子数据流转来完成信息传输,其各种的支付方式都是采用数字化的方式进行款项支付的;电子支付的工作环境是基于一个开放的系统平台之中;电子支付具有低成本性和高效性的优势;电子支付涉及多方参与人,比如支付双方、银行、认证中心。

(二)电子支付的形式

在我国的传统商务活动中,支付的方式有三种:一是现金,常用于企业对个体消费者的商品零售过程;二是票据,多用于企业的商贸过程;三是信用卡,即银行或金融公司发行的、授权持卡人在指定的商店或场所进行记账消费的信用凭证。

在国际电子商务环境下,传统的支付方式已不能满足商务活动电子化的需求,需要由全新的电子支付方式来代替。随着计算机技术的发展,电子支付的方式越来越多。这些支付方式也可以分为三大类:一是电子信用卡类,包括智能卡、借记卡、电话卡等;二是电子货币类,如电子现金、电子钱包等;三是电子支票类,如电子支票、电子汇款(EFT)、电子资金划拨等。这些方式各有自己的特点和运作模式,适用于不同的交易过程。

二、电子支付的流程及当事人的法律关系

(一)电子支付的一般运作流程

我们以较为普遍的 SET(Secure Electronic Transaction,安全电子交易协议)交易为例说明网上支付的流程及法律关系。SET 协议的运作流程如图 9—2 所示。

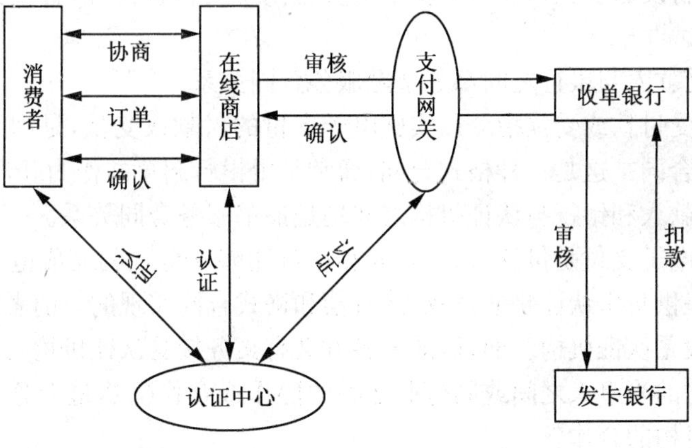

图 9—2　SET 协议的工作流程

根据 SET 协议的工作流程图,可将整个工作程序分为 7 个步骤:

(1)选定所要购买的物品,输入订货单。

(2)在线商店做出应答。

(3)消费者选择付款方式、确认定单,签发付款指令。

(4)在 SET 中,消费者必须对订单和付款指令进行数字签名。

(5)在线商店接受订单后,向消费者所在银行请求支付认可。

(6)在线商店发送订单,确认信息给消费者。

(7)在线商店发送货物,或提供服务。

其中,前两步与 SET 无关,从第 3 步开始 SET 起作用,一直到第 7 步。在处理过程中,消

费者、在线商店、支付网关都通过认证中心来验证通信主体的身份，以确保通信的对方不是冒名顶替。所以，SET 协议能够充分发挥认证中心的作用，使得国际电子商务的参与者在网络上传输的各种信息更加安全可靠。

（二）电子支付有关当事人的法律关系

1. 电子支付有关的当事人

从法律关系的角度来划分电子支付的当事人可分为付款人和受款人，而付款人和受款人完成电子支付还必须有银行和认证机构。因此，广义上，电子支付涉及的当事人有以下 4 种：

(1)付款人：即电子支付中的付款人，通常为消费者或买方。

(2)受款人：即电子支付中的接受付款的人，通常为商家或卖方。

(3)银行：即电子支付中的付款人、受款人之间的中介人，通常为网上银行或金融机构。

(4)认证机构(CA)：即电子支付中的付款人、受款人和银行真实身份的鉴定人，通常为认证中心或验证机构。

2. 当事人之间的法律关系

在电子支付的实施过程中，4 种当事人之间存在多种法律关系，如交易关系、合同关系、债权债务关系、借贷关系、委托代理关系、认证关系等，这些法律关系均建立在合同关系基础之上。

(1)付款人与受款人之间是买卖合同关系。

付款人之所以进行电子支付，是付款人与受款人间存在买卖合同关系。货物买卖合同的买方指示其开户银行发送货款以履行其货物买卖合同中的付款义务，且卖方同意买方以电子支付方式支付货款。

(2)付款人和受款人与银行之间都是金融服务合同关系。

银行之所以接受付款或受款指令以实施电子支付的付款或受款，是因为前者与银行间存在有关电子支付的合同。这是一种格式合同，通常是由银行起草并作为开户的条件交给前者。

(3)付款人、受款人和银行与认证机构之间均是证书服务合同关系。

认证机构参与电子支付是付款人、受款人和银行能够安全顺利完成电子支付全过程的关键，它为前者各方提供身份认证是通过双方、有偿和格式合同实现的。前者各方申请证书是要约方，而承诺方一般是认证机构。而且，前者各方又有义务接受认证机构的监督管理。

另外，电子支付的当事人之间或同行业之间的协作或合作仍然是十分必要的。在网络环境下，更需要金融机构的合作。

【案例】

网银事件受害者之一的储户杨先生说，2005 年 9 月 3 日，他在×银行海淀支行西苑储蓄所开具的一个存折上有 7.4 万余元存款，但在 9 月 15 日去银行取款时却发现账上只剩下 1.3 万余元，6 万多元不翼而飞。杨以此起诉×银行。×银行在庭上做出的解释是：此前杨先生已与他们签订了网上银行服务协议，2005 年 9 月 4～15 日，杨先生的账户通过×银行的网上银行系统汇款达 36 笔，总计 6 万元，手续费 600 元，这 36 笔交易是在对方凭杨先生的账号、密码登录网上银行系统后发出指令，他们依据该指令办理的。该指令的发出均应视为杨先生本人所为，因此造成的后果也应由其自行承担。杨先生表示那段时间自己并未使用过网上银行。

法院在审理后查明，在整个网上交易过程中，客户需要输入两个密码，即登录密码和支付密码。在首次登录时，客户还需输入在柜台申请开通网上银行时设置的初始登录密码，这些密码都是由客户自己掌握，银行并不知晓。而从杨先生提交的存折可以看出，杨先生此前进行过网上银行交易,他已对登录密码及支付密码进行过设置。对此法院认为,×银行在客户能够准确输入登录密码以及交易密码的前提下接受汇款指令,并提供相关服务,完全履行了合同义务。在杨先生不能提供充分证据证明存款的消失是因×银行过错导致的情况下,×银行不应对此承担法律责任。因此驳回了杨先生的诉讼请求。

从以上案例可以看出,法院驳回原告诉讼请求是基于合同法,即杨先生与×银行签署的网上银行服务协议约定:凭客户的账号、密码发出的网上银行支付指令,即视同客户本人授权,银行依据该指令行事的后果由客户承担。这样,在客户不能举证×银行有过错的情况下,就只能由客户承担不利的诉讼结果。

但此案的判决忽略了一个重要的法律事实,就是在×银行与客户的关系中,不只是银行与储户的委托代理法律关系,还存在一个电子认证的法律关系。

显然,客户登录网上银行对其开户行发出的转账支付指令是通过电子签名方式做出的,这就不可避免地涉及对网上交易当事人真实身份进行认证问题,即电子认证(A)。2005 年 4 月实施的《电子签名法》,对电子认证服务设立了市场准入制度,规定从事电子认证服务,应经审查许可方可从业。该法 16 条规定:"电子签名需要第三方认证的,由依法设立的电子认证服务提供者提供认证服务。"这可以理解为:倡导使用第三方认证,但如客户信任并同意银行的认证,也可以使用银行内部认证,即法律并未禁止商业银行在网银业务中同时扮演网银服务提供者与电子认证服务提供者的双重角色。

从报道中看,此案所涉业务使用的是密码认证,而非证书认证。鉴于当前我国合格的第三方金融电子认证机构,应该只有中国金融认证中心(CFCA),该机构提供的都是证书认证,故此案所涉电子认证应该使用的是×银行自己的认证系统,非第三方认证(以下称"内部认证",相对第三方认证而言)。这样,×银行既是提供网银服务的商业银行,同时又是对客户的网上电子签名进行认证的电子认证机构,与客户之间同时存在一个委托服务和电子认证的法律关系,并且这两个法律关系应该是有先后顺序的,认证关系应该在委托关系之先。只有客户的真实身份有保证了,才能进入到第二层的委托关系中去。所以此案的判决可能只进行了一半,而且只是后半部分,忽略了重要的前半部分:×银行对客户真实身份的认证是否存有瑕疵? ×银行在电子认证法律关系中履行了义务,是否无需承担法律责任? 这应该是此案的重要一环。

三、电子支付(电子资金划拨)中法律问题

(一)国内外有关电子支付的立法

1. 国外电子支付立法

美国 1978 年颁布《电子资金划拨法》,适用于联储电划系统与消费者电子资金划拨,成为世界上最早出台的有关电子支付的专项立法。但是该法仅适用于美国国内,且只是适用客户是自然人的小额电子资金划拨,如 ATM 交易,不适用商人客户通过银行办理的大额电子资金划拨与跨国电子资金划拨。美国法律界为填补这一真空,已在《统一商法典》(UCC)4A 编银行存款和收款中另行增设部分专门适用于这类电子资金划拨的最重要的法律,供各州使用。

英格兰银行在英国国内是采用《票据交换所自动收付系统清算规则》(CHAPS 清算规则)办理票据交换所自动收付系统(CHAPS)会员银行间的电子资金划拨,尚未出台专项的有关电子支付的制定法。

在国际上关于电子支付的立法模式有两种:一是以大陆法系国家,如法国、德国、日本等为代表的"一般法律调整",即不专门就电子支付专门或间接立法,而是适用一般的法律,或以合

同或惯例对之进行调整。另一种是以美国为代表的“专门立法调整”或直接立法，如美国的《统一商法典》4A 编就是专门的电子支付法。

2. 国内电子支付立法

我国金融电子化程度落后于其他国家，为此相关的立法也较落后。1999 年 1 月 26 日，中国人民银行颁布《银行卡业务管理办法》，对银行信用卡、借记卡等做出规范。这些规章主要集中在技术标准和应用方面，很难说是电子支付法律关系方面的法律规范。

为规范电子支付业务，防范支付风险，保证资金安全，维护银行及其客户在电子支付活动中的合法权益，促进电子支付业务健康发展，中国人民银行于 2005 年 10 月 26 日制定《电子支付指引(第一号)》(简称《指引》)。近年来，我国的电子支付发展非常迅速，新兴电子支付工具不断出现，电子支付交易量不断提高，逐步成为我国零售支付体系的重要组成部分。因此，迫切要求就电子支付活动的业务规则、操作规范、交易认证方式、风险控制、参与各方的权利义务等进行规范，从而防范支付风险，维护电子支付交易参与者的合法权益，确保银行和客户资金的安全。《指引》的实施将有利于规范电子支付活动，推动电子银行业务和国际电子商务的健康、有序发展；有利于明确电子支付活动参与各方的权利义务，防范支付风险；有利于推动支付工具创新，提升支付服务质量；有利于防范和打击洗钱及其他金融违法犯罪活动。

(二)电子支付当事人及其权利和义务

1. 电子资金划拨的当事人

从资金流的角度，电子资金划拨的当事人可大致分为三种：资金划拨人或发端人、接受银行、受款人或称受益人。

其中，发端人是指在一项资金划拨中第一项支付命令的指令人，发端人也称付款人，一般是债务人。指令人是指向接受银行发出指令之人；接受银行是指指令人的指令发往的银行，而发端人银行、中介银行及受益人银行都可以是接受银行；受益人是指受益人银行向其支付之人，也称收款人。另外，指令人与接受银行的概念是相对而言的，发端人是发端人银行的指令人，发端人银行为接受银行；发端人银行又是中介银行的指令人，中介银行则是发端人银行的接受银行。依此类推，直至款项最终到达受益人，形成一个资金划拨链。

2. 指令人的权利与义务

指令人有权要求接受银行按照指令的时间及时将指定的金额支付给指定的受款人，如果接受银行没有按指令完成义务，指令人有权要求其承担违约责任，赔偿因此造成的损失。

指令人的义务可以归纳为：(1)一旦向接受银行发出指令后，自身也受其指令的约束，承担从其指定账户付款的义务；(2)在需要的情况下，不仅接受核对签名，而且在符合商业惯例的情况下，接受认证机构的认证；(3)按照接受银行的程序，检查指令有无错误和歧义，并有义务发出修正指令，修改错误或有歧义的指令。

3. 接受银行的权利和义务

接受银行有如下权利：(1)要求付款人或指令人支付所指令的资金并承担因支付而发生的费用；(2)拒绝或要求指令人修正其发出的无法执行的、不符合规定程序和要求的指令；(3)只要能证明由于指令人的过错而导致其他人，包括指令人或前任雇员或其他与指令人有关系的当事人，假冒指令人通过了认证程序，就有权要求指令人承担指令引起的后果。

接受银行的主要义务：(1)按照指令人的指令完成资金支付。(2)就其本身或后手的违约行为，向其前手和付款人承担法律责任。

通常资金的支付从付款人开始，经过付款人银行、中介银行、认证机构、收款人银行等一系列当事人，每一当事人只接受其直接指令人的指令，并向其接受人发出指令，并与他们存在合同上的法律关系。

4. 受款人的权利和义务

受款人具有特别的法律地位。在电子支付法律关系中，受款人虽然是一方当事人，但由于受款人与指令人、接受银行并不存在支付合同上的权利义务关系，因此受款人不能基于电子支付行为向指令人或接受银行主张权利，受款人只是基于和付款人之间基础法律关系，与付款人存在电子支付权利义务关系。

（三）电子支付执行过程中的法律问题

1. 电子支付的无因性

电子支付（或电子资金划拨）执行过程具有无因性，即无论某笔资金交易的基础原因法律关系成立与否、合法与否，银行在按照客户以正常程序输入的指令操作后，一经支付即发生法律效力，不可撤销；而无论交易的原因是否合法，发端人不得以其支付指令有误或支付的原因不合法为由要求银行撤销已完成的支付行为，都不能否定电子支付行为本身的有效性。

2. 指令人与接受银行之间的责任

指令人与接受指令银行（接受银行）之间形成一种电子资金划拨业务的代理关系，受代理合同约束，依照代理制度承担法律责任。但他们相互之间存在着以下法律问题：(1)支付指令的要件及认证问题；(2)假冒指令的责任归属；(3)支付指令有误时的责任归属；(4)间接损失与退款保证。

3. 电子资金划拨的终结

电子资金划拨的终结是指一项电子资金划拨何时可以认定业已完成。因为资金划拨参与行一旦按照指令人的支付指令完成了划拨，划拨行为就不能撤回，故界定终结问题就显得非常重要。

那么，何时认定指令人代理银行已完成了划拨指令？联合国国际贸易法委员会《电子资金划拨法律指南》提出了5种比较合理的方案：(1)指令人在其代理银行的账户被借记时视为划拨的终点；(2)受益人银行接受划拨指令的时间；(3)受益人在其代理银行的账户被贷记时间；(4)受益人代理银行向受益人发出其账户已被贷记的通知时；(5)划拨资金到达受益人账户时。

其中，第(1)种方案对指令人代理银行较为有利，第(2)、(3)种对受益人代理银行较为有利。银行在作为指令人代理银行时，一般将选择第一种方案，一旦代理银行借记指令人的账户，指令人代理银行对划拨指令的执行在理论上即告完成，指令人此时起无权要求撤销支付指令，也无权要求退回划拨资金。

四、电子货币的法律问题

（一）电子货币的法律性质

目前对于电子货币是否具有传统货币的法律特征的讨论较多。我们认为，电子货币的法律定性可以根据电子货币在货币理论和结算理论上的定位。首先，在货币理论上，要判定电子货币能否执行货币的3个基本职能，即支付手段、价值尺度、价值保存手段，以满足作为通货的基本条件。从电子货币目前在全球的使用情况来看，电子货币只能作为交易媒介，不能执行支付手段的全部职能，它也不能执行价值尺度或者价值保存的职能。因此，电子货币与通货还有一定的距离。其次，在结算理论上，目前的电子货币只是将现金或者存款用电子化的方法转移、传递，以实现结算，而不是完全替代现金或者存款成为一种独立的支付手段。

(二)电子货币的发行

1. 发行的主体

目前各国在电子货币的发行主体问题上尚无统一解决方案,而是根据具体国情而定。在我国,根据《中国人民银行法》,人民币是我国的法定货币。显然,只有中国人民银行,才有权发行电子货币。较为流行的观点,电子货币只是一种"储值"或者"预付"产品,即将客户所能支配的资金或者货币币值存储于其持有的某种电子设备上,如智能卡、电子钱包、电子现金等,因此,其他金融机构和非金融公司也拥有发行电子货币的权利。而且从技术上讲,具备一定技术条件的商家都可以发行电子货币。

2. 发行的管理

由于电子货币在相当程度上有着类似于现金的特征,其发行减少中央银行货币的发行量,影响中央银行发行货币的特权。为了保证电子货币的发行人保持必要的流动性和安全性,银行可以采取以下措施实施管理:(1)对发行人提出储备要求和充足资本要求。(2)建立电子货币系统统计和信息披露制度、现场和非现场制度以及信息安全审核制度。(3)建立安全保证体系,如电子货币担保、保险等。

3. 发行人的义务

电子货币的发行人和开发者在开发、发行电子货币之前要对技术、安全性、业务前景等进行可行性论证和成本与收益的比较分析。电子货币发行方案要考虑防范问题,如洗钱等犯罪活动,并采取适当的操作程序,有效地控制操作风险。

为了保证在不利情况发生时仍然能够提供产品和服务,电子货币的发行人要实施应急措施和业务恢复计划。在实施时,应当考虑安全因素。而电子货币的发行机构还要有处理意外事故的紧急对策,以保证关键性操作的连续性。为减少、限制伪币和欺诈风险的发生,电子货币发行人应具备监控和赎回电子货币余额的能力,其系统要具有交易明细记录、影子余额记录、交易限额规定、交易行为分析等功能。对电子货币系统进行非法攻击或者未经授权的侵入是威胁电子货币系统安全的一个主要问题。因此,电子货币的发行人必须具有良好的预防、侦察、预测手段,保护其系统不受内外的入侵和滥用。电子货币的发行人必须向国家中央银行汇报货币政策要求的相关信息。电子货币发行者和技术开发者应澄清消费者、商家以及系统参与者的权利义务和各自承担的风险。

4. 电子货币的监管制度

电子货币的产生与发展给各国的金融机构提出了新的问题,特别是电子货币对现行金融监管制度带来了直接或间接的影响。为维护金融体系的稳定和安全,防止侵害消费者利益的行为发生,以及避免出现恶性竞争和无秩序的行为,"政府适度监督有没有必要"成为各国关注的问题。我们如果将电子货币作为一种科技产品来管理,沿用统一、规范和标准化原则,势必会与电子货币兴起进程中出现的产品多样化和技术、协议等的快速进化相矛盾,同时又形成一些业务领域的规则和管理的真空。因此,我们需要通过详尽的法律规定加以完善电子货币的监管问题。

【案例】

目前,世界上大概有400多个供网民进行赌博的网站,其总部大部分设在有"逃税天堂"之称的加勒比海地区。许多网站根本没有受到有关政府部门的监管,也不遵守国际赌场的游戏规则,甚至不查问客户的身份资料,这就为洗钱者提供了便利。他们只需在赌博网站上开设一个账户,就可以随意地周转资金。许多犯罪集团把钱款打进这些赌博网站开设的账户后,一般先象征性地赌上一两次，然后就通知网站“我不想玩了”，要求网站把自己户头里的钱以网站名义开出一张支票退回来。于是一笔笔数额巨大的黑钱被轻而易举地洗干净了。英国政府对此提出警告，指出黑钱正如潮水般涌入这些网站，并轻易地由赌博方式转化为犯罪集团的“合法收入”。在西印度群岛的安提瓜岛也拥有数十个在线赌博网站，但它们的反洗钱机制相当薄弱。在互联网上赌博网站正如雨后春笋般繁衍起来，为洗钱者提供了越来越多的安全天堂。

五、电子支付中的法律责任

(一)电子支付中的民事法律责任

1. 电子支付的民事责任概述

(1)电子支付的民事责任的概念。民事责任是指民事主体违反民事义务，依法所应承担的法律后果。我国《民法通则》第106条规定：“公民、法人违反合同或者不履行其他义务，应当承担民事责任。公民、法人由于过错侵害国家的、集体的财产，侵害他人财产、人身的，应当承担民事责任。”由此，可简单地给出电子支付的民事责任定义，即指民法所规定的参与电子支付活动的主体(当事人)违反法律、法规或不履行法定义务，侵害国家、法人和个人的合法权益所应承担的民事责任。

(2)电子支付的民事责任的构成要件。根据民法理论，电子支付的民事责任构成要件为：①民事违法行为，即行为人违反民法所保护的权利与义务，侵犯民事主体的权利和义务，使其平等的法律地位受到破坏。②损害事实，即只有造成损害事实，行为人才能承担民事责任。③过错，即承担民事责任的主观故意或过失。④因果关系，即行为与损害之间具有因果关系，只有违法行为与损害事实之间存在“前因后果”的联系，即损害是由违法行为所引起的，行为人才承担民事责任。参与电子支付的行为人是指电子支付的当事人，其民事责任也只有行为人具备以上4个要件时才能承担民事责任。

(3)承担电子支付的民事责任的方式。我国《民法通则》第134条规定，承担违反合同民事责任的主要方式包括：支付违约金；继续履行；返还财产；赔偿损失等。在电子支付过程中的违法行为人承担何种民事责任，需要根据具体的实际情况选择一种或多种责任方式，才能发挥民事责任方式的作用，更好地维护电子支付过程中各当事人的合法权益。

2. 电子支付的合同责任

(1)电子支付的合同责任的概念。电子支付的合同责任是指参与电子支付过程的当事人不履行合同义务或履行义务不符合约定的条件时所应承担的民事责任。

(2)电子支付合同责任的归责原则。各国法律在违约责任的归责原则方面有不同的规定，大致有两种：严格责任的归则原则和过错责任的归责原则。而电子支付的合同责任的归责原则也是采用这两种归责原则，其中应以严格责任为主。

(3)电子支付合同责任的构成要件。电子支付采取合同责任的归责原则主要是严格责任，即只要电子支付过程中的合同当事人的行为违反合同的规定，就应当承担合同责任。

(4)承担电子支付合同责任的方式。承担电子支付的合同责任的方式，即电子支付过程中合同当事人在实施违约行为后应采取哪些方式承担合同违约的责任。一般采取的主要方式有支付违约金、强制实际履行、赔偿损失和其他补救措施。

3. 电子支付违反《商业银行法》的民事责任

根据《商业银行法》第73条的规定，商业银行有下列情形之一对存款人或者其他客户造成财产损害的，应当承担支付迟延履行的利息以及其他民事责任：(1)无故拖延、拒绝支付存款本金和利息的;(2)违反票据承兑等结算业务规定,不予兑现、不予收付入账、压票、压单或者违反规定退票的;(3)非法查询、冻结、扣划个人储蓄存款或者单位存款的;(4)违反本法规定对存款人或者其他客户造成损害的其他行为。网上银行承担民事责任的主要方式有停止侵害、恢复原状、支付迟延支付的利息和赔偿损失等。

(二)电子支付中的刑事法律责任

1. 电子支付的犯罪

电子支付的犯罪要从广义和狭义上来理解。狭义上,是刑法学上的概念,即电子支付过程中的犯罪仅限于刑法明文规定的、扰乱电子支付的正常秩序,有危害性,触犯刑事法律以及应受刑法处罚的行为。广义上,是除刑法的规定以外,还包括尚未被刑法规定的,如在电子支付领域中新出现的有严重侵害的一些犯罪行为。这里是从狭义上来理解电子支付的犯罪。

【案例】

2000 年 7 月,北京海关侦破一起骗取国家关税牟取暴利的国际电子商务走私大案。犯罪嫌疑人使用电子邮件与境外商家洽谈生意,并将原始文件删除使之无法在计算机系统内查到,之后采取欺骗手段,低报价格,偷逃关税 76 万元,案值 570 万元。

【案例】

2004 年 10 月,北京市首例操纵期货价格案在西城区法院开庭,一家期货经纪有限公司的客户代表在互联网上发布了自己编制的程序"期货精灵",诱使他人下载安装,以此方法截获十多个上网交易客户的资金账号和密码,导致客户损失。

2. 电子支付过程中的犯罪现象与特征

电子支付犯罪的现象通常表现为三类:一是电子支付过程中的计算机犯罪;二是与计算机犯罪有关的电子支付犯罪;三是不涉及计算机技术的电子支付过程中的传统支付犯罪。在电子支付过程中具有 7 种犯罪特征:(1)犯罪目的性,即故意犯罪;(2)非法获利性,它是主要特征;(3)犯罪的高智能型,犯罪者需要掌握较高网络和安全技术;(4)犯罪的无现场性,罪证易掩盖或毁灭;(5)犯罪的低处罚性,为了商业信誉多数商家会忍痛承受损失;(6)犯罪的低风险性,犯罪人实施犯罪的成本或受处罚较低;(7)犯罪的难防控性,犯罪技术的不断更新与发展。

3. 电子支付的刑事责任的概念

根据我国《刑法》有关条款的规定,认定刑事责任必须符合 3 个基本要素:(1)有危害社会行为的发生;(2)此危害行为必然为刑法所禁止;(3)刑法所禁止的行为还应当是受刑法处罚的行为。因此,电子支付的刑事责任是指在电子支付过程中建立在刑事法律基础之上的,满足认定刑事责任要素的犯罪当事人应承担的法律责任。

4. 电子支付犯罪的刑事处罚

由于电子支付中的犯罪行为会严重损害国家的正常经济秩序和国际电子商务活动的顺利开展,因此必须采用措施严厉惩处电子支付过程中的各种犯罪行为,如我国《刑法》规定了制作、传播计算机病毒的犯罪等。当然,我们要认识到电子支付过程中应用现行刑法还存在诸多的问题,如:有的犯罪因刑法涵盖窄,不能满足刑法规定的犯罪要件;有的犯罪与刑法分则表述不一致;有的犯罪客体复杂,罪名难以确定;以及网上交易的逃税等问题,需要法律的不断完善。

【案例】

真假云网的法律问题

云网(www.cncard.com)是一家网上交易公司,顾客可以通过在线支付的形式购买上网卡、IP卡之类的商品，在业内已有了一定的知名度。

后来，经过调查发现，一些论坛上出现了很多推荐另一个“云网”(www.kncard.com.cn)的帖子。这个“云网”的界面与真云网非常相似，而且也从事与真云网类似的网上交易，但实际上，它所出售的商品都是不存在的。

在这个“云网”网站，虽然会出现假的银行支付界面(没有经银行授权)，要求用户输入银行卡号和密码，但即使输入正确银行卡号和密码后，系统却总提示交易失败，而用户的银行卡号和密码却可能已被泄露给这个网站，并有可能被这个网站利用来从用户的银行账户上提取现金或消费。

这个网站的很多信息都是假的。虽然假云网页面上有工商局的红盾标志，但通过北京市工商管理局的网站查询，发现该网址没有备案。假云网页面上还有ICP登记号，到北京市通信管理局的网站进行查询，发现确实有这个登记号，但那是一家叫“歌曲大本营”的网站，网址和业务都不一样。

思考：对于“云网事件”，它涉及哪些法律规范？应采取哪些措施进行防范？

本章小结

1. 国际电子商务是通过计算机网络来完成的商品交易新模式。所以，也可以将国际电子商务称为在线(On-line)商业或在线商务。

2. 国际电子商务交易主体：在线交易当事人；在线交易服务提供者。在线交易的标的物：有形商品、信息产品和在线服务。国际电子商务的交易关系：买卖双方、客户与交易中心、客户与银行，客户、交易中心、银行与认证中心的业务关系。

3. 电子签名，是指数据电文中以电子形式所含、所附用于识别签名人身份并表明签名人认可其中内容的数据。

4. 电子认证政策、法律用以调整认证中心、证书用户、国家行政机关与不特定的社会公众之间在认证电子交易过程中所发生的法律关系，调整对象主要包括平等主体之间民商事法律关系和非平等主体之间的行政法律关系。

5. 电子合同，是通过电子计算机网络系统订立的，以数据电文的方式生成储存或传递商业贸易信息的一种现代贸易方式。

6. 电子支付，是指以计算机及其网络为手段，将载有特定信息的电子数据取代传统的支付工具用于资金流程，并具有实时支付效力的一种支付方式。

思考与练习

一、选择题

1. 我国现行《民事诉讼法》规定的证据有哪些？(　　)

A. 当事人的陈述　　B. 书证；物证　　C. 视听资料　　D. 电子数据

E. 证人证言　　F. 鉴定意见　　G. 勘验笔录

2. 网络交易中买卖双方当事人的权利和义务说法正确的是(　　)。

A. 卖方按照合同的规定提交标的物及单据，卖方对标的物的质量承担担保义务

B. 买方应承担按照网络交易规定方式支付价款的义务

C. 买方对标的物的权利承担担保义务

D. 卖方应当承担对标的物验收的义务

3. 在电子支付的实施过程中，4 种当事人之间存在多种法律关系，说法正确的是(　　)。

A. 付款人与受款人之间是买卖合同关系

B. 付款人、受款人与银行之间都是金融服务合同关系

C. 付款人、受款人与认证机构之间均是证书服务合同关系

D. 银行与认证机构之间均是证书服务合同关系

二、简答题

1. 国际电子商务法的调整范围是什么？

2. 在线交易主体的资格如何认定？

3. 可靠的电子签名需要符合什么条件？

4. 电子认证服务者签发的电子签名认证证书需要载明什么内容？

5. 电子支付中可能承担的刑事法律责任有哪些？

三、案例讨论

电商删除订单案：2011 年 8 月，当当网举办"当当亲子团好书好礼 72 小时抢购"图书促销活动(简称"当当 72 小时促销")，引得不少网民守夜"秒杀"。然而，幸运"秒"到图书的消费者却发现，订单被当当网单方面取消。1 000 多名消费者集体维权，要求当当网履行协议，其中首批维权的 6 名消费者中，5 名消费者胜诉。一审判决支持了部分消费者的诉求，判令当当网按活动价格履行已发货的订单，而取消的订单因买卖合同未成立被驳回。案件审理过程中，一审法院将消费者是否收到当当网发出的发货通知作为判断网购合同成立与否的标准，这也是对该案件进行判决的核心依据。2012 年 5 月，二审人民法院对此做出了维持原判的二审判决。类似电商通过降价吸引眼球的例子不胜枚举，其中还有 2012 年 8 月 15 日的电商价格大战：京东、国美以及苏宁三大家电商为了抢占更大的市场份额而不惜血本地进行价格战，价格战给消费者造成不少困惑。消费者通过网络下单，但是最终商家却以缺货或技术故障等理由进行推脱，最终使得消费者"竹篮打水一场空"。几乎完全相同的案例，到 2012 年却是截然不同的判决：2012 年 9 月 5 日，在亚马逊中国网站名表促销活动中，夏先生以 396 元价格订购了两块依波表、一块海鸥表，下单时约定货到支付余款。当天上午 9 时许，夏先生陆续收到亚马逊公司的订单确认邮件，其中一款海鸥表显示有货，另两块依波表显示缺货，但表示一旦确认发货日期，将会向夏先生发货。然而 9 月 8 日，夏先生收到亚马逊邮件通知，称其购买的三块手表因不能采购到货，无法为夏先生发货，并在没有通知夏先生的情况下，直接将订单删除。2013 年 3 月 18 日，北京朝阳法院对这起电商删单案做出一审判决。判决亚马逊公司继续履行订单，向夏先生交付其订购的三块手表。

问题：(1)何为电子合同？(2)电子合同的特殊法律问题有哪些？(3)如何解决电子合同的特殊法律问题？

第十章　国际商事仲裁法

【学习目标】

- 了解国际商事仲裁的概念、特征、国际商事仲裁机构；
- 重点记忆国际商事仲裁协议效力；
- 熟悉仲裁程序与仲裁裁决的执行。

第一节　国际商事仲裁概述

一、国际商事仲裁的概念及特征

在国际商事活动中，如果当事人就有关合同事项发生争议或纠纷，主要通过协商、调解、仲裁和诉讼4种方式解决。不同的解决方式，由于其程序和结果强制执行不同，对双方或多方的影响也不同。协商、调解协议不能申请强制执行；以诉讼的方式解决国际经济纠纷，涉及诉讼管辖、法律适用及判决执行，都会增加诉讼结果的不确定性。因此，在通常情况下，当事人在订立合同时，往往都在签订的合同中订立仲裁条款，以便在发生纠纷时，按照合同的规定将争议提交合同指定的仲裁机构解决。国际商事仲裁已成为各国解决国际商事争议的一种重要方式。

（一）国际商事仲裁的概念

国际商事仲裁，亦称公断，是指在国际商事交易中的当事人在争议发生前或争议发生后，达成书面协议，按照协议的方式自愿将双方之间商事方面的争议提交双方所同意的仲裁机构审理，并由该仲裁机构依法予以裁决的解决争议的方式。做出仲裁裁决的仲裁机构的性质属于民间机构，而不是国家法院。这种民间机构一般是国际性的仲裁机构、区域性的仲裁机构、国家性的仲裁机构或专业性机构。尽管仲裁机构具有民间性，但仲裁裁决对争议各方均具有法律约束力和终局性。

（二）国际商事仲裁的特征

国际商事仲裁吸取了协商与调解的自愿性，又吸取了诉讼判决的强制性，是一种自愿与强制性相结合的争议解决的方式。与诉讼相比较，仲裁有如下特点：

1. 自愿性

一方面，当事人是否选择仲裁方式是自愿的，只有在当事人于商事争议发生之前或之后自愿达成了仲裁协议，有关仲裁机关才有权对该争议进行审理和裁决，仲裁协议是通过仲裁方式解决争议的基本前提。如无此项协议，就不可能有仲裁程序的发生。另一方面，当事人选择仲裁机构、仲裁地点、仲裁员、仲裁内容等也是自愿的，即当事人可以在仲裁协议中明确约定仲裁机构、仲裁地点、仲裁规则、仲裁所使用的语言及仲裁费用的承担等事项。

2. 强制性

一方面，国际商事仲裁的强制性体现在仲裁程序一经开始，当事人均无权单方面终止仲裁程序，任何一方不参加或拒绝参加仲裁程序，仲裁庭有权做出缺席审理和裁决；另一方面，仲裁裁决一经做出，便具有与法院判决相同的法律强制力，如当事人不履行，便由法院强制执行。与法院判决相比，仲裁裁决如需在外国执行时，外国法院一般根据有关国际条约或互惠原则予以执行，因此具有更大的优势。关于诉讼判决的执行尚没有全球性条约，许多国家参加了关于仲裁执行的《纽约公约》。

3. 保密性

除非双方当事人另有约定，仲裁一般均不公开审理；同时，在仲裁程序中，任何一方当事人或仲裁员或仲裁机构案件管理人员都负有保密的责任，这样，当事人的商业信誉和商业秘密就能得到较好的保护。而在司法诉讼中，除非法律的特别规定，诉讼一般是公开进行的。

4. 快捷性

世界上大多数国家都承认国际商事仲裁的一裁终裁制，即仲裁裁决一经做出便具有法律效力，不得上诉，而国际商事诉讼在很多国家至少是两审终审。因此，国际商事仲裁不仅减少了当事人的时间成本，也减少了当事人的经济成本。

正是由于国际商事仲裁有上述特征，目前它已成为国际商事纠纷中最常见的解决途径。

二、与其他争议解决方式的比较

(一)仲裁与调解的区别

仲裁和调节都是解决当事人争议的方式，都是基于双方当事人的意愿自愿选定的解决争议的方式。两者之间的不同主要表现在：

(1)调解的随意性大。在解决争议过程中，任何一方当事人无论何时都可以参加调解或中止调解，一旦一方当事人要求中止调解，调解人只能中止，而不能强行继续调解。而在仲裁过程中除非当事人双方达成和解协议或申请人由于某种原因要求撤回申请，否则即使被申请人不答辩或不出庭，仲裁庭仍有权按仲裁规则的规定进行审理并做出裁决。

(2)调解的灵活性大，在调解中双方当事人互谅互让，协商一致即可达成调解协议，而仲裁则需按仲裁规则规定的程序进行，根据事实依据和法律规定做出裁决。

(3)调解协议需当事人双方同意方可做出，而仲裁裁决由仲裁庭依法独立做出裁决，无需当事人双方同意。

(二)仲裁与诉讼的区别

(1)管辖不同。仲裁是协议管辖，而法院诉讼是强制管辖。仲裁以当事人双方自愿为原则，必须有双方事前或事后达成的仲裁协议，仲裁机构才能依法受理，并在此种情况下，法院无权受理此案件；而法院诉讼不必得到另一方当事人的同意或者双方达成诉讼协议，只要一方当事人向有管辖权的法院起诉，法院就可以依法受理争议案件。

仲裁不实行地域管辖和级别管辖，而法院诉讼实行地域管辖和级别管辖。当事人双方有权选择任一合法成立的仲裁机构进行仲裁，不同的仲裁机构之间无任何隶属关系；而诉讼只能依法向有管辖权的法院起诉，当事人无权选择法院。

(2)仲裁庭和法院审判庭的组成方式不同。仲裁可由当事人约定仲裁庭的组成方式并自主选定或者委托指定仲裁员，而法院诉讼当事人不能选择审判庭的组成方式和审判员。

(3)审理不同。除特殊情形外，诉讼实行公开审理，而仲裁注重保护当事人的商业秘密，一般实行不公开审理。

(4)制度不同。仲裁实行一裁终局制度，不存在上诉或再审，也不得向法院起诉。当事人只有提出证据证明仲裁裁决确实存在我国《仲裁法》第 58 条所列情形之一，经中级人民法院审查核实，方可依法裁定撤销仲裁裁决；而我国法院诉讼实行两审终审制，当事人不服法院判决可以上诉或者申诉。

三、国际商事仲裁机构

1. 国际商会仲裁院

该仲裁院设立于 1928 年，总部在巴黎，为国际商会常设仲裁机构，是目前世界上提供国际经贸仲裁服务较多、具有重大影响的国际经济仲裁机构。

2. 解决投资争议的国际中心(ICSID)

该机构专门为解决国家契约——国家与外国私人投资者签订的“特许协议”或“经济开发协议”所产生的争议问题而设。该中心为专门性国际组织，具有国际法人地位。ICSID 与世界银行关系密切。ICSID 仲裁为完全自治的管辖体制，不受制于国内法律和国内法院。在该体制中，缔约国对本国国民和另一缔约国根据公约已同意交付仲裁的协议不得给予外交保护或提出国际要求。国内法院仅限于为 ICSID 裁决提供便利和给予司法协助。

3. 瑞典斯德哥尔摩仲裁院

该仲裁院成立于 1917 年，为斯德哥尔摩商会内部机构，但在职能上独立。瑞典中立国的地位，为其公平性提供了很好的保障，享有很好的国际声誉。该院与中国国际经济贸易仲裁委员会有业务联系。中国对外经济贸易促进委员会建议，我国当事人在选择第三国仲裁机构时，可优先考虑该仲裁院。

4. 美国仲裁协会

该仲裁协会为美国主要的国际商事仲裁机构，于 1926 年设立，总部在纽约，在全国主要城市设有 24 家分会，为独立的非营利性民间组织。该协会受理的案件多数为美国当事人与外国当事人之间的争议。

5. 香港国际仲裁中心

该中心 1985 年设立，为受限制担保并按香港公司法的规定设立的民间非营利性公司，受理香港地区内仲裁案件和国际商事仲裁案件。该中心无自己的国际商事仲裁规则，实践中，依《联合国国际贸易法委员会仲裁规则》进行操作。

6. 英国伦敦国际仲裁院

该仲裁院成立于 1892 年，为英国最有国际影响的国际商事仲裁机构。由伦敦市政府、伦敦商会和女王特许仲裁协会共同组成的联合委员会管理。

7. 中国国际经济贸易仲裁委员会 (CIETAC)

该委员会成立于1956年4月。前身为“对外贸易仲裁会”及“对外经济贸易仲裁委员会”,总部设在北京,上海及深圳设有分会。2000年,该委员会启用了一个新名称:中国国际商会仲裁院。CIETAC于2000年9月5日通过了新仲裁规则,并于同年10月1日正式实施。受案范围目前为一切国内、国际仲裁。目前,该仲裁委员会受案数量居世界第一位。在国际上享有较高声誉。

第二节 国际商事仲裁协议

一、仲裁协议的概念

仲裁协议是指当事人一致同意将他们之间已经发生或者将来有可能发生的争议交付仲裁解决的意思表示。它是双方当事人意思自治的表现,也是仲裁员或仲裁机构受理争议的依据。它是一种合意的产物,必须由双方当事人在自愿平等的基础上协商订立,任何一方都不得将自己的意志强加于另一方。

二、仲裁协议的种类

除有的国家,如美国并不否认仲裁协议可以口头形式存在以外,绝大多数国家的仲裁立法和实践以及国际条约都不承认所谓的“君子协定”,明确规定仲裁协议必须以书面的形式存在。在书面形式中,仲裁协议主要有以下几种类型:

(1)仲裁条款,主要是在争议发生之前,双方当事人在合同中所订立的将有关合同争议交付仲裁的条款。这是目前国际商事仲裁协议普遍采用的一种形式。对于这种在主合同中订立的仲裁条款,各国法律一般承认其具有相对的独立性,即仲裁条款不因主合同的变更解除、终止或无效而当然失去效力。我国仲裁法也明确承认了仲裁条款具有相对的独立性。

仲裁条款可以表述如下:“凡因执行本合同所发生的或与本合同有关的一切争议,双方应通过友好协商方法解决,如果协商不能解决,应提交××国××地××仲裁机构,并根据其仲裁程序规则进行仲裁。仲裁裁决是终局的,对双方都具有约束力,仲裁费用由败诉方负担。”

(2)仲裁协议书,是指双方当事人为将来某项争议交付仲裁而订立的专门协议。这种协议独立于合同,一般是在争议发生之后才达成的。在国际上也有不将上述两种类型加以区分的,统称为仲裁协议。在实践中当事人已经较少采用这种形式的仲裁协议,因为大多数国际合同依规定有仲裁条款。另外,在争议发生后,当事人往往因立场的不同和利益的冲突很难再达成一致的意见。

(3)仲裁特别约定,即为双方当事人在往来信函,如电报、电传、电子数据交换和电子邮件中,同意交付仲裁的意思表示等,是双方当事人将争议交付仲裁的特别约定。

三、国际商事仲裁协议的有效要件

各国法律对仲裁协议应具备的具体条件规定不尽相同,但是从多数国家仲裁实践来看,有效的仲裁协议必须具备下列基本条件:

(一)当事人双方必须具备合法的资格和能力

这是当事人从事包括订立仲裁协议在内的民商事活动的前提。至于如何确定当事人的资格和能力，1958 年《纽约公约》第 5 条第 1 款第 1 项只是做出了如下规定："协定之当事人依对其适用之法律有某种无行为能力情形者，或该项协定依当事人作为协定准据之法律系属无效，或未指明以何法律为准时，依裁决地所在国法律系属无效者。"这就是把确定的标准交由各国的国内法。依据国际私法上的一般原则，当事人的行为能力适用属人法，即其国籍所属国或其住所地国的法律。如其依属人法为无行为能力者，但依据行为地法为有行为能力者，亦应视为有行为能力。

（二）提交仲裁协议必须采用书面形式

根据众多的国际法公约和国内法，仲裁协议必须采用书面形式。1958 年《纽约公约》第 2 条、《国际商事仲裁示范法》第 7 条第 2 款都有类似的规定。中国国际经济贸易仲裁委员会仲裁规则第 5 条第 2 款规定："仲裁协议系指当事人在合同中订明的仲裁条款，或者以其他方式达成的提交仲裁的书面协议。"但是在有些国家（如瑞典）法律并未规定以书面形式为必要。因而所谓形式上的合法应以符合仲裁地国家和裁决执行地国家的法律对仲裁协议形式的规定为准。

（三）仲裁协议的形式必须合法

基于本国利益的考虑，各国往往在其相关立法中规定可仲裁事项或不可仲裁的事项。国际商事仲裁协议中约定提交仲裁的国际商事争议事项，必须是有关国家法律所允许采用仲裁方式处理的事项，否则该仲裁协议无效，有关仲裁机构不能受理，即使受理并据此做出的裁决亦为无效裁决。

我国《仲裁法》规定，有下列情形的，仲裁协议无效：(1)约定的仲裁事项超出法律规定的仲裁范围的。提请仲裁的事项应当是平等主体公民、法人和其他经济组织乃至国家之间发生的合同纠纷和其他财产权益纠纷，而婚姻、收养、监护、扶养、继承等有关身份的纠纷以及依法应当由行政机关处理的行政争议的事项不在其内。(2)无民事行为能力、限制行为能力以及准行为能力人订立的仲裁协议。(3)一方采取胁迫手段，迫使对方订立仲裁协议的。

四、国际商事仲裁协议的法律效力

有效的仲裁协议，总体上有三方面的法律效力：对当事人的约束力、对仲裁机构的效力和对法院的制约力。

（一）对当事人的约束力

(1)仲裁协议约定的特定法律关系发生争议后，当事人就该争议的起诉权受到限制，只能将争议提交仲裁解决，不得单方撤销协议而向法院起诉。

(2)必须依仲裁协议中确定的仲裁范围、仲裁地点、仲裁机构等内容进行，不得随意更改。

由此对当事人还产生基于前两项效力之上的附随义务：任何一方当事人不能随意解除、变更已发生法律效力的仲裁协议；当事人应履行仲裁委员会依法做出的裁决。

在涉外仲裁中，如果中国人 A 与英国人 B 约定：如有纷争应在日本依日本仲裁法解决其纷争，则我国法院应否依 B 之申请命 A 至日本仲裁？亦或是为 A 选定日本人在日本仲裁？这就涉及涉外仲裁契约的承认与一国法院的域外管辖权问题。根据《纽约公约》第 2 条第 1 项规定："当事人以书面协定承允彼此间所发生或可能发生之一切或任何争议，如关涉可以仲裁解决事项之确定法律关系，不论为契约性质与否，应提交仲裁时，各缔约国应承认此项协定，但其约定无效，不生效力或履行不能者，不在此限。"

（二）对仲裁机构的效力

有效的仲裁协议是仲裁机构行使仲裁管辖权，受理案件的唯一依据。没有仲裁协议的案件，即使一方当事人提出仲裁申请，仲裁机构也无权受理。仲裁管辖权属于协议管辖权，此不同于国际民事诉讼管辖权，后者的管辖权源于国家的司法主权，具有强制性，不以当事人之间的协议作为管辖的前提条件。虽然国际民事诉讼中也允许当事人协议选择管辖法院，但必须是在特定国家法律允许的范围内，受特定国家法律规定的种种条件的限制，当事人协议的自由度是非常有限的。仲裁协议对仲裁管辖权还有限制的效力，并对仲裁裁决的效力具有保证效力。当然，仲裁机构对仲裁协议的存在、效力或范围也有裁决权。依据《国际商会仲裁规则》（1998 年 1 月 1 日生效）第 6 条第 3 款的规定，如果被申请人不按照第 5 条的规定提交答辩，或者一方当事人对仲裁协议的存在、效力或范围提出一种或多种异议，而仲裁院初步认定可能存在按照国际商会仲裁规则进行仲裁的仲裁协议时，仲裁庭得在不影响对这种或多种异议的可接受性和实质性下决定继续仲裁。在此情况下，有关仲裁庭的管辖权应由仲裁庭自己决定。如果仲裁院不确信存在仲裁协议，则应通知当事人仲裁不能进行。在此情况下，当事人仍有权请求有管辖权的法院对是否存在有约束力的仲裁协议做出裁定。

（三）对法院的制约力

（1）有效的仲裁协议排除了法院的管辖权。我国《仲裁法》第 5 条规定，当事人达成仲裁协议，一方向人民法院起诉的，人民法院不予受理，但仲裁协议无效的除外。我国《民事诉讼法》规定，对涉外经济贸易争议案件如选择了仲裁即排除法院管辖。关于仲裁协议可排除法院管辖权的效力为大多数国家所承认。

（2）仲裁协议对法院的制约力还表现在，对仲裁机构基于有效仲裁协议所做出的有效裁决，法院负有执行职责。这体现了法院对仲裁的支持。

（3）保全程序之适用。仲裁契约有效成立后，如果遇有应提付仲裁之事项发生，固应依仲裁协议提付仲裁。但是，在提付仲裁前，一方当事人有可能趁机隐匿或消耗其资产，如为低价出卖或无偿赠与，以致执行仲裁裁决时，无财产可供清偿。对此，国际性仲裁机构的规则大多授权仲裁法庭得裁定保全仲裁标的的中间性或暂时性判断，但并无执行权。对于仲裁庭所做出的保全仲裁标的的中间判断，法院是否愿干预国际仲裁程序而协助执行该判断，各国有所不同。英法均采肯定态度，美国则持否定态度。我国《民事诉讼法》规定："当事人申请采取保全的，中华人民共和国的涉外仲裁机构应当将当事人的申请，提交被申请人住所地或者财产所在地的中级人民法院裁定。"我国《仲裁法》第 68 条规定："涉外仲裁的当事人申请证据保全的，涉外仲裁委员会应当将当事人的申请提交证据所在地的中级人民法院。"

（4）有效的仲裁协议是申请执行仲裁裁决时必须提供的文件。根据《联合国关于承认和执行外国仲裁裁决公约》（《纽约公约》）的规定，为了使裁决能在另一国得到承认和执行，胜诉的一方应在申请时提交：仲裁裁决的正本或正式副本；仲裁协议的正本或正式副本。在执行外国仲裁裁决时，仲裁协议是否有效，是法院审查的重要内容之一。

我国《民事诉讼法》明确规定："对中华人民共和国涉外仲裁机构做出的裁决，被申请人提出证据证明仲裁裁决有下列情形之一的，经人民法院组成合议庭审查核实，裁定不予执行：（1）当事人在合同中没有订有仲裁条款或者事后没有达成书面仲裁协议的；（2）被申请人没有得到指定仲裁员或者进行仲裁程序的通知，或者由于其他不属于被申请人负责的原因未能陈述意见的；（3）仲裁庭的组成或者仲裁的程序与仲裁规则不符的；（4）裁决的事项不属于仲裁协议的范围或者仲裁机构无权仲裁的。（5）人民法院认定执行该裁决违背社会公共利益的，裁定不予执行。”其中第一项就是当事人在合同中没有订有仲裁条款或者事后没有达成书面仲裁协议的。

第三节　中国国际经济贸易仲裁程序

中国国际经济贸易仲裁委员会(简称仲裁委员会),原名中国国际贸易促进委员会对外贸易仲裁委员会、中国国际贸易促进委员会对外经济贸易仲裁委员会,同时使用中国国际商会仲裁院名称。当事人在仲裁协议中订明由中国国际贸易促进委员会、中国国际商会仲裁,或由中国国际贸易促进委员会、中国国际商会的仲裁委员会或仲裁院仲裁的,或使用仲裁委员会原名称为仲裁机构的,均应视为同意由中国国际经济贸易仲裁委员会仲裁。仲裁委员会设在北京。仲裁委员会在深圳、上海、天津和重庆设有分会或中心。

一、仲裁申请、答辩、反请求

(一)申请

当事人依据本规则申请仲裁时应:

(1)提交由申请人或申请人授权的代理人签名及/或盖章的仲裁申请书。仲裁申请书应写明:申请人和被申请人的名称和住所,包括邮政编码、电话、传真、电子邮件或其他电子通讯方式;申请仲裁所依据的仲裁协议;案情和争议要点;申请人的仲裁请求;仲裁请求所依据的事实和理由。

(2)在提交仲裁申请书时,附具申请人请求所依据的证据材料以及其他证明文件。

(3)按照仲裁委员会制定的仲裁费用表的规定预缴仲裁费。

(二)答辩

被申请人应自收到仲裁通知后45天内提交答辩书。被申请人确有正当理由请求延长提交答辩期限的,由仲裁庭决定是否延长答辩期限;仲裁庭尚未组成的,由仲裁委员会秘书局做出决定。仲裁庭有权决定是否接受逾期提交的答辩书。被申请人未提交答辩书的,不影响仲裁程序的进行。

(三)反请求

被申请人如有反请求,应自收到仲裁通知后45天内以书面形式提交。被申请人确有正当理由请求延长提交反请求期限的,由仲裁庭决定是否延长反请求期限;仲裁庭尚未组成的,由仲裁委员会秘书局做出决定。被申请人提出反请求时,应在其反请求申请书中写明具体的反请求事项及其所依据的事实和理由,并附具有关的证据材料以及其他证明文件。被申请人提出反请求,应按照仲裁委员会制定的仲裁费用表在规定的时间内预缴仲裁费。被申请人未按期缴纳反请求仲裁费的,视同未提出反请求申请。

仲裁委员会秘书局认为被申请人提出反请求的手续已完备的,应向双方当事人发出反请求受理通知。申请人应在收到反请求受理通知后30天内对被申请人的反请求提交答辩。申请人确有正当理由请求延长提交答辩期限的,由仲裁庭决定是否延长答辩期限;仲裁庭尚未组成的,由仲裁委员会秘书局做出决定。仲裁庭有权决定是否接受逾期提交的反请求答辩书。申请人对被申请人的反请求未提出书面答辩的,不影响仲裁程序的进行。

（四）受案范围

仲裁委员会根据当事人的约定受理契约性或非契约性的经济贸易等争议案件，包括：(1)国际或涉外争议案件；(2)涉及香港特别行政区、澳门特别行政区及台湾地区的争议案件；(3)国内争议案件。

二、仲裁庭

仲裁庭由 1 名或 3 名仲裁员组成。除非当事人另有约定或本规则另有规定，仲裁庭由 3 名仲裁员组成。

关于 3 人仲裁庭的组成，法律规定，申请人和被申请人应各自在收到仲裁通知后 15 天内选定或委托仲裁委员会主任指定一名仲裁员。当事人未在上述期限内选定或委托仲裁委员会主任指定的，由仲裁委员会主任指定。第 3 名仲裁员由双方当事人在被申请人收到仲裁通知后 15 天内共同选定或共同委托仲裁委员会主任指定。第 3 名仲裁员为仲裁庭的首席仲裁员。双方当事人可以各自推荐 1～5 名候选人作为首席仲裁员人选，并按照上述规定的期限提交推荐名单。双方当事人的推荐名单中有一名人选相同的，该人选为双方当事人共同选定的首席仲裁员；有一名以上人选相同的，由仲裁委员会主任根据案件的具体情况在相同人选中确定一名首席仲裁员，该名首席仲裁员仍为双方共同选定的首席仲裁员；推荐名单中没有相同人选时，由仲裁委员会主任指定首席仲裁员。双方当事人未能按照上述规定共同选定首席仲裁员的，由仲裁委员会主任指定首席仲裁员。

三、仲裁审理

仲裁庭审理案件不公开进行。双方当事人要求公开审理的，由仲裁庭决定是否公开审理。仲裁庭应开庭审理案件，但双方当事人约定并经仲裁庭同意或仲裁庭认为不必开庭审理并征得双方当事人同意的，可以只依据书面文件进行审理。

当事人约定了开庭地点的，仲裁案件的开庭审理应当在约定的地点进行，当事人约定在仲裁委员会或其分会或中心所在地之外开庭的，应预缴因此而发生的差旅费、食宿费等实际费用。当事人未在仲裁委员会规定的期限内预缴有关实际费用的，应在仲裁委员会或其分会或中心所在地开庭。

当事人可以撤回全部仲裁请求或全部仲裁反请求。申请人撤回全部仲裁请求的，不影响仲裁庭就被申请人的仲裁反请求进行审理和裁决。被申请人撤回全部仲裁反请求的，不影响仲裁庭就申请人的仲裁请求进行审理和裁决。因当事人自身原因致使仲裁程序不能进行的，可以视为其撤回仲裁请求。仲裁请求和反请求全部撤回的，案件撤销。在仲裁庭组成前撤销案件的，由仲裁委员会秘书长做出撤案决定；仲裁庭组成后撤销案件的，由仲裁庭做出撤案决定。

四、仲裁审理中的调解

双方当事人有调解意愿的，或一方当事人有调解意愿并经仲裁庭征得另一方当事人同意的，仲裁庭可以在仲裁程序进行过程中对其审理的案件进行调解。双方当事人也可以自行和解。调解过程中，任何一方当事人提出终止调解或仲裁庭认为已无调解成功的可能时，仲裁庭应停止调解。

经仲裁庭调解达成和解或双方当事人自行和解的，双方当事人应签订和解协议。经调解或当事人自行达成和解协议的，当事人可以撤回仲裁请求或反请求；当事人也可以请求仲裁庭根据当事人和解协议的内容做出裁决书或制作调解书。当事人请求制作调解书的，调解书应当写明仲裁请求和当事人书面和解协议的内容，由仲裁员署名，并加盖“中国国际经济贸易仲裁委员会”印章，送达双方当事人。

调解不成功的，仲裁庭应当继续进行仲裁程序并做出裁决。当事人有调解意愿但不愿在仲裁庭主持下进行调解的，经双方当事人同意，仲裁委员会可以协助当事人以适当的方式和程序进行调解。如果调解不成功，任何一方当事人均不得在其后的仲裁程序、司法程序和其他任何程序中援引对方当事人或仲裁庭在调解过程中曾发表的意见、提出的观点、做出的陈述、表示认同或否定的建议或主张作为其请求、答辩或反请求的依据。

五、仲裁裁决

仲裁庭应在组庭后 6 个月内做出裁决书。经仲裁庭请求，仲裁委员会秘书长认为确有正当理由和必要的，可以延长该期限。

由 3 名仲裁员组成的仲裁庭审理的案件，裁决依全体仲裁员或多数仲裁员的意见做出。少数仲裁员的书面意见应附卷，并可以附在裁决书后，该书面意见不构成裁决书的组成部分。仲裁庭不能形成多数意见时，裁决依首席仲裁员的意见做出。其他仲裁员的书面意见应附卷，并可以附在裁决书后，该书面意见不构成裁决书的组成部分。

做出裁决书的日期，即为裁决发生法律效力的日期。裁决是终局的，对双方当事人均有约束力。任何一方当事人均不得向法院起诉，也不得向其他任何机构提出变更仲裁裁决的请求。

仲裁庭认为必要或当事人提出请求经仲裁庭同意的，仲裁庭可以在做出最终裁决之前，就当事人的某些请求事项做出部分裁决。部分裁决是终局的，对双方当事人均有约束力。一方当事人不履行部分裁决，不影响仲裁程序的继续进行，也不影响仲裁庭做出最终裁决。

六、简易程序

（一）程序的适用

除非当事人另有约定，凡争议金额不超过人民币 200 万元，或争议金额超过人民币 200 万元，但经一方当事人书面申请并征得另一方当事人书面同意的，适用简易程序。没有争议金额或争议金额不明确的，由仲裁委员会根据案件的复杂程度、涉及利益的大小以及其他有关因素综合考虑决定是否适用简易程序。

（二）独任仲裁

仲裁庭由 1 名仲裁员组成，独任仲裁员由双方当事人在被申请人收到仲裁通知后 15 天内共同选定或共同委托仲裁委员会主任指定。其他的规定与 3 人组成的仲裁庭一致。

（三）答辩和反请求

被申请人应在收到仲裁通知后 20 天内提交答辩书及所依据的证据材料以及其他证明文件；如有反请求，也应在此期限内提交反请求书及所依据的证据材料以及其他证明文件。申请人应在收到反请求书及其附件后 20 天内对被申请人的反请求提交答辩。当事人确有正当理由请求延长上述期限的，由仲裁庭决定是否延长；仲裁庭尚未组成的，由仲裁委员会秘书局做出决定。

（四）做出裁决的期限

仲裁庭应在组庭后 4 个月内做出裁决书。经仲裁庭请求，仲裁委员会秘书长认为确有正当理由和必要的，可以延长该期限。程序中止的期间不计入上述规定的裁决期限。

第四节 国际商事仲裁裁决的承认与执行

仲裁机构本身没有强制执行裁决的效力，仲裁裁决主要靠当事人即败诉方自觉执行。一旦败诉方不愿意执行裁决，胜诉方就需要经过有关国内法院强制执行。一般是在败诉方财产所在地国请求予以执行。国内法院执行裁决有两种情况：一是执行本国仲裁机构的裁决，即本国裁决；二是执行外国仲裁机构的裁决，即外国裁决。

一、对本国的国际商事仲裁裁决的承认与执行

一般而言，对本国做出的国际商事仲裁裁决与本国纯国内商事仲裁裁决的承认和执行制度是一样的，由获得有利判决的一方当事人向有管辖权的法院提出申请；该法院收到申请后，即对仲裁协议和裁决做出形式审查，经审查认为形式上合法后，即发布强制执行该裁决的命令。但是，如果执行过程中，当事人依法提出了有效的异议，则强制执行行为中止，由法院审查该异议是否成立。成立，则不能继续执行；不成立则继续执行。

我国《民事诉讼法》第 274 条规定，证明仲裁裁决有下列情形之一的，经人民法院组成合议庭审查核实，裁定不予执行：

(1)当事人在合同中没有订有仲裁条款或者事后没有达成书面仲裁协议的；

(2)被申请人没有得到指定仲裁员或者进行仲裁程序的通知，或者由于其他不属于被申请人负责的原因未能陈述意见的；

(3)仲裁庭的组成或者仲裁的程序与仲裁规则不符的；

(4)裁决的事项不属于仲裁协议的范围或者仲裁机构无权仲裁的；

(5)人民法院认定执行该裁决违背社会公共利益的，裁定不予执行。

《民事诉讼法》第 275 条规定，仲裁裁决被人民法院裁定不予执行的，当事人可以根据双方达成的书面仲裁协议重新申请仲裁，也可以向人民法院起诉。

二、对外国的国际商事仲裁裁决的承认与执行

为了解决各国在承认和执行外国仲裁裁决中的问题，国际上曾先后缔结了 3 个有关承认和执行外国冲裁裁决的公约：1923 年的《仲裁条款议定书》；1927 年的《关于执行外国冲裁裁决的公约》；1958 年《联合国承认和执行外国仲裁裁决的公约》(又称《纽约公约》)。

从目前来看，《纽约公约》实际上已经取代前两个公约，成为当前国际上关于承认与执行外国仲裁裁决的主要条约。公约规定，各缔约国互相承认仲裁裁决具有约束力，申请在其他缔约国境内执行仲裁裁决时，应向被申请国提交用该国文字做成的裁决书译本，并且依照执行地的程序规则予以执行。对承认或执行本公约所适用的仲裁裁决，不应该有比承认或执行本国的仲裁裁决规定实质上更复杂的条件或更昂贵的费用。

加入此公约的国家已有 100 多个，其中一些国家对公约提出了一些保留，如：美国对该公约提出了互惠保留和商事保留，英国对该公约提出了互惠保留等。中国于 1986 年加入《纽约公约》，也提出了两项保留：(1)中国只在互惠的基础上，对另一个缔约国做出的仲裁裁决的承认和执行适用该公约。(2)中国仅对契约性和非契约性的商事关系引起的争议适用该公约。

《纽约公约》第 5 条采用排除的方式对承认和执行外国仲裁裁决的条件做出了规定，被请求承认或执行裁决的管辖当局只有在作为裁决执行对象的当事人提出有关下列情况的证明的时候，才可以根据该当事人的要求，拒绝承认和执行该裁决：

(1)签订仲裁协议的双方当事人，根据对他们适用的法律，当时是处于某种无行为能力的情况之下；或者根据双方当事人选定适用的法律，或在没有这种选定的时候，根据做出裁决的国家的法律，仲裁协议是无效的。

(2)作为裁决执行对象的当事人，没有被给予指定仲裁员或者进行仲裁程序的适当通知，或者由于其他情况而不能对案件提出意见。

(3)裁决涉及仲裁协议所没有提到的，或者不包括仲裁协议规定之内的争执；或者裁决内含有对仲裁协议范围以外事项的决定。

(4)仲裁庭的组成或仲裁程序同当事人间的协议不符，或者当事人间没有这种协议时，同进行仲裁的国家的法律不符。

(5)裁决对当事人还没有约束力，或者裁决已经由做出裁决的国家或据其法律做出裁决的国家的管辖当局撤销或停止执行。

该条第 2 款还做出规定，被请求承认和执行仲裁裁决的国家的管辖当局如果查明有下列情况，也可以拒绝承认和执行：

(1)争执的事项，依照这个国家的法律，不可以用仲裁方式解决者。

(2)承认或执行该项裁决将和这个国家的公共秩序相抵触。

本章小结

1. 国际商事仲裁，亦称公断，是指在国际商事交易中的当事人在争议发生前或争议发生后，达成书面协议，按照协议的方式自愿将双方之间商事方面权利义务的争议提交双方所同意的仲裁机构审理，并由该仲裁机构依法予以裁决的解决争议的方式。

2. 国际商事仲裁的特征：自愿性、强制性、保密性、快捷性。

3. 国际商事仲裁机构有国际商会仲裁院、解决投资争议的国际中心、瑞典斯德哥尔摩仲裁院、美国仲裁协会、香港国际仲裁中心、英国伦敦国际仲裁院、中国国际经济贸易仲裁委员会。

4. 有效的仲裁协议的当事人双方必须具备合法的资格和能力，仲裁协议的形式必须合法，仲裁协议的内容必须合法，仲裁协议必须是双方当事人真实意思表示，所确定的法律关系上可能发生或已经发生的争议。

5. 国际商事仲裁的基本程序：仲裁申请和受理阶段、组庭阶段、开庭审理阶段、裁决阶段。

6. 国内法院执行裁决有两种情况：一是执行本国仲裁机构的裁决，即本国裁决；二是执行外国仲裁机构的裁决，即外国裁决。

思考与练习

一、不定项选择题

1. 国际仲裁具有哪些特征？(　　)

A. 自愿性　B. 国际性　C. 保密性　D. 快捷性

2. 依据我国《仲裁法》,下列哪种情形仲裁协议有效?(　)

A. 约定的仲裁事项超出法律规定的仲裁范围的

B. 无民事行为能力人或者限制民事行为能力人订立的仲裁协议

C. 一方采取胁迫手段,迫使对方订立仲裁协议的

D. 完全民事行为能力人订立的仲裁协议

3. 依据中国《民事诉讼法》规定,对中华人民共和国涉外仲裁机构做出的裁决,被申请人提出证据证明仲裁裁决有下列情形之一的,经人民法院组成合议庭审查核实,下列哪种仲裁裁决不可以裁定不予执行?(　)

A. 当事人在合同中没有订有仲裁条款,但是事后达成书面仲裁协议的

B. 被申请人没有得到指定仲裁员或者进行仲裁程序的通知,或者由于其他不属于被申请人负责的原因未能陈述意见的

C. 仲裁庭的组成或者仲裁的程序与仲裁规则不符的

D. 裁决的事项不属于仲裁协议的范围或者仲裁机构无权仲裁的

4. 下列哪些属于国际常设仲裁机构?(　)

A. 国际商会国际仲裁院　B. 解决投资争议国际中心

C. 美国仲裁协会　D. 斯德哥尔摩仲裁院

二、简答题

1. 辨析仲裁与诉讼的区别。
2. 辨析仲裁与调解的区别。
3. 依据我国《仲裁法》,哪些情形仲裁协议无效?

三、案例讨论

仲裁条款效力案:2004 年 3 月 26 日,中国厦门象屿集团有限公司(买方,简称象屿公司)与瑞士米歇尔贸易公司(卖方,简称米歇尔公司)签署一份钢材买卖合同。合同就法律适用规定:"与本合同相关的一切法律争议应当受 1980 年 4 月 11 日制定的《联合国国际货物销售合同公约》管辖并据以解释。上述公约未规定的事项,则应参照国际统一私法协会 1994 年颁布的《国际商事合同通则》。如上述公约及通则仍未有规定的,则应当根据国际惯例及出卖方主要营业地的法律进行管辖和解释。"合同仲裁条款内容:"与本合同相关或由本合同引起的任何争议应根据国际商会仲裁院仲裁规则,并由依据可从网址 www.iccwbo.org 获得的上述规则指定的一名或多名仲裁员进行最终裁决。仲裁地点为中国北京,仲裁语言为中文或英文。"2004 年 8 月 13 日,国际商会仲裁院受理由米歇尔公司作为申请人与象屿公司作为被申请人的买卖钢材合同仲裁纠纷案。2004 年 9 月 14 日,象屿公司向厦门市中级人民法院提出申请,要求米歇尔公司签订合同中的仲裁条款无效。厦门中院受理该案后,于 2004 年 11 月 23 日进行了公开审理。

本案争议的焦点是:有关裁定与仲裁条款效力争议应如何适用法律?讼争仲裁条款对于仲裁机构有无约定及其对仲裁条款效力有无影响?

参考文献

1. 沈四宝、王军:《国际商法》,对外经济贸易大学出版社 2010 年版。

2. 刘艳华、李玉静:《国际商法》,中国财政经济出版社 2008 年版。

3. 屈广清:《国际商法》,法律出版社 2012 年版。

4. 吴建斌:《国际商法新论》,南京大学出版社 2012 年版。

5. 史学瀛、乔达编:《国际商法》,清华大学出版社 2011 年版。

6. 张学森:《国际商法》,上海财经大学出版社 2010 年版。

7. 张学森:[美]派特森:《WTO 法律规则》(英文版),复旦大学出版社 2008 年版。

8. 黎明编:《国际商法理论与实务》,北京大学出版社 2014 年版。

9. 杨士富:《国际商法理论与实务》,北京大学出版社 2013 年版。

10. 肖永平等译:《侵权法重述第三版:产品责任》,法律出版社 2006 年版。

11. 王军:《美国合同法》,中国政法大学出版社 1996 年版。

12. 米切尔·波乃尔:《国际商事合同通则与国际货物销售合同公约》,《迎接 WTO——梁慧星先生主编之域外法律制度研究集》,国家行政学院出版社 2000 年版。

13. 姜作利:《国际商法》(英文版),法律出版社 2006 年版。

14. 王传丽:《国际经济法》,中国人民大学出版社 2012 年版。

15. 理查德·谢弗、厄尔、阿格斯蒂著,邹建华译:《国际商法》,人民邮电出版社 2003 年版。

16. 邓杰:《商事仲裁法》,清华大学出版社 2008 年版。

17. 金春:《国际商法》,中国财政经济出版社 2013 年版。

18. 张圣翠:《国际商法》,上海财经大学出版社 2012 年版。

19. 汪渊智:《比较法视野下的代理法律制度》,法律出版社 2012 年版。

20. 李巍:《联合国国际货物买卖合同公约评释》,法律出版社 2002 年版。

21. 林艳琴、丁清光:《票据法比较研究》,中国人民公安大学出版社 2004 年版。

22. 张玉卿:《国际货物买卖统一法——联合国国际货物销售合同公约释义》,中国商务出版社 2009 年版。

23. 陈晶萤、邓旭:《国际商法》,中国人民大学出版社 2014 年版。

24. 罗伯特·霍恩:《德国民商法导论》,中国大百科全书出版社 1996 年版。

25. 美国法学会、美国统一州法委员会著,孙新强译,《美国〈统一商法典〉及其正式评述》,中国人民大学出版社 2004 年版。

26. 杨桢:《英美契约法论》,北京大学出版社 2000 年版。

27. 虞政平编译:《美国公司法规精选》,商务印书馆 2004 年版。

28. 徐海燕:《英美代理法研究》,法律出版社 2000 年版。

29. 商务部条约法律司编译:《国际统一私法协会国际商事合同通则》,法律出版社 2002 年版。